莊子彙校考訂

上

蔣門馬 著

巴蜀書社

去其所本无
還其所固有

目錄

序

莊子是中華民族最優秀的傳統文化經典之一。司馬遷爲莊子作傳，説他「其學無所不窺，然其要本歸於老子之言」。魏晉時，莊子與老子、周易竝列爲「三玄」之一。唐玄宗於天寶元年(742)詔封莊子爲「南華眞人」，莊子一書被尊爲南華眞經。唐陸德明「研精六籍，采摭九流，搜訪異同，校之蒼、雅」，而撰經典釋文，共收録十四部經典，除易、詩、書、禮、春秋、孝經、論語、爾雅之外，就是老子和莊子。聞一多説：「中國人的文化上永遠留著莊子的烙印。」

陸德明在經典釋文序録中説：「莊生宏才命世，辭趣華深，正言若反，故莫能暢其弘致，後人增足，漸失其眞。」莊子一書流傳至今約有兩千三百年的歷史，篇章由漢書藝文志記載的「五十二篇」縮減至三十三篇，字數由史記老子韓非列傳中記載的「十餘萬言」減少至六萬五千餘言，文字於傳鈔刻印過程中更是難免譌脱衍倒等錯誤。現今通行的莊子文本，基本上是以王孝魚整理的郭慶藩輯莊子集釋爲標準，然而由於種種原因，這個版本有很多錯誤，讀罷蔣先生撰寫的王孝魚整理本莊子集釋缺陷舉隅，心都涼了半截。東漢經學大家蔡邕以爲「經籍去聖久遠，文字多謬，俗儒穿鑿，疑誤後學」，因此上書給漢靈帝，請求「正定六經文字」，於是就有了舉世聞名的漢熹平石經。石經衹有定本，沒有校勘記，後人不能窺見古代版本異文之一斑，不能不留有遺憾。蔣門馬先生的莊子彙校考訂，集現今能見幾乎所有漢唐宋古鈔本古刻本，經過極其精細的校勘考訂，而後校定莊子文本，這就是石經的遺風；書中有近二千條校勘記，這是石經所不具有的優點；考訂所引用的資料，更爲我們深入理解莊子提供了極寶貴的資料。莊子彙校考訂，爲閱讀研究莊子的人士，提供了一部文本校訂精審、校勘客觀詳盡的莊子，爲以後的莊子研究打下了堅實可靠的基礎。

古籍的整理校勘，是閱讀古書的第一步。版本目錄學家葉德輝在藏書十約中說：「書不校勘，不如不讀。」話雖如此，但這項基礎工作，非常枯燥乏味，費時耗力，需要極大的細心和耐心，涉及的知識面太廣，需要查閱的資料太多，難免漏校誤校、文字譌誤、句讀錯誤，既對小學有極高的要求，而整理老子莊子，又需要對道家文化有精深的研究，否則亦難以勝任。在整理校勘本書之前，蔣先生就已在民間師傅指導下研習傳統道家文化十餘年，而且小學工夫非常精深，曾整理許慎說文解字電子檢索版無償共享於網絡，點校明代陸西星撰南華眞經副墨一書，由中華書局於二〇一〇年出版。中華書局的朱立峰先生在「道教典籍選刊」成長記：精品之路一文中說：「南華眞經副墨這部書稿的整理者是浙江的蔣門馬先生。人如其名，蔣先生是個很有個性的人。他是浙江大學外語系畢業，在寧波電視大學教英語。但他醉心於道教文化，且造詣頗深，曾在其他出版社出版過古籍整理著作。他還主持了一個名叫「白雲深處人家」的網站，旨在爲研究者和愛好者提供大量的道教文獻，在海內外道教學界極富盛名。經過審稿，我們發現，蔣先生不僅精通道教文獻，而且嫻於音韻訓詁，書稿質量達到了我們的要求。蔣先生按照我們的要求，對體例等問題做了修改打磨，實現了與我們的合作。再往後，我們有了第二次合作，他幫我們整理清代黄元吉的道德經註釋。」[1]

綜觀莊子彙校考訂一書，有以下五個顯著優點：

一、版本全面可靠：全面蒐集現今能見到的幾乎全部漢唐宋各種竹簡本、古鈔本、古刻本，南宋以下的版本皆未收錄，並查考這些版本來源，保證版本的確實可信。這一點是建立在現代出土文獻和圖書資源全球便利共享的基礎上，是前人所不可能具備的優越條件。

二、校勘客觀詳盡：以文本譌誤最少的南宋精刻本爲底本，用了整整七年時間，對莊子全書逐字進行反覆細緻的校勘，客觀記錄與其餘各種版本的不同文字，而且是反覆校對，絲毫不敢輕忽，確保無漏校、無誤校。校勘常規雖有「凡底本不誤而他本誤者不出校記」之例，然以校勘者一人的判斷，取代天下人的判斷，誠恐疏漏難免且過於專斷，有違探究莊子原文眞相的初

[1] 古籍整理出版情況簡報，2016 年第 2 期，總第 540 期。

衷，因此本書校勘記不厭其煩，務必提供最詳盡的異文，供讀者審覈。

三、考訂客觀簡明：參考各種資料，對異文進行研究考訂，都是客觀地引述相關資料，爲每一條異文做好辯護律師，以能説明問題爲目的，這爲讀者的判斷審擇提供了客觀依據；偶附簡單按語，以表校勘者的個人臆見，不作主觀論述。

四、文本校訂精審：不是根據整理者個人的主觀理解認爲原文應當怎樣，而是嚴格尊重版本用字，是客觀地去探究原文本來究竟怎樣，尤其是最早的鈔本或刻本到底作何字，或根據内文及注疏文字所透露的相關信息，來確定何者爲正字，去其所本無，還其所固有；如果有疑，就存疑不改：這就保證了校訂後的莊子文本精確可信。

五、全書分上下冊：上冊爲莊子原文，以大字號排印，方便各類人士閱讀；對底本文字的更改，以頁下注形式出校勘記；下冊爲校勘考訂，極便與上冊對照研讀。

蔣先生説：「老子一生祇留下五千多字，莊子亦不過六萬五千字，孔子則整理六經，述而不作。能把這些傳統文化經典整理好，不至於以譌傳譌，就不至於愧對古人。若能精研他們的絕學，學以致用，那更是莫大的受益。這不就是我們研讀古書的目的嗎？」蔣先生就是懷著一顆對得起古人絕學的心，去整理這些傳統文化經典。讀完本書的整理札記和陳景元南華眞經闕誤疑謬辯正，很多以前百思不解的疑難問題一下子豁然開朗，而王引之、俞樾、劉文典、王叔岷等大家聚訟紛紜的問題亦迎刃而解。蔣先生的文本校勘考訂，讓我們反思：當賴以傳達思想內容的文字都有嚴重錯誤的時候，我們怎麼可能避免不歪曲誤解作者的原意呢？「差之毫釐，謬以千里」啊！

逍遥遊中「搏扶搖而上」之「搏」字，章炳麟先生說：「字當從『摶』，崔說得之。考工記注：摶之言拍也。作『摶』者形誤，風不可摶。」蔣錫昌、馬敘倫、王叔岷諸先生皆附和其說，王叔岷先生還說宋刻趙諫議本亦作「摶」字。本書校勘記證明，衆宋刻本皆作「**摶**」，卽「摶」字，趙諫議本字形作「**摶**」，考訂文字引唐顏元孫干禄字書：「**專專**，上通下正。」卽謂這兩個字形爲同一字，前者爲通行寫法，後者爲正字，證明趙諫議本作「摶」不作「摶」。又引唐慧琳一切經音義卷六十二：「摶，上奪巒反，考聲云：附也，莊子云：摶扶搖而上者九萬里也。」廣雅釋詁三：「摶，著也。」蔣先生加案語說：「『摶』作『摶』，音形義俱非。『摶』義爲附著，『摶扶搖』卽爲『培風背』，爲乘風。若作『摶』，據崔說訓爲『拊翼徘徊而上也』，則與風何干？」蔣先生的校勘、考訂、案語，都非常簡明扼要，但把關鍵字的音形義解釋得一清二楚，直接解決了衆所紛紜的問題。

我們在閱讀古代刻本時發現，「己已巳」三字幾乎總是混淆不清，很多點校者不是爲此逐一添加校勘記，就是在凡例中特別作了校勘說明。然而蔣先生的考訂材料顯示：「已經」之「已」與「辰巳午」之「巳」本是同一字，寫作「巳」，「己」字又寫作「已」，因此刻本中的「巳」，可以根據上下文確定爲「巳」字或「已」字，而無論是「己」或「巳」可一律確定爲「己」字，根本用不著糾結。本書中凡有此類在今人看來混亂不堪的字，都有校勘考訂，閲讀這些考訂材料，就足以大長見識，爲自己今後閲讀古書打下堅實的基礎。

莊子彙校考訂一書，不但適合所有的莊學愛好者和研究者，尤其適合莊子的初學者閲讀，因爲初學者最宜從正確的文本入手。閲讀傳統文化經典，無論是剛入門，還是深入研究，第一選擇當是不含注解的白文本。陶淵明説：「好讀書，不求甚解，每有會意，便欣然忘食。」何必强求自己完全讀懂呢？古人云：「讀書百遍，其義自見。」又何必藉助前人的注解呢？管仲説：「能勿求諸人，而得之己乎？思之思之，又重思之。思之而不通，鬼神將通之。非鬼神之力也，精氣之極也。」一旦豁然貫通，不亦樂乎！

黄永鋒❶
歲次丁酉中秋節

❶ 黄永鋒：廈門大學哲學系教授、博士生導師，廈門大學宗教學研究所所長，廈門大學道學與傳統文化研究中心主任，法國國家科學研究院訪問學者，韓國國立首爾大學高級研究學者。

凡例

本書以國家圖書館藏南宋精刻本爲底本，彙校漢、唐、宋古鈔本古刻本，參考唐、宋相關校勘記，歷經數十遍反覆校讎，查閱各類參考資料，完成莊子文本的校勘考訂和分段標點，供學習研究莊子的各類人士參考。

本書莊子爲校定本，因仍宋刻本之舊，分爲十卷，三十三篇。不計標點符號，不計卷名、篇名（共465字），正文實計65090字，共使用2913箇漢字。上册爲莊子原文，大字號排印；文中的阿拉伯數字編號，對應下册相同編號的校勘記。下册爲校勘記，以及相關的文字考訂。分册裝訂，以便對照研讀。

校勘原則

一、凡於底本文字有所增删改易，皆以腳注出校勘記，阿拉伯數字編號皆加下劃綫，對應下册相同編號的校勘記，皆以■特别標示，以便讀者覆覈。

二、凡校本文字與底本文字不同，皆出校記，以【】標誌底本相關字句。爲確認敦煌本、高山寺本及釋文的用字，雖與底本文字相同，仍出校記。凡陸德明經典釋文之校勘記、陳景元章句音義及闕誤之校勘記，其正文文字與底本相同，以〖　〗標誌底本相關字句。校勘常規雖有「凡底本不誤而他本誤者不出校記」之例，然以校勘者一人之判斷，取代天下人之判斷，誠恐疏漏難免且過於專斷，有違探究莊子原文眞相之初衷，故本書校勘記不厭其煩，務必提供最詳盡的異文供讀者審覈。

三、凡經典釋文及章句音義中關於句讀的校勘記，仍予以迻錄，用◎標示。

四、各本中同一字的正體字、通行字、本字、古字、今字、俗字、譌字等異體字，凡與文義相關者，皆出校勘記；與文義無關者，徑用正體字（據古代字書確定，如玉篇：「况，俗況字。」廣韻：「醯，俗作醓。」龍龕手鑑：「戲，今；戱，正。」詳見下冊引用書目），不出校勘記，間有例外。

五、各本文字不同，參考上下文、前後文、郭象注、成玄英疏，並詳考字書及訓詁等資料（用●標誌分隔），以辨析考訂文字。考訂的文字，凡不同類的內容，用○標誌。凡引用的文字須作校勘記，用▲標示。間有個人臆見，加簡略案語，用□標示。

六、圓括弧（）內的文字，用以解釋或補充說明，方括號［］內的文字，用以補充文中缺少或宜有的文字，皆以小字號排印；字號與正文相同的，則爲原引文所固有。

七、本書莊子正文校勘記實計 1866 條，凡上下文字能合併爲一條的皆已合併，其中句讀校勘記34條。更改底本文字154處，凡同一字多處出現，不重複計數，但需逐一校定的文字不在此例。考訂文字中，共有174條校勘記，其中釋文137條，闕誤8條，郭象注4條，成玄英疏10條，說文13條。案語共計47條1012字。

彙校版本

一、古逸叢書三編影印南宋刻本南華眞經郭象注十卷。以此爲底本。

二、續古逸叢書影印南北宋合璧本南華眞經郭象注十卷。簡稱「續古逸本」。

三、日本靜嘉堂文庫所藏南宋刻本南華眞經注疏殘存五卷，卽古逸叢書覆宋本南華眞經注疏十卷據以覆刻之賜蘆文庫本。簡稱「靜嘉堂本」。

四、臺北傅斯年圖書館藏南宋安仁趙諫議宅刊本南華眞經郭象注十卷。簡稱「趙諫議本」。

五、敦煌藏經洞出土的南華眞經殘卷十四篇（簡稱「敦煌本」），莊子郭注雜記十五篇（簡稱「敦煌寫本」），音四篇（簡稱「敦煌音義」），S. 3395V（簡稱「英藏敦煌本」）。

六、日本高山寺藏莊子郭象注古鈔本七卷七篇。簡稱「高山寺本」。

七、日本天理大學圖書館藏南宋刻本陸德明經典釋文莊子音義三卷（簡稱「天理本」），參校北京圖書館藏宋元遞修本（簡稱「北圖本」）及清刻本等。

八、宋碧虛子陳景元南華眞經章句音義十四卷（簡稱「章句音義」），南華眞經章句餘事一卷（簡稱「闕誤」），正統道藏本，參校清守山閣刻本等。

九、安徽省阜陽縣漢墓出土莊子雜篇竹簡。簡稱「阜陽漢簡」。

十、湖北省江陵張家山漢墓出土盜跖竹簡。簡稱「張家山漢簡」。

十一、國家圖書館藏莊子鬳齋口義十卷，南宋林希逸撰，南宋咸淳五年重刻本（簡稱「林希逸本」），參校韓國學中央研究院王室圖書館藏句解南華眞經十卷活字印本（簡稱「句解本」）。

十二、俄藏黑水城文獻第一冊影印宋刻本呂觀文進莊子義殘卷十三篇，宋呂惠卿撰。簡稱「黑水城本」。

十三、俄藏黑水城文獻第二冊影印宋刻本南華眞經郭象注殘卷九篇。簡稱「郭注黑水城本」。

十四、國家圖書館藏壬辰重改證呂太尉經進莊子全解十卷，呂惠卿撰，金大定十二年刻本。簡稱「呂惠卿本」。

十五、國家圖書館藏分章標題南華眞經十卷，晉郭象注，唐陸德明音義，南宋刻本。簡稱「分章本」。

各版本的詳細情況，請參閱整理札記。

南華眞經卷第一

莊子內篇　逍遥遊第一①

北冥有魚，②其名爲鯤。鯤之大，不知其幾千里也，化而爲鳥，其名爲鵬。鵬之背，不知其幾千里也，怒而飛，其翼若垂天之雲。是鳥也，海運，則將徙於南冥。南冥者，天池也。齊諧者，志怪者也。諧之言曰：「鵬之徙於南冥也，水擊三千里，搏扶搖而上者九萬里，③去以六月息者也。」野馬也，塵埃也，生物之以息相吹也。④天之蒼蒼，其正色邪？其遠而无所至極邪？⑤其視下也，亦若是則已矣。⑥且夫水之積也不厚，則負大舟也无力。⑦覆杯水於坳堂之上，⑧則芥爲之舟，置杯焉則膠，水淺而舟大也。風之積也不厚，則其負大翼也无力，故九萬里，則風斯在下矣，而後乃今，培風背，負青天，⑨而莫之夭閼者，而後乃今將圖南。

蜩與鷽鳩笑之曰：⑩「我決起而飛，槍榆枋，❶⑪時則不至，而控於地而已矣，奚以之九萬里而南爲？」適莽蒼者，三湌而反，⑫腹猶果然；⑬適百里者，宿舂糧；適千里者，三月聚糧。之二蟲，又何知？⑭小知不及大知，⑮小年不及大年。奚以知其然也？朝菌不知晦朔，蟪蛄不知春秋。⑯此小年也。楚之南有冥靈者，⑰以五百歲爲春，五百歲爲秋；上古有大椿者，以八千歲爲春，八千歲爲秋。⑱而彭祖乃今以久特聞，⑲衆人匹之，⑳不亦悲乎！

湯之問棘也是已。窮髮之北，有冥海者，天池也。有魚焉，其廣數千里，未有知其脩者，其名爲鯤。有鳥焉，其名爲鵬，背若太山，㉑翼若垂天之雲，摶扶搖羊角而上者九萬里，絕雲氣，負青天，然後圖南，且適南冥也。㉒斥鴳笑之曰：㉓「彼且奚適也？我騰躍而上，不過數仞而下，翱翔蓬蒿之間，㉔此亦飛之至也。而彼且奚適也？」此小大之辯也。故夫知效一官，㉕行比一鄉，德合一君，而徵一國者，其自視也，亦若此矣，而宋榮子猶然笑之。且舉世而譽

❶【槍榆枋】底本「槍」作「搶」，據趙諫議本、靜嘉堂本改。

之，而不加勸，舉世而非之，而不加沮，定乎內外之分，辯乎榮辱之境，㉖斯已矣。彼其於世，未數數然也，雖然，猶有未樹也。夫列子御風而行，泠然善也，旬有五日而後反。彼於致福者，未數數然也。此雖免乎行，㉗猶有所待者也。❶㉘若夫乘天地之正，而御六氣之辯，㉙以遊无窮者，彼且惡乎待哉？故曰：「至人无己，㉚神人无功，聖人无名。」

堯讓天下於許由，曰：「日月出矣，而爝火不息，㉛其於光也，不亦難乎？時雨降矣，而猶浸灌，其於澤也，不亦勞乎？夫子立而天下治，而我猶尸之，吾自視缺然，請致天下。」許由曰：「子治天下，天下既已治也，而我猶代子，吾將爲名乎？名者，實之賓也，㉜吾將爲賓乎？鷦鷯巢於深林，不過一枝；偃鼠飲河，不過滿腹。歸休乎君，予无所用天下爲！㉝庖人雖不治庖，尸祝不越樽俎而代之矣。」㉞

肩吾問於連叔曰：「吾聞言於接輿，㉟大而无當，往而不反。吾驚怖其

❶【猶有所待者也】 底本「待」作「侍」，據眾校本改。

言，猶河漢而无極也，大有逕庭，㊱不近人情焉。」連叔曰：「其言謂何哉？」「曰：『藐姑射之山，有神人居焉，肌膚若冰雪，淖約若處子，㊲不食五穀，㊳吸風飲露，乘雲氣，御飛龍，而遊乎四海之外。其神凝，使物不疵癘，㊴而年穀熟。』吾以是狂，而不信也。」連叔曰：「然。瞽者无以與乎文章之觀，聾者无以與乎鍾鼓之聲。㊵豈唯形骸有聾盲哉？㊶夫知亦有之。是其言也，猶時女也。之人也，之德也，將旁礴萬物，以爲一世蘄乎亂，㊷孰弊弊焉以天下爲事？㊸之人也，物莫之傷，大浸稽天而不溺，大旱金石流、土山焦而不熱，是其塵垢秕穅，㊹將猶陶鑄堯、舜者也，㊺孰肯以物爲事？」宋人資章甫而適諸越，越人斷髮文身，㊻无所用之。堯治天下之民，平海内之政，往見四子藐姑射之山，汾水之陽，㊼窅然喪其天下焉。

惠子謂莊子曰：「魏王貽我大瓠之種，我樹之成，而實五石。以盛水漿，其堅不能自舉也。剖之以爲瓢，則瓠落无所容。㊽非不呺然大也，㊾吾爲其无用而掊之。」莊子曰：「夫子固拙於用大矣。宋人有善爲不龜手之藥者，世世以洴澼絖爲事。客聞之，請買其方百金。[50]聚族而謀曰：『我世世爲洴澼絖，不過數金。今一朝而鬻技百金，[51]請與之。』客得之，以說吳王。越有難，吳王使之將。冬，與越人水戰，大敗越人，裂地而封之。能不龜手，一也；或以封，或不免於洴澼絖，則所用之異也。今子有五石之瓠，何不慮以爲大樽，[52]而浮乎江湖？而憂其瓠落无所容，則夫子猶有蓬之心也夫！」

惠子謂莊子曰：「吾有大樹，人謂之樗，其大本擁腫而不中繩墨，[53]其小枝卷曲而不中規矩，[54]立之塗，匠者不顧。今子之言，大而无用，衆所同去也。」莊子曰：「子獨不見狸狌乎？卑身而伏，以候敖者，[55]東西跳梁，不避高下，[56]中於機辟，死於罔罟。今夫斄牛，❶[57]其大若垂天之雲，此能爲大矣，而不能執鼠。今子有大樹，患其无用，何不樹之於无何有之鄉，廣莫之野，彷徨乎无爲其側，[58]逍遙乎寢臥其下？不夭斤斧，物无害者，无所可用，安所困苦哉？」[59]

❶【今夫斄牛】底本「斄」作「犛」，據釋文之音義改。應帝王「斄之狗來藉」同此改。

莊子內篇　齊物論第二

南郭子綦隱几而坐，①仰天而噓，嗒焉似喪其耦。②顔成子游立侍乎前，曰：「何居乎？形固可使如槁木，③而心固可使如死灰乎？今之隱几者，非昔之隱几者也。」子綦曰：「偃，不亦善乎，而問之也！今者吾喪我，汝知之乎？汝聞人籟而未聞地籟，④汝聞地籟而未聞天籟夫！」子游曰：「敢問其方？」子綦曰：「夫大塊噫氣，⑤其名爲風。是唯无作，作則萬竅怒呺。⑥而獨不聞之翏翏乎？⑦山林之畏隹，⑧大木百圍之竅穴，⑨似鼻，似口，似耳，似枅，似圈，似臼，似洼者，似汙者。激者，謞者，叱者，吸者，叫者，譹者，宎者，咬者，前者唱于，而隨者唱喁，泠風則小和，⑩飄風則大和，厲風濟則衆竅爲虛。而獨不見之調調之刁刁乎？」子游曰：「地籟則衆竅是已，人籟則比竹是已。敢問天籟？」子綦曰：「夫吹萬不同而使其自己也，咸其自取，怒者其誰邪？」

大知閑閑，小知閒閒。⑪大言炎炎，小言詹詹。⑫其寐也魂交，其覺也形開。與接爲構，⑬日以心鬬，縵者，窖者，密者。小恐惴惴，大恐縵縵。其發若機栝，⑭其司是非之謂也。其留如詛盟，其守勝之謂也。其殺如秋冬，⑮以言其日消也。其溺之所爲之，不可使復之也。其厭也如緘，以言其老洫也。⑯近死之心，莫使復陽也。⑰喜怒哀樂，慮嘆變慹，⑱姚佚啓態，樂出虛，蒸成菌，⑲日夜相代乎前，而莫知其所萌。已乎已乎，旦暮得此其所由以生乎？⑳非彼无我，非我无所取，是亦近矣，而不知其所爲使。若有眞宰，而特不得其朕，❶㉑可行已信，❷㉒而不見其形，有情而无形。百骸九竅六藏，㉓賅而存焉，吾誰與爲親？汝皆悅之乎？㉔其有私焉？如是，皆有爲臣妾乎？其臣妾不足以相治乎？其遞相爲君臣乎？其有眞君存焉。如求得其情與不得，无益損乎其眞。一受其成形，不亡以待盡，與物相刃相靡，其行盡如馳，而莫之能止，不亦悲乎！終身役役，而不見其成功，薾然疲役，㉕而不知其所歸，可不哀邪？人謂

---

❶【而特不得其朕】　底本「朕」作「眹」，據呂惠卿本改。應帝王「而遊无朕」同此改。

❷【可行已信】　底本「已」作「己」，據呂惠卿本、林希逸本改。

之不死，奚益？其形化，其心與之然，可不謂大哀乎？人之生也，固若是芒乎？其我獨芒，而人亦有不芒者乎？夫隨其成心而師之，誰獨且无師乎？奚必知代而心自取者有之，愚者與有焉。未成乎心而有是非，是今日適越而昔至也，是以无有爲有。无有爲有，雖有神禹，且不能知，吾獨且奈何哉？㉖

夫言非吹也，言者有言，其所言者特未定也。果有言邪？其未嘗有言邪？其以爲異於鷇音，亦有辯乎？其无辯乎？道惡乎隱而有眞僞？㉗言惡乎隱而有是非？道惡乎往而不存？言惡乎存而不可？道隱於小成，言隱於榮華，故有儒墨之是非，以是其所非而非其所是。欲是其所非而非其所是，則莫若以明。物无非彼，物无非是，自彼則不見，自知則知之。故曰：「彼出於是，是亦因彼。」彼是，方生之說也。雖然，方生方死，方死方生，方可方不可，方不可方可。因是因非，因非因是，是以聖人不由，而照之于天，亦因是也。是亦彼也，彼亦是也。彼亦一是非，此亦一是非。果且有彼是乎哉？果且无彼是乎哉？彼是莫得其偶，謂之道樞。樞始得其環中，以應无窮。是亦一无窮，非亦一无窮也，故曰「莫若以明」。

以指喻指之非指，不若以非指喻指之非指也；以馬喻馬之非馬，不若以非馬喻馬之非馬也。天地，一指也；萬物，一馬也。可乎可，不可乎不可。道，行之而成；物，謂之而然。惡乎然？然於然。惡乎不然？不然於不然。物固有所然，物固有所可。无物不然，无物不可。㉘故爲是舉莛與楹，㉙厲與西施，恢恑憰怪，㉚道通爲一。其分也，成也；其成也，毁也。凡物无成與毁，復通爲一。唯達者知通爲一，爲是不用而寓諸庸。庸也者，用也；用也者，通也；通也者，得也；適得而幾矣，因是已。已而不知其然謂之道。勞神明爲一，㉛而不知其同也，謂之朝三。「何謂朝三？」曰：㉜「狙公賦芧曰：㉝『朝三暮四。』❶㉞衆狙皆怒；曰：『然則朝四而暮三。』衆狙皆悦。」名實未虧，而喜怒爲用，亦因是也。是以聖人和之以是非，而休乎天均，㉟是之謂兩行。

古之人，其知有所至矣。惡乎至？有以爲未始有物者，至矣，盡矣，不

❶【朝三暮四】底本作「朝三而暮四」，據釋文删「而」字。

可以加矣。[36]其次以爲有物矣而未始有封也，其次以爲有封焉而未始有是非也。是非之彰也，道之所以虧也。道之所以虧，愛之所以成。果且有成與虧乎哉？果且无成與虧乎哉？有成與虧，故昭氏之鼓琴也；无成與虧，故昭氏之不鼓琴也。昭文之鼓琴也，師曠之枝策也，惠子之據梧也，三子之知，幾乎，皆其盛者也，故載之末年。唯其好之也以異於彼，其好之也欲以明之，彼非所明而明之，故以堅白之昧終；而其子又以文之綸終，終身无成。若是而可謂成乎，雖我亦成也；[37]若是而不可謂成乎，物與我无成也。是故滑疑之耀，聖人之所圖也，爲是不用而寓諸庸，此之謂以明。

今且有言於此，不知其與是類乎？其與是不類乎？類與不類，相與爲類，則與彼无以異矣。雖然，請嘗言之：有始也者，有未始有始也者，有未始有夫未始有始也者；有有也者，有无也者，有未始有无也者，有未始有夫未始有无也者。俄而有无矣，而未知有无之果孰有孰无也。今我則已有謂矣，而未知吾所謂之，其果有謂乎？其果无謂乎？天下莫大於秋豪之末而太山爲小，㊳莫壽乎殤子而彭祖爲夭，天地與我並生，而萬物與我爲一。既已爲一矣，且得有言乎？既已謂之一矣，且得无言乎？一與言爲二，二與一爲三。自此以往，巧歷不能得，而況其凡乎？故自无適有以至於三，而況自有適有乎？无適焉，因是已。

夫道未始有封，㊴言未始有常，爲是而有畛也。請言其畛：有左有右，㊵有倫有義，㊶有分有辯，有競有爭，此之謂八德。六合之外，聖人存而不論。六合之內，聖人論而不議。春秋經世，先王之志，聖人議而不辯。故分也者，有不分也；辯也者，有不辯也。曰：何也？聖人懷之，衆人辯之以相示也，故曰：「辯也者，有不見也。」夫大道不稱，大辯不言，大仁不仁，大廉不嗛，大勇不忮。道昭而不道，言辯而不及，仁常而不成，㊷廉清而不信，勇忮而不成，五者园而幾向方矣。㊸故知止其所不知，至矣。孰知不言之辯，不道之道？若有能知，此之謂天府。注焉而不滿，酌焉而不竭，而不知其所由來，此之謂葆光。

故昔者堯問於舜曰：「我欲伐宗、膾、胥敖，㊹南面而不釋然，其故何也？」

舜曰：「夫三子者，猶存乎蓬艾之間。若不釋然，何哉？昔者十日並出，萬物皆照，而況德之進乎日者乎？」

齧缺問乎王倪曰：「子知物之所同是乎？」曰：「吾惡乎知之？」「子知子之所不知邪？」曰：「吾惡乎知之？」「然則物无知邪？」曰：「吾惡乎知之？雖然，嘗試言之：庸詎知吾所謂『知之』非不知邪？㊺庸詎知吾所謂『不知』之非知邪？且吾嘗試問乎汝：民溼寢，則腰疾偏死，鰌然乎哉？木處，則惴慄恂懼，㊻猨猴然乎哉？三者孰知正處？民食芻豢，麋鹿食薦，蝍蛆甘帶，㊼鴟鴉嗜鼠，❶㊽四者孰知正味？猨，猵狙以爲雌，麋與鹿交，鰌與魚游。毛嬙、麗姬，㊾人之所美也，魚見之深入，鳥見之高飛，麋鹿見之決驟，四者孰知天下之正色哉？自我觀之，仁義之端，是非之塗，樊然殽亂，㊿吾惡能知其辯？」

齧缺曰：「子不知利害，則至人固不知利害乎？」王倪曰：「至人，神矣！大澤焚而不能熱，河漢沍而不能寒，(51)疾雷破山、風振海而不能驚。(52)若然者，乘雲

❶【鴟鴉嗜鼠】 底本「嗜」作「耆」，據呂惠卿本及釋文所校之某本改。

氣，騎日月，而遊乎四海之外，死生无變於己，而況利害之端乎？」

瞿鵲子問乎長梧子曰：「吾聞諸夫子：『聖人不從事於務，不就利，不違害，不喜求，不緣道，无謂有謂，有謂无謂，而遊乎塵垢之外。』⑤③夫子以爲孟浪之言，而我以爲妙道之行也。吾子以爲奚若？」長梧子曰：「是黃帝之所聽熒也，⑤④而丘也何足以知之？且汝亦大早計，見卵而求時夜，見彈而求鴞炙。予嘗爲汝妄言之，汝以妄聽之奚？旁日月，挾宇宙，⑤⑤爲其脗合，⑤⑥置其滑涽，⑤⑦以隸相尊；衆人役役，聖人愚芚，⑤⑧參萬歲而一成純。萬物盡然，而以是相蘊。⑤⑨予惡乎知悅生之非惑邪？予惡乎知惡死之非弱喪而不知歸者邪？麗之姬，艾封人之子也，晉國之始得之也，涕泣沾襟；及其至於王所，與王同匡牀，⑥⓪食芻豢，而後悔其泣也。予惡乎知夫死者不悔其始之蘄生乎？夢飲酒者，旦而哭泣；夢哭泣者，旦而田獵。方其夢也，不知其夢也，夢之中又占其夢焉，覺而後知其夢也。⑥①且有大覺，而後知此其大夢也，而愚者自以爲覺，竊竊然知之。君乎？牧乎？⑥②固哉！丘也與汝皆夢也，予謂汝夢，亦夢也。

是其言也，其名爲弔詭。萬世之後而一遇大聖，知其解者，是旦暮遇之也。既使我與若辯矣，若勝我，我不若勝，若果是也，我果非也邪？我勝若，若不吾勝，我果是也，而果非也邪？其或是也，其或非也邪？其俱是也，其俱非也邪？我與若，不能相知也，則人固受其黮闇，吾誰使正之？使同乎若者正之，既與若同矣，惡能正之？使同乎我者正之，既同乎我矣，惡能正之？使異乎我與若者正之，既異乎我與若矣，惡能正之？使同乎我與若者正之，既同乎我與若矣，惡能正之？然則我與若與人，俱不能相知也，而待彼也邪？」

「何謂和之以天倪？」⑬曰：「是不是，然不然。是若果是也，則是之異乎不是也，亦无辯；然若果然也，則然之異乎不然也，亦无辯。⑭化聲之相待，若其不相待。⑮和之以天倪，因之以曼衍，所以窮年也。忘年忘義，振於无竟，故寓諸无竟。⑯」

罔兩問景曰：⑰「曩子行，今子止，曩子坐，今子起，何其无特操與？」⑱景曰：「吾有待而然者邪？吾所待，又有待而然者邪？吾待，蛇蚹蜩翼邪？⑲惡識所以然？惡識所以不然？」

昔者莊周夢爲胡蝶，栩栩然胡蝶也，⑦⁰自喻適志與，⑦¹不知周也。俄然覺，則蘧蘧然周也。⑦²不知周之夢爲胡蝶與？胡蝶之夢爲周與？周與胡蝶，則必有分矣，此之謂物化。

南華眞經卷第二

莊子內篇　養生主第三

吾生也有涯，而知也无涯。①以有涯隨无涯，殆已。已而爲知者，殆而已矣。爲善无近名，爲惡无近刑，緣督以爲經，可以保身，可以全生，可以養親，可以盡年。

庖丁爲文惠君解牛，②手之所觸，肩之所倚，足之所履，膝之所踦，砉然嚮然，③奏刀騞然，莫不中音，合於桑林之舞，乃中經首之會。文惠君曰：「譆！善哉！技蓋至此乎！」庖丁釋刀，對曰：「臣之所好者，道也，進乎技矣。始臣之解牛之時，所見无非牛者。④三年之後，未嘗見全牛也。方今之時，臣以神遇而不以目視，官知止而神欲行，依乎天理，批大郤，導大窾，⑤因其固然，技經肯綮之未嘗，⑥而況大軱乎？良庖歲更刀，割也。族庖月更刀，折也。今臣之刀，十九年矣，所解數千牛矣，而刀刃若新發於硎。⑦彼節者有閒，而刀刃者无厚，以无厚入有閒，恢恢乎其於遊刃必有餘地矣，是以十九年而刀刃若新發於硎。雖然，每至於族，吾見其難爲，怵然爲戒，視爲止，行爲遲，動刀甚微，謋然已解，如土委地，⑧提刀而立，爲之四顧，爲之躊躇滿志，善刀而藏之。」文惠君曰：「善哉！吾聞庖丁之言，得養生焉。」

公文軒見右師而驚，曰：「是何人也？惡乎介也？⑨天與？其人與？」曰：「天也，非人也。天之生是使獨也，人之貌有與也，以是知其天也，非人也。」澤雉十步一啄，百步一飲，不蘄畜乎樊中，神雖王，不善也。

老聃死，秦失弔之，⑩三號而出。弟子曰：「非夫子之友邪？」曰：「然。」「然則弔焉若此，可乎？」曰：「然。始也，吾以爲其人也，⑪而今，非也。向吾入而弔焉，有老者哭之，如哭其子，少者哭之，如哭其母。彼其所以會之，必有不蘄言而言，不蘄哭而哭者，是遁天倍情，⑫忘其所受，古者謂之遁天之刑。適來，夫子時也；適去，夫子順也；安時而處順，哀樂不能入也，古者謂是帝之縣解。」指窮於爲薪，火傳也，不知其盡也。

莊子內篇　人間世第四

顏回見仲尼，請行。曰：「奚之？」曰：「將之衛。」①曰：「奚爲焉？」曰：「回聞：衛君，其年壯，其行獨，輕用其國，而不見其過。輕用，民死，死者以國，量乎澤，若蕉，民其无如矣。回嘗聞之夫子曰：『治國去之，亂國就之，醫門多疾。』願以所聞思其則，庶幾其國有瘳乎？②」仲尼曰：「譆！若殆往而刑耳！③夫道，不欲雜，雜則多，多則擾，擾則憂，憂而不救。古之至人，先存諸己，而後存諸人。所存於己者未定，何暇至於暴人之所行？且若亦知夫德之所蕩，而知之所爲出乎哉？德蕩乎名，知出乎爭。名也者，相軋也；④知也者，爭之器也。二者凶器，非所以盡行也。且德厚信矼，未達人氣，名聞不爭，未達人心，而彊以仁義繩墨之言，⑤術暴人之前者，⑥是以人惡有其美也，⑦命之曰菑人。菑人者，人必反菑之。若殆爲人菑夫！且苟爲悅賢而惡不肖，惡用而求有以異？若唯无詔，王公必將乘人，而鬬其捷，⑧而目將熒之，⑨而色將平之，口將營之，容將形之，心且成之，是以火救火，以水救水，名之曰益多，順始无窮。若殆以不信厚言，必死於暴人之前矣！且昔者桀殺關龍逢，紂殺王子比干，⑩是皆脩其身，⑪以下傴拊人之民，以下拂其上者也，故其君因其脩以擠之，是好名者也。昔者堯攻叢支、❶⑫胥敖，禹攻有扈，國爲虚厲，⑬身爲刑戮，其用兵不止，其求實无已，是皆求名實者也。而獨不聞之乎：名實者，聖人之所不能勝也，⑭而況若乎？雖然，若必有以也，嘗以語我來。」顏回曰：「端而虚，勉而一，則可乎？」曰：「惡！惡可？夫以陽爲充孔揚，采色不定，⑮常人之所不違，因案人之所感，以求容與其心，名之曰『日漸之德』不成，而況大德乎？將執而不化，外合而内不訾，其庸詎可乎？」「然則我内直而外曲，成而上比。内直者，與天爲徒。與天爲徒者，知天子之與己，皆天之所子，而獨以己言，蘄乎而人善之，蘄乎而人不善之邪？若然者，人謂之童子，是之謂與天爲徒。外曲者，與人之爲徒也。⑯擎跽曲拳，人臣

❶【堯攻叢支】底本「支」作「枝」，據釋文改。

之禮也，人皆爲之，吾敢不爲邪？爲人之所爲者，人亦无疵焉，是之謂與人爲徒。成而上比者，與古爲徒。其言雖教讁之，實也古之有也，非吾有也。若然者，雖直，不爲病，是之謂與古爲徒。若是，則可乎？」仲尼曰：「惡！惡可？太多政法而不諜，⑰雖固，亦无罪；雖然，止是耳矣夫，胡可以及化？猶師心者也。」顔回曰：「吾无以進矣，敢問其方？」仲尼曰：「齋，⑱吾將語若。有而爲，其易邪？⑲易之者，暤天不宜。」⑳顔回曰：「回之家貧，唯不飲酒不茹葷者，數月矣。若此，則可以爲齋乎？」曰：「是祭祀之齋，非心齋也。」回曰：「敢問心齋？」仲尼曰：「若一志，无聽之以耳而聽之以心，无聽之以心而聽之以氣。聽止於耳，心止於符。氣也者，虛而待物者也。唯道集虛。虛者，心齋也。」顔回曰：「回之未始得使，實自回也；㉑得使之也，未始有回也，可謂虛乎？」夫子曰：「盡矣！吾語若：若能入遊其樊，而无感其名，入則鳴，不入則止，无門无毒，一宅而寓於不得已，㉒則幾矣。絶迹易，无行地難。㉓爲人使，易以僞；爲天使，難以僞。聞以有翼飛者矣，未聞以无翼飛者也；聞以有知知者矣，未聞以无知知者也。瞻彼闋者，❶㉔虛室生白，吉祥止止；夫且不止，是之謂坐馳。夫徇耳目內通，而外於心知，鬼神將來舍，而況人乎？是萬物之化也，禹、舜之所紐也，伏羲、㉕几蘧之所行終，而況散焉者乎？」

葉公子高將使於齊，問於仲尼曰：「王使諸梁也甚重，齊之待使者，蓋將甚敬而不急。匹夫猶未可動也，而況諸侯乎？吾甚慄之。子常語諸梁也曰：❷㉖『凡事，若小若大，寡不道以懽成。㉗事若不成，則必有人道之患；事若成，則必有陰陽之患。若成，若不成，而後无患者，唯有德者能之。』吾食也執粗而不臧，㉘爨无欲清之人。㉙今吾朝受命而夕飲冰，我其內熱與？吾未至乎事之情，而既有陰陽之患矣，事若不成，必有人道之患，是兩也，爲人臣者不足以任之。子其有以語我來？」仲尼曰：「天下有大戒二：其一命也，其一義也。子之愛親，命也，不可解於心；臣之事君，義也，无適而非君也：无所逃

❶【瞻彼闋者】底本「闋」作「閱」，據續古逸本、趙諫議本、林希逸本、黑水城本改。

❷【子常語諸梁】底本「常」作「嘗」，據釋文改。

於天地之間，是之謂大戒。是以夫事其親者，不擇地而安之，孝之至也；夫事其君者，不擇事而安之，忠之盛也；自事其心者，哀樂不易施乎前，知其不可奈何而安之若命，德之至也。爲人臣子者，固有所不得已，行事之情而忘其身，何暇至於悅生而惡死？夫子其行，可矣！丘請復以所聞：凡交，近則必相靡以信，遠則必忠之以言。言必或傳之。夫傳兩喜兩怨之言，❶⑳天下之難者也。夫兩喜必多溢美之言，兩怨必多溢惡之言。凡溢之，類妄，㉛妄則其信之也莫，莫則傳言者殃。故法言曰：『傳其常情，无傳其溢言，則幾乎全。』且以巧鬬力者，始乎陽，常卒乎陰，泰至則多奇巧；㉜以禮飲酒者，始乎治，常卒乎亂，泰至則多奇樂。凡事亦然，始乎諒，常卒乎鄙；其作始也簡，其將畢也必巨。言者，風波也；行者，實喪也。夫風波易以動，實喪易以危，故忿設无由，巧言偏辭，㉝獸死不擇音，氣息茀然，㉞於是並生心厲；剋核太至，則必有不肖之心應之，而不知其然也。苟爲不知其然也，孰知其所終？故法言

❶【夫傳兩喜兩怨之言】底本「怨」作「怒」，據釋文所校之某本改；下文「兩怨」同此改。

曰：『无遷令，无勸成。』過度益也，遷令、勸成，殆事。美成在久，惡成不及改，可不慎與？且夫乘物以遊心，託不得已以養中，至矣，何作爲報也？莫若爲致命，此其難者。」

顔闔將傅衛靈公太子，㉟而問於蘧伯玉，曰：「有人於此，其德天殺，與之爲无方，則危吾國；與之爲有方，則危吾身；其知適足以知人之過，而不知其所以過。若然者，吾奈之何？」蘧伯玉曰：「善哉問乎！戒之！慎之！正汝身哉！形莫若就，心莫若和。雖然，之二者有患。就不欲入，和不欲出。形就而入，且爲顛爲滅，爲崩爲蹶；心和而出，且爲聲爲名，爲妖爲孽。彼且爲嬰兒，亦與之爲嬰兒；彼且爲无町畦，亦與之爲无町畦；彼且爲无崖，㊱亦與之爲无崖；達之，入於无疵。汝不知夫螳蜋乎？怒其臂以當車轍，不知其不勝任也，是其才之美者也。戒之！慎之！積伐而美者，以犯之，幾矣！㊲汝不知夫養虎者乎？不敢以生物與之，爲其殺之之怒也；不敢以全物與之，爲其決之之怒也。時其飢飽，達其怒心。虎之與人異類，而媚養己者，順也；故其殺者，逆也。夫愛馬者，以筐盛矢，以蜄盛溺；㊳適有蚉虻僕緣，而拊之不時，㊴則缺銜、㊵毁首、碎胷。意有所至，而愛有所亡，可不愼邪？」

匠石之齊，至乎曲轅，見櫟社樹，其大蔽牛，㊶絜之百圍，㊷其高臨山十仞而後有枝，㊸其可以爲舟者旁十數。觀者如市，匠伯不顧，㊹遂行不輟。弟子厭觀之，走及匠石，曰：「自吾執斧斤以隨夫子，未嘗見材如此其美也。先生不肯視，行不輟，何邪？」曰：「已矣！勿言之矣！散木也！以爲舟則沈，以爲棺槨則速腐，㊺以爲器則速毁，以爲門戶則液樠，以爲柱則蠹，㊻是不材之木也，无所可用，故能若是之壽。」匠石歸，櫟社見夢曰：「汝將惡乎比予哉？若將比予於文木邪？夫柤梨橘柚果蓏之屬，實熟則剝則辱，大枝折，小枝泄，此以其能苦其生者也。㊼故不終其天年而中道夭，自掊擊於世俗者也。物莫不若是。且予求无所可用，久矣，幾死，乃今得之，爲予大用。使予也而有用，且得有此大也邪？且也若與予也，皆物也，奈何哉其相物也？而幾死之散人，又惡知散木？㊽」匠石覺而診其夢，弟子曰：「趣取无用，則爲社，何邪？」曰：「密！

若无言！彼亦直寄焉，以爲不知己者詬厲也。不爲社者，且幾有翦乎？㊾且也彼其所保與衆異，而以義譽之，不亦遠乎？」

南伯子綦遊乎商之丘，見大木焉，有異，結駟千乘隱，將庇其所賴。❶㊿子綦曰：「此何木也哉？此必有異材夫！」(51)仰而視其細枝，(52)則拳曲而不可以爲棟梁；(53)俯而視其大根，則軸解而不可以爲棺槨；咶其葉，則口爛而爲傷；嗅之，(54)則使人狂酲三日而不已。子綦曰：「此果不材之木也，以至於此其大也。嗟乎！神人以此不材。」宋有荊氏者，宜秋柏桑。❷(55)其拱把而上者，求狙猴之杙者斬之；(56)三圍四圍，求高名之麗者斬之；七圍八圍，貴人富商之家，求禪傍者斬之。(57)故未終其天年，而中道之夭於斧斤，此材之患也。故解之以牛之白顙者，與豚之亢鼻者，與人有痔病者，不可以適河，此皆巫祝以知之矣，所以爲不祥也，此乃神人之所以爲大祥也。

❶【將庇其所賴】　底本「庇」作「芘」，「賴」作「藾」，據釋文所校之某本及崔譔本改。

❷【宜秋柏桑】　底本「秋」作「楸」，據釋文及列御寇改。

支離疏者，頤隱於齊，肩高於頂，㊽會撮指天，五管在上，兩髀爲脅，挫鍼治繲，㊾足以餬口，㊿鼓筴播精，足以食十人。上徵武士，則支離攘臂於其間；(61)上有大役，則支離以有常疾，不受功；上與病者粟，則受三鍾，與十束薪。夫支離其形者，猶足以養其身，終其天年，又況支離其德者乎？

孔子適楚，楚狂接輿遊其門，曰：「鳳兮鳳兮，何如德之衰也？來世不可待，往世不可追也。天下有道，聖人成焉。天下无道，聖人生焉。方今之時，僅免刑焉。福輕乎羽，莫之知載。禍重乎地，莫之知眞。❶(62)已乎已乎，❷(63)臨人以德。殆乎殆乎，畫地而趨。迷陽迷陽，无傷吾行。吾行郤曲，(64)无傷吾足。」(65)山木，自寇也。膏火，自煎也。桂可食，故伐之。漆可用，故割之。人皆知有用之用，而莫知无用之用也。

❶【莫之知眞】底本「眞」作「避」，據釋文所校之舊本改。
❷【已乎已乎】底本「已」作「己」，據趙諫議本、呂惠卿本、林希逸本改。

莊子內篇　德充符第五

魯有介者王駘，❶①從之遊者，與仲尼相若。常季問於仲尼，曰：「王駘，介者也，從之遊者，與夫子中分魯；立不教，坐不議；虛而往，實而歸。固有不言之教，无形而心成者邪？是何人也？」仲尼曰：「夫子，聖人也，丘也直後而未往耳！丘將以爲師，而況不若丘者乎？奚假魯國，丘將引天下而與從之。」常季曰：「彼介者也，而王先生，其與庸亦遠矣。若然者，其用心也獨若之何？」仲尼曰：「死生亦大矣，而不得與之變，雖天地覆墜，②亦將不與之遺，審乎无假，而不與物遷，命物之化，而守其宗也。」③常季曰：「何謂也？」仲尼曰：「自其異者視之，肝膽楚、越也。自其同者視之，萬物皆一也。夫若然者，且不知耳目之所宜，而遊心乎德之和。物視其所一，而不見其所喪，視

❶【魯有介者王駘】底本「介」作「兀」，據釋文及養生主改。本篇所有「兀」字皆改作「介」。

物喪其足，猶遺土也。」常季曰：「彼爲己，以其知得其心，以其心得其常心。物何爲最之哉？」④仲尼曰：「人莫鑑於流水，⑤而鑑於止水。唯止，能止衆止。受命於地，唯松柏獨也在，冬夏青青；受命於天，唯舜獨也正，幸能正生，以正衆生。⑥夫保始之徵，不懼之實，勇士一人，雄入於九軍。將求名而能自要者，而猶若是，而況官天地，府萬物，直寓六骸，象耳目，一知之所知，而心未嘗死者乎？彼且擇日而登假，人則從是也，⑦彼且何肯以物爲事乎？」

申徒嘉，介者也，而與鄭子產同師於伯昏无人。⑧子產謂申徒嘉曰：「我先出則子止，子先出則我止。」其明日，又與合堂同席而坐。子產謂申徒嘉曰：「我先出則子止，子先出則我止。今我將出，子可以止乎？其未邪？且子見執政而不違，子齊執政乎？」申徒嘉曰：「先生之門，⑨固有執政焉如此哉？子而悅子之執政，而後人者也。聞之曰：『鑑明則塵垢不止，止則不明也。久與賢人處則无過。』今子之所取大者，先生也，而猶出言若是，不亦過乎？」子產曰：「子既若是矣，猶與堯爭善。計子之德，不足以自反邪？」⑩申徒嘉曰：「自狀其過，以不當亡者衆；不狀其過，以不當存者寡。知不可奈何而安之若命，唯有德者能之。遊於羿之彀中，中央者，中地也，然而不中者，命也。⑪人以其全足，笑吾不全足者，衆矣，我怫然而怒，而適先生之所，則廢然而反，不知先生之洗我以善邪？⑫吾與夫子遊，十九年矣，⑬而未嘗知吾介者也。⑭今子與我遊於形骸之內，而子索我於形骸之外，不亦過乎？」子產蹵然，改容更貌，曰：「子无乃稱！」

魯有介者叔山无趾，踵見仲尼。仲尼曰：「子不謹，前既犯患若是矣，⑮雖今來，何及矣？」无趾曰：「吾唯不知務而輕用吾身，吾是以亡足。今吾來也，猶有尊足者存，吾是以務全之也。夫天无不覆，地无不載，吾以夫子爲天地，安知夫子之猶若是也！」孔子曰：「丘則陋矣！夫子胡不入乎？請講以所聞。」无趾出。孔子曰：「弟子勉之！夫无趾，介者也，猶務學，以復補前行之惡，而況全德之人乎？」无趾語老聃曰：「孔丘之於至人，其未邪？⑯彼何賓賓以學子爲？彼且蘄以諔詭幻怪之名聞，⑰不知至人之以是爲己桎梏邪？」老聃曰：「胡不直使彼以死生爲一條，以可不可爲一貫者，解其桎梏，其可乎？」无趾曰：「天刑之，安可解？」

魯哀公問於仲尼，曰：「衛有惡人焉，曰哀駘它。丈夫與之處者，思而不能去也；婦人見之，請於父母曰『與爲人妻，寧爲夫子妾』者，十數而未止也。未嘗有聞其唱者也，常和人而已矣。无君人之位以濟乎人之死，无聚祿以望人之腹，又以惡駭天下，[18]和而不唱，知不出乎四域，且而雌雄合乎前，是必有異乎人者也。寡人召而觀之，果以惡駭天下。與寡人處，不至以月數，而寡人有意乎其爲人也；不至乎期年，而寡人信之。國无宰，寡人傳國焉。悶然而後應，氾若而辭。❶[19]寡人醜乎，卒授之國。无幾何也，去寡人而行。寡人卹焉，[20]若有亡也，若无與樂是國也。是何人者也？」仲尼曰：「丘也嘗使於楚矣，[21]適見豚子食於其死母者，[22]少焉眴若，[23]皆棄之而走，不見己焉爾，不

❶【氾若而辭】底本「若而」作「而若」，據趙諫議本改。底本「氾」作「汜」，據釋文之音義改；同偏旁者同此改；天下「氾愛」同此改。

得類焉爾。所愛其母者，非愛其形也，愛使其形者也。戰而死者，其人之葬也，不以翣資，㉔刖者之屨，无爲愛之，皆无其本矣。爲天子之諸御，不爪翦，不穿耳，取妻者止於外，不得復使。㉕形全，猶足以爲爾，而況全德之人乎？今哀駘它，未言而信，无功而親，使人授己國，唯恐其不受也，是必才全而德不形者也。」哀公曰：「何謂才全？」仲尼曰：「死生、存亡、窮達、貧富、賢不肖、❶㉖毁譽、飢渴、寒暑，是事之變，命之行也，日夜相代乎前，而知不能規乎其始者也，故不足以滑和，不可入於靈府。使之和豫通，而不失於兑，㉗使日夜无郤，㉘而與物爲春，是接而生時乎心者也，是之謂才全。」「何謂德不形？」曰：「平者，水停之盛也，其可以爲法也，内保之而外不蕩也。德者，成和之脩也。德不形者，物不能離也。」哀公異日以告閔子，曰：「始也，吾以南面而君天下，執民之紀，而憂其死，吾自以爲至通矣。今吾聞至人之言，恐吾无其實，輕用吾身，而亡吾國。吾與孔丘，非君臣也，德友而已矣！」

---

❶【賢不肖】底本作「賢與不肖」，據趙諫議本删「與」字。

闉跂支離无脤說衛靈公，靈公悅之，而視全人，其脰肩肩。甕㼜大癭說齊桓公，❶㉙桓公悅之，而視全人，其脰肩肩。故德有所長，而形有所忘。人不忘其所忘，而忘其所不忘，此謂誠忘。故聖人有所遊，而知爲孽，約爲膠，德爲接，工爲商。聖人不謀，惡用知？不斲，惡用膠？无喪，惡用德？不貨，惡用商？四者，天鬻也。天鬻也者，天食也。既受食於天，又惡用人？有人之形，无人之情。有人之形，故羣於人。无人之情，故是非不得於身。眇乎小哉，所以屬於人也；謷乎大哉，獨成其天。㉚

惠子謂莊子曰：「人故无情乎？」莊子曰：「然。」惠子曰：「人而无情，何以謂之人？」莊子曰：「道與之貌，天與之形，惡得不謂之人？」惠子曰：「既謂之人，惡得无情？」莊子曰：「是非吾所謂情也。吾所謂无情者，言人之不以好惡內傷其身，常因自然，而不益生也。」惠子曰：「不益生，何以有其身？」莊子

❶【甕㼜大癭】底本「癭」作「廮」，據眾校本及釋文改。

曰：「道與之貌，天與之形，无以好惡內傷其身。今子外乎子之神，勞乎子之精，倚樹而吟，據槁梧而瞑。㉛天選子之形，子以堅白鳴。」

南華眞經卷第三

莊子內篇　大宗師第六

知天之所爲，知人之所爲者，至矣！知天之所爲者，天而生也；① 知人之所爲者，以其知之所知，以養其知之所不知，終其天年，而不中道夭者，是知之盛也。雖然，有患。夫知有所待而後當，其所待者，特未定也。庸詎知吾所謂天之非人乎？所謂人之非天乎？且有眞人，而後有眞知。

何謂眞人？古之眞人，不逆寡，不雄成，不謩士。若然者，過而弗悔，當而不自得也。若然者，登高不慄，入水不濡，入火不熱，是知之能登假於道也若此。② 古之眞人，其寢不夢，其覺无憂，其食不甘，其息深深。眞人之息以踵，衆人之息以喉。屈服者，其嗌言若哇。其耆欲深者，其天機淺。古之眞人，不知悅生，不知惡死，其出不訢，其入不距，③ 翛然而往，④ 翛然而來，而已矣；不忘其所始，不求其所終，受而喜之，忘而復之，是之謂不以心捐道，⑤不以人助天，是之謂眞人。若然者，其心志，其容寂，⑥其顙頯，⑦淒然似秋，煖然似春，喜怒通四時，與物有宜，而莫知其極。故聖人之用兵也，亡國而不失人心，利澤施乎萬世，不爲愛人。故樂通物，非聖人也；有親，非仁也；天時，非賢也；利害不通，非君子也；行名失己，非士也；亡身不眞，非役人也。若狐不偕、務光、伯夷、叔齊、箕子、胥餘、紀他、申徒狄，⑧是役人之役，適人之適，而不自適其適者也。古之眞人，其狀，義而不朋，若不足而不承，與乎其觚而不堅也，張乎其虛而不華也，邴邴乎其似喜乎，崔乎其不得已乎，滀乎進我色也，與乎止我德也，厲乎其似世乎，⑨謷乎其未可制也，連乎其似好閉也，悗乎忘其言也。⑩以刑爲體，以禮爲翼，以知爲時，以德爲循。⑪以刑爲體者，綽乎其殺也；⑫以禮爲翼者，所以行於世也；以知爲時者，不得已於事也；以德爲循者，言其與有足者至於丘也，而人眞以爲勤行者也。故其好之也一，其弗好之也一。其一也一，其不一也一。其一，與天爲徒；其不一，與人爲徒。天與人不相勝也。是之謂眞人。

死生，命也；其有夜旦之常，⑬天也。人之有所不得與，皆物之情也。彼特以天爲父，而身猶愛之，而況其卓乎？人特以有君爲愈乎己，而身猶死之，而況其眞乎？泉涸，魚相與處於陸，相呴以濕，相濡以沫，❶⑭不如相忘於江湖。與其譽堯而非桀也，不如兩忘而化其道。夫大塊，載我以形，勞我以生，佚我以老，息我以死，故善吾生者，乃所以善吾死也。夫藏舟於壑，藏山於澤，謂之固矣，然而夜半有力者負之而走，昧者不知也。藏小大有宜，猶有所遯。若夫藏天下於天下，而不得所遯，是恆物之大情也。特犯人之形，而猶喜之；若人之形者，萬化而未始有極也，其爲樂，可勝計邪？故聖人將遊於物之所不得遯，而皆存。善夭善老，⑮善始善終，人猶效之，又況萬物之所係，而一化之所待乎？

夫道，有情有信，无爲无形，可傳而不可受，可得而不可見，自本自

❶【相濡以沫】底本「沫」作「沬」，據衆校本及釋文改。天運「相濡以沫」同此改。

根，未有天地，自古以固存，神鬼神帝，生天生地，在太極之先而不爲高，⑯在六極之下而不爲深，先天地生而不爲久，長於上古而不爲老。狶韋氏得之，以挈天地；伏戲得之，⑰以襲氣母；維斗得之，終古不忒；⑱日月得之，終古不息；堪坏得之，⑲以襲崐崘；⑳馮夷得之，以遊大川；㉑肩吾得之，以處大山；㉒黄帝得之，以登雲天；顓頊得之，以處玄宫；禺強得之，立乎北極；西王母得之，坐乎少廣，莫知其始，莫知其終；彭祖得之，上及有虞，下及五伯；傅說得之，以相武丁，奄有天下，乘東維，騎箕尾，而比於列星。㉓

南伯子葵問乎女偊曰：「子之年長矣，而色若孺子，㉔何也？」曰：「吾聞道矣。」南伯子葵曰：「可得學邪？」㉕曰：「惡！惡可？子非其人也。夫卜梁倚有聖人之才而无聖人之道，我有聖人之道而无聖人之才。吾欲以教之，庶幾其果爲聖人乎？不然，以聖人之道，告聖人之才，亦易矣，吾猶守而告之，參日而後能外天下；㉖已外天下矣，吾又守之，七日而後能外物；已外物矣，吾又守之，九日而後能外生；已外生矣，而後能朝徹；朝徹而後能見獨，見獨而後能无古今，无古今而後能入於不死不生。殺生者不死，㉗生生者不生。其爲物，无不將也，无不迎也，无不毁也，无不成也，其名爲攖寧。攖寧也者，攖而後成者也。」南伯子葵曰：「子獨惡乎聞之？」曰：「聞諸副墨之子，副墨之子聞諸洛誦之孫，洛誦之孫聞之瞻明，瞻明聞之聶許，聶許聞之需役，需役聞之於謳，於謳聞之玄冥，玄冥聞之參寥，參寥聞之疑始。」

子祀、子輿、㉘子犁、子來四人相與語曰：「孰能以无爲首，以生爲脊，以死爲尻？孰知死生存亡之一體者，吾與之友矣！」四人相視而笑，莫逆於心，遂相與爲友。㉙俄而子輿有病，子祀往問之。曰：「偉哉！夫造物者將以予爲此拘拘也！」㉚曲僂發背，上有五管，頤隱於齊，肩高於頂，㉛句贅指天，陰陽之氣有沴。㉜其心閒而无事，㉝跰𨇤而鑑于井，㉞曰：「嗟乎！㉟夫造物者又將以予爲此拘拘也！」子祀曰：「汝惡之乎？」曰：「亡，予何惡？㊱浸假而化予之左臂以爲雞，予因以時夜；❶㊲浸假而化予之右臂以爲彈，予因以求鴞炙；浸假而

❶【予因以時夜】　底本「時夜」作「求時夜」，據釋文所校之某本删「求」字。

化予之尻以爲輪，以神爲馬，予因而乘之，豈更駕哉？且夫得者時也，失者順也，安時而處順，哀樂不能入也，此古之所謂縣解也。而不能自解者，物有結之。且夫物不勝天，久矣，吾又何惡焉？」俄而子來有病，喘喘然將死，㊳其妻子環而泣之。犂往問之，曰：「叱避，无怛化。」㊴倚其戶，與之語曰：「偉哉！造化又將奚以汝爲？將奚以汝適？以汝爲鼠肝乎？以汝爲蟲臂乎？」㊵子來曰：「父母於子，東西南北，唯命之從。陰陽於人，不翅於父母。彼近吾死，而我不聽，我則捍矣，㊶彼何罪焉？夫大塊，載我以形，勞我以生，佚我以老，息我以死，故善吾生者，乃所以善吾死也。今大冶鑄金，金踊躍，曰：『我且必爲鏌鋣！』大冶必以爲不祥之金。今一犯人之形，而曰『人耳人耳』！夫造化者必以爲不祥之人。今一以天地爲大鑪，以造化爲大冶，惡乎往而不可哉？」成然寐，蘧然覺，發然汗出。❶㊷

子桑戶、孟子反、子琴張三人相與友，曰：「孰能相與於无相與，相爲於无

❶【發然汗出】底本無「發然汗出」一句，據釋文所校之向秀本、崔譔本補。

相爲？孰能登天遊霧，撓挑无極，㊸相忘以生，无所終窮？」三人相視而笑，莫逆於心，遂相與友。莫然有閒，㊹而子桑戶死，未葬。孔子聞之，使子貢往待事焉。㊺或編曲，或鼓琴，相和而歌曰：「嗟來桑戶乎！嗟來桑戶乎！而已反其眞，而我猶爲人猗！」㊻子貢趨而進，曰：「敢問：臨尸而歌，禮乎？」二人相視而笑，曰：「是惡知禮意？」子貢反以告孔子，曰：「彼何人者邪？脩行无有，而外其形骸，臨尸而歌，顏色不變，无以命之。彼何人者邪？」孔子曰：「彼，遊方之外者也；而丘，遊方之內者也。外內不相及，而丘使汝往弔之，㊼丘則陋矣！彼方且與造物者爲人，而遊乎天地之一氣。彼以生爲附贅縣疣，以死爲決疣潰癰。夫若然者，又惡知死生先後之所在？假於異物，託於同體，㊽忘其肝膽，遺其耳目，反覆終始，不知端倪，㊾芒然彷徨乎塵垢之外，㊿逍遙乎无爲之業。彼又惡能憒憒然，㊿爲世俗之禮，以觀眾人之耳目哉？」子貢曰：「然則夫子何方之依？」曰：「丘，天之戮民也。雖然，吾與汝共之。」子貢曰：「敢問其方？」孔子曰：「魚相造乎水，人相造乎道。相造乎水者，穿池而養給；㊷相造乎道者，无事而生定。故曰：魚相忘乎江湖，人相忘乎道術。」子貢曰：「敢問畸人？」曰：「畸人者，畸於人而侔於天。故曰：天之小人，人之君子；人之君子，天之小人也。」

顏回問仲尼，曰：「孟孫才，[53]其母死，哭泣无涕，中心不慼，居喪不哀，无是三者，以善喪蓋魯國。[54]固有无其實而得其名者乎？回壹怪之。」仲尼曰：「夫孟孫氏，盡之矣，進於知矣；唯簡之而不得，夫已有所簡矣。孟孫氏，不知所以生，不知所以死，不知就先，不知就後，若化爲物，以待其所不知之化已乎！且方將化，惡知不化哉？方將不化，惡知已化哉？吾特與汝，其夢未始覺者邪？且彼有駭形而无損心，[55]有旦宅而无情死。[56]孟孫氏特覺，人哭亦哭，是自其所以乃，[57]且也相與『吾之』耳矣。庸詎知吾所謂『吾之』乎？且汝夢爲鳥而厲乎天，夢爲魚而沒於淵。不識今之言者，其覺者乎，其夢者乎？造適不及笑，獻笑不及排，安排而去化，乃入於寥天一。」[58]

意而子見許由，許由曰：「堯何以資汝？」意而子曰：「堯謂我：『汝必躬服仁義，而明言是非。』」許由曰：「而奚來爲軹？夫堯既已黥汝以仁義，而劓汝以是非矣，汝將何以遊夫遙蕩恣睢轉徙之塗乎？」意而子曰：「雖然，吾願遊於其藩。」許由曰：「不然。夫盲者无以與乎眉目顏色之好，⑲瞽者无以與乎青黃黼黻之觀。」意而子曰：「夫无莊之失其美，據梁之失其力，黃帝之亡其知，皆在鑪捶之間耳。❶⑳庸詎知夫造物者之不息我黥而補我劓，使我乘成以隨先生邪？」許由曰：「噫！未可知也。㉑我爲汝言其大略：吾師乎！吾師乎！𩐋萬物而不爲戾，❷㉒澤及萬世而不爲仁，㉓長於上古而不爲老，覆載天地、刻彫衆形而不爲巧。此所遊已！」

顏回曰：「回益矣。」仲尼曰：「何謂也？」曰：「回忘仁義矣。」曰：「可矣，猶未也。」它日復見，㉔曰：「回益矣。」曰：「何謂也？」曰：「回忘禮樂矣。」曰：「可矣，猶未也。」它日復見，曰：「回益矣。」曰：「何謂也？」曰：「回坐忘

❶【皆在鑪捶之間耳】底本「捶」作「錘」，據續古逸本及釋文改。
❷【𩐋萬物而不爲戾】底本「戾」作「義」，據天道改。

矣。」仲尼蹵然曰：「何謂坐忘？」顏回曰：「墮枝體，⑥⑤黜聰明，離形去知，同於大通，⑥⑥此謂坐忘。」仲尼曰：「同則无好也，化則无常也。⑥⑦而果其賢乎？丘也請從而後也。」⑥⑧

子輿與子桑友，⑥⑨而淋雨十日。⑦⓪子輿曰：「子桑殆病矣。」裹飯而往食之，⑦①至子桑之門，則若歌若哭，鼓琴曰：「父邪？母邪？天乎？人乎？」有不任其聲而趨舉其詩焉。子輿入，曰：「子之歌詩，何故若是？」曰：「吾思夫使我至此極者，而弗得也。父母豈欲吾貧哉？天无私覆，地无私載，天地豈私貧我哉？求其爲之者，而不得也。然而至此極者，命也夫！」

莊子內篇　應帝王第七

齧缺問於王倪，四問而四不知。齧缺因躍而大喜，行以告蒲衣子。蒲衣子曰：「而乃今知之乎！有虞氏不及泰氏。有虞氏，其猶臧仁以要人，①亦得人矣，而未始出於非人。泰氏，②其臥徐徐，其覺于于，③一以己爲馬，一以己爲牛，其知情信，其德甚眞，而未始入於非人。」

肩吾見狂接輿。狂接輿曰：「日中始何以語汝？」④肩吾曰：「告我：君人者，以己出經，式義度人，孰敢不聽而化諸？」⑤狂接輿曰：⑥「是欺德也。其於治天下也，猶涉海鑿河而使蚊負山也。⑦夫聖人之治也，治外乎？正而後行，確乎能其事者而已矣。⑧且鳥高飛以避矰弋之害，⑨鼷鼠深穴乎神丘之下以避熏鑿之患，⑩而曾二蟲之无知！」

天根遊於殷陽，⑪至蓼水之上，適遭无名人而問焉，曰：「請問爲天下？」无名人曰：「去！汝鄙人也！何問之不豫也！予方將與造物者爲人，厭則又乘夫莽眇之鳥，⑫以出六極之外，而遊无何有之鄉，以處壙埌之野。⑬汝又何寱以治天下感予之心爲？」❶⑭又復問，无名人曰：「汝遊心於淡，合氣於漠，順物自然，而无容私焉，而天下治矣。」

陽子居見老聃，曰：「有人於此，嚮疾彊梁，⑮物徹疏明，學道不勌。如是者，可比明王乎？」老聃曰：「是於聖人也，胥易技係，⑯勞形怵心者也。且也虎豹之文來田，猨狙之便執，斄之狗來藉。⑰如是者，可比明王乎？」陽子居蹵然曰：「敢問明王之治？」老聃曰：「明王之治，功蓋天下而似不自己，化貸萬物而民弗恃，有莫舉名，使物自喜，立乎不測，而遊於无有者也。」

鄭有神巫曰季咸，知人之死生、存亡、禍福、壽夭，期以歲月旬日，若神。鄭人見之，皆棄而走。列子見之而心醉，歸以告壺子，曰：「始吾以夫子之道爲至矣，則又有至焉者矣。」壺子曰：「吾與汝，既其文，未既其實。⑱而固得道與？衆雌而无雄，而又奚卵焉？而以道與世亢，必信夫，故使人得而相汝。⑲

❶【汝又何寱】底本「寱」作「帠」，據釋文所校之一本改。

嘗試與來，以予示之。」⑳明日，列子與之見壺子。出而謂列子曰：「嘻！子之先生死矣！弗活矣！不以旬數矣！吾見怪焉，見濕灰焉。」列子入，泣涕沾襟以告壺子。壺子曰：「鄉吾示之以地文，㉑萌乎不震不正。㉒是殆見吾杜德機也。嘗又與來。」明日又與之見壺子。出而謂列子曰：「幸矣！子之先生遇我也，有瘳矣！全然有生矣！吾見其杜權矣！」列子入，以告壺子。壺子曰：「鄉吾示之以天壤，名實不入，而機發於踵。是殆見吾善者機也。嘗又與來。」明日又與之見壺子。出而謂列子曰：「子之先生不齊，㉓吾无得而相焉。試齊，且復相之。」列子入，以告壺子。壺子曰：「吾鄉示之以太沖莫勝。是殆見吾衡氣機也。鯢桓之審爲淵，㉔止水之審爲淵，流水之審爲淵。淵有九名，此處三焉。嘗又與來。」明日又與之見壺子。立未定，自失而走。壺子曰：「追之！」列子追之不及，反以報壺子，曰：「已滅矣，已失矣，吾弗及已。」壺子曰：「鄉吾示之以未始出吾宗。吾與之虛而委蛇，不知其誰何，因以爲弟靡，㉕因以爲波流。㉖故逃也。」然後列子自以爲未始學。而歸，三年不出，爲其妻爨，食豕如食人，於事无與親，彫琢復朴，㉗塊然獨以其形立，紛而封哉，㉘一以是終。无爲名尸，无爲謀府，无爲事任，无爲知主。體盡无窮，而遊无朕，盡其所受乎天，而无見得，亦虚而已。至人之用心若鏡，不將不迎，應而不藏，㉙故能勝物而不傷。

南海之帝爲儵，北海之帝爲忽，中央之帝爲渾沌。儵與忽時相與遇於渾沌之地，渾沌待之甚善。儵與忽謀報渾沌之德，曰：「人皆有七竅，以視聽食息，此獨无有，嘗試鑿之。」日鑿一竅，七日而渾沌死。

南華眞經卷第四

莊子外篇　駢拇第八

駢拇枝指，出乎性哉，而侈於德；附贅縣疣，出乎形哉，而侈於性。多方乎仁義而用之者，列於五藏哉，而非道德之正也。是故，駢於足者，連无用之肉也；枝於手者，樹无用之指也；多方駢枝於五藏之情者，淫僻於仁義之行，①而多方於聰明之用也。②是故，駢於明者，亂五色，淫文章，青黄黼黻之煌煌，③非乎？而離朱是已。多於聰者，亂五聲，淫六律，④金石絲竹、黄鍾大吕之聲，非乎？而師曠是已。枝於仁者，擢德塞性，以收名聲，使天下簧鼓，❶⑤以奉不及之法，非乎？而曾、史是已。駢於辯者，纍瓦、結繩、竄句，⑥遊心於堅白同異之間，而敝跬譽无用之言，⑦非乎？而楊、墨是已。故此皆多駢旁枝之道，非天下

❶【使天下簧鼓】底本「鼓」作「皷」，據續古逸本、林希逸本、黑水城本及釋文改。

之至正也。

彼正正者，不失其性命之情，故合者不爲駢，而枝者不爲跂，⑧長者不爲有餘，短者不爲不足。是故，鳧脛雖短，⑨續之則憂，鶴脛雖長，斷之則悲。故性長非所斷，性短非所續，无所去憂也。意仁義其非人情乎？⑩彼仁人何其多憂也！且夫駢於拇者，決之則泣；枝於手者，齕之則啼。⑪二者，或有餘於數，或不足於數，其於憂，一也。今世之仁人，蒿目而憂世之患；不仁之人，決性命之情而饕貴富。故意仁義其非人情乎！自三代以下者，天下何其囂囂也！且夫待鉤繩規矩而正者，是削其性也；待繩約膠漆而固者，是侵其德也；屈折禮樂，⑫呴俞仁義，⑬以慰天下之心者，此失其常然也。天下有常然。常然者，曲者不以鉤，直者不以繩，圓者不以規，方者不以矩，附離不以膠漆，約束不以纆索。⑭故天下誘然皆生，而不知其所以生，同焉皆得，而不知其所以得，故古今不二，不可虧也，則仁義又奚連連如膠漆纆索，而遊乎道德之間爲哉？使天下惑也！

夫小惑易方，大惑易性。何以知其然邪？自虞氏招仁義以撓天下也，天下莫不奔命於仁義。是非以仁義易其性與？故嘗試論之：自三代以下者，天下莫不以物易其性矣。小人則以身殉利，士則以身殉名，大夫則以身殉家，聖人則以身殉天下。故此數子者，事業不同，名聲異號，其於傷性，以身爲殉，一也。臧與穀，⑮二人相與牧羊，而俱亡其羊。問臧奚事，則挾筴讀書；⑯問穀奚事，則博塞以遊。二人者，事業不同，其於亡羊，均也。伯夷死名於首陽之下，盜跖死利於東陵之上。二人者，所死不同，其於殘生傷性，均也，奚必伯夷之是，而盜跖之非乎？天下盡殉也。彼其所殉，⑰仁義也，則俗謂之君子；其所殉，貨財也，則俗謂之小人。其殉，一也，則有君子焉，有小人焉。若其殘生損性，則盜跖亦伯夷已，又惡取君子小人於其間哉？⑱

且夫屬其性乎仁義者，雖通如曾、史，非吾所謂臧也；⑲屬其性於五味，雖通如俞兒，非吾所謂臧也；屬其性乎五聲，雖通如師曠，非吾所謂聰也；屬其性乎五色，雖通如離朱，非吾所謂明也。吾所謂臧，⑳非仁義之謂也，臧於其德而已矣；吾所謂臧者，非所謂仁義之謂也，任其性命之情而已矣；吾所謂聰者，非謂其聞彼也，自聞而已矣；吾所謂明者，非謂其見彼也，自見而已矣。夫不自見而見彼，不自得而得彼者，是得人之得而不自得其得者也，適人之適而不自適其適者也。夫適人之適而不自適其適，雖盜跖與伯夷，是同爲淫僻也。余愧乎道德，[21]是以上不敢爲仁義之操，而下不敢爲淫僻之行也。

莊子外篇　馬蹄第九

馬，蹄可以踐霜雪，毛可以禦風寒，①齕草飲水，翹足而陸，②此馬之眞性也，雖有義臺路寢，③无所用之。及至伯樂，曰：「我善治馬。」燒之，剔之，④刻之，雒之，⑤連之以羈馽，⑥編之以皁棧，馬之死者十二三矣。飢之渴之，馳之驟之，整之齊之，前有橛飾之患，⑦而後有鞭筴之威，而馬之死者已過半矣。陶者曰：「我善治埴，⑧圓者中規，方者中矩。」匠人曰：「我善治木，曲者中鉤，直者應繩。」夫埴木之性，豈欲中規矩鉤繩哉？然且世世稱之曰：「伯樂善治馬，而陶匠善治埴木。」此亦治天下者之過也。

吾意善治天下者不然。彼民有常性，織而衣，耕而食，是謂同德；一而不黨，命曰天放。⑨故至德之世，其行塡塡，其視顚顚。⑩當是時也，山无蹊隧，澤无舟梁，萬物羣生，連屬其鄉，禽獸成羣，草木遂長，是故禽獸可係羈而遊，烏鵲之巢可攀援而闚。⑪夫至德之世，同與禽獸居，族與萬物並，惡乎知君子小人哉？同乎无知，其德不離，同乎无欲，是謂素樸，素樸而民性得矣。及至聖人，蹩躠爲仁，踶跂爲義，⑫而天下始疑矣；澶漫爲樂，⑬摘僻爲禮，❶⑭而天下始分矣。故純樸不殘，孰爲犧樽？⑮白玉不毁，孰爲珪璋？道德不廢，安取仁義？情性不離，❷⑯安用禮樂？五色不亂，孰爲文采？五聲不亂，孰應六律？

夫殘樸以爲器，工匠之罪也；毁道德以爲仁義，聖人之過也。夫馬，陸居則食草飲水，喜則交頸相靡，怒則分背相踶，馬知已此矣。夫加之以衡枙，❸⑰齊之以月題，而馬知介倪、闉枙、鷙曼、❹⑱詭銜、竊轡，故馬之知而能至盗者，伯樂之罪也。夫赫胥氏之時，⑲民居不知所爲，行不知所之，含哺而

❶【摘僻爲禮】　底本「擿」作「摘」，據釋文所校之李頤本、崔譔本及敦煌音義改。

❷【情性不離】　底本「情性」作「性情」，據釋文改。

❸【加之以衡枙】　底本「枙」作「扼」，據敦煌音義及日本室町舊鈔本改。下「闉枙」同此改。

❹【鷙曼】　底本「鷙」作「鷙」，據釋文改。

熙，鼓腹而遊，民能以此矣。及至聖人屈折禮樂以匡天下之形，縣企仁義以慰天下之心，❶[20]而民乃始踶跂好知，爭歸於利，不可止也，此亦聖人之過也。

❶【縣企仁義】 底本「企」作「跂」，據釋文改。

莊子外篇　胠篋第十

將爲胠篋探囊發匱之盜而爲守備，則必攝緘縢，①固扃鐍，②此世俗之所謂知也。然而巨盜至，則負匱揭篋擔囊而趨，③唯恐緘縢扃鐍之不固也。然則向之所謂知者，④不乃爲大盜積者也？

故嘗試論之：世俗所謂知者，有不爲大盜積者乎？所謂聖者，有不爲大盜守者乎？何以知其然邪？昔者齊國，鄰邑相望，雞狗之音相聞，罔罟之所布，耒耨之所刺，❶⑤方二千餘里，闔四境之內，所以立宗廟社稷，治邑屋州閭鄉曲者，曷嘗不法聖人哉？⑥然而田成子，一旦殺齊君而盜其國，⑦所盜者，豈獨其國邪？幷與其聖知之法而盜之。故田成子，有乎盜賊之名，而身處堯、舜之安，小國不敢非，大國不敢誅，十二世有齊國，⑧則是不乃竊齊國，幷與其聖知之法，以守其盜賊之身乎？

❶【耒耨之所刺】　底本「刺」作「剌」，據釋文之音義改；同偏旁字同此改。

嘗試論之：世俗之所謂至知者，有不爲大盜積者乎？所謂至聖者，有不爲大盜守者乎？何以知其然邪？昔者龍逢斬，比干剖，⑨萇弘胣，⑩子胥靡，故四子之賢，而身不免乎戮。故跖之徒，問於跖曰：「盜亦有道乎？」跖曰：「何適而无有道邪？夫妄意室中之藏，聖也；入先，勇也；出後，義也；知可否，知也；⑪分均，仁也。五者不備，而能成大盜者，天下未之有也。」由是觀之，善人不得聖人之道，不立；跖不得聖人之道，不行。天下之善人少，而不善人多，則聖人之利天下也少，而害天下也多。故曰：「脣竭則齒寒，魯酒薄而邯鄲圍，聖人生而大盜起。」

掊擊聖人，縱舍盜賊，而天下始治矣。夫川竭而谷虛，丘夷而淵實，聖人已死，則大盜不起，天下平而无故矣。聖人不死，大盜不止。雖重聖人而治天下，則是重利盜跖也。爲之斗斛以量之，則幷與斗斛而竊之；爲之權衡以稱之，則幷與權衡而竊之；爲之符璽以信之，則幷與符璽而竊之；爲之仁義以矯之，則幷與仁義而竊之。何以知其然邪？彼竊鉤者誅，竊國者爲諸侯，諸侯之門而義士存焉，❶⑫則是非竊仁義聖知邪？故逐於大盜，揭諸侯，竊仁義，并斗斛權衡符璽之利者，雖有軒冕之賞，弗能勸，斧鉞之威，弗能禁。此重利盜跖而使不可禁者，是乃聖人之過也。故曰：「魚不可脱於淵，國之利器不可以示人。」

彼聖人者，天下之利器也，非所以明天下也。故絶聖棄知，⑬大盜乃止；擿玉毁珠，小盜不起；焚符破璽，⑭而民朴鄙；掊斗折衡，而民不爭；殫天下之法，❷⑮而民始可與論議。擢亂六律，鑠絶竽瑟，⑯塞瞽曠之耳，⑰而天下始人含其聰矣。滅文章，散五采，膠離朱之目，而天下始人含其明矣。毁絶鉤繩，而棄規矩，攦工倕之指，而天下始人有其巧矣。⑱故曰：「大巧若拙。」削曾、史之行，鉗楊、墨之口，⑲攘棄仁義，而天下之德始玄同矣。彼人含其明，則天下不鑠矣；人含其聰，則天下不累矣；人含其知，則天下不惑

❶【諸侯之門而義士存焉】　底本「義士」作「仁義」，據郭店楚簡語叢四第八簡及盜跖改。

❷【殫天下之法】　底本作「殫殘天下之聖法」，據敦煌音義删「殘」「聖」兩字。

矣；[20]人含其德，則天下不僻矣。彼曾、史、楊、墨、師曠、工倕、離朱者，皆外立其德，而以爚亂天下者也，法之所无用也。

子獨不知至德之世乎？昔者容成氏、大庭氏、伯皇氏、中央氏、栗陸氏、驪畜氏、[21]軒轅氏、赫胥氏、尊盧氏、祝融氏、伏戲氏、[22]神農氏，當是時也，民結繩而用之，甘其食，美其服，樂其俗，安其居，鄰國相望，雞狗之音相聞，民至老死而不相往來。[23]若此之時，[24]則至治已。今遂至使民延頸舉踵，曰：「某所有賢者」，贏糧而趣之，則內棄其親，而外去其主之事，足跡接乎諸侯之境，車軌結乎千里之外，則是上好知之過也。

上誠好知而无道，則天下大亂矣。何以知其然邪？夫弓弩、畢弋、機變之知多，則鳥亂於上矣；鉤餌、罔罟、[25]罾笱之知多，則魚亂於水矣；削格、羅落、罝罘之知多，[26]則獸亂於澤矣；知詐漸毒、頡滑堅白、解垢同異之變多，則俗惑於辯矣。故天下每每大亂，罪在於好知。故天下皆知求其所不知，而莫知求其所已知者，皆知非其所不善，而莫知非其所已善者，[27]是以大亂。故上悖日月之明，下爍山川之精，㉘中墮四時之施，惴耎之蟲，㉙肖翹之物，莫不失其性。甚矣，夫好知之亂天下也，自三代以下者是已！舍夫種種之民，而悅夫役役之佞，釋夫恬淡无爲，❶㉚而悅夫啍啍之意，㉛啍啍已亂天下矣！

❶【釋夫恬淡无爲】　底本「淡」作「惔」，據續古逸本及天道改。刻意「恬淡寂漠」同此改。

莊子外篇　在宥第十一

聞在宥天下，不聞治天下也。在之也者，恐天下之淫其性也；宥之也者，恐天下之遷其德也。天下不淫其性，不遷其德，有治天下者哉？①昔堯之治天下也，使天下欣欣焉，人樂其性，是不恬也；桀之治天下也，使天下瘁瘁焉，②人苦其性，是不愉也。夫不恬不愉，非德也。非德也，而可長久者，天下无之。

人大喜，邪毗於陽；大怒，邪毗於陰。③陰陽并毗，四時不至，寒暑之和不成，其反傷人之形乎！使人喜怒失位，居處无常，思慮不自得，中道不成章，於是乎天下始喬詰卓鷙，而後有盜跖、曾、史之行。故舉天下以賞其善者，不足；舉天下以罰其惡者，不給：故天下之大，不足以賞罰。自三代以下者，匈匈焉，終以賞罰爲事，彼何暇安其性命之情哉？而且悅明邪？是淫於色也。悅聰邪？是淫於聲也。悅仁邪？是亂於德也。悅義邪？是悖於理也。

悦禮邪？是相於技也。悦樂邪？是相於淫也。悦聖邪？是相於藝也。悦知邪？是相於疵也。天下將安其性命之情，之八者，存，可也，亡，可也。天下將不安其性命之情，之八者，乃始臠卷傖囊而亂天下也，④而天下乃始尊之惜之。甚矣，天下之惑也！豈直過也而去之邪？⑤乃齊戒以言之，⑥跪坐以進之，鼓歌以儛之。吾若是何哉？故君子不得已而臨莅天下，莫若无爲。无爲也，而後安其性命之情。故貴爲身於爲天下，❶則可以託天下；愛以身爲天下，❷則可以寄天下。⑦故君子苟能无解其五藏，无擢其聰明，尸居而龍見，⑧淵默而雷聲，⑨神動而天隨，從容无爲，而萬物吹纍焉。❸⑩吾又何暇治天下哉？

崔瞿問於老聃曰：⑪「不治天下，安臧人心？」老聃曰：「汝愼无攖人心。人心，排下而進上，⑫上下囚殺，淖約柔乎剛彊，廉劌彫琢，其熱焦火，其寒凝

❶【貴爲身於爲天下】　底本「貴爲身」作「貴以身」，據馬王堆漢墓帛書老子改。

❷【愛以身爲天下】　底本「愛以身」作「愛以身於」，據馬王堆漢墓帛書老子刪「於」字。

❸【而萬物吹纍焉】　底本「吹」作「炊」，據釋文所校之某本改。底本「纍」作「累」，據義改。

冰，其疾俛仰之間而再撫四海之外，其居也淵而靜，其動也縣天。❶⑬僨驕而不可係者，其唯人心乎！昔者黄帝始以仁義攖人之心，堯、舜於是乎，股无胈、⑭脛无毛以養天下之形，愁其五藏以爲仁義，矜其血氣以規法度。然猶有不勝也。堯於是放讙兜於崇山，投三苗於三峗，⑮流共工於幽都，此不勝天下也。夫施及三王，而天下大駭矣，下有桀、跖，上有曾、史，而儒墨畢起，於是乎，喜怒相疑，愚知相欺，善否相非，誕信相譏，而天下衰矣；大德不同，而性命爛漫矣；天下好知，而百姓求竭矣。於是乎，斤鋸制焉，❷⑯繩墨殺焉，椎鑿決焉。天下脊脊大亂，⑰罪在攖人心。故賢者伏處大山嵁巖之下，⑱而萬乘之君憂慄乎廟堂之上。⑲今世，殊死者相枕也，⑳桁楊者相推也，刑戮者相望也，而儒墨乃始離跂攘臂乎桎梏之間。意！甚矣哉！其无愧而不知恥也，㉑甚矣！吾未知聖知之不爲桁楊椄槢也，㉒仁義之不爲桎梏鑿枘也，㉓焉

❶【其動也縣天】　底本「縣天」作「縣而天」，據敦煌音義及釋文所校之向秀本刪「而」字。
❷【斤鋸制焉】　底本「斤」作「釿」，據釋文所校之某本改。

知曾、史之不爲桀、跖嚆矢也？㉔故曰：絕聖棄知，而天下大治。」

黄帝立爲天子，十九年，令行天下，聞廣成子在於空同之上，㉕故往見之，曰：「我聞吾子達於至道，敢問至道之精？吾欲取天地之精，以佐五穀，以養民人。吾又欲官陰陽，以遂羣生。爲之奈何？」廣成子曰：「而所欲問者，物之質也。而所欲官者，物之殘也。自而治天下，雲氣不待族而雨，草木不待黄而落，日月之光益以荒矣。㉖而佞人之心翦翦者，又奚足以語至道？」黄帝退，捐天下，築特室，席白茅，閒居三月，復往邀之。廣成子南首而卧，黄帝順下風，膝行而進，再拜稽首，而問曰：「聞吾子達於至道，敢問：治身奈何而可以長久？」廣成子蹷然而起，曰：「善哉問乎！來，吾語汝至道。至道之精，窈窈冥冥。至道之極，昏昏默默。无視无聽，抱神以靜，形將自正。必靜必清，无勞汝形，无摇汝精，乃可以長生。目无所見，耳无所聞，心无所知，汝神將守形，形乃長生。慎汝内，閉汝外，多知爲敗。我爲汝遂於大明之上矣，至彼至陽之原也；爲汝入於窈冥之門矣，至彼至陰之原也。天地有官，陰陽有藏，慎守汝身，物將自壯。我守其一，以處其和，故我脩身千二百歲矣，吾形未常衰。」㉗黄帝再拜稽首，曰：「廣成子之謂天矣！」㉘廣成子曰：「來，余語汝：彼其物无窮，而人皆以爲終；彼其物无測，而人皆以爲極。得吾道者，上爲皇而下爲王；失吾道者，上見光而下爲土。今夫百昌，皆生於土，而反於土。故余將去汝，入无窮之門，以遊无極之野。吾與日月參光，吾與天地爲常。當我，緡乎？遠我，昏乎？㉙人其盡死，而我獨存乎！」

雲將東遊，過扶搖之枝，而適遭鴻蒙。㉚鴻蒙方將拊髀雀躍而遊。❶㉛雲將見之，倘然止，贄然立，曰：「叟何人邪？叟何爲此？」㉜鴻蒙拊髀雀躍不輟，對雲將曰：「遊！」雲將曰：「朕願有問也。」鴻蒙仰而視雲將曰：「吁！」㉝雲將曰：「天氣不和，地氣鬱結，㉞六氣不調，四時不節。今我願合六氣之精，以育羣生，爲之奈何？」鴻蒙拊髀雀躍，掉頭曰：「吾弗知！吾弗知！」雲將不得問。又三

❶【拊髀雀躍而遊】底本「雀」作「爵」，據釋文改。下「雀躍」同此改。

年，東遊，過有宗之野，❶㉟而適遭鴻蒙。雲將大喜，行趨而進，曰：「天忘朕邪？天忘朕邪？」再拜稽首，願聞於鴻蒙。㊱鴻蒙曰：「浮遊不知所求，猖狂不知所往，遊者鞅掌，以觀无妄。朕又何知？」雲將曰：「朕也自以爲猖狂，而民隨予所往。㊲朕也不得已於民，今則民之放也。願聞一言。」鴻蒙曰：「亂天之經，逆物之情，玄天弗成，解獸之羣，而鳥皆夜鳴，災及草木，禍及昆蟲。㊳噫！㊴治人之過也！」雲將曰：「然則吾奈何？」鴻蒙曰：「噫！毒哉！」僊僊乎歸矣。㊵雲將曰：「吾遇天難，願聞一言。」鴻蒙曰：「噫！心養！汝徒處无爲，而物自化。墮爾形體，吐爾聰明，㊶倫與物忘，大同乎涬溟。解心釋神，莫然无魂。萬物云云，各復其根，各復其根而不知，渾渾沌沌，終身不離。若彼知之，乃是離之。无問其名，无闚其情，物故自生。」雲將曰：「天降朕以德，示朕以默。躬身求之，乃今也得。」再拜稽首，起辭而行。

世俗之人，皆喜人之同乎己，而惡人之異於己也。同於己而欲之，異於己

❶【過有宗之野】　底本「宗」作「宋」，據釋文所校之某本改。

而不欲者，以出乎衆爲心也。夫以出乎衆爲心者，㊷曷常出乎衆哉？因衆以寧所聞，不如衆技衆矣。而欲爲人之國者，此覽乎三王之利，❶而不見其患者也。㊸此以人之國僥倖也，㊹幾何僥倖而不喪人之國乎？其存人之國也，无萬分之一，而喪人之國也，一不成而萬有餘喪矣！悲夫，有土者之不知也！夫有土者，有大物也。有大物者，不可以物；物而不物，故能物物。明乎物物者之非物也，豈獨治天下百姓而已哉？出入六合，遊乎九州，獨往獨來，是謂獨有。獨有之人，是之謂至貴。

大人之教，若形之於影，聲之於響，㊺有問而應之，盡其所懷，爲天下配，處乎无響，行乎无方，挈汝適復之撓撓，以遊无端，出入无旁，與日无始。頌論形軀，合乎大同，大同而无己。无己，惡乎得有有？覩有者，昔之君子；覩无者，天地之友。

賤而不可不任者，物也。卑而不可不因者，民也。匿而不可不爲者，事也。

❶【此覽乎三王之利】 底本「此」作「比」，據衆校本改；「覽」作「攬」，據釋文所校之某本改。

麤而不可不陳者，法也。遠而不可不居者，義也。親而不可不廣者，仁也。節而不可不積者，禮也。中而不可不高者，德也。一而不可不易者，道也。神而不可不爲者，天也。故聖人觀於天而不助，成於德而不累，出於道而不謀，會於仁而不恃，薄於義而不積，應於禮而不諱，接於事而不辭，齊於法而不亂，恃於民而不輕，因於物而不去。物者，莫足爲也，而不可不爲。❶

㊻不明於天者，不純於德。不通於道者，无自而可。不明於道者，悲夫！何謂道？有天道，有人道。无爲而尊者，天道也；有爲而累者，人道也。主者，天道也；臣者，人道也。天道之與人道也，相去遠矣，不可不察也。

❶【而不可不爲】底本作「而不可爲」，據續古逸本、趙諫議本、林希逸本及釋文增下「不」字。

南華眞經卷第五

莊子外篇　天地第十二

天地雖大，其化均也；萬物雖多，其治一也；人卒雖衆，其主君也。君，原於德而成於天，故曰：玄古之君天下，无爲也，天德而已矣。以道觀言，而天下之君正。以道觀分，而君臣之義明。以道觀能，而天下之官治。以道汎觀，而萬物之應備。故通於天地者，德也。行於萬物者，道也。①上治人者，事也。能有所藝者，技也。技兼於事，事兼於義，義兼於德，德兼於道，道兼於天。故曰：「古之畜天下者，无欲而天下足，无爲而萬物化，淵靜而百姓定。」記曰：「通於一而萬事畢，无心得而鬼神服。」②

夫子曰：「夫道，覆載萬物者也，洋洋乎大哉！君子不可以不刳心焉。③无爲爲之之謂天，无爲言之之謂德，愛人利物之謂仁，不同同之之謂大，行不崖異之謂寬，有萬不同之謂富。故執德之謂紀，德成之謂立，循於道之謂備，④不以物挫志之謂完。君子明於此十者，則韜乎其事心之大也，沛乎其爲萬物逝也。⑤若然者，藏金於山，藏珠於淵，⑥不利貨財，不近貴富；不樂壽，不哀夭，不榮通，不醜窮；不拘一世之利以爲己私分，不以王天下爲己處顯。顯則明。萬物一府，死生同狀。」

夫子曰：「夫道，淵乎其居也，漻乎其清也，金石不得无以鳴。故金石有聲，不考不鳴，萬物孰能定之？夫王德之人，素逝而恥通於事，立之本原而知通於神，故其德廣。其心之出，有物採之。故形非道不生，生非德不明。存形窮生，立德明道，⑦非王德者邪？蕩蕩乎，忽然出，勃然動，而萬物從之乎！此謂王德之人。視乎冥冥，聽乎无聲。冥冥之中，獨見曉焉；无聲之中，獨聞和焉。故深之又深，而能物焉，神之又神，而能精焉。故其與萬物接也，至无而供其求，⑧時騁而要其宿，大小，長短，脩遠。」

黄帝遊乎赤水之北，登乎崐崘之丘，而南望，還歸，遺其玄珠。使知索之而不得，使離朱索之而不得，使喫詬索之而不得也，乃使象罔。象罔得之。黃帝曰：「異哉！象罔乃可以得之乎！」

堯之師曰許由，許由之師曰齧缺，齧缺之師曰王倪，王倪之師曰被衣。堯問於許由曰：「齧缺可以配天乎？吾藉王倪以要之。」許由曰：「殆哉岌乎天下！❶⑨齧缺之爲人也，聰明叡知，給數以敏，其性過人，而又乃以人受天。彼審乎禁過，而不知過之所由生。與之配天乎？彼且乘人而无天，方且本身而異形，方且尊知而火馳，方且爲緒使，方且爲物絯，方且四顧而物應，方且應衆宜，方且與物化，而未始有恆，夫何足以配天乎？雖然，有族有祖，可以爲衆父，而不可以爲衆父父，治亂之率也，北面之禍也，南面之賊也。」

堯觀乎華，華封人曰：「嘻！聖人！請祝聖人！使聖人壽！」堯曰：「辭。」「使聖人富！」堯曰：「辭。」「使聖人多男子！」堯曰：「辭。」封人曰：「壽、富、多男子，人之所欲也。汝獨不欲，何邪？」堯曰：「多男子則多懼，富則多事，壽則

❶【殆哉岌乎天下】 底本「岌」作「圾」，據釋文所校之某本改。列御寇「殆哉岌乎」同此改。

多辱。是三者，非所以養德也，故辭。」封人曰：「始也，我以汝爲聖人邪；今然，君子也。天生萬民，必授之職。多男子而授之職，則何懼之有？富而使人分之，則何事之有？夫聖人，鶉居而鷇食，鳥行而无彰；天下有道，則與物皆昌；天下无道，則脩德就閒；千歲厭世，去而上僊，乘彼白雲，至于帝鄉，三患莫至，身常无殃，則何辱之有？」封人去之，堯隨之，曰：「請問……」封人曰：「退已！」⑩

堯治天下，伯成子高立爲諸侯。堯授舜，舜授禹，伯成子高辭爲諸侯而耕。禹往見之，則耕在野。禹趨就下風，立而問焉，曰：「昔堯治天下，吾子立爲諸侯。堯授舜，舜授予，而吾子辭爲諸侯而耕。敢問：其故何也？」子高曰：「昔堯治天下，不賞而民勸，不罰而民畏。今子賞罰而民且不仁，德自此衰，刑自此立，後世之亂自此始矣！夫子闔行邪？⑪无落吾事！」俋俋乎耕而不顧。

泰初有无，无有无名，一之所起，有一而未形。物得以生，謂之德。未形者有分，且然无間，謂之命。留動而生物，⑫物成生理，謂之形。形體保神，各有儀則，謂之性。性脩反德，德至同於初，同乃虛，虛乃大。合喙鳴，喙鳴合，與天地爲合。其合緡緡，若愚若昏，⑬是謂玄德，同乎大順。

夫子問于老聃，⑭曰：「有人治道，若相放，⑮可不可，然不然。辯者有言曰：『離堅白，若縣寓。』若是，則可謂聖人乎？」老聃曰：「是胥易技係，勞形怵心者也。執留之狗成思，❶⑯猨狙之便自山林來。丘，予告若而所不能聞，與而所不能言：凡有首有趾无心无耳者衆，有形者與无形无狀而皆存者盡无。其動，止也；其死，生也；其廢，起也；此又非其所以也。有治在人，忘乎物，忘乎天，其名爲忘己。忘己之人，是之謂入於天。」

蔣閭葂見季徹，⑰曰：「魯君謂葂也曰：『請受教。』⑱辭不獲命，既已告矣，未知中否，請嘗薦之。吾謂魯君曰：『必服恭儉，拔出公忠之屬，而无阿私，民孰敢不輯？』」季徹局局然笑，曰：「若夫子之言，於帝王之德，猶螳蜋之怒臂以當車軼，則必不勝任矣！且若是，則其自爲處危，⑲其觀臺多，物將

❶【執留之狗成思】底本「留」作「狸」，據續古逸本及釋文改。

往投迹者衆。」蔣閭葂覤覤然驚，曰：「葂也汒若於夫子之所言矣！⑳雖然，願先生之言其風也。」季徹曰：「大聖之治天下也，搖蕩民心，使之成教易俗，舉滅其賊心，而皆進其獨志，若性之自爲，而民不知其所由然。若然者，豈兄堯、舜之教民，溟涬然弟之哉？㉑欲同乎德而心居矣！」

子貢南遊於楚，反於晉，過漢陰，見一丈人，方將爲圃畦，鑿隧而入井，抱甕而出灌，㉒搰搰然用力甚多，而見功寡。子貢曰：「有械於此，㉓一日浸百畦，用力甚寡，而見功多。夫子不欲乎？」爲圃者仰而視之，㉔曰：「奈何？」曰：「鑿木爲機，後重前輕，挈水若抽，㉕數如泆湯，㉖其名爲槔。」㉗爲圃者忿然作色而笑，曰：「吾聞之吾師：有機械者必有機事，有機事者必有機心。機心存於胷中則純白不備，純白不備則神生不定，神生不定者，道之所不載也。吾非不知，羞而不爲也。」子貢瞞然慙，㉘俯而不對。有間，爲圃者曰：「子奚爲者邪？」曰：「孔丘之徒也。」爲圃者曰：「子非夫博學以擬聖，於于以蓋衆，㉙獨弦哀歌，以賣名聲於天下者乎？汝方將忘汝神氣，墮汝形骸，而庶幾乎！而身之不能治，而何暇治天下乎？子往矣，无乏吾事！」

子貢卑陬失色，頊頊然不自得，㉚行三十里而後愈。其弟子曰：「向之人，㉛何爲者邪？夫子何故見之變容失色，終日不自反邪？」曰：「始吾以爲天下一人耳，不知復有夫人也。吾聞之夫子：事求可，功求成，用力少，見功多者，聖人之道。今徒不然，執道者德全，德全者形全，形全者神全。神全者，聖人之道也。託生與民並行，而不知其所之，汒乎淳備哉！功利機巧，必忘夫人之心。㉜若夫人者，非其志，不之；非其心，不爲；雖以天下譽之，得其所謂，謷然不顧；㉝以天下非之，失其所謂，儻然不受：㉞天下之非譽，无益損焉，是謂全德之人哉！我之謂風波之民！」反於魯，以告孔子。孔子曰：「彼假脩渾沌氏之術者也。識其一，不知其二，治其內，而不治其外。夫明白入素，无爲復朴，體性抱神，以遊世俗之間者，汝將固驚邪？且渾沌氏之術，予與汝何足以識之哉？」

諄芒將東之大壑，㉟適遇苑風於東海之濱。㊱苑風曰：「子將奚之？」

曰：「將之大壑。」曰：「奚爲焉？」曰：「夫大壑之爲物也，注焉而不滿，酌焉而不竭。㊲吾將遊焉。」苑風曰：「夫子无意于横目之民乎？願聞聖治。」㊳諄芒曰：「聖治乎？官施而不失其宜，拔舉而不失其能，畢見其情事而行其所爲，行言自爲而天下化；手撓頤指，❶㊴四方之民莫不俱至，此之謂聖治。」「願聞德人。」曰：「德人者，居无思，行无慮，不藏是非美惡；四海之内，共利之之爲悅，共給之之爲安；㊵怊乎若嬰兒之失其母也，儻乎若行而失其道也；㊶財用有餘而不知其所自來，飲食取足而不知其所從。此謂德人之容。」㊷「願聞神人。」曰：「上神乘光，與形滅亡，此謂照曠。致命盡情，天地樂而萬事銷亡，萬物復情，此之謂混冥。」

門无鬼與赤張滿稽觀於武王之師。㊸赤張滿稽曰：「不及有虞氏乎！故離此患也！」門无鬼曰：「天下均治，而有虞氏治之邪？其亂而後治之與？」㊹赤張滿稽曰：「天下均治之爲願，而何計以有虞氏爲？有虞氏之藥瘍也，禿而

❶【手撓頤指】底本「頤」作「顧」，據釋文所校之某本改。

施髢，病而求醫。孝子操藥，以脩慈父，其色燋然，聖人羞之。㊺至德之世，不尚賢，不使能，上如標枝，㊻民如野鹿，端正而不知以爲義，相愛而不知以爲仁，實而不知以爲忠，當而不知以爲信，蠢動而相使，不以爲賜，是故，行而无迹，事而无傳。」

孝子不諛其親，忠臣不諂其君，㊼臣子之盛也。親之所言而然，所行而善，則世俗謂之不肖子；君之所言而然，所行而善，則世俗謂之不肖臣，而未知此其必然邪？世俗之所謂然而然之，所謂善而善之，則不謂之導諛之人也。㊽然則俗故嚴於親而尊於君邪？謂己導諛則勃然作色，❶謂己衆人則怫然作色，❷而終身導諛也，終身衆人也，|㊾合譬飾辭聚衆也，是終始本末不相坐。㊿垂衣裳，設采色，動容貌，(51)以媚一世，而不自謂導諛，與夫人之爲徒，通是非，而不自謂衆人，愚之至也。知其愚者，非大愚也。知其惑者，非大惑

❶【謂己導諛則勃然作色】底本「導諛」作「導人」，據上下文改。下「而終身導諛也」同此改。
❷【謂己衆人則怫然作色】底本「衆人」作「諛人」，據釋文所校之衆本改。下「終身衆人也」同此改。

也。大惑者，終身不解。大愚者，終身不靈。52三人行而一人惑，所適者猶可致也，惑者少也；二人惑，則勞而不至，惑者勝也。而今也以天下惑，予雖有祈嚮，不可得也，不亦悲乎！大聲不入於里耳，折楊、皇華則嗑然而笑，53是故高言不止於衆人之心。54至言不出，俗言勝也。以二缶鍾惑，55而所適不得矣。而今也以天下惑，予雖有祈嚮，其庸可得邪？知其不可得也而強之，又一惑也，故莫若釋之而不推。不推，誰其比憂？56厲之人，夜半生其子，遽取火而視之，57汲汲然唯恐其似己也。

百年之木，破爲犧樽，青黃而文之，其斷在溝中。58比犧樽於溝中之斷，則美惡有間矣，其於失性，一也。跖與曾、史，行義有間矣，然其失性，均也。且夫失性有五：一曰五色亂目，使目不明；二曰五聲亂耳，使耳不聰；三曰五臭薰鼻，困惾中顙；59四曰五味濁口，❶60使口厲爽；五曰趣舍滑心，61使性飛揚。此五者，皆生之害也，而楊、墨乃始離跂，自以爲得，非吾所謂得

❶【四曰五味濁口】　底本「濁」作「噣」，據續古逸本、林希逸本及釋文改。

也。夫得者困，❶[62]可以爲得乎？則鳩鴞之在於籠也，亦可以爲得矣。且夫趣舍聲色以柴其內，皮弁、鷸冠、[63]搢笏、紳脩以約其外，內支盈於柴柵，外重纆繳，睆睆然在纆繳之中，而自以爲得，則是罪人交臂歷指，而虎豹在於囊檻，亦可以爲得矣！

❶【夫得者困】底本「困」作「因」，據衆校本改。

莊子外篇　天道第十三

天道運而无所積，故萬物成。帝道運而无所積，故天下歸。聖道運而无所積，故海内服。明於天，通於聖，六通四辟，①於帝王之德者，其自爲也，②昧然无不靜者矣。聖人之靜也，非曰「靜也善，故靜也」，萬物无足以鐃心者，故靜也。水靜，則明燭鬚眉，平中準，③大匠取法焉。水靜猶明，而況精神？聖人之心，靜乎！天地之鑒也，萬物之鏡也！

夫虛靜恬淡、寂漠无爲者，天地之平，而道德之質，❶④故帝王聖人休焉。休則虛，虛則實，實者倫矣。⑤虛則靜，靜則動，動則得矣。靜則无爲，无爲也，則任事者責矣。无爲則俞俞。俞俞者，憂患不能處，年壽長矣。夫虛靜恬淡、寂漠无爲者，萬物之本也。明此以南鄉，⑥堯之爲君也。明此以北面，舜之爲臣也。以此處上，帝王天子之德也。以此處下，玄聖素王之道也。以此

❶【而道德之質】　底本「質」作「至」，據刻意改。

退居而閒游，江海山林之士服。以此進爲而撫世，則功大名顯而天下一也。靜而聖，動而王，无爲也而尊，樸素而天下莫能與之爭美。夫明白於天地之德者，此之謂大本大宗，與天和者也。所以均調天下，與人和者也。與人和者，謂之人樂；與天和者，謂之天樂。莊子曰：「『吾師乎！吾師乎！齏萬物而不爲戾，⑦澤及萬世而不爲仁，長於上古而不爲壽，覆載天地、刻彫衆形而不爲巧。』此之謂天樂。故曰：『知天樂者，其生也天行，其死也物化，靜而與陰同德，動而與陽同波。』故知天樂者，无天怨，无人非，无物累，无鬼責，故曰：『其動也天，其靜也地，一心定而王天下。其鬼不祟，其魂不疲，一心定而萬物服。』言以虛靜，推於天地，通於萬物，此之謂天樂。天樂者，聖人之心以畜天下也。」

夫帝王之德，以天地爲宗，以道德爲主，以无爲爲常。无爲也，則用天下而有餘；有爲也，則爲天下用而不足，故古之人，貴夫无爲也。上无爲也，下亦无爲也，是下與上同德；下與上同德，則不臣。下有爲也，上亦有爲也，是上與下同道；上與下同道，則不主。上必无爲而用天下，下必有爲爲天下用，此不易之道也。故古之王天下者，知雖落天地，不自慮也；辯雖彫萬物，不自說也；❶⑧能雖窮海內，不自爲也。天不產而萬物化，地不長而萬物育，帝王无爲而天下功。故曰：「莫神於天，莫富於地，莫大於帝王。」故曰：「帝王之德配天地。」此乘天地，馳萬物，而用人羣之道也。

本在於上，末在於下，要在於主，詳在於臣。三軍五兵之運，德之末也；賞罰利害，五刑之辟，教之末也；禮法數度，❷⑨形名比詳，❸⑩治之末也；鍾鼓之音，羽旄之容，樂之末也；哭泣，衰絰，隆殺之服，哀之末也。此五末者，須精神之運，心術之動，然後從之者也。末學者，古人有之，而非所以先也。君先而臣從，父先而子從，兄先而弟從，長先而少從，男先而女

❶【不自說也】底本「說」作「悅」，據續古逸本、林希逸本及釋文改。

❷【禮法數度】底本「數度」作「度數」，據下文作「禮法數度」及天下顛倒次序。

❸【形名比詳】底本「形」作「刑」，據下文改。下「形名比詳」據黑水城本、呂惠卿本改。

從，夫先而婦從。夫尊卑先後，天地之行也，故聖人取象焉。天尊地卑，神明之位也；春夏先，秋冬後，四時之序也；萬物化作，萌區有狀，盛衰之殺，變化之流也。夫天地，至神，⑪而有尊卑先後之序，而況人道乎？宗廟尚親，朝廷尚尊，鄉黨尚齒，行事尚賢，大道之序也。語道而非其序者，非其道也。語道而非其道者，安取道？⑫是故古之明大道者，先明天，而道德次之，道德已明而仁義次之，仁義已明而分守次之，分守已明而形名次之，形名已明而因任次之，因任已明而原省次之，原省已明而是非次之，是非已明而賞罰次之，賞罰已明，而愚知處宜，貴賤履位，仁賢不肖襲情，必分其能，必由其名。以此事上，以此畜下，以此治物，以此脩身，知謀不用，必歸其天，此之謂太平，⑬治之至也。故書曰：「有形有名。」形名者，古人有之，而非所以先也。古之語大道者，五變而形名可舉，九變而賞罰可言也。驟而語形名，不知其本也；驟而語賞罰，不知其始也。倒道而言，迕道而說者，人之所治也，安能治人？驟而語形名賞罰，此有知治之具，非知治之道，⑭可用於天下，不足以用天下，此之謂辯士，一曲之人也。禮法數度，形名比詳，⑮古人有之，此下之所以事上，非上之所以畜下也。

昔者舜問於堯曰：「天王之用心何如？」堯曰：「吾不敖无告，不廢窮民，苦死者，嘉孺子而哀婦人，此吾所以用心已。」舜曰：「美則美矣，而未大也。」堯曰：「然則何如？」舜曰：「天德而出寧，日月照而四時行，若晝夜之有經，雲行而雨施矣。」堯曰：「膠膠擾擾乎！子，天之合也。我，人之合也。」夫天地者，古之所大也，而黃帝、堯、舜之所共美也。故古之王天下者，奚爲哉？天地而已矣！

孔子西藏書於周室，子路謀曰：「由聞周之徵藏史有老聃者，免而歸居。夫子欲藏書，則試往因焉。」孔子曰：「善。」往見老聃，而老聃不許，⑯於是繙十二經以說。老聃中其說，曰：「太謾，⑰願聞其要。」孔子曰：「要在仁義。」老聃曰：「請問：仁義，人之性邪？」孔子曰：「然。君子不仁則不成，不義則不生。仁義，眞人之性也，又將奚爲矣？」老聃曰：「請問：何謂仁義？」孔子曰：「中心勿愷，❶⑱兼愛无私，此仁義之情也。」老聃曰：「意！幾乎後言！⑲夫兼愛，不亦迂乎？无私焉，乃私也。夫子若欲使天下无失其牧乎？則天地固有常矣，日月固有明矣，星辰固有列矣，禽獸固有羣矣，樹木固有立矣。夫子亦放德而行，循道而趨，已至矣，又何偈偈乎揭仁義，若擊鼓而求亡子焉？意！夫子亂人之性也！」

士成綺見老子而問曰：「吾聞：夫子，聖人也，吾固不辭遠道而來願見，百舍重趼而不敢息。今吾觀子，非聖人也。鼠壤有餘蔬，而棄妹，⑳不仁也。生熟不盡於前，而積斂无崖。」老子漠然不應。士成綺明日復見，曰：「昔者吾有刺於子，今吾心正郤矣，㉑何故也？」老子曰：「夫巧知神聖之人，吾自以爲脱焉。昔者子呼我牛也，而謂之牛，呼我馬也，而謂之馬。苟有其實，人與之名，而弗受，再受其殃。吾服也恆服，吾非以服有服。」㉒士成綺鴈行避影，履行遂進，而問：「脩身若何？」老子曰：「而容崖然，而目衝然，而顙頯

❶【中心勿愷】底本「勿」作「物」，據釋文所校之某本改。

然，㉓而口闞然，而狀義然，㉔似繫馬而止也，動而持，發也機，察而審，知巧而覩於泰，凡以爲不信。邊境有人焉，其名爲竊。」㉕

老子曰：㉖「夫道，於大不終，於小不遺，故萬物備。廣廣乎其无不容也，淵乎其不可測也。㉗形德仁義，㉘神之末也，非至人，孰能定之？夫至人，有世，不亦大乎？而不足以爲之累，天下奮摌而不與之偕，㉙審乎无假而不與物遷，❶㉚極物之眞，能守其本，㉛故外天地，遺萬物，而神未嘗有所困也。㉜通乎道，合乎德，退仁義，賓禮樂，至人之心有所定矣。」㉝

世之所貴道者，書也。㉞書不過語，語有貴也。語之所貴者，意也。意有所隨。意之所隨者，不可以言傳也。而世因貴言傳書，世雖貴之哉，猶不足貴也，㉟爲其貴非其貴也。㊱故視而可見者，形與色也；聽而可聞者，名與聲也。悲夫！世人以形色名聲爲足以得彼之情！夫形色名聲果不足以得彼之情，則知者不言，言者不知，㊲而世豈識之哉？㊳

❶【審乎无假而不與物遷】　底本「物」作「利」，據德充符改。

桓公讀書於堂上，輪扁斲輪於堂下，㊴釋椎鑿而上，問桓公曰：「敢問：公之所讀者，何言邪？」㊵公曰：「聖人之言也。」曰：「聖人在乎？」公曰：「已死矣。」曰：「然則君之所讀者，古人之糟魄已夫！」㊶桓公曰：「寡人讀書，輪人安得議乎？㊷有說則可，无說則死！」輪扁曰：「臣也以臣之事觀之。斲輪，徐則甘而不固，疾則苦而不入，不徐不疾，得之於手而應於心，㊸口不能言，㊹有數存焉於其間，㊺臣不能以喻臣之子，臣之子亦不能受之於臣，是以行年七十而老斲輪。古之人與！其不可傳也，㊻死矣！然則君之所讀者，古人之糟魄已矣！」㊼

莊子外篇　天運第十四①

「天其運乎？地其處乎？日月其爭於所乎？孰主張是？孰維綱是？孰居无事，推而行是？②意者其有機緘而不得已邪？③意者其運轉而不能自止邪？雲者爲雨乎？雨者爲雲乎？孰隆施是？④孰居无事，淫樂而勸是？⑤風起北方，一西一東，有上彷徨，⑥孰噓吸是？孰居无事而披拂是？⑦敢問何故？」巫咸袑曰：⑧「來！吾語汝。天有六極五常，帝王順之則治，逆之則凶。⑨九洛之事，治成德備，監照下土，天下載之，⑩此謂上皇。」

商大宰蕩問仁於莊子。⑪莊子曰：「虎狼，仁也。」⑫曰：「何謂也？」莊子曰：「父子相親，何爲不仁？」曰：「請問至仁。」莊子曰：「至仁无親。」大宰曰：「蕩聞之：⑬『无親則不愛，不愛則不孝。』謂至仁不孝，可乎？」莊子曰：「不然。夫至仁，尚矣，孝固不足以言之。此非過孝之言也，不及孝之言也。夫南行者，至於郢，北面而不見冥山，是何也則？去之遠也。故曰：以敬孝，易；以愛孝，難。以愛孝，易；而忘親，難。忘親，易；使親忘我，難。使親忘我，易；兼忘天下，難。兼忘天下，易；使天下兼忘我，難。夫德遺堯、舜，而不爲也，利澤施於萬世，天下莫知也，⑭豈直太息而言仁孝乎哉？⑮夫孝悌仁義，⑯忠信貞廉，此皆自勉以役其德者也，不足多也。故曰：至貴，國爵幷焉；至富，國財幷焉；至願，名譽幷焉。是以道不渝。」

北門成問於黄帝曰：「帝張咸池之樂於洞庭之野，吾始聞之懼，❶⑰復聞之怠，卒聞之而惑，蕩蕩默默，乃不自得。」帝曰：「汝殆其然哉！吾奏之以人，徽之以天，⑱行之以禮義，建之以大清。⑲四時迭起，⑳萬物循生，一盛一衰，㉑文武倫經，一清一濁，陰陽調和，流光其聲，蟄蟲始作。吾驚之以雷霆，其卒无尾，其始无首，一死一生，一僨一起，所常无窮，而一不可待。汝故懼也。吾又奏之以陰陽之和，燭之以日月之明，其聲能短能長，㉒能柔能剛，變化齊一，不主故常，在谷滿谷，在阬滿阬，塗郤守神，㉓以物爲量，其聲

❶【吾始聞之懼】底本「懼」作「懼」，據釋文所校之某本改；下文「汝故懼也」「始於懼，懼故祟」同此改。

揮綽，其名高明，是故鬼神守其幽，日月星辰行其紀。吾止之於有窮，流之於无止。子欲慮之而不能知也，望之而不能見也，逐之而不能及也，儻然立於四虚之道，倚於槁梧而吟：『目知窮乎所欲見，㉔力屈乎所欲逐，吾既不及已矣，㉕形充空虚，乃至委蛇。』㉖汝委蛇，故怠。吾又奏之以无怠之聲，調之以自然之命，故若混逐叢生，林樂而无形，布揮而不曳，幽昏而无聲，動於无方，居於窈冥，或謂之死，或謂之生，或謂之實，或謂之榮，行流散徙，不主常聲。世疑之，稽於聖人。聖也者，達於情而遂於命也。㉗天機不張，而五官皆備，此之謂天樂，无言而心悦。故有焱氏爲之頌曰：❶㉘『聽之不聞其聲，視之不見其形，充滿天地，苞裹六極。』㉙汝欲聽之而无接焉，而故惑也。樂也者，始於懼，懼故祟；㉚吾又次之以怠，怠故遁；卒之於惑，惑故愚，愚故道，道可載而與之俱也。」㉛

孔子西遊於衛，顏淵問師金曰：「以夫子之行，爲奚如？」師金曰：「惜

❶【故有焱氏】底本「焱」作「焱」，據釋文之音及山木之釋文改。山木「焱氏之風」同此改。

乎！而夫子其窮哉！」顏淵曰：「何也？」師金曰：「夫芻狗之未陳也，[32]盛以篋衍，[33]巾以文繡，尸祝齋戒以將之。[34]及其已陳也，行者踐其首脊，蘇者取而爨之而已。將復取而盛以篋衍，巾以文繡，遊居寢臥其下，彼不得夢，必且數眯焉。今而夫子，亦取先王已陳芻狗，[35]取弟子遊居寢臥其下，[36]故伐樹於宋，削迹於衛，窮於商、周，是非其夢邪？圍於陳、蔡之間，七日不火食，死生相與鄰，是非其眯邪？夫水行莫如用舟，而陸行莫如用車。以舟之可行於水也，而求推之於陸，則沒世不行尋常。古今非水陸與？周、魯非舟車與？今蘄行周於魯，是猶推舟於陸也，勞而无功，身必有殃。彼未知夫无方之傳，應物而不窮者也。且子獨不見夫桔槔者乎？引之則俯，舍之則仰。[37]彼，人之所引，非引人也，[38]故俯仰而不得罪於人。故夫三皇、五帝之禮義法度，[39]不矜於同而矜於治，故譬三皇、五帝之禮義法度，其猶柤梨橘柚邪？[40]其味相反，而皆可於口。故禮義法度者，應時而變者也。今取猨狙而衣以周公之服，彼必齕齧挽裂，盡去而後慊。[41]觀古今之異，猶猨狙之異乎周公也。故西施病心而矉其里，其里之醜人見而美之，歸亦捧心而矉其里，其里之富人見之，堅閉門而不出，貧人見之，挈妻子而去之走。彼知美矉，而不知矉之所以美。惜乎！而夫子其窮哉！」

孔子行年五十有一，而不聞道，乃南之沛，見老聃。老聃曰：「子來乎！吾聞：子，北方之賢者也。子亦得道乎？」孔子曰：「未得也。」老子曰：「子惡乎求之哉？」曰：「吾求之於數度，❶㊷五年而未得也。」老子曰：「子又惡乎求之哉？」曰：「吾求之於陰陽，十有二年而未得。」㊸老子曰：「然。使道而可獻，則人莫不獻之於其君；使道而可進，則人莫不進之於其親；使道而可以告人，則人莫不告其兄弟；㊹使道而可以與人，則人莫不與其子孫。然而不可者，无他也，中无主而不止，外无正而不行。由中出者，不受於外，聖人不出；由外入者，无主於中，聖人不隱。名，公器也，㊺不可多取。仁義，先王之

❶【吾求之於數度】　底本「數度」作「度數」，據天道及天下改。

蘧廬也，❶⑯止可以一宿，而不可久處，⑰覯而多責。古之至人，⑱假道於仁，託宿於義，以遊逍遙之墟，⑲食於苟簡之田，⑳立於不貸之圃。逍遙，无爲也；苟簡，易養也；不貸，无出也。古者謂是采眞之遊。㉑以富爲是者，不能讓祿；以顯爲是者，不能讓名；親權者，不能與人柄。操之則慄，舍之則悲，而一无所鑒，以闚其所不休者，㉒是天之戮民也。怨、恩、取、與、諫、教、生、殺，八者正之器也，唯循大變，无所湮者，㉓爲能用之。故曰：『正者，正也。』其心以爲不然者，天門弗開矣。」㉔

孔子見老聃而語仁義。老聃曰：「夫播穅眯目，則天地四方易位矣；㉕蚊虻噆膚，則通昔不寐矣。㉖夫仁義憯然，乃憤吾心，亂莫大焉！㉗吾子使天下无失其朴，吾子亦放風而動，揔德而立矣，㉘又奚傑然，㉙若負建鼓而求亡子者邪？夫鵠不日浴而白，㉚烏不日黔而黑。黑白之朴，不足以爲辯；名譽之觀，㉛不足以爲廣。泉涸，魚相與處於陸，㉜相呴以濕，㉝相濡以沫，㉞不若相忘

❶【先王之蘧廬也】底本「蘧」作「蘧」，據釋文之司馬彪注、郭象注及天地之釋文改。

於江湖。」⑥⑤

孔子見老聃歸，三日不談。⑥⑥弟子問曰：「夫子見老聃，亦將何規哉？」孔子曰：「吾乃今於是乎見龍。龍，合而成體，散而成章，乘乎雲氣，而養乎陰陽。予口張而不能嗋。⑥⑦予又何規老聃哉？」子貢曰：「然則人固有尸居而龍見，⑥⑧雷聲而淵默，⑥⑨發動如天地者乎？⑦⓪賜亦可得而觀乎？」⑦①遂以孔子聲見老聃。老聃方將倨堂，而應微曰：⑦②「予年運而往矣，子將何以戒我乎？」子貢曰：「夫三王、五帝之治天下不同，⑦③其係聲名，一也。⑦④而先生獨以爲非聖人，如何哉？」老聃曰：「小子少進！子何以謂不同？」對曰：「堯授舜，舜授禹，⑦⑤禹用力，而湯用兵，文王順紂而不敢逆，武王逆紂而不肯順，故曰不同。」老聃曰：「小子少進，余語汝三皇、五帝之治天下。黄帝之治天下，⑦⑥使民心一，民有其親死，不哭，而民不非也。堯之治天下，使民心親，民有爲其親，殺其殺，⑦⑦而民不非也。舜之治天下，使民心競，民孕婦十月生子，子生五月而能言，不至乎孩而始誰，則人始有夭矣。禹之治天下，使民心變，人有心而兵有順，殺盜非殺人，自爲種而天下耳，⑱是以天下大駭，儒墨皆起。⑲其作始有倫，而今乎婦女，何言哉？余語汝：三皇、五帝之治天下，⑳名曰治之，而亂莫甚焉！㉑三皇之知，上悖日月之明，下睽山川之精，㉒中墮四時之施。其知憯於蠆蠆之尾、㉓鮮規之獸，莫得安其性命之情者，而猶自以爲聖人，不可恥乎？其无恥也！」㉔子貢蹵蹵然，立不安。

孔子謂老聃曰：「丘治詩、書、禮、樂、易、春秋六經，㉕自以爲久矣，孰知其故矣；㉖以奸者七十二君，論先王之道，而明周、召之迹，㉗一君无所鉤用。甚矣夫，人之難說也！㉘道之難明邪？」老子曰：「幸矣，㉙子之不遇治世之君也！夫六經，先王之陳迹也，豈其所以迹哉？今子之所言，猶迹也。夫迹，履之所出，㉚而迹豈履哉？夫白鶂之相視，眸子不運而風化。㉛蟲，雄鳴於上風，雌應於下風，而風化。㉜類，自爲雌雄，故風化。㉝性不可易，命不可變，時不可止，道不可壅。苟得於道，无自而不可；失焉者，无自而可。」㉞孔子不出，三月復見，曰：「丘得之矣。烏鵲孺，魚傅沫，⑮細要者化，⑯有弟而兄啼。⑰久矣夫，丘不與化爲人！不與化爲人，安能化人？」老子曰：「可，丘得之矣！」

南華眞經卷第六

莊子外篇　刻意第十五

刻意尚行，離世異俗，高論怨誹，爲亢而已矣，此山谷之士，非世之人，枯槁赴淵者之所好也。語仁義忠信，恭儉推讓，爲脩而已矣，此平世之士，教誨之人，①遊居學者之所好也。語大功，立大名，禮君臣，正上下，爲治而已矣，此朝廷之士，尊主强國之人，致功幷兼者之所好也。就藪澤，處閒曠，釣魚閒處，②无爲而已矣，此江海之士，避世之人，閒暇者之所好也。吹呴呼吸，③吐故納新，熊經鳥申，爲壽而已矣，此導引之士，④養形之人，彭祖壽考者之所好也。

若夫不刻意而高，无仁義而脩，无功名而治，无江海而閒，不導引而壽，无不忘也，无不有也，澹然无極，⑤而衆美從之，此天地之道，聖人之德也。故曰：夫恬淡寂漠，⑥虚无无爲，此天地之平，而道德之質也，⑦故曰聖人休。休焉則平易矣，⑧平易則恬淡矣。平易恬淡，則憂患不能入，⑨邪氣不能襲，故其德全而神不虧。故曰：聖人之生也天行，其死也物化；静而與陰同德，動而與陽同波；不爲福先，不爲禍始；感而後應，迫而後動，不得已而後起；去知與故，循天之理，故无天災，无物累，无人非，无鬼責；⑩其生若浮，其死若休；不思慮，不豫謀；光矣而不耀，⑪信矣而不期；其寢不夢，其覺无憂；其神純粹，其魂不罷。虚无恬淡，乃合天德。

故曰：悲樂者，德之邪；喜怒者，道之過；好惡者，德之失。⑫故心不憂樂，德之至也；一而不變，静之至也；无所於忤，虚之至也；不與物交，淡之至也；无所於逆，粹之至也。故曰：形勞而不休則弊，精用而不已則勞，勞則竭。水之性，不雜則清，莫動則平，鬱閉而不流，亦不能清，天德之象也。故曰：純粹而不雜，静一而不變，淡而无爲，⑬動而以天行，此養神之道也。夫有干、越之劍者，柙而藏之，不敢用也，寶之至也。精神四達並流，无所不極，上際於天，下蟠於地，化育萬物，不可爲象，其名爲同帝。⑭

純素之道，唯神是守；守而勿失，與神爲一；一之精通，合于天倫。⑮野語有之曰：「衆人重利，廉士重名，賢士尚志，聖人貴精。」故素也者，謂其无所與雜也；⑯純也者，謂其不虧其神也。能體純素，謂之眞人。

莊子外篇　繕性第十六

繕性於俗，俗學以求復其初，①滑欲於俗，思以求致其明，②謂之蔽蒙之民。古之治道者，以恬養知。生而无以知爲也，謂之以知養恬。③知與恬交相養，而和理出其性。夫德，和也；道，理也。德无不容，仁也；道无不理，義也；義明而物親，中也；❶④中純實而反乎情，樂也；信行容體而順乎文，禮也。禮樂偏行，⑤則天下亂矣。彼正而蒙己，德德則不冒，冒則物必失其性也。

古之人，在混芒之中，與一世而得澹漠焉。當是時也，陰陽和靜，鬼神不擾，四時得節，⑥萬物不傷，羣生不夭，人雖有知，无所用之，此之謂至一。當是時也，莫之爲而常自然。逮德下衰，及燧人、伏戲始爲天下，是故順而不一。德又下衰，及神農、黄帝始爲天下，是故安而不順。德又下衰，及唐、虞

❶【義明而物親，中也】底本「中」作「忠」，據陳景元南華眞經闕誤所校之七種版本改。

始爲天下，興治化之流，澆醇散朴，❶⑦離道以善，險德以行，然後去性而從於心。心與心識，⑧知而不足以定天下，然後附之以文，益之以博。文滅質，博溺心，然後民始惑亂，无以反其性而復其初。❷⑨由是觀之，世喪道矣，道喪世矣，世與道交相喪也。

道之人何由興乎世？世亦何由興乎道哉？道无以興乎世，世无以興乎道，雖聖人不在山林之中，其德隱矣。隱，故不自隱。古之所謂隱士者，非伏其身而弗見也，非閉其言而不出也，非藏其知而不發也，時命大謬也。當時命而大行乎天下，則反一无迹；不當時命而大窮乎天下，則深根寧極而待。此存身之道也。古之行身者，⑩不以辯飾知，不以知窮天下，不以知窮德，危然處其所，⑪而反其性已，❸又何爲哉？⑫道固不小行，德固不小識；小識傷德，小

❶【澆醇散朴】 底本「澆醇」作「澆淳」，據釋文及林希逸本改。

❷【无以反其性而復其初】 底本「性」作「性情」，據上下文删「情」字。

❸【而反其性已】 底本「已」作「己」，屬下句，據趙諫議本、呂惠卿本、林希逸本改。

行傷道。故曰：「正己而已矣。」

樂全之謂得志。古之所謂得志者，非軒冕之謂也，謂其无以益其樂而已矣。今之所謂得志者，軒冕之謂也。軒冕在身，非性命也，⑬物之儻來寄也。⑭寄之，其來，不可圉，⑮其去，不可止。故不爲軒冕肆志，不爲窮約趨俗，其樂，彼與此同，故无憂而已矣。今寄去則不樂，由是觀之，雖樂，未嘗不荒也。故曰：「喪己於物，失性於俗者，謂之倒置之民。」

莊子外篇　秋水第十七

秋水時至，百川灌河，涇流之大，①兩涘渚涯之間，②不辯牛馬，③於是焉，河伯欣然自喜，以天下之美，爲盡在己。順流而東行，至於北海，東面而視，不見水端，於是焉，河伯始旋其面目，望洋向若而歎，④曰：「野語有之，曰『聞道百，以爲莫己若』者，我之謂也。且夫我嘗聞少仲尼之聞而輕伯夷之義者，始吾弗信，今我睹子之難窮也，⑤吾非至於子之門，則殆矣！吾長見笑於大方之家！」北海若曰：「井蛙不可以語於海者，拘於墟也。⑥夏蟲不可以語於冰者，篤於時也。曲士不可以語於道者，束於教也。今爾出於涯涘，觀於大海，乃知爾醜，爾將可與語大理矣。天下之水，莫大於海，萬川歸之，不知何時止，而不盈，尾閭泄之，不知何時已，而不虛，春秋不變，水旱不知。此其過江、河之流，不可爲量數，而吾未嘗以此自多者，自以比形於天地，而受氣於陰陽，吾在天地之間，⑦猶小石小木之在大山也，方存乎見少，又奚以自多？

計四海之在天地之間也，不似礨空之在大澤乎？計中國之在海內，不似稊米之在大倉乎？⑧號物之數爲之萬，⑨人處一焉；人卒九州，穀食之所生，舟車之所通，人處一焉。此其比萬物也，不似豪末之在於馬體乎？五帝之所連，⑩三王之所爭，仁人之所憂，任士之所勞，盡此矣。伯夷辭之以爲名，仲尼語之以爲博，此其自多也，不似爾向之自多於水乎？」

河伯曰：「然則吾大天地而小豪末，可乎？」北海若曰：「否。夫物，量无窮，時无止，分无常，終始无故。是故，大知觀於遠近，故小而不寡，大而不多，知量无窮；證曏今故，故遥而不悶，掇而不跂，⑪知時无止；察乎盈虚，故得而不喜，失而不憂，知分之无常也；明乎坦塗，故生而不悦，死而不禍，知終始之不可故也。計人之所知，不若其所不知，其生之時，不若未生之時，以其至小，求窮其至大之域，是故迷亂而不能自得也。由此觀之，又何以知豪末之足以定至細之倪？又何以知天地之足以窮至大之域？」

河伯曰：「世之議者皆曰：『至精无形，至大不可圍。』是信情乎？」北海若曰：「夫自細視大者不盡，自大視細者不明。夫精，小之微也；垺，大之殷也。故異便，⑫此勢之有也。夫精粗者，期於有形者也；无形者，數之所不能分也；不可圍者，數之所不能窮也。可以言論者，物之粗也；可以意致者，物之精也；言之所不能論，⑬意之所不能察致者，不期精粗焉。是故大人之行：不出乎害人，⑭不多仁恩；動不爲利，不賤門隸；貨財弗爭，不多辭讓；事焉不借人，不多食乎力，不賤貪汙；❶⑮行殊乎俗，不多辟異；爲在從衆，不賤佞諂；⑯世之爵祿不足以爲勸，戮恥不足以爲辱，知是非之不可爲分、細大之不可爲倪。聞曰：『道人不聞，至德不得，大人无己。』約分之至也。」

河伯曰：「若物之外，若物之內，惡至而倪貴賤？惡至而倪小大？」北海若曰：「以道觀之，物无貴賤；以物觀之，自貴而相賤；以俗觀之，貴賤不在己。以差觀之，因其所大而大之，則萬物莫不大；因其所小而小之，則萬物莫不小；知天地之爲稊米也，知豪末之爲丘山也，則差數覩矣。以功觀之，因

❶【不賤貪汙】底本「汙」作「汗」，據衆校本改。

其所有而有之，則萬物莫不有；因其所无而无之，則萬物莫不无；知東西之相反而不可以相无，則功分定矣。以趣觀之，因其所然而然之，則萬物莫不然；因其所非而非之，則萬物莫不非；知堯、桀之自然而相非，則趣操覩矣。昔者堯、舜讓而帝，之、噲讓而絕；湯、武爭而王，白公爭而滅。由此觀之，爭讓之禮，堯、桀之行，貴賤有時，未可以爲常也。梁麗可以衝城，而不可以窒穴，言殊器也。騏驥驊騮，一日而馳千里，捕鼠不如狸狌，⑰言殊技也。鴟夜撮蚤，❶⑱察豪末，晝出，瞋目而不見丘山，⑲言殊性也。故曰：蓋師是而无非，師治而无亂乎，是未明天地之理、萬物之情者也。是猶師天而无地，師陰而无陽，其不可行，明矣。然且語而不舍，非愚則誣也。帝王殊禪，三代殊繼。差其時，逆其俗者，謂之篡夫；⑳當其時，順其俗者，謂之義之徒。默默乎，河伯！汝惡知貴賤之門、小大之家？」

河伯曰：「然則我何爲乎？何不爲乎？吾辭受趣舍，吾終奈何？」北海若

---

❶【鴟夜撮蚤】　底本「鴟」作「鴟鵂」，據釋文删「鵂」字。

曰：「以道觀之，何貴何賤？是謂反衍，㉑无拘而志，與道大蹇；㉒何少何多？是謂謝施，无一而行，與道參差。嚴乎若國之有君，其无私德；繇繇乎若祭之有社，其无私福；汎汎乎其若四方之无窮，㉓其无所畛域；兼懷萬物，其孰承翼？是謂无方。萬物一齊，孰短孰長？道无終始，物有死生，不恃其成；一虛一滿，不位乎其形。年不可舉，時不可止；消息盈虛，終則有始。是所以語大義之方，論萬物之理也。物之生也，若驟若馳，无動而不變，无時而不移。何爲乎？何不爲乎？夫固將自化。」

河伯曰：「然則何貴於道邪？」北海若曰：「知道者必達於理，達於理者必明於權，明於權者不以物害己。至德者，火弗能熱，水弗能溺，寒暑弗能害，禽獸弗能賊。非謂其薄之也，言察乎安危，寧於禍福，謹於去就，莫之能害也。故曰：『天在內，人在外，德在乎天。』知天人之行，㉔本乎天，位乎得，蹢躅而屈伸，反要而語極。」曰：「何謂天？何謂人？」北海若曰：「牛馬四足，是謂天。落馬首，穿牛鼻，是謂人。故曰：『无以人滅天，无以故滅命，无以得殉名。謹守而勿失，是謂反其眞。』」

夔憐蚿，蚿憐蛇，蛇憐風，風憐目，目憐心。夔謂蚿曰：「吾以一足趻踔而行，㉕予无如矣。今子之使萬足，❶㉖獨奈何？」蚿曰：「不然。子不見夫唾者乎？噴則大者如珠，小者如霧，雜而下者，不可勝數也。㉗今予動吾天機，而不知其所以然。」蚿謂蛇曰：「吾以衆足行，而不及子之无足，何也？」蛇曰：「夫天機之所動，何可易邪？吾安用足哉？」蛇謂風曰：「予動吾脊脅而行，則有似也。今子蓬蓬然起於北海，蓬蓬然入於南海，而似无有，何也？」風曰：「然。予蓬蓬然起於北海，而入於南海也，然而指我則勝我，䲡我亦勝我。㉘雖然，夫折大木、蜚大屋者，唯我能也。」故以衆小不勝爲大勝也。爲大勝者，唯聖人能之。

孔子遊於匡，宋人圍之數帀，㉙而弦歌不輟。㉚子路入見，曰：「何夫子之娱也？」孔子曰：「來，吾語汝。我諱窮，久矣，而不免，命也。求通，久矣，而不

❶【今子之使萬足】　底本「子」作「予」，據衆校本改。

得，時也。㉛當堯、舜，而天下无窮人，非知得也；當桀、紂，而天下无通人，非知失也：㉜時勢適然。㉝夫水行不避蛟龍者，漁父之勇也。陸行不避兕虎者，獵夫之勇也。白刃交於前，視死若生者，烈士之勇也。知窮之有命，知通之有時，臨大難而不懼者，聖人之勇也。由，處矣，吾命有所制矣！」无幾何，將甲者進，㉞辭曰：「以爲陽虎也，故圍之。今非也，請辭而退。」

公孫龍問於魏牟曰：「龍少學先王之道，長而明仁義之行，合同異，離堅白，然不然，可不可，困百家之知，窮眾口之辯，吾自以爲至達已。今吾聞莊子之言，汒焉異之，不知論之不及與？知之弗若與？今吾无所開吾喙。㉟敢問其方？」公子牟隱几大息，❶㊱仰天而笑曰：「子獨不聞夫埳井之蛙乎？㊲謂東海之鼈曰：㊳『吾樂與！吾跳梁乎井幹之上，㊴入休乎缺甃之崖，赴水則接腋持頤，㊵蹶泥則沒足滅跗，還虷蟹與科斗，㊶莫吾能若也！且夫擅一壑之水，而跨跱埳井之樂，此亦至矣。夫子奚不時來入觀乎？』東海之鼈，左足

❶【公子牟隱几大息】底本「几」作「机」，據齊物論改。

未入，而右膝已縶矣，於是逡巡而却，告之海曰：『夫千里之遠，不足以舉其大；千仞之高，不足以極其深；禹之時，十年九潦，而水弗爲加益；湯之時，八年七旱，而崖不爲加損。夫不爲頃久推移，不以多少進退者，此亦東海之大樂也。』於是埳井之蛙聞之，適適然驚，規規然自失也。且夫知不知是非之境，而猶欲觀於莊子之言，是猶使蚊負山、商蚷馳河也，㊷必不勝任矣。且夫知不知論極妙之言，而自適一時之利者，是非埳井之蛙與？且彼方跐黄泉而登大皇，无南无北，奭然四解，淪於不測；无東无西，始於玄冥，反於大通。子乃規規然，而求之以察，索之以辯，是直用管闚天，用錐指地也，不亦小乎？子往矣！且子獨不聞夫壽陵餘子之學行於邯鄲與？未得國能，又失其故行矣，直匍匐而歸耳。今子不去，將忘子之故，失子之業！」公孫龍口呿而不合，舌舉而不下，乃逸而走。

莊子釣於濮水。楚王使大夫二人往先焉，曰：「願以境内累矣！」莊子持竿不顧，曰：「吾聞楚有神龜，死已三千歲矣，王巾笥而藏之廟堂之上。此龜者，寧其死爲留骨而貴乎？寧其生而曳尾於塗中乎？」二大夫曰：「寧生而曳尾塗中。」莊子曰：「往矣！吾將曳尾於塗中。」

惠子相梁，莊子往見之。或謂惠子曰：「莊子來，欲代子相。」於是惠子恐，庾於國中，❶[43]三日三夜。莊子往見之，曰：「南方有鳥，其名鵷鶵，子知之乎？夫鵷鶵，發於南海，而飛於北海，非梧桐不止，非練實不食，非醴泉不飲。於是鴟得腐鼠，鵷鶵過之，仰而視之，[44]曰：『嚇！』[45]今子欲以子之梁國而嚇我邪？」

莊子與惠子遊於濠梁之上。[46]莊子曰：「儵魚出游從容，[47]是魚樂也。」惠子曰：「子非魚，安知魚之樂？」莊子曰：「子非我，安知我不知魚之樂？」惠子曰：「我非子，固不知子矣。子固非魚也，子之不知魚之樂，全矣！」莊子曰：「請循其本。子曰『汝安知魚樂』云者，[48]既已知吾知之，而問我。我知之濠上也。」

❶【庾於國中】 底本「庾」作「搜」，據釋文所校之某本改。

莊子外篇　至樂第十八

天下有至樂，无有哉？有可以活身者，无有哉？今奚爲奚據？奚避奚處？奚就奚去？奚樂奚惡？夫天下之所尊者，富、貴、壽、善也；所樂者，身安、厚味、美服、好色、音聲也；所下者，貧、賤、夭、惡也；所苦者，身不得安逸，口不得厚味，形不得美服，目不得好色，耳不得音聲。若不得者，則大憂以懼，其爲形也亦愚哉！夫富者，苦身疾作，多積財而不得盡用，其爲形也亦外矣！夫貴者，夜以繼日，思慮善否，其爲形也亦疏矣！人之生也，與憂俱生，壽者惽惽，①久憂，不死，何之苦也，其爲形也亦遠矣！列士爲天下見善矣，②未足以活身，吾未知善之誠善邪？誠不善邪？若以爲善矣，不足活身；以爲不善矣，足以活人。故曰：「忠諫不聽，蹲循勿爭。」故夫子胥爭之，以殘其形；不爭，名亦不成。誠有善无有哉？今俗之所爲，與其所樂，吾又未知樂之果樂邪？果不樂邪？吾觀夫俗之所樂舉羣趣者，誙誙然如將不得已，③而皆曰樂者，吾未之樂也，亦未之不樂也。果有樂无有哉？吾以无爲誠樂矣，④又俗之所大苦也。故曰：「至樂无樂，至譽无譽。」天下是非，果未可定也。雖然，无爲可以定是非。至樂活身，唯无爲幾存。請嘗試言之：天无爲以之清，地无爲以之寧，故兩无爲相合，萬物皆化。⑤芒乎芴乎，而无從出乎！芴乎芒乎，而无有象乎！萬物職職，皆從无爲殖。故曰：「天地，无爲也，而无不爲也。」人也，孰能得无爲哉？

莊子妻死，惠子弔之，莊子則方箕踞鼓盆而歌。惠子曰：「與人居，長子，老身，死，不哭亦足矣，又鼓盆而歌，不亦甚乎？」莊子曰：「不然。是其始死也，我獨何能无槩然？察其始，而本无生；非徒无生也，而本无形；非徒无形也，而本无氣。雜乎芒芴之間，變而有氣，氣變而有形，形變而有生，今又變而之死，⑥是相與爲春秋冬夏四時行也。人且偃然寢於巨室，而我噭噭然隨而哭之，自以爲不通乎命，故止也。」

支離叔與滑介叔觀於冥伯之丘，⑦崐崘之虚，黄帝之所休。俄而柳生其左肘，⑧其意蹶蹶然惡之。支離叔曰：「子惡之乎？」滑介叔曰：「亡，予何惡？生者，假借也。假之而生，生者塵垢也，死生爲晝夜。且吾與子觀化，而化及我，我又何惡焉？」

莊子之楚，見空髑髏，髐然有形。撽以馬捶，⑨因而問之，曰：「夫子貪生失理而爲此乎？將子有亡國之事，斧鉞之誅，而爲此乎？將子有不善之行，愧遺父母妻子之醜，而爲此乎？將子有凍餒之患，而爲此乎？將子之春秋故及此乎？」於是語卒，援髑髏，枕而臥。夜半，髑髏見夢曰：「子之談者，⑩似辯士。諸子所言，皆生人之累也，死則无此矣。子欲聞死之説乎？」莊子曰：「然。」髑髏曰：「死，无君於上，无臣於下，亦无四時之事，從然以天地爲春秋，⑪雖南面王樂，不能過也。」莊子不信，曰：「吾使司命復生子形，爲子骨肉肌膚，反子父母、妻子、閭里、知識，子欲之乎？」髑髏深矉蹙頞，⑫曰：「吾安能棄南面王樂，而復爲人間之勞乎？」⑬

顏淵東之齊，孔子有憂色。子貢下席而問曰：「小子敢問：回東之齊，夫子有憂色，何邪？」孔子曰：「善哉汝問！昔者管子有言，丘甚善之，曰：『褚小者不可以懷大，綆短者不可以汲深。』夫若是者，以爲命有所成，而形有所適也，[14]夫不可損益。吾恐回與齊侯言堯、舜、黃帝之道，[15]而重以燧人、神農之言，彼將內求於己而不得，不得則惑，人惑則死。且汝獨不聞邪？昔者海鳥止於魯郊，魯侯御而觴之于廟，奏九韶以爲樂，具太牢以爲膳。鳥乃眩視憂悲，[16]不敢食一臠，不敢飲一杯，三日而死。此以己養養鳥也，非以鳥養養鳥也。夫以鳥養養鳥者，宜栖之深林，遊之壇陸，[17]浮之江湖，食之鰌鰷，隨行列而止，委蛇而處。彼唯人言之惡聞，奚以夫譊譊爲乎？咸池、九韶之樂，張之洞庭之野，鳥聞之而飛，獸聞之而走，魚聞之而下入，人卒聞之，相與還而觀之。魚處水而生，人處水而死。彼必相與異，其好惡故異也，故先聖不一其能，[18]不同其事。名止於實，義設於適，是之謂條達而福持。」[19]

列子行食於道，從見百歲髑髏，[20]攓蓬而指之，曰：「唯予與汝，知而未嘗死，未嘗生也。汝果養乎？予果歡乎？[21]種有幾，[22]得水則爲㡭，[23]得水土之際則爲鼃蠙之衣，生於陵屯則爲陵舄，陵舄得鬱棲則爲烏足㉔，烏足之根爲蠐螬，㉕其葉爲胡蝶。胡蝶，胥也，㉖化而爲蟲，生於竈下，其狀若脱，其名爲鴝掇。鴝掇千日爲鳥，其名爲乾餘骨。乾餘骨之沫爲斯彌，斯彌爲食醯，㉗頤輅生乎食醯。黄軦生乎九猷，瞀芮生乎腐蠸，羊奚比乎不箰久竹生青寧，㉘青寧生程，程生馬，馬生人，人又反入於機。萬物皆出於機，皆入於機。」

南華眞經卷第七

莊子外篇　達生第十九

達生之情者，不務生之所无以爲；達命之情者，不務知之所无奈何。①養形必先之物，②物有餘而形不養者有之矣；③有生必先无離形，形不離而生亡者有之矣。生之來，不能却；其去，不能止。④悲夫！世之人以爲養形足以存生，而養形果不足以存生，則世奚足爲哉？雖不足爲，而不可不爲者，其爲不免矣！夫欲免爲形者，莫如棄世。棄世則无累，无累則正平，正平則與彼更生，更生則幾矣。事奚足棄而生奚足遺？棄事則形不勞，遺生則精不虧。夫形全精復，與天爲一。天地者，萬物之父母也，合則成體，散則成始。形精不虧，是謂能移；精而又精，反以相天。

子列子問關尹曰：「至人潛行不窒，蹈火不熱，行乎萬物之上而不慄。

請問何以至於此？」關尹曰：「是純氣之守也，非知巧果敢之列。⑤居，予語汝：凡有貌象聲色者，皆物也，物與物何以相遠？⑥夫奚足以至乎先？是色而已，⑦則物之。造乎不形，而止乎无所化：夫得是而窮之者，物焉得而止焉？⑧彼將處乎不淫之度，而藏乎无端之紀，遊乎萬物之所終始。壹其性，養其氣，合其德，以通乎物之所造：夫若是者，其天守全，其神无郤，⑨物奚自入焉？夫醉者之墜車，⑩雖疾，不死，骨節與人同，而犯害與人異，其神全也，⑪乘亦不知也，墜亦不知也，死生驚懼不入乎其胷中，⑫是故遻物而不慴。⑬彼得全於酒而猶若是，而況得全於天乎？聖人藏於天，故莫之能傷也。」復讎者不折鏌、干，⑭雖有忮心者，不怨飄瓦，是以天下平均。故无攻戰之亂，无殺戮之刑者，⑮由此道也。不開人之天，⑯而開天之天。開天者德生，開人者賊生。不厭其天，不忽於人，民幾乎以其眞。

仲尼適楚，出於林中，見痀僂者承蜩，⑰猶掇之也。仲尼曰：「子巧乎！有道邪？」⑱曰：「我有道也。五六月，累丸二而不墜，則失者錙銖；累三而不墜，則失者十一；累五而不墜，猶掇之也。吾處身也，若橛株拘；⑲吾執臂也，若槁木之枝。雖天地之大，⑳萬物之多，而唯蜩翼之知。吾不反不側，不以萬物易蜩之翼，何爲而不得？」孔子顧謂弟子曰：「用志不分，乃凝於神，㉑其痀僂丈人之謂乎！」

顏淵問仲尼曰：「吾嘗濟乎觴深之淵，津人操舟若神。吾問焉，曰：『操舟可學邪？』曰：『可。善游者數能。㉒若乃夫沒人，㉓則未嘗見舟而便操之也。』㉔吾問焉，而不吾告。敢問：何謂也？」仲尼曰：「善游者數能，忘水也。若乃夫沒人之未嘗見舟而便操之也，彼視淵若陵，視舟之覆，猶其却也。❶㉕覆却萬方陳乎前，而不得入其舍，惡往而不暇？以瓦注者巧，以鉤注者憚，以黄金注者殙，❷㉖其巧一也，㉗而有所矜，則重外也。凡外重者内拙。」

田開之見周威公，㉘威公曰：「吾聞祝腎學生。㉙吾子與祝腎遊，㉚亦何聞

❶【猶其却也】　底本「其却」作「其車却」，據釋文所校之元嘉本删「車」字。

❷【以黄金注者殙】　底本「殙」作「殙」，據趙諫議本及釋文所校之某本改。

田開之曰：「開之操拔篲以侍門庭，亦何聞於夫子？」㉛威公曰：「田子无讓，寡人願聞之。」開之曰：「聞之夫子曰：『善養生者，若牧羊然，㉜視其後者而鞭之。』」㉝威公曰：「何謂也？」田開之曰：「魯有單豹者，巖居而水飲，㉞不與民共利，行年七十而猶有嬰兒之色，不幸遇餓虎，餓虎殺而食之。有張毅者，高門、縣薄，无不走也，㉟行年四十而有內熱之病以死。豹養其內而虎食其外，毅養其外而病攻其內，此二子者，皆不鞭其後者也。仲尼曰：『无入而藏，无出而陽柴，立其中央，㊱三者若得，其名必極。』」夫畏塗者，㊲十殺一人，則父子兄弟相戒也，必盛卒徒而後敢出焉，不亦知乎！人之所取畏者，㊳衽席之上，飲食之間，而不知爲之戒者，過也！

祝宗人玄端以臨牢筴，說彘曰：㊴「汝奚惡死？吾將三月豢汝，❶㊵十日戒，三日齊，㊶藉白茅，加汝肩尻乎彫俎之上，則汝爲之乎？」爲彘謀曰：㊷「不

❶【吾將三月豢汝】　底本「豢」作「犪」，據南華眞經闕誤所校之張君房本改。

如食以糠糟，㊸而措之牢筴之中。」❶㊹自爲謀，則苟生有軒冕之尊，死得於腞楯之上、聚僂之中，則爲之。爲彘謀則去之，自爲謀則取之，所異彘者，何也？㊺

桓公田於澤，管仲御，見鬼焉。公撫管仲之手，曰：「仲父何見？」對曰：「臣无所見。」㊻公反，㊼誒詒爲病，數日不出。㊽齊士有皇子告敖者，曰：「公則自傷，鬼惡能傷公？夫忿滀之氣，散而不反，則爲不足；上而不下，則使人善怒；下而不上，則使人善忘；不上不下，中身當心，則爲病。」桓公曰：「然則有鬼乎？」曰：「有。沈有履，㊾竈有髻。戶內之煩壤，㊿雷霆處之；東北方之下者，倍阿鮭蠪躍之；(51)西北方之下者，則泆陽處之。水有罔象，(52)丘有峷，(53)山有夔，野有彷徨，(54)澤有委蛇。」公曰：「請問：委蛇之狀，何如？」皇子曰：「委蛇，其大如轂，其長如轅，紫衣而朱冠。(55)其爲物也惡，聞雷、車之聲，(56)則捧其首而立。(57)見之者，殆乎霸。」桓公辴然而笑，曰：「此寡人之所見者也。」於是

❶【而措之牢筴之中】 底本「措」作「錯」，據釋文所校之某本改。

正衣冠，與之坐，不終日，而不知病之去也。

紀渻子爲王養鬬雞。⑱十日而問：⑲「雞已乎？」曰：「未也，方虚憍而恃氣。」十日又問，曰：⑳「未也，猶應嚮景。」㉑十日又問，曰：「未也，猶疾視而盛氣。」十日又問，曰：「幾矣！雞雖有鳴者，已无變矣，望之似木雞矣，其德全矣。異雞无敢應者，反走矣。」㉒

孔子觀於呂梁，縣水三十仞，流沫四十里，㉓黿鼉魚鼈之所不能游也，㉔見一丈夫游之，以爲有苦而欲死也，㉕使弟子並流而拯之。數百步而出，被髮行歌而游於塘下。㉖孔子從而問焉，曰：「吾以子爲鬼，察子則人也。請問：蹈水有道乎？」曰：「亡，吾无道。吾始乎故，長乎性，成乎命。與齊俱入，與汩偕出，㉗從水之道，而不爲私焉。此吾所以蹈之也。」孔子曰：「何謂『始乎故，長乎性，成乎命』？」曰：「吾生於陵而安於陵，故也。長於水而安於水，性也。不知吾所以然而然，命也。」

梓慶削木爲鐻，鐻成，見者驚猶鬼神。魯侯見而問焉，曰：「子何術以爲焉？」對曰：「臣，工人，何術之有？雖然，有一焉。臣將爲鐻，未嘗敢以耗氣也，(68)必齊以靜心。齊三日，而不敢懷慶賞爵祿；齊五日，不敢懷非譽巧拙；齊七日，輒然忘吾有四枝形體也。當是時也，无公朝，其巧專而外滑消，(69)然後入山林，觀天性，形軀至矣，然後成見鐻，(70)然後加手焉，不然則已，則以天合天。(71)器之所以疑神者，其是與？」(72)

東野稷以御見莊公，進退中繩，左右旋中規。莊公以爲文弗過也，使之鉤百而反。(73)顏闔遇之，(74)入見曰：「稷之馬將敗。」公密而不應。(75)少焉，果敗而反。公曰：「子何以知之？」曰：「其馬力竭矣，而猶求焉，故曰敗。」(76)工倕旋而蓋矩，❶指與物化，而不以心稽，(77)故其靈臺一而不桎。忘足，屨之適也。(78)忘要，帶之適也。知忘是非，(79)心之適也。不內變，不外從，事會之適也。始乎適而未嘗不適者，忘適之適也。

有孫休者，踵門而詫子扁慶子，(80)曰：「休居鄉不見謂不脩，臨難不見謂

❶【工倕旋而蓋矩】底本「蓋矩」作「蓋規矩」，據敦煌鈔本(S.615)及釋文刪「規」字。

不勇，然而田原不遇歲，事君不遇世，賓於鄉里，㉛逐於州部，則胡罪乎天哉？休惡遇此命也？」㉜扁子曰：「子獨不聞夫至人之自行邪？㉝忘其肝膽，遺其耳目，芒然彷徨乎塵垢之外，㉞逍遥乎无事之業，是謂『爲而不恃，長而不宰』。今汝飾知以驚愚，脩身以明汙，昭昭乎若揭日月而行也。汝得全而形軀，具而九竅，无中道夭於聾盲跛蹇而比於人數，㉟亦幸矣，又何暇乎天之怨哉？子往矣！」孫子出。扁子入，坐有間，仰天而歎。弟子問曰：「先生何爲歎乎？」扁子曰：「向者休來，吾告之以至人之德。吾恐其驚而遂至於惑也。」㊱弟子曰：「不然。孫子之所言是邪？㊲先生之所言非邪？非固不能惑是。孫子所言非邪？先生所言是邪？彼固惑而來矣，㊳又奚罪焉？」扁子曰：「不然。昔者有鳥止於魯郊，魯君悅之，爲具太牢以饗之，㊴奏九韶以樂之。㊵鳥乃始憂悲眩視，不敢飲食。此之謂以己養養鳥也。若夫以鳥養養鳥者，宜棲之深林，浮之江湖，食之以委蛇，則平陸而已矣。㊶今休，款啓寡聞之民也，㊷吾告以至人之德，譬之若載鼷以車馬，樂鴳以鍾鼓也，㊸彼又惡能无驚乎哉？」

莊子外篇　山木第二十

莊子行於山中，見大木，枝葉盛茂，伐木者止其旁而不取也。問其故，曰：「无所可用。」莊子曰：「此木以不材得終其天年夫！」出於山，❶①舍於故人之家，故人喜，命豎子殺鴈而烹之。豎子請曰：「其一能鳴，其一不能鳴，請奚殺？」主人曰：「殺不能鳴者。」明日，弟子問於莊子曰：「昨日山中之木，以不材，得終其天年。今主人之鴈，以不材，死。先生將何處？」莊子笑曰：「周將處夫材與不材之間。材與不材之間，似之而非也，故未免乎累。若夫乘道德而浮遊，則不然，无譽无訾，一龍一蛇，與時俱化，而无肯專爲，一上一下，以和爲量，浮遊乎萬物之祖，物物而不物於物，則胡可得而累邪？此

❶【夫出於山】底本「夫出」作「大子出」，據釋文刪「子」字，「夫」字改屬上句。

神農、黄帝之法則也。若夫萬物之情，人倫之傳，則不然，合則離，成則毁，廉則挫，②尊則議，有爲則虧，賢則謀，不肖則欺，胡可得而必乎哉？悲夫！弟子志之，其唯道德之鄉乎！」

市南宜僚見魯侯，魯侯有憂色。市南子曰：「君有憂色，何也？」魯侯曰：「吾學先王之道，脩先君之業，吾敬鬼尊賢，親而行之，无須臾離居，然不免於患，③吾是以憂。」市南子曰：「君之除患之術，④淺矣！夫豐狐文豹，棲於山林，伏於巖穴，静也；夜行晝居，戒也；雖飢渴隱約，猶且胥疏於江湖之上而求食焉，⑤定也；然且不免於罔羅機辟之患，是何罪之有哉？其皮爲之災也。今魯國，獨非君之皮邪？吾願君，刳形去皮，洒心去欲，⑥而遊於无人之野。南越有邑焉，名爲建德之國，其民愚而朴，少私而寡欲，知作而不知藏，與而不求其報，⑦不知義之所適，不知禮之所將，猖狂妄行，⑧乃蹈乎大方，其生可樂，其死可葬。⑨吾願君，去國捐俗，與道相輔而行。」君曰：「彼其道，遠而險，又有江山，我无舟車，奈何？」市南子曰：「君无形倨，无留居，以爲君車。」君曰：「彼其道，幽遠而无人，吾誰與爲鄰？⑩吾无糧，餓无食，❶⑪安得而至焉？」⑫市南子曰：「少君之費，寡君之欲，雖无糧，而乃足。⑬君其涉於江而浮於海，望之而不見其崖，愈往而不知其所窮，⑭送君者皆自崖而反，君自此遠矣！故有人者累，見有於人者憂。故堯非有人，非見有於人也。吾願：去君之累，除君之憂，而獨與道遊於大莫之國。」⑮方舟而濟於河，有虛船來觸舟，⑯雖有褊心之人，❷⑰不怒；有一人在其上，則呼張歙之，⑱一呼而不聞，再呼而不聞，於是三呼邪，則必以惡聲隨之。向不怒而今也怒，❸⑲向也虛而今也實。人能虛己以遊世，⑳其孰能害之？

北宮奢爲衛靈公賦斂以爲鍾，爲壇乎郭門之外，三月而成上下之縣。㉑王子慶忌見而問焉，曰：「子何術之設？」奢曰：「一之間，㉒无敢設也。奢聞之：『既

❶【吾无糧，餓无食】　底本「餓」作「我」，據釋文所校之一本本改。
❷【雖有褊心之人】　底本「褊」作「惼」，據趙諫議本、靜嘉堂本、林希逸本改。
❸【向不怒而今也怒】　底本「向不」作「向也不」，據敦煌鈔本刪「也」字。

彫既琢，復歸於朴。』侗乎其无識，儻乎其怠疑，萃乎芒乎，㉓其送往而迎來，來者勿禁，往者勿止，從其彊梁，隨其曲傅，㉔因其自窮，㉕故朝夕賦斂，而豪毛不挫，而況有大塗者乎？」

孔子圍於陳、蔡之間，七日不火食。太公任往弔之，㉖曰：「子幾死乎？」曰：「然。」「子惡死乎？」曰：「然。」㉗任曰：「予嘗言不死之道。東海有鳥焉，其名曰意怠。㉘其爲鳥也，翂翂翐翐，㉙而似无能，引援而飛，迫脅而棲，進不敢爲前，退不敢爲後，食不敢先嘗，必取其緒，是故其行列不斥，而外人卒不得害，是以免於患。直木先伐，甘井先竭。子其意者，飾知以驚愚，㉚脩身以明汙，昭昭乎如揭日月而行，故不免也。昔吾聞之大成之人曰：『自伐者无功，功成者墮，名成者虧。』孰能去功與名，而還與眾人？㉛道流而不明居，得行而不名處，㉜純純常常，乃比於狂，削迹捐勢，不爲功名，㉝是故无責於人，人亦无責焉。至人不聞，子何喜哉？」孔子曰：「善哉！」㉞辭其交遊，去其弟子，逃於大澤，衣裘褐，食杼栗，入獸不亂羣，入鳥不亂行。鳥獸不惡，而況人乎？

孔子問子桑雽曰：㉟「吾再逐於魯，㊱伐樹於宋，削迹於衛，㊲窮於商、周，圍於陳、蔡之間。吾犯此數患，親交益疏，徒友益散，何與？」子桑雽曰：「子獨不聞假人之亡與？㊳林回棄千金之璧，負赤子而趨。或曰：『爲其布與？赤子之布寡矣。爲其累與？赤子之累多矣。棄千金之璧，負赤子而趨，何也？』㊴林回曰：『彼以利合，此以天屬也。』㊵夫以利合者，迫窮禍患害，相棄也；以天屬者，迫窮禍患害，相收也。夫相收之與相棄，亦遠矣。且君子之交淡若水，小人之交甘若醴；㊶君子淡以親，小人甘以絕。彼无故以合者，則无故以離。」孔子曰：「敬聞命矣！」徐行翔佯而歸，㊷絕學捐書，弟子无挹於前，其愛益加進。㊸異日，桑雽又曰：「舜之將死，眞泠禹曰：㊹『汝戒之哉！形莫若緣，情莫若率。』緣則不離，率則不勞。不離不勞，則不求文以待形。不求文以待形，固不待物。」

莊子衣大布而補之，正緳係履，而過魏王。魏王曰：「何先生之憊邪？」㊺莊子曰：「貧也，非憊也。士有道德不能行，㊻憊也。衣弊履穿，㊼貧也，非憊也。此所謂非遭時也。㊽王獨不見夫騰猨乎？㊾其得柟梓豫章也，攬蔓其枝，而王長其間，㊿雖羿、逢蒙，❶㊿不能睥睨也；㊿及其得柘棘枳枸之間也，危行側視，振動悼慄，此筋骨非有加急而不柔也，處勢不便，㊿未足以逞其能也。今處昏上亂相之間，而欲无憊，奚可得邪？此比干之見心，❷㊿徵也夫！」

孔子窮於陳、蔡之間，七日不火食，左據槁木，右擊槁枝，而歌猋氏之風，㊿有其具而无其數，有其聲而无宮角，㊿木聲與人聲，犁然有當於人之心。顔回端拱還目而窺之。仲尼恐其廣己而造大也，愛己而造哀也，曰：「回，无受天損易，无受人益難，无始而非卒也，人與天一也。夫今之歌者，其誰乎？」回曰：「敢問无受天損易？」㊿仲尼曰：「飢渴寒暑，窮桎不行，天地之行也，運物之泄也，㊿言與之偕逝之謂也，爲人臣者，不敢去之。執臣之道猶若是，㊿而況乎所以待天乎？」「何謂无受人益難？」㊿仲尼曰：「始用四達，爵祿並至而不

❶【逢蒙】　底本「逢」作「蓬」，據敦煌鈔本、呂惠卿本改。
❷【此比干之見心】　底本「見心」作「見剖心」，據釋文删「剖」字。

窮，物之所利，乃非己也，㊀吾命有在外者也。㊁君子不爲盜，賢人不爲竊，吾若取之，何哉？故曰：鳥莫知於鷾鴯，目之所不宜處，不給視，雖落其實，㊂棄之而走；㊃其畏人也，而襲諸人間社稷存焉爾。」㊄「何謂无始而非卒？」仲尼曰：「化其萬物，㊅而不知其禪之者，焉知其所終？焉知其所始？㊆正而待之而已耳。」「何謂人與天一邪？」仲尼曰：「有人，天也。有天，亦天也。人之不能有天，㊇性也。聖人晏然，體逝而終矣。」㊈

莊周遊乎雕陵之野，❶㊉覩一異鵲，自南方來者，翼廣七尺，目大運寸，感周之顙，而集於栗林。莊周曰：「此何鳥哉？翼殷不逝，目大不覩！」蹇裳躩步，㊱執彈而留之；覩一蟬，方得美蔭而忘其身；螳蜋執翳而搏之，見得而忘其形；異鵲從而利之，見利而忘其眞。莊周怵然，曰：「噫！㊲物固相累，二類相召也！」捐彈而反走，虞人逐而誶之。㊳莊周反入，三月不庭。㊴藺且從而問之：㊵「夫子何爲頃間甚不庭乎？」莊周曰：「吾守形而忘身，觀於濁水而迷於

❶【莊周遊乎雕陵之野】 底本「野(壄)」作「樊」，據釋文所校之某本改。

清淵。且吾聞諸夫子曰：⑯『入其俗，從其俗。』⑰今吾遊於雕陵而忘吾身，⑱異鵲感吾顙，遊於栗林而忘眞，⑲栗林虞人以吾爲戮，⑳吾所以不庭也。」

陽子之宋，宿於逆旅。逆旅人有妾二人，㉑其一人美，其一人惡，惡者貴，而美者賤。陽子問其故。逆旅小子對曰：「其美者自美，吾不知其美也。其惡者自惡，吾不知其惡也。」陽子曰：「弟子記之：行賢而去自賢之行，安往而不愛哉？」

莊子外篇　田子方第二十一

田子方侍坐於魏文侯，數稱谿工。①文侯曰：「谿工，子之師邪？」子方曰：「非也，无擇之里人也。②稱道數當，故无擇稱之。」文侯曰：「然則子无師邪？」子方曰：「有。」曰：「子之師誰邪？」③子方曰：「東郭順子。」文侯曰：「然則夫子何故未嘗稱之？」④子方曰：「其爲人也眞，人貌而天虛，緣而葆眞，⑤清而容物。物无道，正容以悟之，使人之意也消。无擇何足以稱之！」子方出，文侯儻然，終日不言。召前立臣而語之曰：「遠矣，全德之君子！始吾以聖知之言，仁義之行，爲至矣。吾聞子方之師，吾形解而不欲動，口鉗而不欲言。吾所學者，直土梗耳！❶夫魏眞爲我累耳！」⑥

溫伯雪子適齊，舍於魯。魯人有請見之者，溫伯雪子曰：「不可。吾聞：中國之君子，明乎禮義，而陋於知人心。吾不欲見也。」至於齊，反舍於魯，是人

❶【直土梗耳】　底本「直」作「眞」，據釋文改。

也又請見。溫伯雪子曰：「往也蘄見我，今也又蘄見我，是必有以振我也。」出而見客，入而歎。明日見客，又入而歎。其僕曰：「每見之客也，必入而歎，何邪？」曰：「吾固告子矣：『中國之民，⑦明乎禮義，而陋乎知人心。』昔之見我者，進退一成規、一成矩，從容一若龍、一若虎，其諫我也似子，其導我也似父。❶⑧是以歎也。」仲尼見之而不言。子路曰：「吾子欲見溫伯雪子，久矣，⑨見之而不言，何邪？」⑩仲尼曰：「若夫人者，目擊而道存矣，亦不可以容聲矣！」

顏淵問於仲尼曰：「夫子步亦步，夫子趨亦趨，夫子馳亦馳，夫子奔逸絕塵而回瞠若乎後矣！」⑪夫子曰：「回，何謂邪？」曰：「夫子步亦步也，⑫夫子言，亦言也。夫子趨亦趨也，夫子辯，亦辯也。夫子馳亦馳也，夫子言道，回亦言道也。及奔逸絕塵而回瞠若乎後者，夫子不言而信，不比而周，无器而民滔乎前，⑬而不知所以然，而已矣。」仲尼曰：「惡！可不察與？夫哀莫大於心死，而人死亦次之。⑭日出東方，而入於西極，⑮萬物莫不比方。有目有

❶【其導我也似父】　底本「導」作「道」，據敦煌本、江南古藏本改。

趾者，待是而後成功，是出則存，是入則亡。萬物亦然，有待也而死，有待也而生。吾一受其成形，而不化以待盡，⑯效物而動，日夜无隙，⑰而不知其所終，薰然其成形，知命不能規乎其前，丘以是日徂。⑱吾終身與汝交一臂而失之，可不哀與？汝殆著乎吾所以著也。彼已盡矣，而汝求之以爲有，⑲是求馬於唐肆也。⑳吾服汝也甚忘，汝服吾也亦甚忘。㉑雖然，汝奚患焉？雖忘乎故吾，㉒吾有不忘者存。」

孔子見老聃，老聃新沐，㉓方將被髮而乾，慹然似非人。㉔孔子便而待之，㉕少焉，見曰：「丘也眩與？其信然與？向者先生形體掘若槁木，似遺物離人而立於獨也。」㉖老聃曰：「吾遊於物之初。」㉗孔子曰：「何謂邪？」曰：「心困焉而不能知，口辟焉而不能言。嘗爲汝議乎其將。至陰肅肅，至陽赫赫。肅肅出乎天，赫赫發乎地，兩者交通成和，而物生焉。或爲之紀，而莫見其形；消息滿虛，一晦一明，日改月化，日有所爲，而莫見其功；生有所乎萌，死有所乎歸，始終相反乎无端，而莫知乎其所窮。非是也，且孰爲之宗？」孔子曰：「請問遊是？」老聃曰：「夫得是，至美至樂也。得至美而遊乎至樂，謂之至人。」孔子曰：「願聞其方。」曰：「草食之獸，不疾易藪，水生之蟲，不疾易水，行小變而不失其大常也，❶㉘喜怒哀樂不入於胷次。㉙夫天下也者，萬物之所一也。得其所一而同焉，則四支百體將爲塵垢，而死生終始將爲晝夜，而莫之能滑，而況得喪禍福之所介乎？棄隸者若棄泥塗，知身貴於隸也。㉚貴在於我，而不失於變。且萬化而未始有極也，夫孰足以患心已？爲道者解乎此。」㉛孔子曰：「夫子德配天地，而猶假至言以脩心。古之君子，孰能説焉？」㉜老聃曰：「不然。夫水之於汋也无爲，而才自然矣。至人之於德也不脩，㉝而物不能離焉。若天之自高，地之自厚，日月之自明，夫何脩焉？」孔子出，以告顏回，曰：「丘之於道也，其猶醯雞與？微夫子之發吾覆也，吾不知天地之大全也！」

莊子見魯哀公，哀公曰：「魯多儒士，少爲先生方者。」莊子曰：「魯少儒。」哀公曰：「舉魯國而儒服，何謂少乎？」莊子曰：「周聞之：『儒者，冠圜冠者知

❶【行小變而不失其大常】底本「小」作「少」，據敦煌鈔本、趙諫議本、續古逸本及釋文改。

天時，履句屨者知地形，㉞緩佩玦者事至而斷。』❶㉟君子有其道者未必爲其服也，爲其服者未必知其道也。公固以爲不然，何不號於國中曰：『无此道而爲此服者，其罪死。』」於是哀公號之，五日而魯國无敢儒服者，獨有一丈夫，儒服而立乎公門。公卽召而問以國事，千轉萬變而不窮。莊子曰：「以魯國而儒者一人耳，可謂多乎？」

百里奚，爵祿不入於心，故飯牛而牛肥，使秦穆公忘其賤，與之政也。有虞氏，死生不入於心，故足以動人。

宋元君將畫圖，衆史皆至，受揖而立，舐筆和墨，㊱在外者半。有一史後至者，儃儃然不趨，㊲受揖不立，因之舍。公使人視之，則解衣般礴，臝。㊳君曰：「可矣，是眞畫者也！」㊴

文王觀於臧，㊵見一丈人釣，❷㊶而其釣莫釣，非持其釣有釣者也，常釣

❶【緩佩玦者事至而斷】　底本「緩」作「綬」，據釋文所校之司馬彪本改。
❷【見一丈人釣】　底本「丈人」作「丈夫」，據釋文所校之某本及下文改。

也。文王欲舉而授之政，而恐大臣父兄之弗安也；欲終而釋之，而不忍百姓之无天也。於是旦而屬之夫夫，❶㊷曰：「昔者寡人夢見良人，㊸黑色而頓，乘駁馬而偏朱蹄，㊹號曰：『寓而政於臧丈人，庶幾乎民有瘳乎！』」諸夫夫蹵然曰：㊺「先君王也。」文王曰：「然則卜之？」㊻諸夫夫曰：「先君之命，㊼王其无它，㊽又何卜焉？」遂迎臧丈人而授之政。典法无更，偏令无出。㊾三年，文王觀於國，則列士壞植散羣，㊿長官者不成德，斔斛不敢入於四境。(51)列士壞植散羣，則尚同也；長官者不成德，則同務也；斔斛不敢入於四境，則諸侯无二心也。文王於是焉以爲大師，(52)北面而問曰：「政可以及天下乎？」臧丈人昧然而不應，泛然而辭，朝令而夜遁，終身无聞。顔淵問於仲尼曰：「文王其猶未邪？又何以夢爲乎？」仲尼曰：「默，汝无言！夫文王，盡之也，(53)而又何論刺焉？彼直以循斯須也。」

列御寇爲伯昏无人射，引之盈貫，措杯水其肘上，發之，適矢復沓，方矢

❶【於是旦而屬之夫夫】底本「夫夫」作「大夫」，據續古逸本、呂惠卿本及釋文改，下「諸夫夫」同此改。

復寓。當是時，猶象人也。伯昏无人曰：「是射之射，非不射之射也。嘗與汝登高山，履危石，㊹臨百仞之淵，若能射乎？」於是无人遂登高山，履危石，臨百仞之淵，背逡巡，足二分垂在外，㊺揖御寇而進之。御寇伏地，汗流至踵。伯昏无人曰：「夫至人者，上闚青天，下潛黄泉，揮斥八極，神氣不變。今汝怵然有恂目之志，㊻爾於中也，殆矣夫！」

肩吾問於孫叔敖曰：「子三爲令尹而不榮華，三去之而无憂色。吾始也疑子，今視子之鼻間栩栩然，子之用心獨奈何？」孫叔敖曰：「吾何以過人哉？吾以其來，不可却也；其去，不可止也。吾以爲得失之非我也，而无憂色而已矣。我何以過人哉？且不知其在彼乎？其在我乎？其在彼邪？亡乎我。在我邪？亡乎彼。方將躊躇，方將四顧，何暇至乎人貴人賤哉？」仲尼聞之，曰：「古之眞人，知者不得說，美人不得濫，盜人不得劫，㊼伏戲、黄帝不得友。死生亦大矣，而无變乎己，況爵祿乎？若然者，其神，經乎大山而无介，入乎淵泉而

不濡，處卑細而不憊，充滿天地。既以爲人，己愈有。」❶⑱

楚王與凡君坐，少焉，楚王左右曰「凡亡」者三。凡君曰：「凡之亡也，不足以喪吾存。夫凡之亡不足以喪吾存，則楚之存不足以存存。由是觀之，則凡未始亡，而楚未始存也。」

❶【既以爲人，己愈有】底本「爲」作「與」，據馬王堆帛書老子改。

莊子外篇　知北遊第二十二

知北遊於玄水之上，①登隱弅之丘，而適遭无爲謂焉。知謂无爲謂曰：「予欲有問乎若：何思何慮則知道？何處何服則安道？何從何道則得道？」三問而无爲謂不荅也。非不荅，不知荅也。②知不得問，反於白水之南，登狐闋之上，而睹狂屈焉。③知以之言也問乎狂屈。④狂屈曰：「唉，予知之，將語若。」中欲言而忘其所欲言。知不得問，⑤反於帝宫，見黄帝而問焉。黄帝曰：「无思无慮始知道，无處无服始安道，无從无道始得道。」知問黄帝曰：「我與若知之，彼與彼不知也，其孰是邪？」黄帝曰：「彼无爲謂眞是也，狂屈似之，我與汝終不近也。夫知者不言，言者不知，故聖人行不言之教。道不可致，德不可至，仁可爲也，義可虧也，禮相僞也，故曰：『失道而後德，失德而後仁，失仁而後義，失義而後禮，禮者道之華而亂之首也。』⑥故曰：『爲道者日損，損之又損之，以至於无爲，无爲而无不爲也。』今已爲物也，⑦欲復歸根，不亦難乎？其易也，其唯大人乎？生也死之徒，死也生之始，孰知其紀？人之生，氣之聚也，聚則爲生，散則爲死。若死生爲徒，吾又何患？故萬物一也。是其所美者爲神奇，其所惡者爲臭腐，⑧臭腐復化爲神奇，神奇復化爲臭腐，⑨故曰：通天下一氣耳。⑩聖人故貴一。」知謂黄帝曰：「吾問无爲謂，无爲謂不應我，非不我應，⑪不知應我也。吾問狂屈，狂屈中欲告我而不我告，非不我告，中欲告而忘之也。⑫今予問乎若，若知之，奚故不近？」黄帝曰：「彼其眞是也，以其不知也。此其似之也，以其忘之也。予與若，終不近也，以其知之也。」⑬狂屈聞之，以黄帝爲知言。

天地有大美而不言，四時有明法而不議，萬物有成理而不説。聖人者，原天地之美，而達萬物之理。是故至人无爲，大聖不作，觀於天地之謂也。今彼神明，至精與！⑭彼百化物，已死生方圓，莫知其根也扁然，⑮而萬物自古以固存。六合爲巨，未離其内；秋豪爲小，待之成體；天下莫不沈浮，終身不故；陰陽四時運行，各得其序；⑯惛然若亡而存，⑰油然不形而神，⑱萬物畜而不知。⑲此之謂本根，可以觀於天矣。

齧缺問道乎被衣，⑳被衣曰：「若正汝形，一汝視，㉑天和將至；攝汝知，㉒一汝度，神將來舍。德將爲汝美，道將爲汝居，汝瞳焉如新生之犢，㉓而无求其故。」言未卒，齧缺睡寐。被衣大悅，行歌而去之，曰：「形若槁骸，心若死灰，眞其實知，不以故自持，媒媒晦晦，无心而不可與謀。彼何人哉？」

舜問乎丞曰：㉔「道可得而有乎？」曰：「汝身非汝有也，汝何得有夫道？」舜曰：「吾身非吾有也，孰有之哉？」曰：「是天地之委形也。生非汝有，是天地之委和也。性命非汝有，是天地之委順也。孫子非汝有，㉕是天地之委蛻也。故行不知所往，處不知所持，食不知所味。㉖天地之彊陽，氣也，㉗又胡可得而有邪？」

孔子問於老聃曰：「今日晏閒，㉘敢問至道？」老聃曰：「汝齋戒，㉙疏瀹而心，㉚澡雪而精神，掊擊而知。夫道，窅然難言哉！將爲汝言其崖略：夫昭昭生於冥冥，有倫生於无形，精神生於道，形本生於精，而萬物以形相生，故九竅者胎生，八竅者卵生，其來无迹，其往无崖，无門无房，四達之皇皇也。㉛邀於此者，四枝彊，思慮恂達，耳目聰明，其用心不勞，其應物无方。天不得不高，地不得不廣，日月不得不行，㉜萬物不得不昌，此其道與？且夫博之不必知，辯之不必慧，聖人以斷之矣。若夫益之而不加益，損之而不加損者，聖人之所保也。淵淵乎其若海，㉝魏魏乎其終則復始也，㉞運量萬物而不匱，㉟則君子之道，彼其外與？萬物皆往資焉而不匱，㊱此其道與？中國有人焉，非陰非陽，處於天地之間，㊲直且爲人，㊳將反於宗。自本觀之，生者，喑醷物也，雖有壽夭，相去幾何，須臾之説也，奚足以爲堯、桀之是非？㊴果蓏有理，㊵人倫雖難，所以相齒。聖人遭之而不違，過之而不守。㊶調而應之，德也；偶而應之，道也。帝之所興，王之所起也。㊷人生天地之間，若白駒之過郤，㊸忽然而已。注然勃然，莫不出焉；油然漻然，㊹莫不入焉；已化而生，又化而死，生物哀之，人類悲之。解其天弢，墮其天袠，紛乎宛乎，㊺魂魄將往，乃身從之，乃大歸乎！不形之形，形之不形，是人之所同知也，非將至之所務也，此衆人之所同論也。㊻彼至則不論，論則不至，明見无值。辯不若默，道不可聞，聞不若塞，此之謂大得。」

東郭子問於莊子曰：㊼「所謂道，惡乎在？」莊子曰：「无所不在。」東郭子曰：「期而後可。」莊子曰：「在螻蟻。」曰：「何其下邪？」曰：「在稊稗。」㊽曰：「何其愈下邪？」㊾曰：「在瓦甓。」曰：「何其愈甚邪？」㊿曰：「在屎溺。」(51)東郭子不應。莊子曰：「夫子之問也，固不及質，正獲之問於監市，履狶也，每下愈況。汝唯莫必，无乎逃物。(52)至道若是，大言亦然。周、徧、咸，三者異名同實，其指一也。(53)嘗相與遊乎无何有之宮，同合而論，无所終窮乎？(54)嘗相與无爲乎？澹而靜乎？漠而清乎？調而閒乎？寥已吾志，无往焉而不知其所至，去而來，不知其所止，(55)吾已往來焉，而不知其所終，彷徨乎馮閎，(56)大知入焉，而不知其所窮。物物者，與物无際。而物有際者，所謂物際者也。(57)不際之際，際之不際者也，謂盈虛衰殺。(58)彼爲盈虛非盈虛，彼爲衰殺非衰殺，彼爲本末非本末，彼爲積散非積散也。」(59)

妸荷甘與神農同學於老龍吉。⑥⓪神農隱几闔戶晝瞑，⑥①妸荷甘日中奓戶而入，曰：「老龍死矣！」神農隱几擁杖而起，嚗然放杖而笑，⑥②曰：「天知予僻陋慢訑，⑥③故棄予而死。⑥④已矣夫！子无所發子之狂言而死矣夫！」❶⑥⑤弇堈弔聞之，曰：「夫體道者，天下之君子所繫焉。⑥⑥今於道，秋豪之端，萬分未得處一焉，而猶知藏其狂言而死，又況夫體道者乎？」視之无形，聽之无聲，於人之論者謂之冥冥，所以論道而非道也。

於是泰清問乎无窮曰：「子知道乎？」无窮曰：「吾不知。」又問乎无爲，无爲曰：「吾知道。」曰：「子之知道，亦有數乎？」曰：「有。」曰：「其數若何？」无爲曰：「吾知道之可以貴，可以賤，可以約，可以散，此吾所以知道之數也。」⑥⑦泰清以之言也問乎无始，⑥⑧曰：「若是，則无窮之弗知，與无爲之知，孰是而孰非乎？」⑥⑨无始曰：「不知，深矣；知之，淺矣。弗知，內矣；知之，外矣。」於是泰清

❶【子无所發子之狂言而死矣夫】底本「子之」作「予之」，據下文之義改。

印而歎曰：❶(70)「弗知乃知乎！(71)知乃不知乎！孰知不知之知？」无始曰：「道不可聞，聞而非也；道不可見，見而非也；道不可言，言而非也。知形形之不形乎，道不當名。」无始曰：「有問道而應之者，不知道也。雖問道者，亦未聞道。道无問，問无應。无問問之，是問窮也；无應應之，(72)是无內也。以无內待問窮，若是者，外不觀乎宇宙，內不知乎大初，是以不過乎崐崘，不遊乎大虛。」

光曜問乎无有曰：「夫子有乎？其无有乎？」光曜不得問，而孰視其狀貌，窅然空然，終日視之而不見，聽之而不聞，搏之而不得也。光曜曰：「至矣，其孰能至此乎？(73)予能有无矣，而未能无无也。及爲无有矣，何從至此哉？」

大馬之捶鉤者，年八十矣，而不失豪芒。(74)大馬曰：「子巧與？有道與？」曰：「臣有守也。臣之年二十，而好捶鉤，於物无視也，非鉤无察也。」(75)是用之者，假不用者也，以長得其用，而況乎无不用者乎？物孰不資焉？

❶【泰清印而歎】底本「印」作「中」，據釋文所校之崔譔本改。

冉求問於仲尼曰：「未有天地，可知邪？」仲尼曰：「可，古猶今也。」冉求失問而退。⑯明日復見，曰：「昔者吾問：⑰『未有天地可知乎？』夫子曰：『可，⑱古猶今也。』昔日吾昭然，⑲今日吾昧然。敢問：何謂也？」仲尼曰：「昔之昭然也，神者先受之；今之昧然也，且又爲不神者求邪？⑳无古无今，无始无終。未有子孫而有孫子，❶可乎？」㉑冉求未對。仲尼曰：「已矣，末應矣！❷㉒不以生生死，不以死死生。死生有待邪？㉓皆有所一體。㉔有先天地生者，物邪？㉕物物者非物，物出不得先物也，㉖猶其有物也。㉗猶其有物也无已，聖人之愛人也終无已者，亦乃取於是者也。」

顏淵問乎仲尼曰：㉘「回嘗聞諸夫子曰：『无有所將，无有所迎。』回敢問其遊？」仲尼曰：「古之人，外化而內不化。今之人，內化而外不化。與物化者，一不化者也。㉙安化？安不化？安與之相靡？必與之莫多。狶韋氏之

---

❶【未有子孫而有孫子】　底本「孫子」作「子孫」，據敦煌鈔本及釋文改。

❷【末應矣】　底本「末」作「未」，據敦煌鈔本改。

囿，黄帝之圃，有虞氏之宫，湯、武之室。君子之人，若儒墨者，⑩師故以是非相𩐎也，而況今之人乎？聖人處物不傷物。⑪不傷物者，物亦不能傷也。唯无所傷者，爲能與人相將迎。⑫山林與，臯壤與，使我欣欣然而樂與？⑬樂未畢也，哀又繼之。哀樂之來，吾不能禦；其去，弗能止。悲夫！世人直爲物逆旅耳！⑭夫知遇而不知所不遇，知能能而不能所不能，⑮无知无能者，固人之所不免也。夫務免乎人之所不免者，⑯豈不亦悲哉！至言去言，至爲去爲。齊知之所知，則淺矣。」

南華眞經卷第八

莊子雜篇　庚桑楚第二十三①

老聃之役，有庚桑楚者，②偏得老聃之道，③以北居畏壘之山，④其臣之畫然知者去之，⑤其妾之挈然仁者遠之，⑥擁腫之與居，⑦鞅掌之爲使。居三年，畏壘大壤。⑧畏壘之民相與言曰：「庚桑子之始來，吾洒然異之。今吾日計之而不足，歲計之而有餘。庶幾其聖人乎！子胡不相與尸而祝之，⑨社而稷之乎？」庚桑子聞之，南面而不釋然。弟子異之。庚桑子曰：「弟子何異於予？夫春氣發而百草生，正得秋而萬實成。❶⑩夫春與秋，豈无得而然哉？天道已行矣。⑪吾聞：至人尸居環堵之室，而百姓猖狂不知所如往。⑫今以畏壘之細民，⑬而竊竊焉欲俎豆予于賢人之間，⑭我其杓之人邪？⑮吾是以不釋於老聃

❶【正得秋而萬實成】底本「實」作「寶」，據高山寺鈔本及釋文所校之元嘉本改。

之言。」弟子曰：「不然。夫尋常之溝，巨魚无所還其體，⑯而鯢鰌爲之制；步仞之丘陵，⑰巨獸无所隱其軀，而孽狐爲之祥。且夫尊賢授能，先善與利，自古堯、舜以然，而況畏壘之民乎？夫子亦聽矣！」庚桑子曰：「小子來！⑱夫函車之獸，介而離山，⑲則不免于罔罟之患；⑳吞舟之魚，碭而失水，㉑則蟻能苦之。㉒故鳥獸不厭高，魚鼈不厭深。夫全其形生之人，藏其身也，不厭深眇而已矣！㉓且夫二子者，又何足以稱揚哉？❶㉔是其於辯也，㉕將妄鑿垣牆而殖蓬蒿也。㉖簡髮而櫛，㉗數米而炊，竊竊乎，㉘又何足以濟世哉？㉙舉賢則民相軋，任知則民相盜。之數物者，不足以厚民。民之於利甚勤，子有殺父，㉚臣有殺君，正晝爲盜，日中穴阫。吾語汝：大亂之本，必生于堯、舜之間，㉛其末存乎千世之後，千世之後，其必有人與人相食者也。」㉜

南榮趎蹵然正坐曰：㉝「若趎之年者已長矣，將惡乎託業以及此言邪？」㉞庚桑子曰：「全汝形，抱汝生，无使汝思慮營營。若此三年，則可以及

❶【何足以稱揚】底本「揚」作「楊」，據趙諫議本、靜嘉堂本、林希逸本、呂惠卿本、高山寺本改。

此言也。」南榮趎曰：「目之與形，吾不知其異也，而盲者不能自見；㉟耳之與形，吾不知其異也，而聾者不能自聞；心之與形，吾不知其異也，㊱而狂者不能自得。形之與形，亦辟矣，而物或間之邪？㊲欲相求而不能相得。今謂趎曰：『全汝形，抱汝生，勿使汝思慮營營。』㊳趎勉聞道達耳矣！」㊴庚桑子曰：「辭盡矣。曰『奔蜂不能化藿蠋，㊵越雞不能伏鵠卵』，魯雞固能矣。雞之與雞，㊶其德非不同也，有能與不能者，其才固有巨小也。今吾才小，不足以化子。子胡不南見老子？」㊷

南榮趎贏糧，七日七夜，至老子之所。老子曰：「子自楚之所來乎？」南榮趎曰：「唯。」老子曰：「子何與人偕來之眾也？」㊸南榮趎懼然顧其後。❶㊹老子曰：「子不知吾所謂乎？」南榮趎俯而慙，仰而歎，曰：「今者吾忘吾荅，因失吾問。」㊺老子曰：「何謂也？」南榮趎曰：「不知乎，人謂我朱愚；㊻知乎，反愁我軀。㊼不仁則害人，㊽仁則反愁我身。不義則傷彼，義則反愁我己。㊾我安

❶【南榮趎懼然顧其後】底本「懼」作「懼」，據釋文所校之某本改。

逃此而可？此三言者，[50]趎之所患也，願因楚而問之。」老子曰：「向吾見若眉睫之間，[51]吾因以得汝矣。今汝又言，而信之。若規規然，若喪父母，[52]揭竿而求諸海也。汝亡人哉，惘惘乎！[53]汝欲反汝情性而无由入，可憐哉！」南榮趎請入就舍，召其所好，去其所惡，十日自愁，[54]復見老子。老子曰：「汝自洒濯孰哉，[55]鬱鬱乎！然而其中津津乎猶有惡也。[56]夫外韄者，[57]不可繁而捉，[58]將內揵。內韄者，不可繆而捉，將外揵。外內韄者，道德不能持，而況放道而行者乎？」南榮趎曰：「里人有病，里人問之，病者能言其病，然其病病者，猶未病也。[59]若趎之聞大道，[60]譬猶飲藥以加病也。[61]趎願聞衛生之經而已矣。」老子曰：「衛生之經，[62]能抱一乎？能勿失乎？能无卜筮而知吉凶乎？能止乎？能已乎？能舍諸人而求諸己乎？能翛然乎？[63]能侗然乎？[64]能兒子乎？兒子終日號而不嗄，❶[65]和之至也；終日握而手不掜，共其德也；終日視而目不瞚，[66]偏不在外也；[67]行不知所之，居不知所爲，與物委蛇，而同其波。

❶【終日號而不嗄】底本作「終口嗥而嗌不嗄」，據馬王堆漢墓帛書老子改。

是衛生之經已。」⑱南榮趎曰：「然則是至人之德已乎？」⑲曰：「非也，是乃所謂冰解凍釋者。⑳夫至人者，相與交食乎地而交樂乎天，不以人物利害相攖，不相與爲怪，不相與爲謀，不相與爲事，翛然而往，侗然而來，是謂衛生之經已。」㉑曰：「然則是至乎？」㉒曰：「未也。吾固告汝曰：『能兒子乎？』兒子，動不知所爲，行不知所之，身若槁木之枝，而心若死灰。若是者，㉓禍亦不至，福亦不來。禍福无有，惡有人災也？」㉔

宇泰定者，發乎天光。發乎天光者，人見其人，㉕人有脩者，乃今有恆。有恆者，人舍之，天助之。人之所舍，謂之天民；天之所助，謂之天子。學者，學其所不能學也；行者，行其所不能行也；辯者，辯其所不能辯也。㉖知止乎其所不能知，至矣。若有不即是者，天鈞敗之。㉗備物以將形，藏不虞以生心，㉘敬中以達彼，若是而萬惡至者，皆天也，而非人也，不足以滑成，不可內於靈臺。靈臺者，有持而不知其所持，㉙而不可持者也。不見其誠己而發，每發而不當，業入而不舍，㉚每更爲失。㉛爲不善乎顯明之中者，人得而誅之；爲不善乎幽閒之中者，㉜鬼得而誅之。明乎人，明乎鬼者，然後能獨行。券內者，㉝行乎无名；券外者，志乎期費。行乎无名者，唯庸有光；志乎期費者，唯賈人也，人見其跂，猶之魁然。㉞與物窮者，物入焉；與物且者，其身之不能容，焉能容人？不能容人者无親，㉟无親者盡人。兵莫憯于志，㊱鏌鋣爲下。㊲寇莫大於陰陽，无所逃於天地之間。非陰陽賊之，心則使之也。道通其分也，㊳其成也，毁也。所惡乎分者，其分也以備；所以惡乎備者，㊴其有以備。故出而不反，見其鬼；出而得是，謂得死；滅而有實，鬼之一也。以有形者，象无形者，而定矣。出无本，入无竅，有實而无乎處，有長而无乎本剽，有所出而无竅者有實。有實而无乎處者，宇也；有長而无本剽者，㊵宙也。有乎生，有乎死，有乎出，有乎入，入出而无見其形，㊶是謂天門。天門者，无有也。萬物出乎无有。有不能以有爲有，必出乎无有，而无有一无有，聖人藏乎是。

古之人，其知有所至矣。惡乎至？有以爲未始有物者，至矣，盡矣，弗可以加矣。其次以爲有物矣，將以生爲喪也，以死爲反也，㊷是以分已。其次曰：始无有，既而有生，生俄而死，以无有爲首，以生爲體，以死爲尻，孰知有无死生之一守者，[93]吾與之爲友。[94]是三者，雖異，公族也。昭、景也，著戴也；甲氏也，著封也：非一也。[95]

有生，黬也，[96]披然曰移是。嘗言移是，非所言也。雖然，不可知者也。臘者之有膍胲，[97]可散而不可散也。[98]觀室者，周於寢廟，又適其偃焉。[99]爲是舉移是。請嘗言移是：是以生爲本，以知爲師，因以乘是非；果有名實，因以己爲質；使人以爲己節，因以死償節。若然者，以用爲知，以不用爲愚，以徹爲名，以窮爲辱。移是，今之人也，[100]是蜩與鷽鳩同於同也。[101]

蹍市人之足，則辭以放驁，兄則以嫗，大親則已矣，故曰：至禮有不人。[102]至義不物，至知不謀，至仁无親，至信辟金。徹志之勃，[103]解心之謬，[104]去德之累，達道之塞。貴、富、顯、嚴、名、利，六者勃志也。[105]容、動、色、理、氣、意，六者謬心也。惡、欲、喜、怒、哀、樂，六者累德也。去、就、取、與、知、能，六者塞道也。此四六者不盪胷中則正，[106]正則靜，靜則明，明則虛，虛則无爲而无不爲也。道者德之欽也，生者德之光也，[107]性者生之質也，性之動謂之爲，爲之僞謂之失。知者接也知者，[108]謨也；知者之所不知，[109]猶睨也。動以不得已之謂德，動无非我之謂治，名相反而實相順也。

羿工乎中微，而拙乎使人无己譽。聖人工乎天而拙乎人。夫工乎天而俍乎人者，唯全人能之。唯蟲能蟲，唯蟲能天。[110]全人惡天，惡人之天，而況吾天乎人乎？一雀適羿，羿必得之，威也。[111]以天下爲之籠，則雀无所逃。是故湯以庖人籠伊尹，[112]秦穆公以五羊之皮籠百里奚。是故非以其所好籠之而可得者，无有也。[113]介者拸畫，[114]外非譽也；胥靡登高而不懼，遺死生也。夫復謵不餽而忘人，[115]忘人，因以爲天人矣。故敬之而不喜，侮之而不怒者，唯同乎天和者爲然。出怒不怒，則怒出於不怒矣；出爲无爲，則爲出於无爲矣。欲靜則平氣，欲神則順心，[116]有爲也欲當，則緣於不得已；[117]不得已之類，聖人之道。[118]

莊子雜篇　徐无鬼第二十四

徐无鬼因女商見魏武侯，①武侯勞之，曰：「先生病矣，苦於山林之勞，故乃肯見於寡人。」徐无鬼曰：「我則勞於君，君有何勞於我？君將盈嗜欲，②長好惡，則性命之情病矣。君將黜嗜欲，③掔好惡，則耳目病矣。我將勞君，君有何勞於我？」武侯超然不對。少焉，徐无鬼曰：「嘗語君，吾相狗也，下之質，執飽而止，④是狸德也；中之質，若視日；⑤上之質，若亡其一。吾相狗，又不若吾相馬也。吾相馬，直者中繩，曲者中鉤，方者中矩，圓者中規，是國馬也，而未若天下馬也。天下馬，有成材，⑥若卹若失，⑦若喪其一，若是者，超軼絕塵，不知其所。」武侯大悅而笑。徐无鬼出，女商曰：「先生獨何以說吾君乎？⑧吾所以說吾君者，橫說之則以詩、書、禮、樂，從說之則以金板、六弢，⑨奉事而大有功者，不可爲數，而吾君未嘗啓齒。今先生何以說吾君，使吾君悅若此乎？」徐无鬼曰：「吾直告之吾相狗馬耳。」女商曰：「若是乎？」

曰：「子不聞夫越之流人乎？去國數日，見其所知而喜；去國旬月，見所嘗見於國中者喜；及期年也，見似人者而喜矣。不亦去人滋久，思人滋深乎？夫逃虛空者，⑩藜藋柱乎鼪鼬之逕，⑪踉位其空，⑫聞人足音，跫然而喜矣，有況乎昆弟親戚之謦欬其側者乎？⑬久矣夫，莫以眞人之言謦欬吾君之側乎！」

徐无鬼見武侯，武侯曰：「先生居山林，食芧栗，⑭厭蔥韭，以賓寡人，⑮久矣夫！今老邪？其欲干酒肉之味邪？⑯其寡人亦有社稷之福邪？」徐无鬼曰：「无鬼生於貧賤，未嘗敢飲食君之酒肉，將來勞君也。」君曰：「何哉？奚勞寡人？」曰：「勞君之神與形。」武侯曰：「何謂邪？」徐无鬼曰：「天地之養也一，登高不可以爲長，居下不可以爲短。君獨爲萬乘之主，以苦一國之民，以養耳目鼻口，夫神者不自許也。夫神者，好和而惡姦。夫姦，病也，故勞之。唯君所病之，何也？」武侯曰：「欲見先生，久矣。吾欲愛民而爲義偃兵，其可乎？」徐无鬼曰：「不可。愛民，害民之始也。爲義偃兵，造兵之本也。君自此爲之，則殆不成。凡成，美惡器也。君雖爲仁義，幾且僞哉！形固造形，成固有伐，變固外戰。君亦必无盛鶴列於麗譙之間，⑰无徒驥於錙壇之宮，无藏逆於得，⑱无以巧勝人，无以謀勝人，无以戰勝人。夫殺人之士民，兼人之土地，以養吾私與吾神者，其戰不知孰善？勝之惡乎在？君若勿已矣，脩胷中之誠，以應天地之情，而勿攖。夫民死已脫矣，君將惡乎用夫偃兵哉？」

黄帝將見大隗乎具茨之山，⑲方明爲御，昌寓驂乘，張若、謵朋前馬，⑳昆閽、滑稽後車，至於襄城之野，七聖皆迷，无所問塗。適遇牧馬童子，問塗焉，曰：「若知具茨之山乎？」曰：「然。」「若知大隗之所存乎？」曰：「然。」黄帝曰：「異哉小童！非徒知具茨之山，又知大隗之所存。請問爲天下？」小童曰：「夫爲天下者，亦若此而已矣，又奚事焉？予少而自遊於六合之內。予適有瞀病，有長者教予曰：『若乘日之車，㉑而遊於襄城之野。』今予病少痊，予又且復遊於六合之外。夫爲天下，亦若此而已，予又奚事焉？」黄帝曰：「夫爲天下者，則誠非吾子之事。雖然，請問爲天下？」小童辭。黄帝又問。小童曰：「夫爲天下者，亦奚以異乎牧馬者哉？亦去其害馬者而已矣。」

黄帝再拜稽首，稱「天師」而退。

知士无思慮之變則不樂，辯士无談說之序則不樂，察士无淩誶之事則不樂，㉒皆囿於物者也。招世之士興朝，中民之士榮官，筋力之士矜難，勇敢之士奮患，兵革之士樂戰，枯槁之士宿名，法律之士廣治，禮教之士敬容，仁義之士貴際。農夫无草萊之事則不比，商賈无市井之事則不比。庶人有旦暮之業則勸，㉓百工有器械之巧則壯。錢財不積則貪者憂，權勢不尤則夸者悲，勢物之徒樂變。遭時有所用，不能无爲也，此皆順比於歲，不物於易者也。馳其形性，潛之萬物，終身不反，悲夫！

莊子曰：「射者非前期而中，謂之善射。天下皆羿也，可乎？」惠子曰：「可。」莊子曰：「天下非有公是也，而各是其所是。天下皆堯也，可乎？」惠子曰：「可。」莊子曰：「然則儒、墨、楊、秉四，與夫子爲五，果孰是邪？或者若魯遽者邪？其弟子曰：『我得夫子之道矣，吾能冬爨鼎而夏造冰矣。』魯遽曰：『是直以陽召陽，以陰召陰，非吾所謂道也。吾示子乎吾道。』於是爲之調瑟，廢一於堂，廢一於室，鼓宫宫動，鼓角角動，音律同矣。夫或改調，一弦於五音无當也，鼓之，二十五弦皆動，未始異於聲，而音之君已。且若是者邪？」惠子曰：「今夫儒、墨、楊、秉，且方與我以辯，相拂以辭，相鎮以聲，而未始吾非也，則奚若矣？」莊子曰：「齊人蹢子於宋者，其命閽也不以完，其求鈃鍾也以束縛，其求唐子也而未始出域，有遺類矣。夫楚人寄而蹢閽者，夜半於无人之時，而與舟人鬬，未始離於岑，而足以造於怨也。」

莊子送葬，過惠子之墓，顧謂從者曰：「郢人堊漫其鼻端若蠅翼，㉔使匠石斲之。匠石運斤成風，聽而斲之，盡堊而鼻不傷，㉕郢人立不失容。宋元君聞之，召匠石曰：『嘗試爲寡人爲之。』匠石曰：『臣則嘗能斲之。雖然，臣之質死久矣。』自夫子之死也，吾无以爲質矣，吾无與言之矣。」

管仲有病，桓公問之曰：「仲父之病，病矣，可不謂云至於大病，㉖則寡人惡乎屬國而可？」管仲曰：「公誰欲與？」公曰：「鮑叔牙。」曰：「不可。其爲人絜廉，善士也。其於不己若者，不比之；又一聞人之過，終身不忘。使之治國，上且鉤乎君，㉗下且逆乎民，其得罪於君也，將弗久矣。」公曰：「然則孰可？」對曰：「勿已，則隰朋可。其爲人也，上忘而下畔，㉘愧不若黄帝，而哀不己若者。以德分人謂之聖，以財分人謂之賢。以賢臨人，未有得人者也。以賢下人，㉙未有不得人者也。其於國，有不聞也；其於家，有不見也。勿已，則隰朋可。」

吴王浮于江，登乎狙之山。㉚衆狙見之，恂然棄而走，逃於深蓁。有一狙焉，委蛇攫搔，見巧乎王。㉛王射之，敏給搏捷矢。王命相者趨射之，狙執死。王顧謂其友顔不疑曰：「之狙也，㉜伐其巧，恃其便，以敖予，㉝以至此殛也。戒之哉！嗟乎，无以汝色驕人哉！」顔不疑歸，而師董梧，以鋤其色，㉞去樂辭顯，三年而國人稱之。

南伯子綦隱几而坐，仰天而噓。顔成子入見，曰：「夫物之尤也，❶㉟形固可使若槁骸，心固可使若死灰乎？」曰：「吾嘗居山穴之口矣，㊱當是時也，田

❶【夫物之尤也】底本「夫」作「大子」，據釋文删「子」字。

禾一覩我，而齊國之衆三賀之。我必先之，彼故知之。我必賣之，彼故鬻之。若我而不有之，彼惡得而知之？若我而不賣之，彼惡得而鬻之？嗟乎哉，悲人之自喪者！㊲吾又悲夫悲人者！吾又悲夫悲人之悲者！其後而日遠矣！」

仲尼之楚，楚王觴之，孫叔敖執爵而立，市南宜僚受酒而祭，曰：「古之人乎，於此言已！」曰：「丘也聞不言之言矣，未之嘗言，於此乎言之。市南宜僚弄丸，而兩家之難解。孫叔敖甘寢秉羽，而郢人投兵。㊳丘願有喙三尺。」彼之謂不道之道，此之謂不言之辯。故德總乎道之所一，而言休乎知之所不知，至矣。道之所一者，德不能同也。㊴知之所不能知者，辯不能舉也。名若儒墨，而凶矣。故海不辭東流，大之至也。聖人并包天地，澤及天下，而不知其誰氏，是故生无爵，死无謚，實不聚，名不立，此之謂大人。狗不以善吠爲良，人不以善言爲賢，而況爲大乎？夫爲大不足以爲大，而況爲德乎？夫大備矣，莫若天地，然奚求焉？而大備矣。知大備者，无求，无失，无棄，不以物易己也。反己而不窮，循古而不摩，㊵大人之誠。

子綦有八子，陳諸前，召九方歅，㊶曰：「爲我相吾子，孰爲祥？」九方歅曰：「梱也爲祥。」子綦瞿然喜曰：❶㊷「奚若？」曰：「梱也，將與國君同食，以終其身。」子綦索然出涕，曰：「吾子何爲以至於是極也？」九方歅曰：「夫與國君同食，㊸澤及三族，而況父母乎？今夫子聞之而泣，是禦福也。子則祥矣，父則不祥。」子綦曰：「歅，汝何足以識之！而梱祥邪？盡於酒肉入於鼻口矣，而何足以知其所自來？吾未嘗爲牧而牂生於奥，㊹未嘗好田而鶉生於宎，㊺若勿怪，何邪？吾所與吾子遊者，遊於天地。㊻吾與之邀樂於天，吾與之邀食於地。吾不與之爲事，不與之爲謀，㊼不與之爲怪。吾與之乘天地之誠，而不以物與之相攖。吾與之一委蛇，而不與之爲事所宜。今也然有世俗之償焉。凡有怪徵者，必有怪行。殆乎，非我與吾子之罪，幾天與之也！吾是以泣也。」无幾何，而使梱之於燕，㊽盜得之於道，㊾全而鬻之則難，㊿不若刖之則易，㊿於

❶【子綦瞿然喜曰】底本「瞿」作「瞿」，據釋文所校之某本改。

是乎刖而鬻之於齊，㊾適當渠公之街，❶㊿然身肉食者終。❷㊶

齧缺遇許由，曰：「子將奚之？」曰：「將逃堯。」曰：「奚謂邪？」曰：「夫堯，畜畜然仁，吾恐其爲天下笑，後世其人與人相食與？夫民，不難聚也，愛之則親，利之則至，譽之則勸，致其所惡則散。愛利出乎仁義，捐仁義者寡，㊺利仁義者衆。夫仁義之行，唯且无誠，且假夫禽貪者器，㊻是以一人之斷制利天下，㊼譬之猶一覕也。夫堯知賢人之利天下也，而不知其賊天下也。夫唯外乎賢者知之矣。」㊽

有暖姝者，有濡需者，有卷婁者。所謂暖姝者，學一先生之言，則暖暖姝姝，而私自悅也，自以爲足矣，而未知未始有物也，是以謂暖姝者也。濡需者，豕蝨是也，擇疏鬣，自以爲廣宮大囿，㊾奎蹄曲隈，㊿乳間股脚，自以爲安室利處，㊶不知屠者之一旦鼓臂、㊷布草、操煙火，而己與豕俱焦也。此以

❶【適當渠公之術】　底本「術」作「街」，據釋文所校之一本改。

❷【然身肉食者終】　底本作「然身食肉而終」，據釋文所校之某本改。

域進，此以域退，[63]此其所謂濡需者也。[64]卷婁者，舜也。羊肉不慕蟻，蟻慕羊肉，羊肉羶也。舜有羶行，百姓悦之，故三徙成都，至鄧之墟，[65]而十有萬家。[66]堯聞舜之賢，舉之童土之地，曰：「冀得其來之澤。」舜舉乎童土之地，年齒長矣，聰明衰矣，而不得休歸，所謂卷婁者也。是以神人惡衆至，衆至則不比，不比則不利也。[67]故无所甚親，无所甚疏，[68]抱德煬和，以順天下，[69]此謂眞人。於蟻棄知，於魚得計，於羊棄意。以目視目，以耳聽耳，以心復心。若然者，其平也繩，其變也循。古之眞人，以天待之，[70]不以人入天。古之眞人，得之也生，失之也死，得之也死，失之也生。藥也，其實堇也，桔梗也，雞壅也，豕零也，[71]是時爲帝者也，何可勝言？

句踐也，[72]以甲楯三千，棲於會稽。唯種也能知亡之所以存，[73]唯種也不知其身之所以愁。[74]故曰：鴟目有所適，[75]鶴脛有所節，解之也悲。故曰：風之過，河也有損焉；日之過，河也有損焉。請只風與日，相與守河，而河以爲未始其攖也，[76]恃源而往者也。[77]故水之守土也審，影之守人也審，物之守物也審。故目之於明也殆，耳之於聽也殆，⑱心之於殉也殆：凡能，其於府也殆。殆之成也不給改，禍之長也茲萃，⑲其反也緣功，其果也待久，而人以爲己寶，不亦悲乎！故有亡國，戮民无已，不知問是也。⑳故足之於地也踐，雖踐，恃其所不蹍，而後善博也；人之知也少，㉑雖少，恃其所不知，而後知天之所謂也。知大一，知大陰，知大目，知大均，知大方，知大信，知大定，至矣。大一通之，大陰解之，大目視之，大均緣之，大方體之，大信稽之，大定持之。盡有天，循有照，冥有樞，始有彼。則其解之也，似不解之者；其知之也，似不知之也，㉒不知而後知之。其問之也，不可以有崖，而不可以无崖。頡滑有實，古今不代，而不可以虧，則可不謂有大揚搉乎？闔不亦問是已，㉓奚惑然爲？以不惑解惑，㉔復於不惑，是尚大不惑。㉕

莊子雜篇　則陽第二十五

則陽遊於楚，①夷節言之於王，王未之見，夷節歸。彭陽見王果，曰：「夫子何不談我於王？」❶②王果曰：「我不若公閱休。」彭陽曰：「公閱休，奚爲者邪？」曰：「冬則擉鼈于江，夏則休乎山樊。有過而問者，曰：『此予宅也。』夫夷節已不能，而況我乎？吾又不若夷節。夫夷節之爲人也，无德而有知，不自許，以之神其交，固顛冥乎富貴之地，非相助以德，相助消也。夫凍者假衣於春，暍者反冬乎冷風。夫楚王之爲人也，形尊而嚴，其於罪也，无赦如虎，非夫佞人、正德，其孰能橈焉？③故聖人，其窮也，使家人忘其貧；其達也，使王公忘爵祿而化卑；④其於物也，與之爲娛矣；其於人也，樂物之通，而保己焉；故或不言而飲人以和，與人並立而使人化；父子之宜，彼其乎歸居，而一閒其所施。⑤其於人心者，⑥若是其遠也，故曰『待公閱休』。」

❶【夫子何不談我於王】底本「談」作「譚」，據釋文改。

聖人達綢繆，周盡一體矣，而不知其然，性也。復命搖作，而以天爲師，人則從而命之也。憂乎知，而所行恆无幾時，其有止也，若之何？生而美者，人與之鑑，不告則不知其美於人也；若知之，若不知之，若聞之，若不聞之，其可喜也終无已，人之好之亦无已，性也。聖人之愛人也，人與之名，不告則不知其愛人也；若知之，若不知之，若聞之，若不聞之，其愛人也終无已，人之安之亦无已，性也。舊國舊都，望之暢然。雖使丘陵草木之緡，入之者十九，猶之暢然，況見見聞聞者也，以十仞之臺縣衆閒者也！⑦冉相氏得其環中以隨成，與物无終无始，无幾无時。日與物化者，一不化者也，闔嘗舍之？夫師天而不得師天，與物皆殉，其以爲事也，若之何？夫聖人，未始有天，未始有人，未始有始，未始有物，與世偕行而不替，所行之備而不洫，其合之也，若之何？湯得其司御，門尹登恆，爲之傅之，從師而不囿，得其隨成，爲之司其名。之名、嬴法，得其兩見，仲尼之盡慮，爲之傅之。容成氏曰：「除日无歲，无内无外。」

魏瑩與田侯牟約，⑧田侯牟背之，魏瑩怒，將使人刺之。犀首聞而恥之，⑨曰：「君爲萬乘之君也，而以匹夫從讎。衍請受甲二十萬，爲君攻之，虜其人民，係其牛馬，使其君内熱發於背，然後拔其國，忌也出走，⑩然後抶其背，⑪折其脊。」季子聞而恥之，曰：「築十仞之城，城者既十仞矣，則又壞之，此胥靡之所苦也。今兵不起七年矣，此王之基也。衍，亂人，不可聽也。」華子聞而醜之，曰：「善言伐齊者，亂人也。善言勿伐者，亦亂人也。謂『伐之與不伐，亂人也』者，又亂人也。」君曰：「然則若何？」曰：「君求其道而已矣。」惠子聞之，而見戴晉人。戴晉人曰：「有所謂蝸者，君知之乎？」曰：「然。」「有國於蝸之左角者曰觸氏，有國於蝸之右角者曰蠻氏，時相與爭地而戰，伏尸數萬，逐北，旬有五日而後反。」君曰：「噫，其虛言與？」曰：「臣請爲君實之。君以意在四方上下，有窮乎？」君曰：「无窮。」曰：「知遊心於无窮，而反在通達之國，若存若亡乎？」君曰：「然。」曰：「通達之中有魏，於魏中有梁，於梁中有王，王與蠻氏有辯乎？」君曰：「无辯。」⑫客出，而君惝然若有亡也。客出，惠子見。君曰：「客，大人也，聖人不足以當之。」惠子曰：「夫吹管也，⑬猶有嗃也。吹劍首者，吷而已矣。堯、舜，人之所譽也。道堯、舜於戴晉人之前，譬猶一吷也。」

孔子之楚，舍於蟻丘之漿。⑭其鄰有夫妻臣妾登極者。子路曰：「是稯稯，⑮何爲者邪？」仲尼曰：「是聖人僕也。⑯是自埋於民，自藏於畔，其聲銷，其志无窮，其口雖言，其心未嘗言，方且與世違，而心不屑與之俱，⑰是陸沈者也。是其市南宜僚邪？」子路請往召之。孔子曰：「已矣！彼知丘之著於己也，知丘之適楚也，以丘爲必使楚王之召己也，彼且以丘爲佞人也。夫若然者，其於佞人也，羞聞其言，而況親見其身乎？而何以爲存？」子路往視之，其室虛矣。

長梧封人問子牢曰：「君爲政焉，勿鹵莽；治民焉，勿滅裂。昔予爲禾，耕而鹵莽之，則其實亦鹵莽而報予；芸而滅裂之，其實亦滅裂而報予。予來年變齊，深其耕而熟耰之，其禾繁以滋，予終年厭飧。」⑱莊子聞之，曰：「今人之治其形，理其心，多有似封人之所謂，遁其天，離其性，滅其情，亡其神，以衆爲故。⑲鹵莽其性者，欲惡之孽，爲性萑葦蒹葭，始萌以扶吾形，尋擢吾性，並潰漏發，不擇所出，瘭疽、❶疥癰、內熱、溲膏是也。」⑳

柏矩學於老聃，曰：「請之天下遊。」老聃曰：「已矣！天下猶是也。」又請之，老聃曰：「汝將何始？」曰：「始於齊。」至齊，見辜人焉，㉑推而強之，㉒解朝服而幕之，號天而哭之，曰：「子乎子乎！天下有大菑，子獨先離之！曰：『莫爲盜，莫爲殺人。』榮辱立，然後覩所病。貨財聚，然後覩所爭。今立人之所病，聚人之所爭，窮困人之身，使无休時，欲无至此，得乎？古之君人者，以得爲在民，以失爲在己；以正爲在民，以枉爲在己，故一形有失其形者，退而自責。今則不然，匿爲物而愚不識，大爲難而罪不敢，㉓重爲任而罰不勝，遠其塗而誅不至。民知力竭，則以僞繼之，日出多僞，士民安取不僞？夫力不足則僞，知不足則欺，財不足則盜。盜竊之行，於誰責而可乎？」

❶【瘭疽】　底本「瘭」作「漂」，據釋文所校之某本改。

蘧伯玉，行年六十，而六十化，未嘗不始於是之，而卒詘之以非也。未知今之所謂是之，非五十九非也？萬物有乎生，而莫見其根，有乎出，而莫見其門。人皆尊其知之所知，而莫知恃其知之所不知而後知，可不謂大疑乎？已乎已乎，且无所逃。此所謂然與，然乎？

仲尼問於太史大弢、伯常騫、狶韋，㉔曰：「夫衛靈公飲酒湛樂，不聽國家之政，田獵畢弋，不應諸侯之際，其所以爲靈公者，何邪？」大弢曰：「是因是也。」伯常騫曰：❶㉕「夫靈公有妻三人，同濫而浴。㉖史鰌奉御而進所，搏幣而扶翼。㉗其慢，若彼之甚也，見賢人，若此其肅也，是其所以爲靈公也。」狶韋曰：「夫靈公也，死，卜葬於故墓，㉘不吉；卜葬於沙丘，而吉，掘之數仞，得石槨焉，洗而視之，有銘焉，曰：『不馮其子，靈公奪而埋之。』㉙夫靈公之爲靈也，久矣。之二人，何足以識之？」

少知問於太公調曰：㉚「何謂丘里之言？」太公調曰：「丘里者，合十姓百

❶【伯常騫曰】底本「騫」作「鶱」，據上文及釋文改。

名，而以爲風俗也，合異以爲同，散同以爲異。今指馬之百體而不得馬，而馬係於前者，立其百體，而謂之馬也。是故丘山積卑而爲高，㉛江河合水而爲大，㉜大人合幷而爲公。是以自外入者，有主而不執；由中出者，有正而不距；四時殊氣，天不賜，故歲成；五官殊職，君不私，故國治；文武，大人不賜，故德備；萬物殊理，道不私，故无名，无名故无爲，无爲而无不爲。時有終始，世有變化；禍福淳淳，至有所拂者，而有所宜；自殉殊面，有所正者，有所差；比于大澤，百材皆度；㉝觀乎大山，木石同壇。此之謂丘里之言。」

少知曰：「然則謂之道，足乎？」太公調曰：「不然。今計物之數，不止於萬，而期曰萬物者，以數之多者，號而讀之也。是故，天地者，形之大者也；陰陽者，氣之大者也；㉞道者，爲之公。因其大，以號而讀之，則可也。已有之矣，乃將得比哉？則若以斯辯，譬猶狗馬，其不及，遠矣。」

少知曰：「四方之內，六合之裏，萬物之所生，惡起？」太公調曰：「陰陽相照，相蓋相治，四時相代，相生相殺，欲惡去就，於是橋起，雌雄片合，於是庸有；安危相易，禍福相生，緩急相摩，聚散以成。此名實之可紀，精之可志也。隨序之相理，㉟橋運之相使，窮則反，終則始，此物之所有。言之所盡，知之所至，極物而已。覩道之人，不隨其所廢，不原其所起，此議之所止。」

少知曰：「季眞之『莫爲』，接子之『或使』，二家之議，孰正於其情，孰偏於其理？」㊱太公調曰：「雞鳴狗吠，是人之所知。雖有大知，不能以言讀其所自化，又不能以意其所將爲。斯而析之，精至於无倫，大至於不可圍。或之使，莫之爲，未免於物，而終以爲過。或使則實，莫爲則虛。有名有實，是物之居；无名无實，在物之虛。可言可意，言而愈疏。未生不可忌，已死不可徂，❶㊲死生非遠也，理不可覩。或之使，莫之爲，疑之所假。吾觀之本，其往无窮；吾求之末，其來无止。无窮、无止，言之无也，與物同理。或使、莫爲，言之本也，與物終始。道不可有，有不可无。道之爲名，所假而行。或使、莫

❶【已死不可徂】底本「徂」作「阻」，據釋文改。

爲，在物一曲，夫胡爲於大方？言而足，則終日言而盡道；言而不足，則終日言而盡物。道，物之極，言默不足以載。非言非默，議有所極。」

南華眞經卷第九

莊子雜篇　外物第二十六

外物不可必，故龍逢誅，比干戮，箕子狂，惡來死，桀、紂亡。人主莫不欲其臣之忠，而忠未必信，故伍員流于江，①萇弘死于蜀，藏其血三年而化爲碧。人親莫不欲其子之孝，而孝未必愛，故孝己憂而曾參悲。木與木相摩則然，②金與火相守則流，陰陽錯行，則天地大絯，③於是乎有雷有霆，水中有火，乃焚大槐。有甚憂，兩陷而无所逃，螴蜳不得成，心若縣於天地之間，④慰暋沈屯，❶⑤利害相摩，生火甚多。衆人焚和，月固不勝火，於是乎有僓然而道盡。⑥

❶【慰暋沈屯】底本「暋」作「瞖」，據靜嘉堂本、高山寺本、林希逸本及釋文改。

莊周家貧，故往貣粟於監河侯。❶監河侯曰：「諾。我將得邑金，將貸子三百金，⑦可乎？」莊周忿然作色，曰：「周昨來，有中道而呼者。周顧視車轍中，⑧有鮒魚焉。周問之曰：『鮒魚來，子何爲者邪？』對曰：『我，東海之波臣也。君豈有斗升之水而活我哉？』⑨周曰：『諾。我且南遊吳、越之王，⑩激西江之水而迎子，可乎？』鮒魚忿然作色，曰：『吾失我常與，我无所處。吾得斗升之水然活耳，君乃言此，曾不如早索我於枯魚之肆！』」

任公子爲大鉤巨緇，⑪五十犗以爲餌，蹲乎會稽，投竿東海，⑫旦旦而釣，期年不得魚。⑬已而大魚食之，牽巨鉤，錎沒而下騖，❷揚而奮鬐，⑭白波若山，海水震蕩，聲侔鬼神，憚赫千里。任公子得若魚，離而腊之，自制河以東，⑮蒼梧已北，⑯莫不厭若魚者。⑰已而後世輇才諷說之徒，⑱皆驚而相告

❶【故往貣粟於監河侯】底本「貣」作「貸」，據釋文之音及陳景元南華真經章句音義改。
❷【錎沒而下騖】底本「下」作「不」，據衆校本改；「騖」作「鶩」，據敦煌鈔本、高山寺本、林希逸本、釋文改。

也。夫揭竿纍，❶趣灌瀆，守鯢鮒，⑲其於得大魚，難矣。飾小說，以干縣令，其於大達，亦遠矣。⑳是以未嘗聞任氏之風俗，其不可與經於世，亦遠矣。

儒以詩、禮發冢。大儒臚傳曰：「東方作矣，事之何若？」小儒曰：「未解裙襦，口中有珠。詩固有之，曰：『青青之麥，生於陵陂。生不布施，死何含珠爲？』」㉑「接其鬢，壓其顪，㉒儒以金椎控其頤，㉓徐別其頰，无傷口中珠。」

老萊子之弟子出薪，㉔遇仲尼，反以告，曰：「有人於彼，脩上而趨下，末僂而後耳，㉕視若營四海。不知其誰氏之子？」老萊子曰：「是丘也。召而來。」仲尼至。曰：「丘，去汝躬矜，與汝容知，㉖斯爲君子矣。」仲尼揖而退，蹙然改容，㉗而問曰：「業可得進乎？」老萊子曰：「夫不忍一世之傷，而驁萬世之患，㉘抑固窶邪？亡其略弗及邪？惠以歡爲，驁終身之醜，中民之行進焉耳，㉙相引以名，㉚相結以隱。與其譽堯而非桀，不如兩忘而閉其所譽。㉛反无非傷也，動无非邪也。聖人躊躇以興事，以每成功，奈何哉其載焉終矜爾？」㉜

❶【夫揭竿纍】各本「纍」作「累」，據釋文所校之司馬彪本改。

宋元君夜夢丈夫被髮闚阿門，❶㉝曰：「予自宰路之淵，予爲清江使河伯之所。漁者余且得予。」元君覺，使人占之，曰：「此神龜也。」㉞君曰：「漁者有余且乎？」左右曰：「有。」君曰：「令余且會朝。」明日，余且朝。君曰：「漁何得？」對曰：「且之網，得白龜焉，其圓五尺。」㉟君曰：「獻若之龜。」龜至，君再欲殺之，㊱再欲活之，心疑，卜之，曰：「殺龜以卜，吉。」乃刳龜，七十二鑽而无遺筴。㊲仲尼曰：「神龜能見夢於元君，㊳而不能避余且之網，知能七十二鑽而无遺筴，㊴不能避刳腸之患。如是，則知有所不知，而神有所不及也。」❷㊵雖有至知，萬人謀之。魚不畏網，而畏鵜鶘。㊶去小知，而大知明，去善而自善矣。㊷嬰兒生无石師而能言，㊸與能言者處也。

惠子謂莊子曰：「子言无用。」莊子曰：「知无用，而始可與言用矣。夫地非不廣且大也，㊹人之所用，容足耳，然則廁足而墊之致黃泉，㊺人尚有用乎？」

❶【夜夢丈夫】　底本作「夜半而夢人」，據阜陽漢簡改。
❷【則知有所不知而神有所不及】　底本「不知而」作「困」，據阜陽漢簡及大宗師改。

惠子曰：「无用。」莊子曰：「然則无用之爲用也，亦明矣。」

莊子曰：「人有能遊，且得不遊乎？人而不能遊，且得遊乎？夫流遁之志，決絶之行，噫，其非至知厚德之任與？㊻覆墜而不反，火馳而不顧，雖相與爲君臣，㊼時也，易世而无以相賤，故曰：㊽至人不留行焉。夫尊古而卑今，學者之流也。且以狶韋氏之流，㊾觀今之世，夫孰能不波？唯至人，乃能遊於世而不僻，㊿順人而不失己。彼教不學，承意不彼。目徹爲明，耳徹爲聰，鼻徹爲顫，口徹爲甘，心徹爲知，知徹爲德。凡道，不欲壅，壅則哽，哽而不止則跈，(51)跈則衆害生。(52)物之有知者，恃息，其不殷，非天之罪，天之穿之，(53)日夜无降，人則顧塞其竇。胞有重閬，心有天遊。室无空虛，(54)則婦姑勃谿。心无天遊，則六鑿相攘。❶(55)大林丘山之善於人也，(56)亦神者不勝。(57)德溢乎名，名溢乎暴，謀稽乎誸，(58)知出乎爭，柴生乎守，官事果乎衆宜。春雨日時，草木怒生，銚鎒於是乎始脩，草木之到植者過半，(59)而不知其然。(60)靜

❶【六鑿相攘】底本「攘」作「欀」，據衆校本改。

然可以補病，皆媙可以休老，寧可以止遽。61雖然，若是，62勞者之務也，非佚者之所，未嘗過而問焉。63聖人之所以駴天下，64神人未嘗過而問焉。賢人所以駴世，聖人未嘗過而問焉。君子所以駴國，賢人未嘗過而問焉。小人所以合時，君子未嘗過而問焉。演門有親死者，以善毀，爵爲官師，其黨人毀而死者半。堯與許由天下，許由逃之。湯與務光，務光怒之。紀他聞之，帥弟子而踆於窾水，諸侯弔之。三年，申徒狄因以踣河。65荃者所以在魚，66得魚而忘荃。蹄者所以在兔，得兔而忘蹄。67言者所以在意，得意而忘言。吾安得夫忘言之人而與之言哉？」

莊子雜篇　寓言第二十七

寓言十九，重言十七，巵言日出，①和以天倪。寓言十九，藉外論之。②親父不爲其子媒，親父譽之，不若非其父者也。③非吾罪也，人之罪也。與己同則應，不與己同則反。同於己，爲是之；異於己，爲非之。重言十七，所以己言也。④是爲耆艾，⑤年先矣，而无經緯本末以期年耆者，⑥是非先也。人而无以先人，⑦无人道也。人而无人道，是之謂陳人。巵言日出，和以天倪，因以曼衍，所以窮年。⑧不言則齊，齊與言不齊，言與齊不齊也，故曰无言。⑨言无言，終身言，未嘗不言；⑩終身不言，未嘗不言。有自也而可，有自也而不可，有自也而然，有自也而不然。惡乎然？然於然。惡乎不然？不然於不然。惡乎可？可於可。惡乎不可？不可於不可。⑪物固有所然，物固有所可，无物不然，无物不可。非巵言日出，和以天倪，孰得其久？萬物皆種也，以不同形相禪，⑫始卒若環，莫得其倫，是謂天均。天均者，天倪也。

莊子謂惠子曰：「孔子行年六十而六十化，始時所是，卒而非之。未知今之所謂是之，非五十九非也？」惠子曰：「孔子勤志服知也。」⑬莊子曰：「孔子謝之矣，而其未之嘗言。❶⑭孔子云：『夫受才乎大本，復靈以生。鳴而當律，言而當法，利義陳乎前，而好惡是非，直服人之口而已矣。⑮使人乃以心服，而不敢蘁，⑯立定天下之定。』已乎已乎，吾且不得及彼乎！」

曾子再仕而心再化，曰：「吾及親仕，三釜而心樂。後仕，三千鍾，不洎，⑰吾心悲。」弟子問于仲尼曰：⑱「若參者，可謂无所縣其罪乎？」⑲曰：「既已縣矣，夫无所縣者，可以有哀乎？彼視三釜三千鍾，如鸛蚊相過乎前也。」❷⑳

顏成子游謂東郭子綦曰：「自吾聞子之言，㉑一年而野，二年而從，三年而通，四年而物，五年而來，六年而鬼入，七年而天成，八年而不知死、不知

❶【而其未之嘗言】 底本「未」作「末」，據眾校本及底本徐无鬼作「未之嘗言」改。
❷【如鸛蚊相過】 底本「鸛蚊」作「觀雀蚊虻」，據高山寺本及釋文所校之元嘉本、王本改。

生，㉒九年而大妙。」㉓

生有爲，死也勸公，以其死也有自也；㉔而生，陽也，无自也。而果然乎？惡乎其所適，惡乎其所不適？㉕天有歷數，㉖地有人據，吾惡乎求之？莫知其所終，若之何其无命也？莫知其所始，㉗若之何其有命也？有以相應也，若之何其无鬼邪？无以相應也，若之何其有鬼邪？㉘

眾罔兩問於影曰：㉙「若向也俯而今也仰，向也括而今也被髮，㉚向也坐而今也起，向也行而今也止，何也？」影曰：「叟叟也，奚稍問也？㉛予有而不知其所以。予，蜩甲也，蛇蜕也，似之而非也。㉜火與日，吾屯也。陰與夜，吾代也。彼，吾所以有待邪？㉝而況乎以有待者乎？㉞彼來則我與之來，彼往則我與之往，彼強陽則我與之強陽。強陽者，又何以有問乎？」

陽子居南之沛，老聃西遊於秦。邀於郊，至於梁，㉟而遇老子。老子中道仰天而歎曰：㊱「始以汝爲可教，今不可也。」陽子居不荅。至舍，進盥漱巾櫛，脱屨戶外，膝行而前，曰：「向者弟子欲請夫子，夫子行不閒，是以不敢。今閒矣，請問某過？」❶㊲老子曰：「而睢睢盱盱，㊳而誰與居？大白若辱，盛德若不足。」陽子居蹵然變容，曰：「敬聞命矣！」㊴其往也，舍者迎將其家，公執席，㊵妻執巾櫛，舍者避席，煬者避竈；其反也，舍者與之爭席矣。

❶【請問某過】底本「某」作「其」，據高山寺本改。

莊子雜篇　讓王第二十八

堯以天下讓許由，許由不受。又讓於子州支父，子州支父曰：「以我爲天子，猶之可也。雖然，我適有幽憂之病，方且治之，未暇治天下也。」夫天下，①至重也，而不以害其生，又況他物乎？唯无以天下爲者，②可以託天下也。③

舜讓天下於子州支伯，子州支伯曰：「予適有幽憂之病，方且治之，未暇治天下也。」④故天下，大器也，而不以易生，此有道者之所以異乎俗者也。

舜以天下讓善卷，善卷曰：「余立於宇宙之中，冬日衣皮毛，夏日衣葛絺，⑤春耕種，形足以勞動，秋收斂，身足以休食，日出而作，日入而息，逍遥於天地之間，而心意自得。吾何以天下爲哉？悲夫，子之不知余也！」遂不受。於是去而入深山，莫知其處。

舜以天下讓其友石戶之農，⑥石戶之農曰：「捲捲乎后之爲人！⑦葆力之士也。」[8]以舜之德，爲未至也。於是[9]夫負，妻戴，攜子，以入於海，[10]終身不反也。[11]

大王亶父居邠，狄人攻之。事之以皮帛而不受，事之以犬馬而不受，事之以珠玉而不受。[12]狄人之所求者，土地也。[13]大王亶父曰：「與人之兄居而殺其弟，與人之父居而殺其子，吾不忍也。子皆勉居矣！爲吾臣，與爲狄人臣，[14]奚以異？且吾聞之：『不以所用養害所養。』」因杖筴而去之，[15]民相連而從之，[16]遂成國於岐山之下。夫大王亶父，[17]可謂能尊生矣。能尊生者，雖貴富，[18]不以養傷身，雖貧賤，不以利累形。今世之人，居高官尊爵者，[19]皆重失之；見利，輕亡其身，[20]豈不惑哉！

越人三世弑其君，[21]王子搜患之，[22]逃乎丹穴，而越國无君，求王子搜不得，從之丹穴。王子搜不肯出，越人薰之以艾，乘以玉輿。[23]王子搜援綏登車，[24]仰天而呼曰：[25]「君乎！君乎！[26]獨不可以舍我乎？」王子搜非惡爲君也，惡爲君之患也。若王子搜者，可謂不以國傷生矣，此固越人之所欲得爲君也。

韓、魏相與爭侵地。子華子見昭僖侯，昭僖侯有憂色。子華子曰：「今使天下書銘於君之前，書之言曰：㉗『左手攫之則右手廢，右手攫之則左手廢，然而攫之者必有天下。』㉘君能攫之乎？」㉙昭僖侯曰：「寡人不攫也。」㉚子華子曰：「甚善！自是觀之，兩臂重於天下也，身亦重於兩臂。韓之輕於天下亦遠矣，㉛今之所爭者，㉜其輕於韓又遠，君固愁身傷生，㉝以憂戚不得也！」㉞僖侯曰：「善哉！教寡人者衆矣，㉟未嘗得聞此言也。」子華子可謂知輕重矣。

魯君聞顔闔得道之人也，㊱使人以幣先焉。㊲顔闔守陋閭，㊳苴布之衣，㊴而自飯牛。㊵魯君之使者至，顔闔自對之。使者曰：「此顔闔之家與？」顔闔對曰：「此闔之家也。」使者致幣。顔闔對曰：「恐聽者謬而遺使者罪，㊶不若審之。」使者還，反審之，復來求之，則不得已。故若顔闔者，眞惡富貴也。故曰：「道之眞，以治身；㊷其緒餘，以爲國家；其土苴，以治天下。」由此觀之，帝王之功，聖人之餘事也，非所以完身養生也。今世俗之君子，㊸多危身棄生以殉物，㊹豈不悲哉？凡聖人之動作也，必察其所以之，與其所以爲。今且有人

於此，㊺以隨侯之珠，彈千仞之雀，世必笑之。是何也則？其所用者重，而所要者輕也。夫生者，豈特隨侯之重哉？㊻

子列子窮，容貌有飢色。客有言之於鄭子陽者，㊼曰：「列御寇，㊽蓋有道之士也，居君之國而窮，君无乃爲不好士乎？」鄭子陽卽令官遺之粟。㊾子列子見使者，再拜而辭。使者去，子列子入，其妻望之而拊心，曰：「妾聞爲有道者之妻子，皆得佚樂。㊿今有飢色，(51)君過而遺先生食，(52)先生不受，豈不命邪？」(53)子列子笑謂之曰：「君非自知我也。以人之言而遺我粟，至其罪我也，又且以人之言。此吾所以不受也。」(54)其卒，民果作難而殺子陽。(55)

楚昭王失國，屠羊說走而從於昭王。(56)昭王反國，將賞從者，及屠羊說。屠羊說曰：「大王失國，說失屠羊。大王反國，說亦反屠羊。臣之爵祿已復矣，又何賞之有？」王曰：「強之。」屠羊說曰：「大王失國，非臣之罪，(57)故不敢伏其誅。(58)大王反國，非臣之功，故不敢當其賞。」王曰：「見之。」屠羊說曰：「楚國之法，必有重賞大功，(59)而後得見。今臣之知不足以存國，而勇不足以死寇。吳軍入郢，說畏難而避寇，非故隨大王也。今大王欲廢法毀約而見說，此非臣之所以聞於天下也。」⑥⑩王謂司馬子綦曰：「屠羊說居處卑賤，而陳義甚高，子其爲我延之以三旌之位。」⑥①屠羊說曰：「夫三旌之位，吾知其貴於屠羊之肆也；萬鍾之祿，吾知其富於屠羊之利也。然豈可以貪爵祿，而使吾君有妄施之名乎？說不敢當，願復反吾屠羊之肆。」遂不受也。

原憲居魯，環堵之室，茨以生草，蓬戶不完，桑以爲樞，而甕牖二室，褐以爲塞，⑥②上漏下濕，匡坐而弦。⑥③子貢乘大馬，中紺而表素，軒車不容巷，往見原憲。原憲華冠縰履，⑥④杖藜而應門。⑥⑤子貢曰：「嘻！先生何病？」⑥⑥原憲應之曰：「憲聞之：『无財謂之貧，⑥⑦學而不能行謂之病。』今憲，貧也，非病也。」子貢逡巡而有愧色。原憲笑曰：「夫希世而行，比周而友，學以爲人，教以爲己，仁義之慝，輿馬之飾，憲不忍爲也。」⑥⑧

曾子居衛，緼袍无表，顔色腫噲，⑥⑨手足胼胝，三日不舉火，十年不製衣，正冠而纓絕，捉衿而肘見，納屨而踵決，曳縰而歌商頌，聲滿天地，⑦⑩若出金石，天子不得臣，諸侯不得友。⑺故養志者忘形，養形者忘利，致道者忘心矣。

孔子謂顏回曰：「回來，家貧居卑，胡不仕乎？」顏回對曰：「不願仕。回有郭外之田五十畝，足以給飦粥；⑺郭內之田十畝，足以爲絲麻；⑺鼓琴足以自娱，所學夫子之道者，⑺足以自樂也。回不願仕。」⑺孔子愀然變容，⑺曰：「善哉，⑺回之意！丘聞之：『知足者，不以利自累也。⑺審自得者，失之而不懼。⑺行脩於內者，无位而不怍。』丘誦之久矣，⑻今於回而後見之，是丘之得也！」

中山公子牟謂瞻子曰：⑻「身在江海之上，心居乎魏闕之下，⑻奈何？」瞻子曰：「重生。重生則利輕。」中山公子牟曰：「雖知之，未能自勝也。」瞻子曰：「不能自勝則從，⑻神无惡乎！不能自勝而強不從者，⑻此之謂重傷。重傷之人，无壽類矣。」魏牟，萬乘之公子也，其隱巖穴也，⑻難爲於布衣之士，雖未至乎道，可謂有其意矣。

孔子窮於陳、蔡之間，七日不火食，⑻藜羹不糝，顏色甚憊，而弦歌於室。顏回擇菜。⑻子路、子貢相與言曰：「夫子再逐於魯，⑻削迹於衛，伐樹於宋，窮於商、周，圍於陳、蔡。[89]殺夫子者无罪，藉夫子者无禁。弦歌鼓琴，未嘗絕音。君子之无耻也，[90]若此乎？」顔回无以應，入告孔子。孔子推琴，喟然而歎曰：[91]「由與賜，細人也！[92]召而來，吾語之。」子路、子貢入。子路曰：「如此者，可謂窮矣！」[93]孔子曰：「是何言也？君子通於道之謂通，窮於道之謂窮。今丘抱仁義之道，[94]以遭亂世之患，其何窮之爲？故内省而不窮於道，臨難而不失其德。天寒既至，霜雪既降，[95]吾是以知松柏之茂也。陳、蔡之隘，於丘其幸乎！」[96]孔子削然，[97]反琴而弦歌；[98]子路扢然，執干而舞。子貢曰：「吾不知天之高也，地之下也！」古之得道者，窮亦樂，通亦樂；所樂非窮通也，[99]道德於此，[100]則窮通爲寒暑風雨之序矣。故許由虞於潁陽，而共伯得乎共首。❶[101]

舜以天下讓其友北人无擇，北人无擇曰：「異哉，后之爲人也！[102]居於畎畝之中，而遊堯之門。不若是而已，又欲以其辱行漫我。吾羞見之。」因自投清泠之淵。

❶【故許由虞於潁陽，而共伯得乎共首】底本「虞」作「娱」，「共」作「丘」，據高山寺本及釋文改。

湯將伐桀，因卞隨而謀，卞隨曰：「非吾事也。」湯曰：「孰可？」曰：「吾不知也。」湯又因務光而謀，務光曰：⑽「非吾事也。」湯曰：「孰可？」曰：「吾不知也。」湯曰：「伊尹何如？」曰：「強力忍詬，❶⑽吾不知其他也。」湯遂與伊尹謀伐桀，剋之，以讓卞隨，卞隨辭曰：「后之伐桀也謀乎我，必以我爲賊也；勝桀而讓我，⑽必以我爲貪也。⑽吾生乎亂世，而无道之人再來漫我以其辱行，吾不忍數聞也。」乃自投椆水而死。⑽湯又讓務光，曰：「知者謀之，⑽武者遂之，仁者居之，⑽古之道也。吾子胡不立乎？」務光辭曰：「廢上，非義也。殺民，非仁也。人犯其難，我享其利，非廉也。吾聞之曰：『非其義者，不受其祿。无道之世，不踐其土。』況尊我乎？吾不忍久見也。」乃負石而自沈於廬水。⑽

昔周之興，有士二人，處於孤竹，曰伯夷、叔齊。二人相謂曰：⑾「吾聞西方有人，似有道者，試往觀焉。」至於岐陽，⑾武王聞之，使叔旦往見之，與盟曰：「加富二等，就官一列，血牲而埋之。」⑾二人相視而笑，曰：「嘻，異哉！此

❶【強力忍詬】底本「詬」作「垢」，據釋文之司馬彪注義及天下改。

非吾所謂道也。昔者神農之有天下也，[114]時祀盡敬而不祈喜；[115]其於人也，忠信盡治而无求焉，樂與政爲政，[116]樂與治爲治；不以人之壞，自成也；不以人之卑，自高也；不以遭時，自利也。今周見殷之亂而遽爲政，上謀而下行貨，[117]阻兵而保威，割牲而盟以爲信，揚行以悅眾，殺伐以要利，是推亂以易暴也。吾聞：古之士，[118]遭治世，不避其任；遇亂世，不爲苟存。今天下闇，周德衰，[119]其並乎周以塗吾身也，不如避之，以絜吾行。」[120]二子北至於首陽之山，遂餓而死焉。[121]若伯夷、叔齊者，其於富貴也，[122]苟可得已，則必不賴高節戾行。獨樂其志，不事於世，[123]此二士之節也。

莊子雜篇　盜跖第二十九

孔子與柳下季爲友，柳下季之弟名曰盜跖。盜跖從卒九千人，橫行天下，侵暴諸侯，穴室樞戶，①驅人牛馬，取人婦女，貪得忘親，不顧父母兄弟，不祭先祖，所過之邑，大國守城，小國入保，②萬民苦之。孔子謂柳下季曰：「夫爲人父者必能詔其子，爲人兄者必能教其弟。若父不能詔其子，兄不能教其弟，則无貴父子兄弟之親矣。今先生，世之才士也，弟爲盜跖，爲天下害，而弗能教也，丘竊爲先生羞之。丘請爲先生往說之。」柳下季曰：「先生言：『爲人父者必能詔其子，爲人兄者必能教其弟。』若子不聽父之詔，弟不受兄之教，雖今先生之辯，將奈之何哉？且跖之爲人也，心如涌泉，意如飄風，強足以距敵，辯足以飾非，順其心則喜，逆其心則怒，易辱人以言。先生必无往。」孔子不聽，顏回爲馭，子貢爲右，往見盜跖。

盜跖乃方休卒徒太山之陽，③膾人肝而餔之。孔子下車而前，見謁者曰：「魯人孔丘，聞將軍高義，敬再拜謁者。」謁者入通。盜跖聞之，大怒，目如明星，髮上指冠，曰：「此夫魯國之巧僞人孔丘，非邪？爲我告之：『爾作言造語，妄稱文、武，冠枝木之冠，帶死牛之脅，多辭繆説，❶④不耕而食，不織而衣，摇脣鼓舌，擅生是非，以迷天下之主，使天下學士不反其本，妄作孝悌，⑤而儌倖於封侯富貴者也。子之罪大極重，疾走歸！不然，我將以子肝益晝餔之膳。』」⑥孔子復通曰：「丘得幸於季，⑦願望履幕下。」⑧謁者復通。盜跖曰：「使來前！」孔子趨而進，避席反走，再拜盜跖。盜跖大怒，兩展其足，案劍瞋目，聲如乳虎，曰：「丘來前！若所言，順吾意則生，逆吾心則死！」

孔子曰：「丘聞之：凡天下有三德：生而長大，美好无雙，少長貴賤見而皆悦之，此上德也。知維天地，辯彫萬物，❷⑨此中德也。勇悍果敢，聚衆率兵，此下德也。凡人有此一德者，足以南面稱孤矣。今將軍兼此三者，身長八

❶【多辭繆説】底本「繆」作「謬」，據釋文改。

❷【辯彫萬物】底本作「能辯諸物」，據張家山漢簡及天道改。

尺二寸，面目有光，脣如激丹，齒如齊貝，⑩音中黄鍾，而名曰盜跖。丘竊爲將軍恥，不取焉。將軍有意聽臣，臣請南使吴、越，北使齊、魯，東使宋、衛，西使晉、楚，使爲將軍造大城數百里，立數十萬戶之邑，尊將軍爲諸侯，與天下更始，罷兵休卒，收養昆弟，共祭先祖。此聖人才士之行，而天下之願也。」

盜跖大怒曰：「丘來前！夫可規以利而可諫以言者，皆愚陋恒民之謂耳！⑪今長大美好，人見而悦之者，此吾父母之遺德也。丘雖不吾譽，吾獨不自知邪？且吾聞之：『好而譽人者，亦好背而毀之。』今丘告我以大城衆民，是欲規我以利，而恒民畜我也，安可長久也？⑫城之大者，莫大乎天下矣。堯、舜有天下，子孫无置錐之地。湯、武立爲天子，而後世絶滅。非以其利大故邪？且吾聞之，古者禽獸多而人民少，於是民悉巢木上以避之，❶⑬晝日拾杼栗，而暮宿其上，❷故命之曰『有巢氏之民』。⑭古者民不知衣服，夏多積薪，冬

❶【於是民悉巢木上以避之】　底本「悉巢木上」作「皆巢居」，據張家山漢簡改。
❷【晝日拾杼栗而暮宿其上】　底本作「晝拾橡栗，暮栖木上」，據張家山漢簡改。

則煬之，故命之曰『知生之民』。神農之世，臥則居居，起則于于，民知其母，不知其父，與麋鹿共處，耕而食，織而衣，无有相害之心，此至德之隆也。然而黄帝不能致德，與蚩尤戰於涿鹿之野，⑮流血百里。堯、舜作，立羣臣，湯放其主，武王殺紂，自是之後，以强陵弱，以衆暴寡。湯、武以來，皆亂人之徒也。今子，脩文、武之道，掌天下之辯，以教後世，縫衣淺帶，⑯矯言僞行，以迷惑天下之主，而欲求富貴焉。盜莫大於子，天下何故不謂子爲盜丘，而乃謂我爲盜跖？子以甘辭説子路而使從之，使子路去其危冠，解其長劍，而受教於子，天下皆曰：『孔丘能止暴禁非。』其卒之也，子路欲殺衛君而事不成，身菹於衛東門之上，是子教之不至也。子自謂才士聖人邪？則再逐於魯，削迹於衛，窮於齊，圍於陳、蔡，不容身於天下。子教子路菹。此患，上无以爲身，下无以爲人。子之道，豈足貴邪？世之所高，莫若黄帝。黄帝尚不能全德，而戰涿鹿之野，流血百里。堯不慈，舜不孝，禹偏枯，湯放其主，武王伐紂，文王拘羑里。此六子者，世之所高也，⑰孰論之，皆以利惑其眞，而强反其情性，其行乃甚可羞也！⑱世之所謂賢士，伯夷、叔齊。伯夷、叔齊辭孤竹之君，而餓死於首陽之山，骨肉不葬。鮑焦，飾行非世，抱木而死；申徒狄，諫而不聽，負石自投於河，爲魚鼈所食；介子推，至忠也，自割其股，以食文公，文公後背之，子推怒而去，抱木而燔死；尾生，⑲與女子期於梁下，女子不來，水至不去，抱梁柱而死。此四子者，无異於磔犬流豕、❶⑳操瓢而乞者，皆離名輕死，㉑不念本養壽命者也。㉒世之所謂忠臣者，莫若王子比干、伍子胥。子胥沈江，比干剖心。此二子者，世謂忠臣也，然卒爲天下笑。自上觀之，至于子胥、比干，皆不足貴也。丘之所以說我者：若告我以鬼事，則我不能知也；若告我以人事者，不過此矣，皆吾所聞知也。今吾告子以人之情：目欲視色，耳欲聽聲，口欲察味，志氣欲盈。人上壽百歲，中壽八十，下壽六十，除病瘦死喪憂患，㉓其中開口而笑者，一月之中，不過四五日而已矣。天與地无窮，人死者有時。操有時之具，而託於无窮之間，忽然无異騏驥之馳過隙也。不能悅其志意，養

❶【无異於磔犬流豕】 底本無「於」字，據眾校本補。

其壽命者，皆非通道者也。丘之所言，皆吾之所棄也。亟去，㉔走歸，无復言之！子之道，狂狂伋伋，㉕詐巧虛僞事也，非可以全眞也，奚足論哉？」

孔子再拜，趨走出門，上車，執轡三失，目芒然无見，色若死灰，據軾低頭，不能出氣。歸到魯東門外，適遇柳下季。柳下季曰：「今者闕然數日不見，車馬有行色，得微往見跖邪？」孔子仰天而歎，曰：「然。」柳下季曰：「跖得无逆汝意若前乎？」孔子曰：「然。丘所謂无病而自灸也。疾走，料虎頭，編虎須，幾不免虎口哉！」㉖

子張問於滿苟得曰：「盍不爲行？无行則不信，不信則不任，不任則不利。故觀之名，計之利，而義眞是也。若棄名利，反之於心，則夫士之爲行，不可一日不爲乎？」滿苟得曰：「无恥者富，多信者顯。夫名利之大者，幾在无恥而信。故觀之名，計之利，而信眞是也。若棄名利，反之於心，則夫士之爲行，抱其天乎！」

子張曰：「昔者桀、紂貴爲天子，富有天下；今謂臧聚曰『汝行如桀、紂』，則有怍色，有不服之心者，㉗小人所賤也。仲尼、墨翟，窮爲匹夫；今謂宰相曰『子行如仲尼、墨翟』，則變容易色，稱不足者，士誠貴也。故勢爲天子，未必貴也；窮爲匹夫，未必賤也。貴賤之分，在行之美惡。」滿苟得曰：「小盗者拘，大盗者爲諸侯。諸侯之門，義士存焉。昔者桓公小白，殺兄入嫂，而管仲爲臣；㉘田成子常，殺君竊國，而孔子受幣。㉙論則賤之，行則下之，則是言行之情，悖戰於胷中也，不亦拂乎？故書曰：『孰惡孰美？成者爲首，不成者爲尾。』」

子張曰：「子不爲行，卽將疏戚无倫，貴賤无義，長幼无序，五紀六位將何以爲別乎？」滿苟得曰：「堯殺長子，舜流母弟，疏戚有倫乎？湯放桀，武王殺紂，貴賤有義乎？王季爲適，周公殺兄，長幼有序乎？儒者僞辭，墨者兼愛，五紀六位將有別乎？且子正爲名，我正爲利。名利之實，不順於理，不監於道。㉚吾日與子訟於无約，曰：㉛『小人殉財，君子殉名。其所以變其情，易其性，則異矣；乃至於棄其所爲，而殉其所不爲，則一也。』故曰：无爲小人，反殉而天；无爲君子，從天之理。若枉若直，相而天極。面觀四方，與時消息。若是若非，執而圓機。獨成而意，與道徘徊。㉜无轉而行，无成而義，將失而所爲。无赴而富，无殉而成，將棄而天。比干剖心，子胥抉眼，忠之禍也。直躬證父，尾生溺死，信之患也。鮑子立乾，申子不自理，㉝廉之害也。孔子不見母，匡子不見父，義之失也。此上世之所傳，下世之所語，以爲士者，正其言，必其行，故服其殃，離其患也。」

无足問於知和曰：㉞「人卒未有不興名就利者。彼富則人歸之，歸則下之，下則貴之。夫見下貴者，所以長生安體樂意之道也。今子獨无意焉，知不足邪？意知而力不能行邪？故推正不忘邪？」㉟知和曰：「今夫此人，以爲與己同時而生、同鄉而處者，以爲夫絶俗過世之士焉，是專无主正，所以覽古今之時，是非之分也，與俗化世，去至重，棄至尊，以爲其所爲也。此其所以論長生安體樂意之道，不亦遠乎？慘怛之疾，㊱恬愉之安，不監於體；怵惕之恐，欣懽之喜，不監於心；知爲爲而不知所以爲，是以貴爲天子，富有天下，而不免於患也。」

无足曰：「夫富之於人，无所不利。窮美究勢，㊲至人之所不得逮，賢人之所不能及，俠人之勇力而以爲威強，秉人之知謀以爲明察，因人之德以爲賢良，非享國而嚴若君父。且夫聲色滋味權勢之於人，心不待學而樂之，體不待象而安之。夫欲惡避就，固不待師，此人之性也。天下雖非我，孰能辭之？」

知和曰：「知者之爲故，動以百姓，不違其度，是以足而不爭。无以爲，故不求。不足，故求之，爭四處而不自以爲貪；有餘，故辭之，棄天下而不自以爲廉。廉貪之實，非以迫外也，反監之度，勢爲天子而不以貴驕人，富有天下而不以財戲人，計其患，㊳慮其反，以爲害於性，故辭而不受也，非以要名譽也。堯、舜爲帝而雍，非仁天下也，不以美害生也。善卷、許由得帝而不受，非虛辭讓也，不以事害己。此皆就其利，辭其害，而天下稱賢焉，則可以有之，彼非以興名譽也。」

无足曰：「必持其名，苦體絕甘，約養以持生，則亦久病長阨而不死者也。」㊴知和曰：「平爲福，有餘爲害者，物莫不然，而財其甚者也。今富人，耳營鍾鼓管籥之聲，㊵口嗛於芻豢醪醴之味，以感其意，遺忘其業，可謂亂矣。侅溺於馮氣，若負重，行而上也，㊶可謂苦矣。貪財而取慰，㊷貪權而取竭，靜居則溺，體澤則馮，可謂疾矣。爲欲富就利，故滿若堵耳而不知避，且馮而不舍，可謂辱矣。財積而无用，服膺而不舍，滿心戚醮，求益而不止，可謂憂矣。內則疑劫請之賊，外則畏寇盜之害，內周樓疏，外不敢獨行，可謂畏矣。此六者，天下之至害也，皆遺忘而不知察。及其患至，求盡性竭財，單以反一日之无故，㊸而不可得也。故觀之名則不見，求之利則不得，繚意絕體而爭此，㊹不亦惑乎？」

南華眞經卷第十

莊子雜篇　說劒第三十

昔趙文王喜劒，劒士夾門而客，三千餘人，日夜相擊於前，死傷者歲百餘人，好之无厭。❶①如是三年，國衰，諸侯謀之。太子悝患之，募左右曰：「孰能說王之意，②止劒士者，賜之千金。」左右曰：「莊子當能。」太子乃使人以千金奉莊子。③莊子弗受，與使者俱往見太子，曰：「太子何以教周，賜周千金？」太子曰：「聞夫子明聖，謹奉千金以幣從。❷④夫子弗受，悝尚何敢言？」⑤莊子曰：「聞太子所欲用周者，欲絕王之喜好也。⑥使臣上說大王而逆王意，⑦下不當太子，則身刑而死，周尚安所事金乎？使臣上說大王，下當太子，趙國何

❶【好之无厭】　底本「无」作「不」，據釋文改。
❷【謹奉千金以幣從】　底本「從」作「從者」，據釋文刪「者」字。

求而不得也？」⑧太子曰：「然。吾王所見，唯劒士也。」莊子曰：「諾。周善爲劒。」太子曰：「然吾王所見劒士，⑨皆蓬頭，突鬢，⑩垂冠，曼胡之纓，短後之衣，瞋目而語難，王乃悅之。今夫子必儒服而見王，事必大逆。」莊子曰：「請治劒服。」治劒服三日，乃見太子。⑪太子乃與見王，王脫白刃待之。⑫莊子入殿門不趨，見王不拜。王曰：「子欲何以教寡人，使太子先？」曰：「臣聞大王喜劒，故以劒見王。」王曰：「子之劒，何能禁制？」曰：「臣之劒，十步一人，千里不留行。」王大悅之，⑬曰：「天下无敵矣！」莊子曰：「夫爲劒者，示之以虛，開之以利，後之以發，先之以至。⑭願得試之。」王曰：「夫子休就舍，待命令設戲請夫子。」⑮王乃校劒士七日，⑯死傷者六十餘人，得五六人，⑰使奉劒於殿下，乃召莊子。王曰：「今日試使士敦。」❶⑱莊子曰：「望之久矣！」王曰：「夫子所御杖，⑲長短何如？」曰：「臣之所奉皆可。⑳然臣有三劒，㉑唯王所用。請先言而後試。」王曰：「願聞三劒。」曰：「有天子劒，有諸侯劒，有庶人劒。」王

❶【今日試使士敦】　底本「敦」作「敦劒」，據高山寺本及釋文刪「劒」字。

曰：「天子之劍何如？」曰：「天子之劍，以燕谿、石城爲鋒，齊、岱爲鍔，晉、衛爲脊，❶周、宋爲鐔，㉒韓、魏爲夾，❷㉓包以四夷，裹以四時，繞以渤海，㉔帶以常山，制以五行，論以刑德，㉕開以陰陽，持以春夏，行以秋冬。此劍，直之无前，㉖舉之无上，案之无下，運之无旁，上決浮雲，下絕地紀。此劍一用，匡諸侯，天下服矣。此天子之劍也。」文王芒然自失，曰：「諸侯之劍何如？」曰：「諸侯之劍，以知勇士爲鋒，㉗以清廉士爲鍔，㉘以賢良士爲脊，以忠聖士爲鐔，以豪桀士爲夾。㉙此劍，直之亦无前，舉之亦无上，案之亦无下，運之亦无旁，上法圓天以順三光，下法方地以順四時，中知民意以安四鄉。㉚此劍一用，如雷霆之震也，㉛四封之內，㉜无不賓服而聽從君命者矣。此諸侯之劍也。」王曰：「庶人之劍何如？」曰：「庶人之劍，蓬頭，突鬢，垂冠，曼胡之纓，短後之衣，瞋目而語難，相擊於前，上斬頸領，下決肝肺。此庶人之劍，无異於鬭

❶【晉、衛爲脊】　底本「衛」作「魏」，據高山寺本改。
❷【韓、魏爲夾】　底本「夾」作「鋏」，據高山寺本及釋文改。下文「以豪桀士爲夾」同此改。

雞，㉝一旦命已絕矣，无所用於國事。㉞今大王有天子之位，而好庶人之劍，臣竊爲大王薄之。」王乃牽而上殿，宰人上食，王三環之。莊子曰：「大王安坐定氣，劍事已畢奏矣。」於是文王不出宮三月，劍士皆服斃其處也。㉟

莊子雜篇　漁父第三十一

孔子遊乎緇帷之林，①休坐乎杏壇之上。弟子讀書，孔子弦歌鼓琴，奏曲未半，有漁父者，②下船而來，須眉交白，❶③被髮揄袂，行原以上，距陸而止，左手據膝，右手持頤，以聽，曲終，而招子貢、子路二人俱對。客指孔子曰：「彼何爲者也？」子路對曰：「魯之君子也。」客問其族。子路對曰：「族孔氏。」客曰：「孔氏者，何治也？」④子路未應，子貢對曰：「孔氏者，性服忠信，身行仁義，飾禮樂，⑤選人倫，上以忠於世主，下以化齊民，❷⑥將以利天下。此孔氏之所治也。」⑦又問曰：「有土之君與？」子貢曰：「非也。」「侯王之佐與？」子貢曰：「非也。」客乃笑而還，⑧行言曰：「仁則仁矣，恐不免其身，苦心勞形，以危其眞。⑨嗚呼，遠哉，其分於道也！」⑩

❶【須眉交白】　底本「須」作「鬚」，據釋文改。
❷【下以化齊民】　底本「化」作「化於」，據釋文及下文刪「於」字。

子貢還報孔子，孔子推琴而起，曰：「其聖人與？」乃下求之，至於澤畔。方將杖拏而引其船，⑪顧見孔子，還鄉而立。⑫孔子反走，再拜而進。客曰：「子將何求？」孔子曰：「曩者先生有緒言而去，丘不肖，未知所謂，竊待於下風，⑬幸聞欬唾之音，❶⑭以卒相丘也。」客曰：「嘻！甚矣，子之好學也！」孔子再拜而起，曰：「丘少而脩學，以至於今，六十九歲矣，无所得。聞至教，敢不虛心？」客曰：「同類相從，同聲相應，固天之理也。吾請釋吾之所有，而經子之所以。子之所以者，人事也。天子、諸侯、大夫、庶人，此四者自正，治之美也；四者離位，而亂莫大焉。官治其職，人憂其事，乃无所陵。⑮故田荒室露，衣食不足，徵賦不屬，妻妾不和，長少无序，⑯庶人之憂也。能不勝任，官事不治，⑰行不清白，⑱羣下荒怠，功美不有，⑲爵祿不持，⑳大夫之憂也。廷无忠臣，㉑國家昏亂，工技不巧，貢職不美，㉒春秋後倫，不順天子，諸侯之憂也。陰陽不和，寒暑不時，以傷庶物，諸侯暴亂，擅相攘伐，以殘民人，禮樂不

❶【幸聞欬唾之音】　底本「欬」作「咳」，據高山寺本、釋文之音及徐无鬼改。

節，財用窮匱，人倫不飭，㉓百姓淫亂，天子有司之憂也。今子，既上无君侯有司之勢，而下无大臣職事之官，而擅飾禮樂，㉔選人倫，以化齊民，不泰多事乎？㉕且人有八疵，事有四患，不可不察也。非其事而事之，謂之摠。莫之顧而進之，謂之佞。希意導言，謂之諂。㉖不擇是非而言，謂之諛。好言人之惡，謂之讒。析交離親，㉗謂之賊。稱譽詐僞，以敗惡人，㉘謂之慝。不擇善否，㉙兩容顏適，㉚偷拔其所欲，謂之險。此八疵者，外以亂人，內以傷身，㉛君子不友，明君不臣。所謂四患者：好經大事，變更易常，以挂功名，謂之叨；專知擅事，侵人自用，謂之貪；見過不更，聞諫愈甚，謂之很；㉜人同於己則可，不同於己，雖善不善，㉝謂之矜。此四患也。能去八疵，无行四患，㉞而始可教已。」

孔子愀然而歎，再拜而起，曰：「丘再逐於魯，削迹於衛，伐樹於宋，圍於陳、蔡。㉟丘不知所失而離此四謗者，何也？」客悽然變容，曰：「甚矣，子之難語也！❶㊱人有畏影惡迹而去之走者，舉足愈數而迹愈多，走愈疾而影

❶【子之難語也】底本「語」作「悟」，據高山寺本及釋文改。

不離身，㊲自以爲尚遲，㊳疾走不休，絕力而死。不知處陰以休影，處靜以息迹，㊴愚亦甚矣！子審仁義之間，察同異之際，觀動靜之變，適受與之度，理好惡之情，和喜怒之節，而幾於不免矣！謹脩而身，慎守其眞，還以物與人，則无所累矣。今不脩之身而求之人，㊵不亦外乎？」

孔子愀然，㊶曰：「請問：何謂眞？」㊷客曰：「眞者，精誠之至也。不精不誠，不能動人。故強哭者，雖悲，不哀。㊸強怒者，雖嚴，不威。強親者，雖笑，不和。眞悲，无聲而哀。眞怒，未發而威。㊹眞親，未笑而和。㊺眞在內者，神動於外，是所以貴眞也。其用於人理也，事親則慈孝，事君則忠貞，飲酒則歡樂，處喪則悲哀。忠貞以功爲主，飲酒以樂爲主，處喪以哀爲主，㊻事親以適爲主。功成之美，无一其迹矣。㊼事親以適，不論所以矣。㊽飲酒以樂，㊾不選其具矣。處喪以哀，无問其禮矣。禮者，世俗之所爲也。眞者，所以受於天也，自然不可易也。故聖人法天貴眞，不拘於俗。愚者反此，不能法天而恤於人，不知貴眞，祿祿而受變於俗，故不足。㊿惜哉，子之早湛於人僞，51而晚聞大道也！」孔子又再拜而起，曰：「今者丘得過也，❶[52]若天幸然。先生不羞，[53]而比之服役，而身教之。敢問舍所在，[54]請因受業，而卒學大道。」客曰：「吾聞之：『可與往者，與之至於妙道。不可與往者，不知其道，慎勿與之，❷[55]身乃无咎。』子勉之，[56]吾去子矣，吾去子矣！」乃刺船而去，延緣葦間。

顏淵還車，子路授綏，孔子不顧，待水波定，不聞拏音，而後敢乘。子路旁車而問曰：「由得爲役久矣，未嘗見夫子遇人如此其威也。[57]萬乘之主，千乘之君，見夫子，未嘗不分庭伉禮，[58]夫子猶有倨傲之容。❸[59]今漁父杖拏逆立，而夫子曲要磬折，[60]言拜而應，得无太甚乎？[61]門人皆怪夫子矣，漁父何以得此乎？」孔子伏軾而歎曰：「甚矣，由之難化也！湛於禮義，[62]有間矣，而樸鄙之心，[63]至今未去。進，吾語汝：夫遇長不敬，失禮也。見賢不尊，[64]不仁

❶【今者丘得過也】 底本「過」作「遇」，據高山寺本及釋文改。
❷【慎勿與之】 底本「勿」作「物」，據眾校本改。
❸【夫子猶有倨傲之容】 底本「傲」作「敖」，據靜嘉堂本、林希逸本及釋文改。

也。彼非至人，不能下人；下人不精，不得其眞，故長傷身。惜哉，不仁之於人也，禍莫大焉，而由獨擅之！且道者，萬物之所由也。庶物，失之者死，得之者生；⑮爲事，逆之則敗，順之則成。故道之所在，聖人尊之。今漁父之於道，可謂有矣，吾敢不敬乎？」⑯

莊子雜篇　列御寇第三十二①

列御寇之齊，中道而反，遇伯昏瞀人。②伯昏瞀人曰：「奚方而反？」③曰：「吾驚焉。」曰：「惡乎驚？」曰：「吾嘗食於十漿，而五漿先饋。」④伯昏瞀人曰：「若是，則汝何爲驚已？」⑤曰：「夫内誠不解，形諜成光，以外鎮人心，使人輕乎貴老，而𩐋其所患。夫漿人，特爲食羹之貨、多餘之贏，⑥其爲利也薄，其爲權也輕，而猶若是，而況於萬乘之主乎，身勞於國，而知盡於事！彼將任我以事，而效我以功，⑦吾是以驚。」伯昏瞀人曰：「善哉！觀乎汝處已，⑧人將保汝矣！」无幾何而往，則戶外之屨滿矣。伯昏瞀人北面而立，敦杖蹙之乎頤，立有間，不言而出。儐者以告列子，❶⑨列子提屨，跣而走，暨乎門，曰：「先生既來，曾不發藥乎？」⑩曰：「已矣！吾固告汝曰『人將保汝』，果保汝矣。非汝能使人保汝，而汝不能使人无保汝也，而焉用之感豫出異也？

❶【儐者以告列子】底本「儐」作「賓」，據釋文所校之某本改。

必且有感，搖而本才，❶⑪又无謂也。與汝遊者，又莫汝告也。⑫彼所小言，盡人毒也。莫覺莫悟，何相孰也？巧者勞，而知者憂，无能者无所求，飽食而遨遊，⑬汎若不繫之舟，虛而遨遊者也。」

鄭人緩也，呻吟裘氏之地，⑭祇三年，❷⑮而緩爲儒，⑯河潤九里，澤及三族。使其弟墨。儒墨相與辯，其父助翟。十年而緩自殺。其父夢之曰：「使而子爲墨者，予也。闔胡嘗視其良？⑰既爲秋柏之實矣！」夫造物者之報人也，不報其人，而報其人之天，彼故使彼。夫人以己爲有以異於人，以賤其親，齊人之井飲者，相捽也，故曰：今之世皆緩也。自是，有德者以不知也，而況有道者乎？古者謂之遁天之刑。聖人安其所安，不安其所不安；眾人安其所不安，不安其所安。

莊子曰：「知道，易；勿言，難。知而不言，所以之天也；知而言之，所以之

❶【搖而本才】底本「才」作「性」，據釋文改。
❷【祇三年】底本「祇」作「祇」，據釋文改。

人也。古之人，天而不人。」⑱

朱泙漫學屠龍於支離益，單千金之家，⑲三年技成，⑳而无所用其巧。聖人以必不必，故无兵；衆人以不必必之，故多兵。愼於兵，❶㉑故行有求兵，恃之則亡。小夫之知，不離苞苴、竿牘，敝精神乎蹇淺，而欲兼濟導物，太一形虛。若是者，迷惑于宇宙，形累不知太初。彼至人者，歸精神乎无始，而甘瞑乎无何有之鄉。㉒水流乎无形，發泄乎大清。悲哉乎，㉓汝爲知在豪毛，而不知大寧！

宋人有曹商者，爲宋王使秦。其往也，得車數乘。王悅之，益車百乘。反於宋，見莊子，曰：「夫處窮閭阨巷，困窘織屨，槁項黃馘者，㉔商之所短也。一悟萬乘之主，而從車百乘者，商之所長也。」莊子曰：「秦王有病，召醫，破癰潰痤者，得車一乘；舐痔者，㉕得車五乘；所治愈下，㉖得車愈多。子豈治其痔邪？何得車之多也？子行矣！」

❶【愼於兵】底本「愼」作「順」，據釋文改。

魯哀公問乎顏闔曰：「吾以仲尼爲貞幹，國其有瘳乎？」曰：「殆哉圾乎！仲尼方且飾羽而畫，從事華辭，以支爲旨，忍性以視民，而不知不信，受乎心，宰乎神，夫何足以上民？彼宜汝與？予頤與？誤而可矣。今使民離實學僞，非所以視民也。爲後世慮，不若休之。難治也。」施於人而不忘，非天布也，商賈不齒。雖以事齒之，神者弗齒。爲外刑者，金與木也；爲内刑者，動與過也。宵人之離外刑者，㉗金木訊之；㉘離内刑者，陰陽食之。夫免乎外内之刑者，唯眞人能之。

孔子曰：「凡人心，險於山川，難於知天。天猶有春秋冬夏旦暮之期，人者厚貌深情，故有貌愿而益，有長若不肖，有順懁而達，㉙有堅而縵，有緩而釬，故其就義若渴者，其去義若熱。故君子，遠使之而觀其忠，近使之而觀其敬，煩使之而觀其能，卒然問焉而觀其知，急與之期而觀其信，委之以財而觀其仁，告之以危而觀其節，醉之以酒而觀其則，㉚雜之以處而觀其色。九徵至，不肖人得矣。」正考父，一命而傴，再命而僂，三命而俯，循牆而走，孰敢不軌？如而夫者，一命而呂鉅，再命而於車上儛，三命而名諸父，孰協唐、許？

賊莫大乎德有心，而心有眼，及其有眼也而內視，內視而敗矣。凶德有五，中德爲首。何謂中德？中德也者，有以自好也，而吡其所不爲者也。窮有八極，達有三必，形有六府。美、髯、長、大、壯、麗、勇、敢，八者俱過人也，因以是窮。緣循、偃佒、㉛困畏，不若人，三者俱通達。知慧外通，勇動多怨，仁義多責，達生之情者傀，㉜達於知者肖，㉝達大命者隨，達小命者遭。

人有見宋王者，錫車十乘，以其十乘驕穉莊子。莊子曰：「河上有家貧，恃緯蕭而食者，㉞其子沒於淵，得千金之珠。其父謂其子曰：『取石來鍛之！❶㉟夫千金之珠，必在九重之淵而驪龍頷下。子能得珠者，必遭其睡也。使驪龍而寤，子尚奚微之有哉？』今宋國之深，非直九重之淵也；宋王之猛，非直驪龍也。子能得車者，㊱必遭其睡也。使宋王而寤，子爲韲粉夫！」

❶【取石來鍛之】 底本「鍛」作「鍜」，據釋文之音義改。

或聘於莊子，莊子應其使曰：「子見夫犧牛乎？衣以文繡，食以芻菽，㊲及其牽而入於太廟，雖欲爲孤犢，其可得乎？」

莊子將死，弟子欲厚葬之。莊子曰：「吾以天地爲棺槨，以日月爲連璧，星辰爲珠璣，萬物爲齎送。㊳吾葬具豈不備邪？何以加此？」弟子曰：「吾恐烏鳶之食夫子也。」莊子曰：「在上爲烏鳶食，在下爲螻蟻食，奪彼與此，何其偏也！」

以不平平，其平也不平。以不徵徵，其徵也不徵。明者，唯爲之使，神者徵之。夫明之不勝神也，久矣，而愚者恃其所見，入於人，其功外也，不亦悲乎？

莊子雜篇　天下第三十三

天下之治方術者，多矣，皆以其有爲，不可加矣。古之所謂道術者，果惡乎在？曰：无乎不在。曰：神何由降？明何由出？聖有所生，王有所成，皆原於一。不離於宗，謂之天人。不離於精，謂之神人。不離於眞，謂之至人。以天爲宗，以德爲本，以道爲門，兆於變化，①謂之聖人。以仁爲恩，以義爲理，以禮爲行，以樂爲和，薰然慈仁，謂之君子。以法爲分，以名爲表，以參爲驗，❶以稽爲決，②其數一二三四是也，百官以此相齒。以事爲常，以衣食爲主，蕃息畜藏，③老弱孤寡皆有以，❷養民之理也。④

古之人，其備乎！配神明，醇天地，育萬物，和天下，澤及百姓，明於本

❶【以參爲驗】　底本「參」作「操」，據高山寺本及釋文改。

❷【老弱孤寡皆有以】　底本「孤寡」下有「爲意」兩字，據高山寺本删。

數，係於末度，⑤六通四辟，❶⑥小大精粗，其運无乎不在。其明而在數度者，舊法，世傳之史尚多有之；其在於詩、書、禮、樂者，⑦鄒、魯之士，搢紳先生，⑧多能明之。詩以道志，❷⑨書以道事，禮以道行，樂以道和，易以道陰陽，春秋以道名分。其數，散於天下，而設於中國者，百家之學，時或稱而道之。

天下大亂，賢聖不明，道德不一，天下多得一察焉以自好，⑩譬如耳目鼻口，皆有所明，不能相通，猶百家眾技也，⑪皆有所長，時有所用。⑫雖然，不該不偏，⑬一曲之士也。判天地之美，析萬物之理，察古人之全，寡能備於天地之美，稱神明之容，是故內聖外王之道，闇而不明，鬱而不發。天下之人，各爲其所欲焉，以自爲方。悲夫，百家往而不反，必不合矣！後世之學者，不幸不見天地之純、⑭古人之大體，道術將爲天下裂！

不侈於後世，不靡於萬物，不暉於數度，⑮以繩墨自矯，⑯而備世之急。古

❶【六通四辟】　底本「辟」作「闢」，據釋文及天道改。

❷【詩以道志】　底本「道」作「導」，據靜嘉堂本、高山寺本、林希逸本及釋文改；下「以道」同此改。

之道術有在於是者，墨翟、禽滑釐聞其風而悅之。爲之太過，已之大循，⑰作爲非樂，命之曰節用，生不歌，死无服。墨子氾愛，⑱兼利，而非鬭，其道不怒，又好學而博不異，不與先王同，毀古之禮樂。黃帝有咸池，⑲堯有大章，舜有大韶，禹有大夏，湯有大濩，文王有辟雍之樂，⑳武王、周公作武。㉑古之喪禮，貴賤有儀，上下有等，天子棺槨七重，諸侯五重，大夫三重，士再重。今墨子獨生不歌，死不服，桐棺三寸而无槨，以爲法式。以此教人，恐不愛人；㉒以此自行，固不愛己。未敗墨子道。㉓雖然，歌而非歌，哭而非哭，樂而非樂，是果類乎？其生也勤，其死也薄，其道大觳，使人憂，使人悲，其行難爲也，恐其不可以爲聖人之道，㉔反天下之心。天下不堪，墨子雖獨能任，奈天下何？離於天下，其去王也，遠矣。墨子稱道曰：「昔者禹之湮洪水，㉕決江河，而通四夷九州也，名川三百，支川三千，㉖小者无數。禹親自操橐耜，㉗而九雜天下之川，㉘腓无胈，脛无毛，㉙沐甚雨，櫛疾風，㉚置萬國。禹，大聖也，而形勞天下也如此。」㉛使後世之墨者，多以裘褐爲衣，以跂蹻爲服，日夜不休，以自苦爲極，曰：「不能如此，非禹之道也，㉜不足謂墨。」相里勤之弟子五侯之徒，㉝南方之墨者苦獲、已齒、㉞鄧陵子之屬，俱誦墨經，而倍譎不同，㉟相謂別墨。以堅白同異之辯相訾，以觭偶不仵之辭相應，㊱以巨子爲聖人，㊲皆願爲之尸，冀得爲其後世，至今不決。墨翟、禽滑釐之意則是，㊳其行則非也。將使後世之墨者，必自苦，以腓无胈、脛无毛，相進而已矣，亂之上也，治之下也。雖然，墨子眞天下之好也，㊴將求之不得也，㊵雖枯槁，不舍也，㊶才士也夫！

不累於俗，不飾於物，不苟於人，不忮於衆，願天下之安寧，以活民命，㊷人我之養，畢足而止，以此白心。㊸古之道術有在於是者，宋銒、尹文聞其風而悅之。㊹作爲華山之冠以自表，接萬物以別宥爲始。語心之容，命之曰心之行。以聏合驩，㊺以調海內，請欲置之以爲主。㊻見侮不辱，救民之鬭；禁攻寢兵，救世之戰。以此周行天下，上説下教，雖天下不取，強聒而不舍者也，故曰：「上下見厭，而強見也。」雖然，其爲人太多，其自爲太少，曰：「請欲固置五升之飯，足矣。」先生恐不得飽，弟子雖飢，不忘天下，日夜不休，曰：「我必得活哉！」圖傲乎救世之士哉！曰：「君子不爲苛察，㊼不以身假物。」以爲无益於天下者，明之，不如已也。㊽以禁攻寢兵爲外，以情欲寡淺爲內，㊾其小大精粗，㊿其行適至是而止。㊿①

公而不黨，㊿②易而无私，決然无主，趣物而不兩，不顧於慮，不謀於知，於物无擇，㊿③與之俱往。古之道術有在於是者，彭蒙、田駢、慎到聞其風而悅之。齊萬物以爲首，曰：「天能覆之而不能載之，地能載之而不能覆之，大道能包之而不能辯之。」㊿④知萬物皆有所可，㊿⑤有所不可，故曰：「選則不偏，㊿⑥教則不至，道則无遺者矣。」㊿⑦是故慎到棄知去己，而緣不得已，泠汰於物，以爲道理，曰：「知不知，將薄知，而後鄰傷之者也。」謑髁无任而笑天下之尚賢也，㊿⑧縱脫无行而非天下之大聖，椎拍輐斷，❶㊿⑨與物宛轉，舍是與非，苟可以免。不師知慮，㊿⑩不知前後，魏然而已矣。㊿⑪推而後行，曳而後往，若飄

❶【椎拍輐斷】底本「拍」作「柏」，據續古逸本、趙諫議本、林希逸本、呂惠卿本及釋文改。

風之還，㉒若羽之旋，若磨石之隧。㉓全而无非，動靜无過，未嘗有罪。是何故？夫无知之物，无建己之患，㉔无用知之累，動靜不離於理，是以終身无譽，故曰：「至於若无知之物而已，㉕无用賢聖。夫塊不失道。」豪桀相與笑之，曰：「慎到之道，非生人之行，而至死人之理，適得怪焉。」田駢亦然，學於彭蒙，得不教焉。彭蒙之師曰：「古之道，人至於莫之是、莫之非而已矣，㉖其風闞然，❶㉗惡可而言？」常反人，不聚觀，㉘而不免於魭斷。㉙其所謂道，非道，而所言之韙，不免於非。彭蒙、田駢、慎到，不知道，雖然，槩乎皆常有聞者也。㉚

以本爲精，以物爲粗，以有積爲不足，澹然獨與神明居。古之道術有在於是者，關尹、老聃聞其風而悅之。建之以常无有，主之以太一。以濡弱謙下爲表，㉛以空虛不毀萬物爲實，㉜關尹曰：「在己无居，形物自著。」其動若水，其靜若鏡，其應若響。芴乎若亡，寂乎若清。㉝同焉者和，得焉者失。未嘗

❶【其風闞然】底本「闞」作「窢」，據釋文所校之某本改。

先人，而常隨人。老聃曰：「知其雄，守其雌，爲天下谿。知其白，守其辱，爲天下谷。」人皆取先，己獨取後，曰：「受天下之詬。❶(74)」人皆取實，己獨取虛。无藏也，故有餘，巋然而有餘。(75)其行身也，徐而不費，无爲也而笑巧。人皆求福，己獨曲全，曰：「苟免於咎。」以深爲根，以約爲紀，曰：「堅則毀矣，鋭則挫矣。」常寬容於物，(76)不削於人，可謂至極。(77)關尹、老聃乎，古之博大眞人哉！(78)

芴漠无形，❷(79)變化无常。死與？生與？天地並與？神明往與？(80)芒乎何之？忽乎何適？萬物畢羅，莫足以歸。古之道術有在於是者，莊周聞其風而悦之。以謬悠之説，荒唐之言，无端崖之辭，時恣縱而儻，❸(81)不以觭見之也。(82)以天下爲沈濁，不可與莊語。(83)以卮言爲曼衍，以重言爲眞，以寓言爲廣。獨與天地精神往來，而不敖倪於萬物，不譴是非，以與世俗處。其書雖瓌

❶【受天下之詬】 底本「詬」作「垢」，據馬王堆漢墓帛書老子改。
❷【芴漠无形】 底本「芴」作「寂」，據釋文改。
❸【時恣縱而儻】 底本「儻」作「不儻」，據釋文删「不」字。

瑋，而連抃无傷也。❶[84]其辭雖參差，而諔詭可觀。[85]彼其充實，不可以已。[86]上與造物者遊，而下與外死生、无終始者爲友。其於本也，弘大而辟，❷深閎而肆。[87]其於宗也，可謂調適而上遂矣。[88]雖然，其應於化而解於物也，其理不竭，其來不蜕，[89]芒乎昧乎，未之盡者。[90]

惠施多方，其書五車，其道舛駁，[91]其言也不中。[92]厤物之意，❸[93]曰：「至大无外，謂之大一；[94]至小无內，謂之小一。无厚，不可積也，其大千里。天與地卑，山與澤平。日方中方睨，物方生方死。[95]大同而與小同異，[96]此之謂小同異；萬物畢同畢異，此之謂大同異。南方无窮而有窮。[97]今日適越而昔來。連環可解也。我知天之中央，❹[98]燕之北、越之南是也。氾愛萬物，天地一體也。」惠施以此爲大，觀於天下，[99]而曉辯者，天下之辯者相與樂之。

❶【而連抃无傷也】　底本「抃」作「犿」，據高山寺本及釋文所校之某本改。
❷【弘大而辟】　底本「辟」作「闢」，據釋文改。
❸【厤物之意】　底本「厤」作「歷」，據釋文改。
❹【我知天之中央】　底本「天」作「天下」，據高山寺本及釋文刪「下」字。

卵有毛。雞三足。郢有天下。犬可以爲羊。馬有卵。丁子有尾。火不熱。山出口。輪不蹍地。⑩目不見，指不至，至不絕。龜長於蛇。矩不方，規不可以爲圓。鑿不圍枘。飛鳥之景未嘗動也。⑩鏃矢之疾，而有不行不止之時。狗非犬。黄馬驪牛三。白狗黑。孤駒未嘗有母。⑩一尺之捶，⑩日取其半，萬世不竭。辯者以此與惠施相應，終身无窮。

桓團、公孫龍，辯者之徒，飾人之心，易人之意，能勝人之口，不能服人之心，辯者之囿也。惠施日以其知，與人之辯，⑩特與天下之辯者爲怪，⑩此其柢也。⑩然惠施之口談，⑩自以爲最賢，曰：「天地其壯乎施！存雄而无術！」⑩

南方有畸人焉，❶⑩曰黄繚，問天地所以不墜不陷、風雨雷霆之故，惠施不辭而應，不慮而對。徧爲萬物說，⑩說而不休，多而无已，猶以爲寡，益之以怪。以反人爲實，而欲以勝人爲名，是以與衆不適也。⑪弱於德，強於物，其塗隩矣。由天地之道，觀惠施之能，其猶一蚊一虻之勞者也，其於物也何

❶【南方有畸人焉】底本「畸」作「倚」，據釋文所校之某本及大宗師改。

庸？[112]夫充一尚可，曰「愈貴道」，[113]幾矣。惠施不能以此自寧，散於萬物而不厭，卒以善辯爲名。惜乎，惠施之才！駘蕩而不得，逐萬物而不反，是窮響以聲，形與影競走也。[114]悲夫！

整理札記

莊子一書，流傳至今已有兩千多年歷史，字數由史記老子韓非列傳中所記載的「十餘萬言」，減少至六萬五千言，篇章由漢書藝文志記載的「五十二篇」，縮減至三十三篇，文字於傳鈔刻印過程中，更是難免譌脱衍倒等錯誤。東漢蔡邕以爲：「經籍去聖久遠，文字多謬，俗儒穿鑿，疑誤後學。」許慎在説文解字敘中説：「蓋文字者，經藝之本，王政之始，前人所以垂後，後人所以識古，故曰：本立而道生，知天下之至賾而不可亂也。」

一、現今流傳莊子文本的尷尬

近世流傳的莊子文本，主要依據的是，源於宋纂圖互注本的明嘉靖十二年（1533）吳郡顧春世德堂刊六子全書之南華眞經，清光緒十年甲申（1884）黎庶昌輯古逸叢書覆宋本南華眞經注疏，以及光緒二十年（1894）郭慶藩輯莊子集釋。然而這三種版本遠非完善。

四庫提要（卷一百三十四）謂宋龔士卨編五子纂圖互注：「核其紙色板式，乃宋末建陽麻沙本，蓋無知書賈苟且射利者所爲。因其宋人舊刻，姑存其目，以備考耳。」清陸心源宋槧南華眞經跋謂:「纂圖互註南華眞經十卷。……世德堂本雖從此出,已多別風淮雨之訛。書貴舊本,良有以也。」❶日本狩野直喜舊鈔卷子本莊子殘卷校勘記序説:「世德堂本,明世德堂刻本六子全書之一。或謂全書卽從宋纂圖互注本出,比他本尤劣。」王叔岷南宋蜀本南華眞經校記中説:「所惜者,卷九讓王篇缺十四至十七四葉,不知何人鈔世德堂本以補之,最爲無識。」其貶視厭惡之情溢於言表。清沈寶硯曾據南宋蜀刻趙諫議本校勘明世德堂本,孫毓修鈔錄爲莊子札記三卷,可見此本之劣。明世德堂本刻印精美,流傳廣泛,光緒二年(1876)浙江書局輯刊二十二子之莊子卽「據明世德堂本校刻」,一九三六年上海中華書局輯刊的四部備要子部之莊子亦是「據明世德堂本校刊」,王孝魚亦以此爲主校本而整理郭慶藩輯莊子集釋。

清光緒十年甲申黎庶昌於日本東京使署刊行的古逸叢書覆宋本南華眞經注疏,並非宋本的影印本,而是據日本賜蘆文庫所藏殘存十分之六的南宋刻本及日本萬治四年(1661)京都中野小左衛門刻本覆刻的重刻本,譌誤甚多,然因叢書所據爲宋元舊本,且刻印精美,當時震驚朝野,影響深遠,後世多以此爲準研讀莊子,如馬敘倫莊子義證就是「取黎本爲主」。光緒二十年郭慶藩輯刊莊子集釋,王孝魚在點校後記中説:「本書的莊子本文,原根據黎庶昌古逸叢書覆

❶ 清陸心源:儀顧堂續跋,續修四庫全書,上海古籍出版社,1995年,第930册,第320頁。

宋本，但校刻不精，錯誤很多。」因此一九六一年中華書局出版的王孝魚整理本，卽取而代之爲當代莊子的通行本，然而仍不免校勘不精，錯誤很多。❶

現今通行莊子文本的譌誤，如：

①齊物論：「山林之畏佳」，「佳」爲「隹」字之譌；

②人間世：「求樿傍者斬之」，「樿」爲「禪」字之譌；

③說劒：「中和民意，以安四鄉」，「和」爲「知」字之誤；

④盜跖：「繚意體而爭此」，「體」上脫「絕」字；

⑤在宥：「彼其物无窮，而人皆以爲有終；彼其物无測，而人皆以爲有極」，兩「有」字爲衍文；

⑥天運：「夫至樂者，先應之以人事，順之以天理，行之以五德，應之以自然，然後調理四時，太和萬物」，此三十五字爲成玄英疏文羼入經文；

⑦庚桑楚：「是乃所謂冰解凍釋者，能乎」，此「能乎」兩字爲衍文；

⑧則陽：「此名實之可紀，精微之可志也」，此「微」字亦爲衍文；

⑨人間世：「實熟則剝，剝則辱」，衍一「剝」字；

❶ 蔣門馬：王孝魚整理本莊子集釋缺陷舉隅，寧波廣播電視大學學報，2012 年，第 2 期。

⑩天地：「乃使罔象。罔象得之」，此「罔象」兩字爲「象罔」之誤倒。

諸如誤脱衍倒之類的譌誤，不一而足，有些尚易於辨明是非正誤，有些則幾乎以假掩眞。

⑪馬蹄：而馬知介倪、闉扼、鷙曼、詭銜、竊轡，故馬之知而態至盜者，伯樂之罪也。

此「態」字，祇有日本松崎慊堂舊藏室町期鈔南華眞經注疏解經三十三卷本、萬治坊刻本、古逸叢書覆宋本如此，包括明正統道藏本、明世德堂本在内的宋、元、明、清刻本皆作「能」。

〇郭象注：馬性不同，而齊求其用，故有力竭而態作者。

〇釋文：「態作」，吐代反。

〇成玄英疏：態，姦詐也。夫馬之眞知，適於原野，馳驟過分，卽矯詐心生。詭竊之態，罪歸伯樂也。

〇莊子校詮：案：郭注「力竭而態作」，是正文「能」作「態」，釋文本、覆宋本並作「態」，成疏「態，姦詐也」。「能」亦借爲「態」。❶

此處之「能」字是否可以解釋作「態」，讀者自有判斷，但莊子原文到底是作「能」，還是作「態」，須當有一個確定不移的結論。仔細體會陸德明釋文「態作：吐代反」，顯然是對郭象注文

❶ 王叔岷：莊子校詮，中華書局，2007 年，第 340 頁。

的釋文，要不然，莊子原文得是「態作」，而不是「態至」。如果莊子原文作「態至」，陸德明釋文應該作「態至：吐代反」，纔合情合理，因爲「吐代反」是對「態」字的注音，舍莊子原文不用而用郭象注文作音，這是沒有任何道理的。反過來亦可證明陸德明所見莊子原文是沒有「態」字的。成玄英疏「態，姦詐也」，顯然亦是對郭象注文「態作」的解釋，因爲「疏」本來就是用來闡釋經文及其舊注的。注疏文字都不是直接針對原文「能至盜」的解釋，因此不能就憑注疏有「態」字而斷定莊子原文就作「態」。從版本上說，僅日本室町期鈔本、萬治坊刻本及據之以重刻的古逸叢書覆宋本作「態」，何足憑信！

⑫至樂：子之談者，似辯士。視子所言，皆生人之累也，死則無此矣。

○莊子補正：「視」，御覽三百七十四、五百四十八引，竝作「諸」。❶

○成玄英疏：覩於此子所言，皆是生人之累患，欲論死道，則無此憂虞。

○莊子校詮：案：覆宋本「諸」作「視」（成疏「覩於此子所言」，以覩釋視），亦通。秋水篇「且夫知不知是非之竟，而猶欲觀於莊子之言」，觀猶視也，與此同例。(P648)

俗語亦有「看你說的」，作「視」字當然「亦通」。但莊子原文不可能既作「視」，又作「諸」，必

❶ 劉文典：莊子補正，趙鋒、諸偉奇點校，安徽大學出版社、雲南大學出版社，1999年，第499頁。

有一正一誤，不可能兩者並存或「亦通」。王力説：「最糟糕的是『亦通論』，這等於説兩種解釋都是正確的，隨便選擇哪一種解釋都講得通。這就引起這麽一個問題：到底我們所要求知道的是古人應該説什麽呢，還是古人實際上説了什麽呢？如果是前者，那末不但可以『並存』，而且可以『亦通』，因爲兩種解釋可能並不矛盾，在思想内容上都説得過去；如果是後者，那末『亦通論』就是絶對荒謬的，因爲古人實際上説出了的話不可能有兩可的意義。眞理衹有一個：甲説是則乙説必非，乙説是則甲説必非。」管錫華於引用以上文字後評論説：「王氏這兒雖然是針對訓詁説的，我們覺得對校勘也完全適用。眞理衹有一條，文字衹有一是。」❶

那麽莊子原文到底是作哪一個字呢？從版本上考證，作「視」字的，衹有日本萬治坊刻本及據之以重刻的古逸叢書覆宋本，其餘包括日本室町期鈔本、明正統道藏本、明世德堂本在内的宋、元、明、清刻本皆作「諸」。查説文解字：「諸，辯也。」清段玉裁注：「辯，當作辨，判也。」版本及字義都證明作「諸」字完全正確無誤。舊文古字經後人「以意刊改」而「彌更淺俗」，於此可見一斑。

⑬列御寇：賊莫大乎德有心，而心有睫，及其有睫也而内視，内視而敗矣。

❶ 管錫華：漢語古籍校勘學，巴蜀書社，2003年，第294頁。

○郭象注：率心爲德，猶之可耳。役心於眉睫之間，則僞已甚矣，乃欲探射幽隱，以深爲事，則心與事俱敗矣。

○釋文：「睫」，音接。「探射」，食亦反。

○莊子補正：典案：「睫」，道藏注疏本、白文本竝作「眼」。郭注「役心於眉睫之間，則僞已甚矣」，是所見本字正作「睫」。道藏本作「眼」者，形近而誤，或淺人妄改之耳。(P854)

○莊子校詮：案：釋文本「眼」作「睫」，覆宋本、元纂圖互注本、世德堂本亦皆作「睫」，下同。郭注「役心於眉睫之間」，雖未得其義，而所據正文蓋本作「睫」也。淮南子作「目」，與此文作「眼」合。文子下德篇亦云「德有心則險，心有眼則眩」，則與此文作「眼」同。作眼（或目）較長。(P1279)

無論如何，莊子原文不是作「睫」，就是作「眼」，不可能兩個都正確。郭象注作「眉睫之間」，雖無「眼」字，但「眉睫之間」非指「眼」而何？釋文於「睫：音接」之後，緊接著是「探射：食力反」，正是釋郭象注文，憑何確定「睫：音接」就一定是釋莊子原文而不是釋郭象注文？成玄英疏的最大特點是增字解經，因此疏文中往往包含了正文文字。此處成玄英疏作「用心神於眼睫」，何以見得正文不可能作「眼」字？從版本上考證，眾宋刻本皆作「眼」，衹有元刻纂圖互注本、明刻世德堂本、清刻古逸叢書覆宋本作「睫」，而古逸叢書覆宋本所據之賜蘆文庫本、萬治本、道藏本及日本室町期鈔本皆作「眼」，則此三種版本之劣，燭然可見，又何足憑信！正如版本目錄學家葉德輝在藏書十約中說的：「書不校勘，不如不讀」！

二、莊子原文的探究：經典釋文莊子音義

莊子原文到底是怎樣的？司馬遷（135B.C.-86B.C.）所謂的「其著書十餘萬言」，班固（32-92）漢書藝文志記載的「莊子五十二篇」，至今不可得見，但唐代的陸德明（550-630）顯然是見過五十二篇本的，他在經典釋文序錄中說：「漢書藝文志『莊子五十二篇』，即司馬彪（？-306）、孟氏所注是也。」然而他的經典釋文莊子音義不採用五十二篇本，而偏偏採用經西晉郭象（252-312）整理的三十三篇本，還把郭象注收入其中，影響所及，從此後世所流傳的莊子文本，就是經郭象整理的三十三篇本。以陸德明的才學，六朝、隋、唐尊崇老子、莊子道家道教文化的時代背景，相信陸德明的選擇，是經過深思熟慮，是審慎明智的。此外的莊子佚文，❶應該有之不爲多，無之不爲少。司馬遷謂「空語無事實」，陸德明謂「言多詭誕」，郭象謂「辭氣鄙背，竟無深奧，而徒難知，以

❶ 南宋王應麟撰困學紀聞卷十莊子佚篇 39 條，清孫馮翼、茆泮林撰莊子逸語（司馬彪注）15 條，王叔岷撰茆泮林莊子司馬彪注考逸補正，清馬其昶撰莊子故卷八逸篇 64 條，民國馬敘倫撰莊子義證附錄莊子佚文 128 條，王叔岷撰莊子校詮附錄莊子佚文 176 條，共計三千餘字。

困後蒙」，則無之又何足遺憾？司馬遷謂莊子：「其學無所不窺，然其要本歸於老子之言，故其著書十餘萬言，大抵率寓言也。」莊子亦說：「言者所以在意，得意而忘言。吾安得夫忘言之人而與之言哉？」（外物）則又何必在乎言多言少？

莊子爲戰國時人，生活於公元前三百年前後，莊子一書傳鈔至唐陸德明撰經典釋文莊子音義時，已經有近九百年的歷史。唐顏師古（581-645）在漢書敘例中說：「漢書舊文，多有古字，解說之後，累經遷易，後人習讀，以意刊改，傳寫既多，彌更淺俗。……古今異言，方俗殊語，末學膚受，或未能通，意有所疑，輒就增損，流遯忘返，穢濫實多。」莊子一書比漢書更古老，其中的「穢濫」恐怕有過之而無不及。賴有陸德明的經典釋文莊子音義，兩千三百多年後的我們尚能有幸得見莊子的舊文古字。

陸德明的莊子音義，除了對莊子正文和郭象注文作音義之外，還包含了莊子文本的校勘記。莊子音義正文的莊子原文，應該是陸德明校勘當時世傳莊子衆本的結果，注文中對各版本的文字不同作有校勘記，如：「蚤：音早，司馬本作蚤，音文，今郭本亦有作蚉者。」「魏瑩：郭本作瑩，音瑩磨之瑩，今本多作罃，乙耕反。」「眞僞：一本作眞詭，崔本作眞然。」「而水飲：元嘉本作飲水。」還有他自己的校勘意見，如：「陸：跳也，字書作踛。」「无欲清：七性反，字宜從冫。從氵者，假借也。清，凉也。」陸德明的莊子音義中保存了六朝、隋、初唐所流傳的莊子舊文，這對於探究莊子原文的眞相，具有非常重大的價值。

①山木：此比干之見剖心，徵也夫！

○釋文：「見心」，賢遍反。

○成玄英疏：昔殷紂無道，比干忠諫，剖心而死，豈非徵驗？

○莊子校詮：吳汝綸曰：「『剖』字蓋衍。釋文出『見心』兩字。」案：世德堂本釋文作「見，賢遍反」，無「心」字，則心字蓋涉正文而衍，恐非正文衍剖字也。(P750)

需要説明的是，世德堂本無「心」字，續古逸叢書影印南宋刻本南華眞經之釋文亦一樣，衹出直接注音之字，不重出正文已明的上下文字。釋文單行本必要明上下文，皆作「見心」，無一例外。雖然盜跖亦作「比干剖心」，但此處文字，據釋文「見：賢遍反」，可知陸德明所見衆本必作「見心」，而不可能作「見剖心」，因爲「見剖心」之「見」字不讀「賢遍反」(音現)！「見」用在動詞前表示被動，讀「如字」，卽其本音。

②達生：工倕旋而蓋規矩，指與物化，而不以心稽，故其靈臺一而不桎。

○郭象注：雖工倕之巧，猶任規矩，此言因物之易也。

○釋文：「工倕」，音垂，又音睡。「旋而蓋矩，指與物化而不以心稽」，音雞。司馬本矩作瞿，云：旋，圓也；瞿，句也。倕工巧，任規以見爲圓，覆蓋其句指，不以施度也，是與化之物，不以心稽留也。

郭象注的說法與莊子原意不合，既然「指與物化」，就不可能「猶任規矩」，以工倕之巧，根本無需借助於規矩之類的工具，就能做出方圓完全合乎規矩的器物。還有一個問題，這裏「旋」解釋作圓轉，則「蓋規」可以理解，如達生：「東野稷以御見莊公，進退中繩，左右旋中規。」但「矩」字就顯得多餘，如馬蹄所言：「圓者中規，方者中矩。」釋文和敦煌古鈔本都作「蓋矩」，無「規」字，則莊子原文作「蓋矩」當可無疑。爾雅釋詁：「矩，法也。」則「蓋矩」義爲「合法」也。郭象注是「增字解經」，司馬彪注是「曲爲之說」。王引之謂：「經典之文，自有本訓，得其本訓，則文義適相符合，不煩言而已解；失其本訓而強爲之說，則阢隉不安，乃於文句之間增字以足之，多方遷就而後得申其說，此強經以就我，而究非經之本義也。」❶

③在宥：其居也淵而靜，其動也縣而天。

〇郭象注：靜之可使如淵，動之則係天而踊躍也。

〇釋文：「縣而天」，音玄，向本無而字，云：希高慕遠，故曰縣天。

〇敦煌音義：「其動也縣」，郭音懸。「天」，李頤曰：懸，著也。司馬曰：希高慕遠，故曰懸天。

❶ 王引之：經義述聞卷三十二通說下「增字解經」，世界書局，1975 年，第 775 頁。

此處作「縣而天」，著實讓人費解！由釋文及敦煌古鈔本莊子音義可知，向秀注本、郭象注本和司馬彪注本作「縣天」，無「而」字。寓言「无所縣其罪乎」，釋文曰：「縣：係也。」縣天，語同「懸空」，懸挂於天空，猶如日月之經天，萬目共睹，衆所周知也。細味前文言「尸居而龍見，淵默而雷聲」，此言「其居也淵而靜，其動也縣天」，其義完全相符，於此可明莊子原文必作「縣天」。正是因爲上文作「淵而靜」，故增「而」字作「縣而天」，以與上文的句法一律，因而致誤。陸德明之莊子音義正文雖不可全信，但注文校勘記中保存的舊文，確實是最難能可貴的資料。

④在宥：雲將不得問。又三年，東遊，過有宋之野，而適遭鴻蒙。

○釋文：「有宋」，國名；本作宗者，非。

仔細探究陸德明之所以説「本作宗者，非」，原因在於他認爲「宗」不是國名。

○齊物論：堯問於舜曰：我欲伐宗、膾、胥敖。

○釋文：「宗膾」，徐古外反。「胥」，息徐反，華胥國。「敖」，徐五高反。司馬云：宗膾、胥、敖，三國名也。崔云：宗一也，膾二也，胥敖三也。

據崔譔注，宗就是國名，然而陸德明以宗膾爲國名，故以爲非。其實「宗」是否爲國名並不重要，關鍵正如吳汝倫所説的：「作『宋』者非。扶搖、有宗，皆寓言，非實地。」若作「有宋」，則落於實地，就索然寡味了。

⑤徐无鬼：九方歅曰：「梱也爲祥。……梱也，將與國君同食，以終其身。」……於是乎刖而鬻之於齊，適當渠公之街，然身食肉而終。

〇釋文：「渠公」，或云，渠公，齊之富室，爲街正，買梱自代，終身食肉至死。一云，渠公，屠者，與梱君臣，同食肉也。

最後兩句，看似易懂，其實非常難以理解。據釋文所引之注，渠公或爲街正，或爲屠者，非國君，與九方歅所說「梱也，將與國君同食」不符。宣穎以爲：「渠公，當是齊君，或齊所封國，如楚葉公之類。適當君門之街爲閽者也。」前說有理，但後說亦與九方歅所說不符。爲閽者，就「爲祥」，就能「與國君同食」了嗎？以上諸解，都是牽强難通的。以上所引經典釋文莊子音義並非全文，此下還有校勘記：

〇釋文：「之街」，音佳；一本作術。「然身食肉終」，本或作身肉食者，誤。

敦煌古鈔本作「然身食肉終」，與釋文正文同，但自宋刻本以下皆較釋文正文多一「而」字，英藏敦煌古鈔本則作「終身食肉而終」。釋文的校勘記及敦煌鈔本顯示莊子舊文沒有「而」字；但作「而終」，文句似更順暢，作「終身」又較「然身」更通順，這本身就是極大的疑點。仔細研究釋文所記載的某校本文字：「適當渠公之術，然身肉食者終。」後句看似「肉食」當作「食肉」，「者」字屬多餘，其實不然。左傳莊公十年：「肉食者謀之，又何間焉？」杜預注：「肉食，在位者。」顧炎武日知錄卷十三「正始」條中說:「有亡國,有亡天下。亡國與亡天下奚辨?曰:易姓改號,謂之亡國;仁義充塞,而至於率獸食人,人將相食,謂之亡天下。……是故知保天下,然後知保其國。保國者,其君其臣,肉食者謀之;保天下者,匹夫之賤,與有責焉耳矣。」再回過來看「然身肉食者終」,其義就昭然若揭;而作「身食肉而終」,反覺索然無味,而且這個「身」字尤其顯得格格不入。

再看上句之「術」字,據說文:「術,邑中道也。」段玉裁注:「邑,國也。引伸爲技術。」可知作「術」字與作「街」字,在「街道」意義上可以對等;而作「街」字,當屬顏師古所說的情況:「漢書舊文,多有古字,解說之後,累經遷易,後人習讀,以意刊改,傳寫既多,彌更淺俗。」據廣雅釋詁:「術,瀍也。」禮記文王世子「公族之罪,雖親不以犯有司,正術也」,鄭玄注:「術,法也。」又禮記學記「鼓無當於五聲」,鄭玄注:「當,猶主也。」荀子正名「然而徵知必將待天官之當簿其類,然後可也」,楚辭九歌大司命「固人命兮有當」,文選揚雄甘泉賦「伏鉤陳使當兵」,各注皆謂:「當,主也。」則「適當渠公之術,然身肉食者終」,大意謂,梱被賣到齊國,在渠公的邑國任主管法律的臣,後來可能另任他職,然終其一生,一直在位,故能與國君同食,完全應驗了九方歅的相術:「梱也爲祥。……梱也,將與國君同食,以終其身。」若依「淺俗」之「街」字作解,就是百般巧說亦難通。莊子原文難以理解,此或其中之一因歟?若非陸德明之莊子音義保存舊文古字，蘊藴千古之莊子文義豈能大白於天下？

三、莊子原文的探究：南華眞經闕誤

自唐陸德明經典釋文莊子音義以來，莊子文本又經過了三百多年的流傳，至北宋碧虛子陳景元，在完成南華眞經章句音義後，「復將中太一宫寶文統錄内有莊子數本及笈中手鈔諸家同異，校得國子監景德四年（1007）印本不同共三百四十九字，仍按所出，别疏闕誤一卷，以辯疑謬」。這個彙校了當時世傳九種版本所作的校勘記，保存了流傳至北宋時期的莊子舊文古字，對於探究莊子原文的眞相，亦具有重大價值。

宋眞宗崇信道教，曾下「中書門下牒」：「莊子並釋文牒。奉敕：莊周云玄理，歸於沖寬。郭象爲注義，造於精微。既廣玄風，實資至治。朕仰崇古道，俯勸蒸民。言念此書，盛行於世，尚多舛駁，已命校讎，將永煥於縑緗，宜特滋於雕鏤。牒至準敕故牒。景德三年八月五日牒。」❶因此這個景德四年國子監本實際上是官方校定本，陳景元以之爲底本，則闕誤正文爲官方校定之文，就未必是可信的莊子原文；闕誤所載的異文，亦衹是少數版本的情況，而且大多有竄改原文

❶ 日本松崎慊堂舊藏秘府舊鈔南華眞經注疏解經三十三卷本卷首，亦見於日本島田翰：漢籍善本考（卽古文舊書考），北京圖書館出版社，2002 年，第 232-233 頁。

的痕迹，反倒是校勘記中申明的「舊闕」「舊作」，恰恰就是最可靠的莊子原文。

①人間世：有而爲，其易邪？易之者，皡天不宜。」

○闕誤：「有心而爲之，其易邪」，見張本，舊闕。

○莊子補正：典案：張本「有」下有「心」字，是也。郭注「夫有其心而爲之者，誠未易也」，疏「必有其心爲作，便乖心齊之妙，故有心而索玄道，誠未易者也」，是郭、成所見本並有「心」字。今據張本補。(P115)

○莊子校詮：郭注：「夫有其心而爲之者，誠未易也。」案陳碧虛闕誤引張君房本「有」下有「心字」，郭注云云，郭本蓋原作「有心而爲之」。其猶豈也，其易猶豈易。(P131)

需要說明的是，莊子補正和莊子校詮所引的闕誤文字，並非陳景元的南華眞經闕誤，而是明代楊慎的莊子闕誤。

○楊慎莊子闕誤：「有而爲之，其易邪」，張本有下有心字。

楊慎的莊子闕誤係根據陳景元的闕誤而改寫，未可全信，詳見王孝魚整理本莊子集釋缺陷舉隅，此又是一例。陳景元的闕誤衹說「舊闕」，所指不明，但其章句音义卻說得非常明確：

○章句音义：「有心而爲之，其易邪」，心一之，見張君房本，舊作有而爲其易邪。

蜀刻趙諫議本、俄藏黑水城文獻影印呂觀文進莊子義宋刻本、古逸叢書三編影印南宋精刻本亦皆作「有而爲」，與陳景元所見舊文完全相同。郭象注和成玄英疏都有「心」字，這是他們的理解，並不等於莊子原文一定有「心」字，「增字解經」原是他們慣常使用的方法，不足爲訓，後句的注疏最能證明這一點：

〇人間世：易之者，皞天不宜。

〇郭象注：以有爲爲易，未見其宜也。

〇成玄英疏：以有爲之心而行道爲易者，皞天之下，不見其宜，言不宜以有爲心齋也。

可知郭象所見原文既無「心」字，亦無「之」字。

既然是「以有爲心齋」，可知原文必無「心」字。此可證陳景元所說的「舊闕」確爲最可靠的莊子原文。王念孫讀書雜志荀子第八剄而獨鹿：「今案：而猶以也，謂剄以獨鹿也。古者而與以同義。」則一切糾葛皆可迎刃而解矣。

②至樂：天无爲以之清，地无爲以之寧，故兩无爲相合，萬物皆化。

〇闕誤：「萬物皆化生」，見江南古藏本，舊闕。

〇郭象注：不爲而自合，故皆化。

〇成玄英疏：升降災福，而萬物化生。

〇莊子補正：江南古藏本是也。此以清寧生爲韻。疏「升降災福，而萬物化生」，是成氏所見

本亦有「生」字。今據江南古藏本補。(P494)

〇莊子校詮亦附和其説,以「生」字「當據補」,且謂:田子方篇「肅肅出乎天,赫赫發乎地,兩者交通成和,而物生焉」,列子天瑞篇「天地合精,萬物化生」,文義並相符。(P641)

莊子此處所説「兩无爲相合,萬物皆化」,與天道所説「无爲而萬物化」,以及道德經第三十七章「道常無爲也,侯王若能守之,萬物將自化」,皆述「無爲而化」之旨,與莊子校詮引文之義實相差甚遠。據闕誤,亦衹有國子監本和江南古藏本兩種版本作「化生」,則尚有其他七種版本是沒有「生」字的,此外各種宋、元、明、清刻本亦無「生」字,而且郭象注作「不爲而自合,故皆化」,此注文各種版本皆無「生」字,則莊子原文作「萬物皆化」,又有何疑乎?成玄英把「化」解釋作「化生」,這是「增字解經」,不足爲據。

③達生:忘足,屨之適也。忘要,帶之適也。知忘是非,心之適也。

〇闕誤:「□忘是非」:張、文本同,舊作知忘是非。

〇成玄英疏:亦猶心懷憂戚,爲有是非。今則知忘是非,故心常適樂也。

〇莊子校詮:案闕誤引張君房本、文如海本並無「知」字,是也。「知忘是非」,僅知而已,是尚未能忘也。「忘是非」與上文「忘足」「忘要」一律。(P711)

然而成玄英疏作「今則知忘是非」,則成玄英所見莊子原文必有「知」字。闕誤所載其他版本、本書所校諸宋刻本、敦煌古鈔本亦皆有「知」字，則國子監本和張、文本又何足爲憑？如果還是有人懷疑「知」字不當有，那麼試想：「去個性化」(deindividualization)之後的「忘是非」行爲，亦是莊子所說「心之適也」的表現嗎？忘足忘腰是人人共有的經驗，「忘是非」而「心之適也」的境界，體驗過嗎？那時知不知自己「忘是非」了呢？如果不知，那與喪失「自知力」的精神病人又有何差異？

④繕性：生而无以知爲也，謂之以知養恬。

○闕誤：「古之治道者，以恬養智。智生而无以智爲也，謂之以智養恬」，見張本，舊闕。

○郭象注：夫无以知爲而任其自知，則雖知周萬物，而恬然自得也。

○成玄英疏：率性而照，知生者也。

○陶鴻慶謂：愚案：古逸叢書本「生」上有「知」字，是也。郭注云「任其自知」，正釋「知生」之義，蓋郭所見本未誤。❶

○莊子校詮：成疏：「率性而照，知生者也。」案：覆宋本「生」上有「知」字，與成疏合。文選嵇叔夜養生論注引此亦有「知」字。闕誤引張君房本「生」上有「智」字，「知」並作「智」，下同。雲笈

❶ 陶鴻慶：讀諸子札記，中華書局，1959 年，第 26 頁。

七籤九四、說文繫傳三三引「生」上亦並有「智」字。(P565)

那麼莊子原文到底有沒有這個「智(知)」字呢？據宋陳景元闕誤記載，宋景德四年國子監本和宋張君房本作「智生」，他所見的其餘版本皆無「智(知)」字。張君房本之所以有「智」字，是因爲他校勘過中太一宮本成玄英疏，成疏作：「率性而照，知生者也。」(據道藏本)他卽據以校補「智」字。張君房曾受宋真宗徵召，編纂道經總集大宋天宮寶藏四千五百六十五卷，繼而綴其精華而成雲笈七籤一百二十卷，因此雲笈七籤引作「智生」完全合理。國子監本爲宋真宗欽命之官方校定本，必當參考過張君房校本，因此作「智生」亦在情理之中。唐李善(630-689)和南唐徐鍇(920-974)，都在唐成玄英(608-?)後，未必不據成玄英疏文而引入文選注和說文繫傳，更何況「古人引書，率多臆改，未必全可憑信」。❶除了以上古本之外，尚有日本室町期鈔本、近世日本萬治本和古逸叢書覆宋本作「知生」。這三個版本的最大特點是都含成玄英疏，且古逸叢書覆宋本據萬治本覆刻、萬治本據室町期鈔本重刻，因此實際上是同一版本系統。總而言之，作「智(知)生」的，僅限於成玄英疏本，但正統道藏本南華真經注疏正文沒有這個「智(知)」字。此外如褚伯秀南華真經義海纂微及林希逸莊子鬳齋口義等，注文都如成玄英

❶ 楊伯峻：列子集釋，中華書局，1979年，例略第2頁。

疏解作「智生」，但莊子正文仍作「生而无以知爲也」，亦未説正文當作「知生」。孔子家語曲禮子貢問第四十二：「傷哉貧也！生而無以供養，死則無以爲禮也！」可爲理解本句「生而」的最好旁證。道德經第二十章：「俗人昭昭，我獨若昏；俗人察察，我獨悶悶。」元吴澄注：「俗人皆以有知爲智，我獨無知而愚也。」金李霖注：「流俗之人，務學作智，察見細微，智料隱匿，以爲昭昭之明。絶學之人，體道去智，物我兼忘，不生分别，故若昏也。」可見俗人亦皆有智，與「智」之生與不生有何關係？俗人用智以謀生，聖人則慧而不用，實智若愚，正是「生而无以知爲也」。國子監官方校定本和張君房校本以疏文竄改正文，正是削足適履，尤可證陳景元所説的「舊闕」「舊作」恰恰就是最可靠的莊子原文。元吴師道戰國策校注序謂：「事莫大於存古，學莫善於闕疑。」允爲校勘古籍之圭臬！

四、類書古注諸子所引未可輕信

白居易白氏六帖、虞世南北堂書鈔、徐堅初學記、歐陽詢藝文類聚、李昉太平御覽等唐、宋類書，❶文選唐李善注、後漢書唐李賢注、世説新語梁劉孝標注等古注，其中有不少徵引莊子

❶ 可參閲何志華、朱國藩編著唐宋類書徵引莊子資料彙編，香港：中文大學出版社，2006年；董治安主編唐代四大類書，清華大學出版社，2003年。

的文字，呂氏春秋、淮南子、列子、文子等諸子中有與莊子相關的文字，有人即據以校勘莊子原文。向宗魯說：「類書、古注，其所引用，恆多節省，且同經刊寫，豈獨無誤？改難就易，又所不免。自非確有據依，未容輕以改竄。」❶管錫華說：「我們通過對他書引文與原文的細緻比較考察發現，不僅類書的引文不可盡信，一般書籍的引文和注解的引文同樣都不可盡信，因爲這些引文同樣都不完全忠實於原文。」❷

①刻意：夫有干、越之劍者，柙而藏之，不敢用也，寶之至也。

○郭象注：況敢輕用其神乎？

○成玄英疏：自非敵國大事，不敢輕用。

北堂書鈔及太平御覽皆引作「不敢輕用」，郭象注、成玄英疏皆作「輕用」，莊子補正疑今本脱「輕」字(P438)。然而敦煌古鈔本及宋、元、明、清刻本皆無「輕」字。以理而論，「不敢輕用」何足以達到「寶之至也」的程度？唯有「不敢用也」，纔是「寶之至也」！

②徐无鬼：上忘而下畔。

○清宣穎謂：列子作「下不叛」，此處漏一「不」字也。

❶ 向宗魯：說苑校證，中華書局，1987年，敍例第4頁。

❷ 管錫華：漢語古籍校勘學，巴蜀書社，2003年，第218頁。

○章太炎謂：畔，卽今伴字。

○奚侗謂：校者因誤叛爲背叛，遂增一「不」字以成其義，失古書之眞矣。所幸本書未衍「不」字，猶可研索得其故也。

○莊子校詮引以上諸説後，結云：列子「不」字，乃淺人所加。(P952)

陸德明經典釋文莊子音義正作「上忘而下畔」。

③達生：達生之情者，不務生之所无以爲；達命之情者，不務知之所无奈何。

此句中之「知」字，諸書皆引作「命」字。

○淮南子泰族：故知性之情者，不務性之所無以爲；知命之情者，不憂命之所無奈何。

○淮南子詮言：故通性之情者，不務性之所無以爲；通命之情者，不憂命之所無奈何。

○南朝梁僧祐弘明集正誣論：莊周有云：「達命之情者，不務命之所無奈何。」

武延緒、馬敘倫、莊子補正(P508)、莊子校詮皆謂「知」當作「命」。

○郭象注：知之所无奈何者，命表事也。

對此，莊子校詮解釋説，「知」蓋本作「命」，由於正文「命」字已誤作「知」，後人遂據正文而改注文，而恰好養生主「公文軒」一段郭象注正作「達命之情者，不務命之所無奈何也」，卽本此文，「知」正作「命」，足證此文當作「命」字無疑。(P666)

查覈續古逸叢書影印南宋本、宋刻趙諫議本、靜嘉堂文庫所藏南宋本、正統道藏成玄英疏本，此句注文確實皆作「命」字。但是本書的底本古逸叢書三編影印南宋精刻本，此「命」字仍作「知」字；湊巧的是，此段上文還有郭象注文，各本無一例外地作「知之所無奈何，天也」，「夫師一家之知而不能兩存其足，則是知之無所奈何」，則又該如何解釋？莊子正文注文作「知」字讓人難以接受，因此「知」字被竄改爲「命」字，向宗魯所謂「改難就易」，纔是合情合理的；今倒過來說「命」字譌誤作「知」字，則這種譌誤產生的可能性到底有多大？

○成玄英疏：一生命之所鍾者，皆智慮之所無奈之何也。

則成玄英見到的本子一定是作「知」的。敦煌古鈔本作「不務知之所無奈何」，宋刻本亦無一例外地作「知」字。莊子原文到底怎樣，可以不言而喻矣。

話雖如此，但恐仍有人懷疑版本是否可靠，因爲心裏還是覺得原文當作「命」字。如果莊子原文作「達命之情者，不務命之所无奈何」，意謂我們能利用命去做一些事，衹是我們不用命去做它力所不能及的事而已。那麼要問：命是一種我們所能掌控的力量嗎？莊子書中明確說：

○我諱窮，久矣，而不免，命也。……由，處矣，吾命有所制矣！（秋水）

○吾命有在外者也。（山木）

○不知吾所以然而然，命也。（達生）

〇然而至此極者，命也夫！（大宗師）

〇知其不可奈何而安之若命，德之至也。（人間世）

可見「命」非人力所能及，而「知」確實是我們所能掌控的力量。我們正是運用知識和智慧做我們想做的事，但人的知識和智慧終究是有局限的，有它所無能爲力的地方。

〇德充符：死生，存亡，窮達，貧富，賢不肖，毀譽，飢渴，寒暑，是事之變，命之行也，日夜相代乎前，而知不能規乎其始者也。

〇列子力命第六：然而生生死死，非物非我，皆命也，智之所无奈何。

可見「命」正是「知之所无奈何」，因此說：「達命之情者，不務知之所无奈何。」

④徐无鬼：仲父之病病矣，可不謂云至於大病，則寡人惡乎屬國而可？

此「謂」字，衆口一辭當作「諱」。

〇闕誤：「可不諱云」，見江南李氏本，舊作謂。

〇褚伯秀曰：從列子「謂」作「諱」爲當。

〇奚侗曰：「謂」當作「諱」。管子戒篇：「仲父之疾甚矣，若不可諱也。」小稱篇：「仲父之病病矣，若不可諱而不起此病也。」列子力命篇：「仲父之病疾矣，可不諱云」，張湛注：「言病之甚，不可復諱而不言也。」呂覽貴公篇：「仲父之病矣潰甚，國人弗諱。」文各小異而義則同，皆可爲「謂」當作「諱」之證。

○莊子補正：典案：奚校是也。(P675)

○莊子校詮：奚氏謂「謂當作諱」，是也。(P951)

言之鑿鑿，似無可置疑。但是牽一髮則動全身，引出連帶的問題。

○王引之謂：家大人曰：「云」，猶「如」也，「如」與「或」義相近。列子力命篇曰：「管夷吾有病，小白問之曰：仲父之病疾矣，不可諱」，今本「不可」誤作「可不」，莊子徐無鬼篇亦誤，今據張湛注乙正。「云至於大病，則寡人惡乎屬國而可」，言「如至於大病」也。❶

句讀亦有問題，或至「可不謂」絕句，或至「可不謂云」絕句。然而據説文解字：「謂，報也。」段玉裁注：「蓋刑與罪相當謂之報，引伸之，凡論人論事得其實謂之報。謂者，論人論事得其實也。亦有借爲曰字者。」禮記表記「瑕不謂矣」，鄭玄注：「謂，猶告也。」漢書江都易王非傳「歸以吾言謂而王」，顔師古注：「謂，告也。」以上衆論皆以「謂」作「曰」解，因「未能通，意有所疑」而竄改原文，遂引發連鎖反應。以「謂」字本義解，「可不」改作「不可」顯然不通，「云」訓作「如」亦爲辯言强詞。舊文古字，信乎不可妄改也！

❶ 清王引之：經傳釋詞，嶽麓書社，1982 年，第 59 頁。

五、前人校勘意見僅供參考[1]

莊子一書，古今學者多有校勘，有人竟以句法不一律爲由，隨意增删原文。其實莊子書中句法不一律的情況非常普遍。

①庚桑楚：備物以將形，藏不虞以生心，敬中以達彼。

○郭象注：心自生耳，非虞而出之。虞，億度之謂。

中間一句多一「不」字，句法就很不一律。

②庚桑楚：夫尋常之溝，巨魚无所還其體，而鯢鰌爲之制；步仞之丘陵，巨獸无所隱其軀，而蘖狐爲之祥。

則顯然原文有此「不」字，衆本無一例外。

以句法而論，「陵」字爲多餘，然而釋文就作「步仞之丘陵」，諸宋刻本亦然。

③讓王：中山公子牟謂瞻子曰：「身在江海之上，心居乎魏闕之下，奈何？」瞻子曰：「重生。重生則利輕。」

○馬敘倫謂：「利輕」，呂氏春秋審爲篇、淮南子道應訓並作「輕利」，當從之。成玄英疏

[1] 可參閲方勇莊子纂要，學苑出版社，2012年。王叔岷：莊子校詮，歷史語言研究所，1999年；中華書局，2007年。

曰「重於生道，則輕於榮利」，是成本亦作「輕利」。

〇莊子校詮亦謂：案：成本「利輕」蓋本作「輕利」，「重生」與「輕利」對言。呂氏春秋審爲篇、淮南子道應訓並作「輕利」，文子下德篇同。今本誤倒。(P1147)

〇釋文：「重生」，李云：重存生之道者，則名利輕，輕則易絕矣。

〇成玄英疏：重於生道，則輕於榮利；榮利既輕，則不思魏闕。

據釋文及完整的成玄英疏，莊子原文顯然作「利輕」。高山寺古鈔本及衆宋刻本皆作「利輕」。莊子原文到底作「利輕」還是「輕利」，可以不言而喻矣。

④盜跖：病瘦、死喪、憂患。

〇王念孫曰：「瘦」當爲「瘐」字之誤。瘐亦病也。病瘐爲一類，死喪爲一類，憂患爲一類。

〇釋文：「瘦」，色又反。

唐馬總意林所引莊子此句正作「瘐」字，可爲其證。仔細想來，「瘦」字當是人人皆知的平常字，但此處陸德明爲之注音，著實反常。陸德明是明辨「瘦」「瘐」二字的。爾雅釋訓：「瘐瘐，病也。」陸德明有釋文：「瘐瘐：羊主反，又羊朱反，本今作庾庾。」馬總(806-820)在陸德明(550-630)後，而意林係據南朝梁庾仲容(475-548)子鈔增删而成，或許子鈔所引莊子此句已作「瘐」字，爲陸德明注意到，因此陸德明特地爲這個常見的「瘦」字加了注音，以免兩字混淆。據說文：「瘦，臞也，从疒，叜聲。所又切。」段玉裁注：「肉部曰：臞，少肉也。今字作瘦。」瘦字從疒，說文：「疒，倚也，人有疾痛，象倚箸之形。」可知「瘦」乃是一種病，何得謂「病瘦」不屬同類？瘦字本作痠，與瘐字根本不可能相混。說文無「瘐」字，漢書宣帝紀「今繫者或以掠辜若飢寒瘐死獄中」，唐顔師古注：「蘇林曰：『瘐，病也。囚徒病，律名爲瘐。』如淳曰：『律，囚以飢寒而死曰瘐。』師古曰：瘐，病，是也。此言囚或以掠笞及飢寒及疾病而死，如說非矣。瘐音庾，字或作瘉，其音亦同。」盜跖謂：「人上壽百歲，中壽八十，下壽六十，除病瘦死喪憂患，其中開口而笑者，一月之中，不過四五日而已矣。」此處若作「瘐」字，義爲「囚徒病」，雖曰「病瘐爲一類」，但於上下文義究竟是否契合，讀者當自有判斷。

⑤大宗師：不以心捐道，不以人助天。

〇俞樾說：「捐」字誤。

〇武延緒說：「捐」乃「損」字之譌，與下句「助」字反對。

〇盧文弨曰：今書「捐」作「損」。不以心損道，猶言不以心害道也。

〇朱桂曜說：「捐」蓋「損」之壞字。則陽篇郭注「損其名也」，釋文：「損，本亦作捐。」

〇莊子校詮：朱以「捐」爲「損」之壞字，史記賈誼列傳索隱引此文正作「損」。「不以心損道，不以人助天」，一損一助，相對而言。捐與損義亦相近。(P209)

若據以上諸說，似可成定論。然而此皆臆說，未有實據。

○郭象注：眞人知用心則背道，助天則傷生，故不爲也。

○成玄英疏：捐，棄也。……捐棄虛通之道。

○釋文：「捐」，徐以全反。郭作揖，一入反。崔云：或作楫，所以行舟也。

據說文解字：「捐，棄也，與專切。損，減也，穌本切。」玉篇：「捐，余專切，弃也。」廣韻：「捐，弃也，與專切。損，減也，傷也，蘇本切。」釋文之字或可能傳寫有誤，音則確爲「捐」字之音，則唐陸德明所見必作「捐」字無疑。字彙：「背，違也，棄也。」可知「背」與「捐棄」義完全相合，與「損害」義毫不相關，則郭象和成玄英當時所見莊子原文必作「捐」字，又何疑乎？

⑥大宗師：其心志，其容寂。

○宋趙以夫謂：「志」當作「忘」。

○宋褚伯秀說：「志」字，諸解多牽強不通，趙氏正爲「忘」字，與「容寂」義協，其論甚當。元本應是如此，傳寫小差耳。

○莊子校詮：「志」爲「忘」之形誤。(P210)

以理而論，「形誤」之說確有可能，但郭象注作「所居而安爲志」，則郭象所見必不可能作「忘」字。陸德明釋文無「心志」，但有「容寂」的校記，說明陸德明所見眾本與郭象注本並無不同，則陸德明所見亦必不可能作「忘」字。

○成玄英疏：若如以前不捐道等心，是心懷志操能致然也，故老經云：「强行者有志。」則成玄英所見必作「志」字無疑。據褚伯秀南華眞經義海纂微所引宋代呂惠卿、陳詳道、林疑獨、林希逸、陳景元皆以「志」字作解，説明衆注家於「志」字毫無異議；如陳景元注：「心志，一之而已。」且其闕誤中亦沒有相關的校勘記，正説明陳景元所見衆本皆毫無例外地作「志」字。

○鍾泰説：「其心志」，所謂「用志不分，乃疑於神也」。志謂之志，用志不分亦謂之志，實字虛用，莊子一書中屢見之。或疑其不辭，而欲改作「忘」，非也。此言「其心志」，正如消搖游言「其神凝」也。❶

⑦達生：用志不分，乃凝於神，其痀僂丈人之謂乎！

○褚伯秀南華眞經義海纂微節引莊子鬳齋口義，末尾加按語云：「『凝』當是『疑』，後『削鐻』章可照。」

○俞樾諸子平議卷十八謂：樾謹按：「『凝』當作『疑』。下文『梓慶削木爲鐻，鐻成，見者驚猶鬼神』，卽此所謂『乃疑於神』也。列子黃帝篇正作『疑』，張湛注：『意專則與神相似者也。』可據以

❶ 鍾泰：莊子發微，駱駝標點，上海古籍出版社，2002年，第133頁。

訂正。

○蘇軾東坡題跋卷二書諸集改字：近世人輕以意改書，鄙淺之人好惡多同，故從而和之者衆，遂使古書日就訛舛，深可忿疾。孔子曰：「吾猶及史之闕文也。」自余少時及前輩皆不敢改書，故蜀本大字書皆善本。莊子云「用志不分，乃疑於神」，此與易「陰疑於陽」、禮「使人疑汝於夫子」同，今四方本皆作「凝」。

○馬敘倫引蘇軾語後，接著說：尋下文「器之所以疑神者」，字正作「疑」，「疑」即「擬度」之「擬」初文。

莊子補正（P516）、莊子校詮（P678）皆附和其說，敦煌古鈔本正作「疑」，似可成定論。然而續古逸叢書影印北宋本、蜀刻趙諫議本以及其他衆宋刻本皆作「凝」字。

○林希逸莊子鬳齋口義：累丸於竿首，自二至五而不墜，則其凝定入神矣。……凝於神，凝定而神妙也。

可見林希逸於「凝」字並無疑議。仍據褚伯秀南華眞經義海纂微所引：

○陳景元注：由是知一志凝神，則道無不得。

陳景元（1024-1094）與蘇軾（1037-1101）爲同時代人，且較蘇軾年長十餘歲，其所著南華眞經章句音義及闕誤，皆無相關記載，可見他於「凝」字並無異議；且所見衆本亦無有作「疑」字者。

○成玄英疏：夫運心用志，凝靜不離，故累丸承蜩，妙疑神鬼，而尼父勉勗門人，故云痀僂丈人之謂也。（道藏本）

道藏本的成玄英疏文可謂「凝」「疑」兩義兼具，然而日本室町舊鈔本並非如此，「妙疑神鬼」作「妙凝神魂」，則成玄英當時所見的本子應該作「凝」而非「疑」字。逍遙遊說藐姑射山之神人，「其神凝，使物不疵癘而年穀熟」，可爲此處之證：必用志不分，其神乃凝，而後纔有疑神之能事。若徑云用志不分，故妙疑神鬼，則結論似下得過快，不合情理。孔子亦必以其可爲者勉勗門人；若疑神之事，又從何處下手？豈非虛語？

⑧寓言：是爲耆艾，年先矣，而无經緯本末以期年耆者，是非先也。

○于省吾說：郭注：「期，待也。」按：「以期年耆者」，文不成義。高山寺卷子本無「者」字，「年耆」二字右側各有二點，並注「來者」二字。年來、耆者，形似，耆字又涉上文耆字而譌。楊守敬云：「按：注『無以待人』，則作『來者』是。」按：楊說允矣。上言「年先矣，而無經緯本末」，此言「以待來者，是非先也」，於上下文義最相符恰。❶

○莊子校詮：于氏讀「而無經緯本末」爲句，文意屬上，未審。

❶ 于省吾：雙劍誃諸子新證，中華書局，2009 年，第 631 頁。

卽謂于省吾斷句不當，理解有偏。

〇莊子校詮：「以期年耆者」，當作「以期來者」，孟子滕文公篇：「於此有人焉，入則孝，出則悌，守先王之道以待後之學者。」「以期來者」，卽「以待後之學者」之意。……「經緯本末」，似就可以不朽者言。此謂年雖先矣，如無可以不朽以待後之學者，此不足爲先也。(P1090)

從版本上考證，所有宋、元、明、清的莊子刻本都作「以期年耆者」，尤其是高山寺鈔本就作「以期年耆」，脫「者」字，而僅一個旁注作「來者」，又無任何版本上的依據，祇有郭象注與之相合，則此句文字之正誤可以不辯而明矣。王叔岷跋日本高山寺舊鈔卷子本莊子殘卷說：「鈔本來源甚早，鈔者無識，每據後出之本妄加改竄，原本之眞遂失矣。此極當留意者。」前言猶在，不知此處何以忽信「鈔者無識」而「妄加改竄」的文字？于省吾謂「『以期年耆者』，文不成義」，眞可謂一語道破天機！此處問題就出在郭象注上。

〇郭象注：年在物先耳，其餘本末无以待人，則非所以先也。期，待也。

這條注文與莊子文義不合，大概「來者」兩字就是根據此注而竄改正文的，正如顏師古所說：「或未能通，意有所疑，輒就增損。」據注文竄改正文，本身就是一大問題。據玉篇：「期，當也。」全句大意謂：這就是說，長者，在年齡上是長了，但如果自身沒有值得讓年輕人尊重的品質，以當得起一個長者，這個年齡算是白長了。如此而言，有何「文不成義」？

⑨寓言：不言則齊，齊與言不齊。言與齊不齊也，故曰无言。言无言，終身言，未嘗不言；終身不言，未嘗不言。

這裏有兩個問題：一是「故曰无言」，高山寺古鈔本作「故曰言无言」，成玄英疏正作「故曰言无言也」，莊子補正(P757)、莊子校詮(P1092)等以高山寺古鈔本爲是；一是「終身言，未嘗不言」，高山寺本無「不」字，馬敘倫、高亨、鍾泰、劉文典、王叔岷等皆以高山寺古鈔本爲是。

○不言則齊，齊與言不齊，言與齊不齊也，故曰无言。

今本皆如此標點，則第二句與第三句完全是同義重複，且第三句末還有「也」字，到底想表達甚麼意思？著實讓人莫名其妙。高山寺本無「也」字，可惜沒人在意。仔細體會前兩句，可謂句意完整，應當絕句。後兩句連讀，承上文之意，這個「也」字不能少，否則語氣不足。從版本上考證，衹有高山寺古鈔本及成玄英疏作「故曰言无言」，此外再無其他版本及旁證，南華眞經注疏本亦不例外。還需要說明的是，漁父「孔子愀然」，高山寺鈔本作「孔子愀然自竦也」，成玄英疏作「自竦也」；又「見賢不尊」，高山寺鈔本「賢」作「貴」，成玄英疏作「見可貴不尊」；說劍「以幣從」，高山寺鈔本作「以幣從車」，成玄英疏作「以充從車之幣帛也」；庚桑楚「解心之謬……六者謬心也」，高山寺本「謬」作「繆」，成玄英疏：「繆，繫縛也……六者綢繆繫縛心靈者也。」以上五處，衹有高山寺鈔本與成玄英疏文相合，再無其他版本與之相合，因此可推斷高山寺鈔本係據成玄英疏文而竄改莊子正文，不足爲據。按此處之「無言」，猶如「無爲」，作名詞看，此下之「言無言」亦猶「爲無爲」。

○言无言，終身言，未嘗不言；終身不言，未嘗不言。

續古逸叢書影印北宋本、南宋蜀刻趙諫議本、呂惠卿莊子全解金刻本、分章標題南華眞經南宋本、古逸叢書三編影印南宋精刻本，都無一例外地作「終身言，未嘗不言」。

○莊子補正：典案：各本「未嘗」下有「不」字，蓋涉下文「終身不言，未嘗不言」而衍。此以「終身言，未嘗言」，與下「終身不言，未嘗不言」，相對成義。若作「未嘗不言」，則非其指，且與下文重複矣。注「雖出吾口，皆彼言耳」，正釋「未嘗言」之義，是郭所見本作「未嘗言」。道藏白文本、注疏本、高山寺古鈔本，並無「不」字，今據删。(P756)

○莊子校詮亦表達了相同的意見，並說：古鈔卷子本、道藏注疏本、林希逸口義本、褚伯秀義海纂微本、羅勉道循本本，皆無「不」字。文選孫興公遊天台山賦注引同。(案：原文「天台」作「天臺」，誤，徑改。)……徐无鬼篇注：「則雖終身言，故爲未嘗言耳。」卽本此文，尤其明證。焦竑翼本以下，多删「不」字。(P1092)

這裏有一個難題：既然這個「不」字讓人如此難以接受，爲甚麼衆多古本還是偏偏有這個「不」字？「蓋涉下文而衍」，大概鈔寫者是先鈔下句，後鈔上句，纔致「涉下文而衍」，否則如何理解這種倒行逆施的現象？爲使前後兩語可以「相對成義」，以適合自己的理解力，便硬要刪改原有的文字，這豈不是「削足適履」？ 莊子說：

○言而足，則終日言而盡道。（則陽）

怎麼可能「終身言，未嘗言」？

○无爲爲之之謂天，无爲言之之謂德。（天地）

何以見得「終身言，未嘗言」？

○丘也聞不言之言矣，未之嘗言，於此乎言之。（徐无鬼）

又何得謂「言无言，終身言，未嘗言」？

細思上述校勘事例，都是於原文「或未能通，意有所疑」，因而提出各種增刪改易的意見，以期「能通」原文之意。 校勘意見，存疑則可。 若不能通達原作的大理深義，既不相信古人，又不尊重古書，僅憑一點小學知識，以個人的主觀臆見，去判斷原文的正誤，決定異文的優劣，自以爲是而深信不疑，不知不覺地「以意刊寫」，則聰明才智之士鮮有不淪爲妄改古書之「淺人」！

究其實，莊子不能夠完全被理解，纔是正常的，既有種種客觀的因素，如古書在傳鈔過程中有誤脫衍倒等各種譌誤，又有「古今異言，方俗殊語」，以及名物典章制度禮儀風俗等相關背景的缺乏或差異；更重要的還在於主觀因素，正如莊子所說：「瞽者无以與乎文章之觀，聾者无以與乎鐘鼓之聲。豈惟形骸有聾盲哉？夫知亦有之。」（逍遥遊）「井蛙不可以語於海者，拘於墟也。夏蟲不可以語於冰者，篤於時也。曲士不可以語於道者，束於教也。」（秋水）如果莊子人人能懂，莊子的水平境界就跟大衆差不多，莊子怎麽可能傳誦千古，我們又何必費心費力地去研讀莊子？

六、古籍校勘實非易事

古籍校對就像少兒遊戲「找不同」，然後再做小學生的「鈔寫」作業，但就這麽簡單的事，結果總是難以令人滿意。在校對過程中，形近的字，甚至上下文義亦通順的，最易忽略過去。

①應帝王：且也虎豹之文來田，猨狙之便執，斄之**狗**來藉。

續古逸叢書影印南宋本、古逸叢書三編影印南宋本如此，其餘衆宋本「**狗**」作「狗」。

○成玄英疏：獮猴以跳躍便捷，恆被繩拘；狗以執捉狐狸，每遭係頸。

顯然成玄英以爲是「狗」字，然而「斄」解釋作「狐狸」，總屬牽强，蓋沿襲天地「執狸之狗成思，猨狙之便自山林來」，疏正作：「執捉狐狸之狗，多遭係頸而獵，既不自在，故成愁思。」但逍遥遊「今夫斄牛」，疏作：「斄牛，猶旄牛也，出西南夷。」何以前後不同如此？此兩處陸德明均有釋文：「斄牛：郭呂之反，徐、李音來，又音離，司馬云旄牛。」「斄：音來，李音狸，崔云旄牛也。」查説文：「氂，彊曲毛也，可以箸起衣。犛，西南夷長髦牛也。」段玉裁注：「此牛名犛牛，音如貍。中山經『荊山多犛牛』，郭曰：『旄牛屬。』」集韻：「犛，或作氂。」由上可知，正是因爲作「犛牛」解，顯然與後文的「狗」字說不通，成玄英便把「氂」解釋作「狐狸」。其實「狗」爲「佝」字，字彙、正字通、俗書刊誤皆謂「佝，俗作狗」，則「佝」譌作「狗」亦完全可以理解。集韻：「跔，或作佝。」說文：「跔，天寒足跔也。从足，句聲。其俱切。」段玉裁注：「跔者，句曲不伸之意。」四聲篇海：「佝，其俱切，天寒足佝，一曰不伸皃。」細察上下文義，作「猨狙之便執，犛之佝來藉」，顯然更合情合理。

②人間世：夫以陽爲充孔揚，釆色不定。

續古逸叢書影印南宋本作「采」，不作「釆」，未見有前人指出；然而下文「五采」「設采色」「采眞」亦作「采」，而「文采」仍作「采」，顯然兩字混用。趙諫議本全書皆作「采」，無「釆」字，顯然以爲是同一字。明焦竑俗書刊誤謂：「采，從爪，俗作釆，非。釆音辨。」而本書底本古逸叢書三編影印南宋本則僅此一字作「釆」。據說文解字：「釆，辨別也，象獸指爪分別也，讀若辨。」結合上下文義，「采」字實更恰當。清末四大藏書家之一的陸心源謂：「書貴舊本，良有以也。」

③徐无鬼：嗟乎哉，悲人之自喪者！吾又悲夫悲人者！吾又悲夫悲人之悲者！其後而日遠矣！

本書底本古逸叢書三編影印南宋本如此，而衆校本「哉」作「我」，屬下句。「哉」字譌作

「我」，在古籍中亦屬常見，如天道「世雖貴之哉，猶不足貴也」，古逸叢書覆宋本「哉」就作「我」。論語八佾：「郁郁乎文哉」，就被譌讀作「都都平丈我」。❶仔細體會上下文，此句作「哉」字並無不妥之處，而作「我」字恐怕有誤。

④齊物論：故昭氏之鼓琴也。

○人間世：鼓筴播精。

古逸叢書三編影印南宋精刻本和續古逸叢書本皆作「鼓」，俄藏黑水城文獻影印呂觀文進莊子義宋刻本上句作「鼓」，下句作「鼓」。通觀全書，續古逸叢書本之南宋刻本，「鼓」「鼓」兩字區分明確，北宋刻本則一律作「鼓」。底本與黑水城本兩字偶有混用，其餘眾宋刻本則皆作「鼓」字。此兩字，古書多見混用，然而義實不同。據説文：「鼓，郭也，春分之音，萬物郭皮甲而出，故謂之鼓。从壴，支象其手擊之也。鼓，擊鼓也。从攴从壴，壴亦聲。」可知「鼓」爲名詞，「鼓」爲動詞，分工明確，不容混淆。

❶ 明田汝成：西湖遊覽志餘卷二十五：「曹元寵題村學堂圖云：『此老方捫虱，眾雛爭附火。想當訓誨間，都都平丈我。』語雖調笑，而曲盡社師之狀。杭諺言：社師讀論語『郁郁乎文哉』訛爲『都都平丈我』，委巷之童，習而不悟。一日，宿儒到社中，爲正其訛，學童皆駭散。時人爲之語云：『都都平丈我，學生滿堂坐。郁郁乎文哉，學生都不來。』曹詩蓋取此也。」上海古籍出版社，1980 年，第 450 頁。

七、句讀標點不容忽視

陸德明謂：「夫荃蹄所寄，唯在文言；差若毫釐，謬便千里。」（經典釋文序錄序）文字是如此，句讀又何嘗不是如此？古書原無句讀，不同的理解導致對文本的不同句讀，不同的句讀和標點亦導致對文本的不同理解。

①應帝王：列子自以爲未始學而歸。

這就讓人糊塗了：既然自以爲未始學，知道自己的無知，就應該留下來跟師傅好好學習，怎麼就回家去了呢？於情於理都是不妥當的，因此必須在「而歸」之前加一逗號或句號，表明這是兩件事：認識到自己的無知是一件事，學成後回家又是另外一件事。

②在宥：人大喜邪？毗於陽。大怒邪？毗於陰。

這是讀「邪」爲語助詞，十分牽強。敦煌鈔本莊子音義出「耶毗於陽」，（玉篇：「耶，俗邪字。」）注：「司馬曰：毗，助也。」顯然讀「邪」爲實詞：

○人大喜，邪毗於陽；大怒，邪毗於陰。

黄帝内經素問陰陽應象大論篇第五：「人有五藏化五氣，以生喜怒悲憂恐，故喜怒傷氣，寒暑傷形，暴怒傷陰，暴喜傷陽，厥氣上行，滿脈去形，喜怒不節，寒暑過度，生乃不固。」淮南子原道謂：「人大怒破陰，大喜墜陽。」喜屬陽，怒屬陰，大喜大怒皆爲過度，失陰陽之正，非正則邪，邪則有傷和氣，「人大喜，邪毗於陽；大怒，邪毗於陰。陰陽并毗，四時不至，寒暑之和不成，其反傷人之形乎！」上下文順理成章。

③徐无鬼：君自此爲之，則殆不成。凡成美，惡器也。君雖爲仁義，幾且僞哉！形固造形，成固有伐，變固外戰。

○郭象注：美成於前，則僞生於後，故成美者，乃惡器也。

○錢穆莊子纂箋引馬其昶曰：老子云：「天下皆知美之爲美，則惡矣。」（案：「則」當作「斯」。）

按照郭象的説法，大家都不要去做成甚麽美事了，免得美成於前，則僞生於後而成惡器。至於引老子語以作證，更是風馬牛不相及。仔細體會，上句「則殆不成」，下文「成固有伐」，此句自然當讀作：

○君自此爲之，則殆不成。凡成，美惡器也。

凡事物之成，或美或惡，人間世所謂：「美成在久，惡成不及改，可不慎與？」

④天地：泰初有「无」，无「有」无「名」。一之所起，有一而未形。

自郭象以來的注家大多如此句讀，但這個讀法，四個分句被割裂成兩段，前後文義似乎不相聯屬。

〇莊子補正：典案：此當以「泰初有無無」爲句，「有無名」爲句。(P342)

陸西星、姚鼐、宣穎、吳汝倫、王先謙、馬其昶等亦皆如此句讀：

〇泰初有「无无」，有「无名」。一之所起，有一而未形。

但仔細探究起來，仍嫌文義前後割裂，難以貫通一氣。莊子原文當有第三種讀法：

〇泰初有「无」，「无」有「无」名，一之所起，有一而未形。

按照字面意思解讀，四個句子節節遞進，根本無須「曲爲之説」，即可貫通一氣。

⑤繕性：繕性於俗，俗學以求復其初，滑欲於俗，思以求致其明，謂之蔽蒙之民。

郭象注成玄英疏，皆如此句讀，但宋以來注家多删一「俗」字，句讀作：

〇繕性於俗學，以求復其初，滑欲於俗思，以求致其明，謂之蔽蒙之民。

〇明焦竑莊子翼謂：「繕性於俗學」「滑欲於俗思」爲句。舊解失之。性非學不復，而俗學不可以復性；非惟無以徹其覆，而祇益之蔽耳。

按照焦竑的解釋，正文當讀作：「繕性於，俗學以求復其初，滑欲於，俗思以求致其明，謂之蔽蒙之民。」這顯然是不通的。前既言「『繕性於俗學』『滑欲於俗思』爲句」，怎麼還可以把屬於上句的「俗學」和「俗思」拿來與下句連讀？

〇王先謙莊子集解引蘇輿説：案：當衍一「俗」字，「學」與「思」對文。言性與欲皆已爲俗所汙，雖學思交致，只益其蒙。宣以「俗學」「俗思」句斷，似失之。

句讀雖已指正，但按王先謙的說法，學亦無用，思亦不行，那到底該怎麼辦呢？

以上論句讀，皆不離其義，且祇爲求文句對耦而删一「俗」字，獨不思：自古以來，至陳景元闕誤所載北宋張君房始删一「俗」字，先前的古人，包括郭象和陸德明在内，難道都不懂「耦語」，不識「賸字」？莊子於天下中明確說：「其辭雖參差，而諔詭可觀。」奈何既不信莊子，又不尊重莊子！

八、莊子相關記載

西漢司馬遷史記卷六十三老子韓非列傳第三：莊子者，蒙人也，名周。❶周嘗爲蒙漆園吏，❷與梁惠王、齊宣王同時。其學无所不闚，然其要本，歸於老子之言。故其著書十餘萬言，大抵率寓言也。作漁父、盜跖、胠篋，以詆訿孔子之徒，以明老子之術；畏累虚、亢桑子之屬，皆空語无事實。然善屬書離辭，指事類情，用剽剝儒墨，雖當世宿學，不能自解免也。其言洸洋自恣

❶南朝宋裴駰集解：「地理志：『蒙縣屬梁國。』」唐司馬貞索隱：「地理志：『蒙縣屬梁國。』劉向別錄云：『宋之蒙人也。』」唐張守節正義：「郭緣生述征記云：『蒙縣，莊周之本邑也。』」

❷正義：「括地志云：『漆園故城在曹州冤句縣北十七里。』此云『莊周爲漆園吏』，即此。按：其城古屬蒙縣。」

以適己，故自王公大人，不能器之。楚威王聞莊周賢，❶使使厚幣迎之，許以爲相。莊周笑謂楚使者曰：「千金，重利；卿相，尊位也。子獨不見郊祭之犧牛乎？養食之數歲，衣以文繡，以入太廟。當是之時，雖欲爲孤豚，豈可得乎？子亟去，无汙我。我寧游戲汙瀆之中自快，无爲有國者所羈，終身不仕，以快吾志焉。」……太史公曰：老子所貴道，虚無因應，變化於無爲，故著書辭稱微妙難識。莊子散道德放論，要亦歸之自然。

東漢班固漢書卷三十藝文志：莊子五十二篇。名周，宋人。

南朝陶弘景眞誥卷十四稽神樞第四：莊子師長桑公子，受其微言，❷謂之莊子也。隱於抱犢山，服北育火丹，白日升天，上補太極闈編郎。長桑卽是扁鵲師，事見魏傳及史記。世人苟知莊生如此者，其書彌足可重矣。○眞誥卷十九翼眞檢第一：仙書莊子内篇，義窮玄任之境。……夫眞人之旨，不同世目。謹仰範緯候，取其義類，以三言爲題。所以莊篇亦如此者，蓋長桑公子之微言故也。俗儒觀之，未解所以。

宋陳景元南華眞經餘事雜錄上：唐天寶手詔：昊天眷命，列祖降靈，休照之儀，存乎祖典。

❶ 正義：「威王當周顯王三十年（公元前339年）。」

❷【受其微言】原文「受」作「授」，據宋陳景元南華眞經章句音義敘及元趙道一歷世眞仙體道通鑑卷六莊子改。南華眞經章句音義卷一：「南華者，義取離明英華，發揮道妙也。」

莊子、文子、列子、亢倉子等，列在眞仙。體茲虚白，師玄元之聖教，弘大道於人寰。觀［其微言，究極精義，比夫諸子，諒絕等夷］。❶其莊子，［宜］依舊號曰南華眞經，列子號曰沖虚眞經，文子號曰通玄眞經，亢倉子號曰洞靈眞經。天寶元年（742）二月二十日下。

五代後晉劉昫等舊唐書卷二十四禮儀志四：天寶元年，二月，丙申，詔古今人表，玄元皇帝（卽老子）升入上聖，莊子號南華眞人，文子號通玄眞人，列子號沖虚眞人，庚桑子號洞靈眞人，改莊子爲南華眞經，文子爲通玄眞經，列子爲沖虚眞經，庚桑子爲洞靈眞經。

九、版本詳情

◆一、李一氓、趙守儼、傅熹年輯古逸叢書三編影印之三十四南華眞經南宋刻本十卷，一函五冊，晉河南郭象字子玄注，中華書局，一九八八年。原本藏於國家圖書館（原名北京圖書館，一九九八年底改爲現名），亦影印於方勇總編纂子藏道家部莊子卷第四、五冊，國家圖書館出版社，二〇一一年。另有「中華再造善本」，全十冊，國家圖書館出版社，二〇〇三年；黄山書

❶ 方括號內文字，係據日本松崎慊堂舊藏室町期秘府舊鈔南華眞經注疏解經三十三卷本補，「亢倉子」作「庚桑子」。

社二〇一二年影印五冊本。本書校記所引郭象注，皆以此爲準。本書以此爲「底本」。

文獻一九八八年第一期刊登北京圖書館善本特藏部王玉良所撰宋刻本南華眞經注：「北京圖書館藏南華眞經注十卷，晉郭象撰。宋刻本，一函十冊。錦函外并套有楊氏海源閣所製木書匣，上鐫『子部　宋本南華眞經　十冊全　東郡宋存書室藏』等字樣。這是海源閣用木匣藏貯善本書的統一形式。此書框高 22.2 釐米，廣 13.9 釐米。每半葉十行，行二十五字，注文小字雙行三十字。白口，左右雙邊，紙墨精瑩，無一補版。宋諱缺筆至遘字。版心下鐫刻工姓名，計有：『俞邦、趙褒、鄧亮、吳有成、詹元、張彤、許和、餘中、宋琳、傅忠、陳祐』等。紹興十八年這批刻工曾爲荊湖北路安撫使司刻過建康實錄，由此可知此書爲南宋初年湖北地區所刻，且爲宋印本。這部書最爲可貴的是全書曾用多種現已不存的古本詳加校勘，行間眉上存有大量硃墨筆批注校點文字，非出一人之手，趙萬里先生定爲宋人手校(中國版刻圖錄)。」

此宋刻本，山東省聊城海源閣舊藏，清楊紹和楹書隅錄初編卷三記載：「宋本南華眞經十卷，十冊一函。此郭象注本，乃南宋精刊，每半葉十行，行十五字，注三十字，無前賢圖記，惟擔菴一印，不識爲誰氏舊藏。每卷用朱墨筆讎校記於上方，頗極詳審，惜未署名。然紙色蒼潤，朱墨尤古樸，當是宋雕宋印而經元、明間人契勘者也。」[1]

此書後歸周叔弢收藏，其自莊嚴堪善本書目載：「南華眞經十卷，晉郭象注，宋刻本，十册。十行十五字，小字雙行三十字，白口，左右雙邊，版心下有刻工姓名，與建康實錄多同。眉端有宋人朱墨批校。有功甫借觀、開卷一樂、宋本、汪士鍾印等印。後歸楊氏海源閣。楹書隅錄卷三著錄。見書影十四。」[2]

傅增湘（字沅叔）藏園羣書經眼錄卷十載：「南華眞經十卷，晉郭象注，宋刊本。半葉十行，行十五字，注雙行三十字，白口，左右雙闌。版心記刊工姓名，與鄂本建康實錄有同者。書眉有南宋人批。海源閣書，見于津門。」[3]

此宋刻本，有墨書眉批音義（義極少）和校勘記，朱墨眉批分章篇目（至讓王止），正文中有朱墨標出分章、句讀及表示校勘文字的記號，係據經典釋文莊子音義和陳景元南華眞經章句音義及章句餘事（分章篇目和闕誤）。然而朱墨眉批字與墨書字體不同，似朱墨眉批分章篇目者爲一人，而其餘皆另一人所爲。

[1] 清楊紹和：楹書隅錄初編，續修四庫全書，上海古籍出版社，1995 年，第 926 册，第 659 頁。
[2] 周叔弢：自莊嚴堪善本書目，冀淑英編，天津古籍出版社，1985 年，第 66 頁。
[3] 傅增湘：藏園羣書經眼錄，中華書局，1983 年，第 900 頁。

◆二、民國張元濟輯續古逸叢書本南華眞經十卷，晉河南郭象子玄注，上海涵芬樓（商務印書館），一九二二年。卷一至卷六（至樂第十八）爲南宋刊本，有唐陸德明音義。卷七（達生第十九）至卷十爲北宋刊本，無陸德明音義。簡稱「續古逸本」。

張元濟涵芬樓燼餘書錄載：「南北宋刊配合之南華眞經，則得之荊州田氏。……卷首郭象序，次目錄。前六卷，首行題書名、卷第幾，次行題郭象子玄注，陸德明音義，三行題莊子某篇篇名第幾。半葉十行，行十八字，小注雙行，行二十四字，四周雙闌，闌外有耳，記篇名。版心細黑口，書名署莊幾，雙魚尾，上記字數，然甚少。版匡高標準尺二十寸（二〇〇毫米），廣二十五寸八分（二五八毫米）。宋諱避至愼字，審其字體，可定爲南宋建陽（福建）坊刻。後四卷，首行與前六卷同，次行接莊子某篇第幾，下空二字，題郭象注，無陸德明音義。半葉十行，行十六七字，小注雙行，行二十四五字，左右雙闌。版心白口，書名署莊子幾，單魚尾，下記刻工姓名，僅有金仲、唐用、王榮、金宣、楊文、劉榮、毛仙、劉青、金青、陳中諸人。版匡視前六卷高增一寸三分（二一三毫米），廣增四寸二分（三〇〇毫米）。宋諱避至恒字，蓋爲北宋早年刊本。至刻於何地，殊難臆定。是書來自東瀛。彼國讀者以片假名雜注行間，不無疵纇。然在吾國中，從未著錄，雖有牉合，亦

物罕見珍已。」❶

◆三、靜嘉堂文庫漢籍分類目録子部道家類記載：「南華眞經注疏（莊子注疏），殘存五卷（卷一、七—一〇），晉郭象注，唐成玄英疏，宋刊。」❷此殘本五卷，缺養生主第三至至樂第十八，影印於嚴靈峰輯無求備齋老列莊三子集成補編第二十至二十一册（缺佚部分以正統道藏本補充），臺北成文出版社，一九八三年。簡稱「靜嘉堂本」。

據嚴紹璗日本藏漢籍珍本追蹤記實之八在靜嘉堂文庫訪國寶記載：「南宋寧宗年間刊本南華眞經注疏（殘本）五卷（日本重要文化財）。此本（晉）郭象注、（唐）成玄英疏南華眞經注疏，又名莊子注疏，清人編纂四庫全書時未能著録。靜嘉堂文庫所藏此書，爲中世紀時代日本金澤文庫舊藏。卷前有南華眞經疏序，第四葉係寫補，題唐西華法師成玄英撰。次有南華眞經序，第一葉係寫補，題河南郭象子玄撰。是書全十卷。此本今存卷一、卷七至卷十，存卷中有多葉寫補。卷中避宋諱，凡玄縣懸殷匡恒貞徵樹讓桓完慎郭廓等字皆缺筆。此本爲蝴蝶裝，每半葉有界八行，行十五字，注文雙行，行二十字。白口。左右雙邊（高二二六毫米，寬一六五毫米）。雙黑魚

❶ 張元濟古籍書目序跋彙編，張人鳳編，商務印書館，2003 年，第 344 頁，第 642 頁。

❷ 靜嘉堂文庫漢籍分類目録，靜嘉堂文庫編纂兼發行，日本昭和五年（1930），第 605 頁。日本河田熊編靜嘉堂祕籍志大正六年（1917）刻本未見記載南華眞經注疏。

尾，有耳格記篇名。版心記大小字數，並有刻工姓名，如方文、杜寄、陳文、呈文、藍文、李慶、李信、劉生、劉聰、劉丙、劉炳、何開、葛文、余亨、葉琪等。是書原係日本金澤文庫舊藏，後從文庫中散出，歸新見正路，後又依次歸於向山榮五郎、竹添光鴻、松方正方，最後流入靜嘉堂中。卷中有金澤文庫、賜蘆文庫、向黄邨珍藏印、寶宋閣珍賞、松方文庫、島田翰讀書記、新見旂山舊藏書、竹添井井舊藏書等印記。卷中有清光緒九年楊守敬手識文，又有清光緒十年黎庶昌手識文。此本被刻入古逸叢書時，當時尚存卷二及卷三(凡二十二葉)，今已逸失。……此本已被日本文化財審議委員會確認爲日本重要文化財。」❶

據日本澀江全善、森立之經籍訪古志記載：「南華眞經注疏十卷，宋槧本，賜蘆文庫藏。缺三至六凡四卷。首有成玄英、郭象二序，每卷首題南華眞經注疏卷第幾，莊子某篇某第幾，郭象注，唐西華法師成玄英疏。每半板八行，行十五字，注疏並雙行廿字。每注末圈子内大書『疏』字以界。注文界長七寸五分，幅五寸五分。板心上方雙行記大小字數，下記剞劂姓氏。格外標題篇名，字畫端正，宋槧之佳者。此本裝爲粘葉，卷首有金澤文庫火前印。按是書通行坊本，訛謬甚多，澀江抽齋曾從道藏中所收本校訂之，後更得此本校過，文字異同，正與道藏本符，知藏本

❶ 嚴紹璗：日本藏漢籍珍本追蹤記實，上海古籍出版社，2005年，第301頁。

亦原宋本，則此本之缺，當以藏本補錄也。」❶

日本島田翰漢籍善本考亦有相關記載：「宋槧本十卷，今所存十之六。……郭序序首至『蹈其大』，成序『匠成』以下，及卷一卷首至『疏爾雅』二張，並係補鈔，蓋亦依宋本影錄者。」❷

此四葉文字有鈔誤：「海運則將徙南」，「徙南」當作「徙於南」；「南冥者天地也」，「地」當作「池」。需要說明的是，此本除了補鈔外，似有刓改，如田子方第二十一「吾遊心於物之初」，「心」字似爲刓改而補，字間距較周圍文字緊密；達生第十九「用志不分，乃疑於神」，「疑」字顯爲刓去「凝」之二點而得。

另外需要說明的是，經過細緻對校發現，靜嘉堂本南華眞經注疏與道藏本南華眞經注疏似同出一源，兩本文字基本一致，但靜嘉堂本文字譌誤之處，道藏本多不誤，則道藏本又顯然優於靜嘉堂本。故本書校記所引成玄英疏，皆據正統道藏洞神部玉訣類南華眞經注疏三十五卷，郭象注，成玄英疏，道藏第十六冊，文物出版社、上海書店、天津古籍出版社，一九八八年，稱「道藏本」；參校日本室町舊鈔本。

❶ 澀江全善、森立之：經籍訪古志，日本嘉永五年（1852）撰，清光緒十一年徐承祖聚珍排印本，影印於賈貴榮輯日本藏漢籍善本書志書目集成第一冊，北京圖書館出版社，2003年，第339頁。

❷ 島田翰：漢籍善本考，北京圖書館出版社影印，2002年，第229頁。

今流傳於世的南華眞經注疏，尚有日本宫内廳書陵部收藏松崎慊堂舊藏室町期秘府舊鈔本南華眞經注疏解經三十三卷（簡稱「室町舊鈔本」。若得此本相校，成玄英疏文本當能臻於完善）、足利學校藏室町鈔本（案：闕十三篇）、萬治四年（1661）京都中野小左衛門板行的莊子註疏三十三卷本（簡稱「萬治坊刻本」。案：此三種版本當有淵源關係）。

◆四、南宋安仁趙諫議宅刊本南華眞經十卷，晉河南郭象字子玄注，臺北傅斯年圖書館藏，影印於嚴靈峰輯無求備齋老列莊三子集成補編第十八至第十九册，臺北成文出版社，一九八三年。參考民國張元濟輯四部叢刊影印明世德堂本南華眞經之附錄莊子札記，上海商務印書館，一九二二年；王叔岷南宋蜀本南華眞經校記，歷史語言研究所集刊第二十本，一九四八年。此本於郭象注後附有黑底白字，標注其音，並極少量的義及校勘記，似據經典釋文而有靈活的變通。簡稱「趙諫議本」。

莊子札記云：「辛壬間（謂辛亥壬子）滬（上海）市出宋刻莊子，卷末有二行云：『安仁趙諫議宅［刊行］一樣□子』，『樣』字下一字爲人挖去。續墨客揮犀七木饅頭『大中祥符年一樣造五十隻』。❶以此例之，挖去者必爲數目字矣。趙氏所刻蓋不止莊子。玄弘殷敬竟鏡匡徵讓完構遘等字皆爲字不

❶ 續墨客揮犀卷七木饅頭：「木饅頭，或謂嶺外諸州刻木作饅頭狀，底刻字云：大中祥符年一樣造五十隻。」涵芬樓祕笈第一集，商務印書館，1921 年。

成，知是南宋重開北宋本。所見莊子，要以此爲古矣。引陸氏釋文頗略，大抵録音不録義，如「逍遥遊」，祇云「逍音消，遥音摇」。北宋人刻古書，音義輒附卷後，不應莊子音義散入注下，疑南宋人所爲，趙氏原刻不爾也。趙本每葉十八行，行十五字，注倍之。予既借校於世德堂本上，又手摹一葉與繆藝風（荃孫）先生，今刻入書影者是也。❶後見雍正中沈寶硯校本，「一樣」下亦闕一字，蓋所見即此本矣。叢刊中以世德堂本影印，復録趙本異同如左。壬戌十月留菴居士孫毓修。」

張元濟涵芬樓燼餘書録載：「［南華眞經十卷］又一部，明顧氏世德堂刊本，四册，沈寶硯校，葉文莊舊藏。沈寶硯據宋趙安仁刊本精校。全書均加句讀，脱文譌字一一以朱筆補正，即點畫偶殊，亦摹蓋於本字之上。卷末原有『安仁趙諫議宅刊行一樣□子』印記，此並臨寫於後。按趙本每半葉十行，每行十五字，小注倍之。猶憶民國初年，有人以趙刻原本求售，云：革命軍攻下江寧，盡掠舊家某氏所藏善本，軍中有好古者從而得之，是爲羣書之一，展轉入市，索值甚昂，正欲諧價，忽又收去，從此不可復見。想此書猶在人間，甚望其子孫世守也。雍正庚戌四月廿有五日校畢此册。巖記。在卷三末。雍正庚戌五月，得宋本校過。時館城西王氏清蔭堂學徒敘撰，適從書賈收元版纂圖互注南華經五册，有吾師直夫圖記，不知何年散出也。在卷六末。聖

❶ 書影，全稱爲宋元書景，非指上海有正書局四册本宋元書影（别名宋元書式）。參見日本稻畑耕一郎撰宋元書景考，中國典籍與文化，2010 年第 4 期。

清雍正庚戌夏五月望後一日，宋本校對訖。吳門寶硯居士沈巖記。安仁趙氏本覆校一過。在卷十末。」❶

王文進（字晉卿）文祿堂訪書記載：「南華眞經十卷，晉郭象注，宋蜀刻大字本。半葉九行，行十五字，注雙行三十字，白口，板心刊莊幾，下記刊工姓名，程小六，陳小八，張四，張八，小玆，毋成，李上，李珍，趙順，小八，小四，鄧，趙，程，彥，亮，上，三，謝。注後音義與陸氏釋文不同，極簡略。首郭序，卷末刊『安仁趙諫議宅刊行一樣□子』，二行。宋諱避至愼字。計三百十九葉。補鈔卷三第三葉（大宗師『且有眞人而後有眞知』至『不以人助天是之謂眞人』），卷九第十四至十七葉（讓王『之事之以皮帛而不受』至『豈可以貪爵祿而使』）。有半哭半笑樓印。」❷

南陵徐乃昌壬午五月夏至日所作文祿堂訪書記序中說：「辛巳（1941）夏，申江（上海）訪得宋蜀刊南華眞經。其子部書籍世向認無蜀本，竟於無意中得之，如獲奇珍，雖費巨金，毫不吝惜，惟期有所供獻於藝林者。其篤學好古，一至於斯，若較諸錢聽默，當復過之。」

傅增湘一九四二年給張元濟的信中說：「歲暮，文祿王賈持趙諫議本莊子十冊來，此三十年前所求一見而不可得者。此事公當憶及之。及發函展視，乃知爲蜀刻，藝風當日未曾辨出。侍以

❶ 張元濟古籍書目序跋彙編，張人鳳編，商務印書館，2003 年，第 643 頁。
❷ 王文進：文祿堂訪書記，柳向春標點，上海古籍出版社，2007 年，第 235 頁。

蜀本罕見，此莊子尤海內孤本，竟以極高之價收之。公聞之，當爲我喜。其價大駭物聽，計當割一莊矣。新正無事，撰成題記千餘言，更題詩十首，俟録以奉政。記館中曾收得沈寶硯手校本，侍臨過一卷，今得原書詳覈，知沈氏當日據校者正是此書，可知自清初流傳至今，只有此帙。惜藏印全行刓滅，其傳世端緒無可考耳。沈氏校本計必尚存，查爈餘目所載有小跋二段，未知此外尚有其他文字可考見否？公清暇或爲我檢視，至感。……年侍生傅增湘拜啓。[壬午]正月廿五日頤和園。」❶

傅增湘藏園羣書題記卷十宋蜀刻安仁趙諫議本南華眞經注跋：「此南宋初蜀中刊本，半葉九行，行十五字，注雙行三十字，白口，左右雙闌，版心魚尾下記莊一莊二等字。每卷標題後，次行頂格標篇名，三行低七格題郭象注，注後附音釋，極簡，似取陸氏釋文而節略之，所音之字別以白文。宋諱玄弘殷讓敬匡貞完構慎，皆爲字不成，是孝宗時所梓。版心刊工姓名多殘損，可辨者有冊成、張小四、張小八、程小六、李珍、趙順、李上、小玆諸人，又開、楊、鄧、彦、亮等一字。末卷有牌子二行，文曰：『安仁趙諫議宅刊行一樣□子』，『子』上一字刓去，孫毓修云『當爲數目字』，如四子六子之類，其説近是。按莊子郭象注宋本見於著録者，天禄前編有南宋巾箱

❶ 張元濟傅增湘論書尺牘，商務印書館，1983 年，第 383 頁。

本，述古堂有宋本，士禮居有南宋本，皆已散佚無存。涵芬樓有北宋本四卷，南宋本六卷，已刊入續古逸叢書，海源閣有南宋精刊本，今歸周叔弢，日本靜嘉堂有八行大字本，殘存五卷。此外多爲纂圖互注本，出於閩中坊刻，不足貴也。至蜀刻本，古今藏目均未見著錄。辛亥冬，余以南北議和，留滯上海，曾見沈寶硯巖手校宋本，所據爲安仁趙諫議本，嗣歸於涵芬樓，余假出臨校於世德堂本，未得終卷而罷。然緣此知莊子自世傳數本外，又有趙諫議本矣。壬子春，聞有宋刻莊子出於滬肆，亟訪藝風老人詢之，云正是趙諫議本，以倉卒寓目，祇影寫首葉存之，即後印入宋元書影者是也。余遣人四索，渺然無蹤，悵惘彌日。後乃知此書出秣陵張幼樵家，以兵亂散出。幼樵之書多得之外舅朱子清宗丞，宗丞久官京、曹，日遊廠肆，怡府藏書散出時，多獲古本祕籍，此或即其中之一鱗耶？旋聞此書歸於秦中某君，嚴扃深鎖，祕不示人。近歲主人遠遊，筦鑰偶疏，流出坊肆，爲文禄堂王晉卿所得，遍走南方豪商貴仕之門，咸未得當，乃攜之北還，迫及歲除，囊書相示，披函展玩，心目爲開。觀其字體堅勁，鐫工樸厚，望而辨爲蜀刻。然此書歷經沈寶硯之手勘，繆藝風之影摹，皆親見原本，而未嘗述及，可知鑑別之未易言也。余自丁丑以來，意興牢落，久無訪古搜奇之念，今忽覩異書，不免怦怦心動。……今是書卷帙完善，楮墨精良，既爲人士必讀之編，更屬生平未見之本，傾城傾國，絶代未易再逢，楚弓楚得，情誼何容恝置？明知舉之將力窮於絶臏，設使縱之必悔失於交臂，審慮徘徊，情難自已，遂毅然舉債收之，視唐人所謂『十金易一字，百金易一編』者，殆有過焉。昔劉彦和云：『王充翫揚子雲之篇，樂於居千石之官；挾桓君山之書，富於積猗頓之財。』余於此書，雖負割莊之累，而忽增鎮庫之珍，亦可以藉此解嘲矣。……至卷尾木記所題『安仁趙諫議』者，頗難考證。繆藝風謂爲北宋趙文定安仁所刊，未爲審確。安仁乃文定之名，以人名列於官資之上，文字中向無此例。余考之地志，安仁爲臨邛郡屬縣名，即今之大邑也。惟趙諫議爲何人，苦無明證。……惟此書以異本孤行，古今簿録未見標稱，各卷鈐章概經刓滅，以致流傳端緒渺無可徵，略可援據者惟沈寶硯校本一事。檢沈氏原本，署『雍正八年庚戌夏五月望後一日宋本校對訖』，第不詳宋本得之何人，其録卷末木記『一樣』下亦空一字，是沈氏所見亦即此本。以此推之，數百年來傳世者祇存此帙，非更有二本也。……是［書］雖刊於南渡，而其源仍出北宋善本，較閩中刻本及纂圖互注坊本，大有霄壤之判矣。竢筆墨少閒，當詳勘一通，撰爲校記，庶與孫君臨本互相參證，或可補其闕遺也。歲在壬午暮春，江安（屬四川省）傅增湘識於抱蜀廬。又按：孫君毓修曾據沈寶硯校本録其異同，爲校記一卷，附於世德堂本後，訂正殆數百事。」❶

王叔岷校記説：「蜀本南華眞經十卷，南宋初刊本也。半葉九行，行十五字，注雙行，行三十

---

❶ 傅增湘：藏園羣書題記，上海古籍出版社，1989 年，第 512–515 頁。趙諫議本卷十末有傅增湘手識此跋全文，文字略有不同。

字。卷末有牌子二行云：「安仁趙諫議宅一樣□子」。（案：原文「宅」作「宇」，徑改。）「子」上挖去一字，乃江安傅沅叔先生舊藏，三十六年夏，歸中央研究院歷史語言研究所。宋諱玄弘殷匡貞構愼，皆爲字不成。沅叔先生跋語，斷爲孝宗時所梓，是也。惟謂「讓敬完三字亦並爲字不成」，則失檢。全書三字無一缺筆者。字體古勁，閱之驩然。所惜者，卷九讓王篇缺十四至十七四葉，不知何人鈔世德堂本以補之，最爲無識。沅叔先生謂「是書卷帙完善」，蓋未詳加翻檢耳。孫毓修所校趙諫議本，此四葉未脫，觀其校記可知；惟所見是否卽此本，未敢輕斷，因其字句間亦稍有出入。如此本德充符篇「氾若而辭」，孫氏謂趙本無「而」字；在宥篇「僊僊乎歸矣」，孫氏謂趙本「僊」作「仙」；天地篇「而南望還歸」，孫氏謂趙本「還」作「旋」；天運篇「又奚傑然若負建鼓而求亡子者邪」，孫氏謂趙本「傑」下重一「傑」字；山木篇「是以免於患」，孫氏謂趙本「患」作「意」；庚桑楚篇「簡髮而櫛」，孫氏謂趙本「櫛」作「楖」；讓王篇「顏回釋菜」，孫氏謂趙本「釋」作「檡」；列御寇篇「萬物爲齎送」，孫氏謂趙本「齎」作「賫」：皆與此本異。孫氏所校，恐有脫略。兹據續古逸叢書影宋刊本詳加比勘，撰爲校記。卷七以下，大都與北宋本合，沅叔先生謂：「是書雖刊於南渡，而其源仍出北宋善本」，是也。」

由上述文獻可知，張元濟輯四部叢刊之所以影印明世德堂本南華眞經，而不影印更爲罕見珍貴的南宋蜀刻趙諫議本，僅附錄孫毓修所撰此兩種版本之校勘記莊子札記，是因爲張元濟和孫毓修僅見過此宋刻趙諫議本，根本無緣得到，他們得到的是經清沈寶硯（沈巖）據宋刻趙諫議本用朱筆精心校改過的明世德堂刊本南華眞經；莊子札記係孫毓修鈔録沈寶硯校改的文字而成；繆藝風親見趙諫議本，但「以倉卒寓目，祇影寫首葉存之」而已，影摹首葉的是繆藝風，而非孫毓修。沈寶硯所見宋刻安仁趙氏本即是今趙諫議本。然莊子札記中尚有一些文字與今趙諫議本不同，蓋係沈寶硯據趙本校對之先，已用别本校勘過，觀其所留跋語可知。

◆五、李德範輯敦煌道藏，中華全國圖書館文獻縮微複製中心，一九九九年；英藏敦煌文獻，四川人民出版社，一九九〇年；法國國家圖書館藏敦煌西域文獻，上海古籍出版社，一九九五年；俄藏敦煌文獻，上海古籍出版社，一九九二年；日本寺岡龍含敦煌本郭象注南華眞經輯影，福井漢文學會，一九六〇年；敦煌秘笈第一册，杏雨書屋編，大阪：武田科學振興財團，二〇〇九年。參考寺岡龍含敦煌本郭象注莊子南華眞經校勘記，福井漢文學會，一九六一年。

清光緒二十六年（1900），道士王圓籙在甘肅省敦煌莫高窟發現藏經洞。由於種種原因，大量藏經隨著英籍匈牙利人斯坦因（Mark Aurel Stein）和法國漢學家伯希和（Paul Pelliot）等而流傳到海外，形成了「敦煌學」。敦煌藏經洞出土的莊子或南華眞經殘卷爲：

逍遥遊品第一（P3204），殘篇一章。法國巴黎國家圖書館藏。起「故夫智効一官」，至「彼且惡乎待哉」止。不諱世字。

大宗師品第六（P2563），殘篇一章。法國巴黎國家圖書館藏。起「我乘成以隨先生耶」，至「得也。然」止，末尾上右三行文字有殘缺。不諱世字。

胠篋品第十（S.796），殘篇一章。英國倫敦大英博物館藏。起「毀絕鈎繩」，至「啍啍已乱天下矣」止。不諱世民治字。

天道品第十三（S.1603），殘篇二章。英國倫敦大英博物館藏。起「吾服也恒服也」，至「古人之糟魄也已矣」止。不諱世顯字。

南華眞經天運品第十四，完篇六章。日本東京書道博物館藏。敦煌道藏未收録。虎柄民隆字缺筆，世治顯字不缺筆。

南華眞經刻意品第十五（P2508A），完篇一章。法國巴黎國家圖書館藏。世字缺筆。

南華眞經達生品第十九（S.615），尾缺殘篇十三章。英國倫敦大英博物館藏。起「達生之情者」，至「則平陸而已矣」止，末尾文字有殘缺。虎淵民世字缺筆。

山木品第廿（P2531），首缺殘篇九章。法國巴黎國家圖書館藏。起「夜行晝居，戒也」，至「安往而不愛哉」止，前部文字微有殘缺。虎淵民字缺筆，恒字不缺筆。

南華眞經田子方品第廿一（BD.14634），前部殘篇三章，羅振玉舊藏，現藏國家圖書館。起「田子方侍坐」，至「貴在於我而不失於變」止，四處文字微有殘缺。虎淵民字缺筆。(P3789) 後部殘篇五章，法國巴黎國家圖書館藏，起「史後至者，儃儃然不趍，受揖不立」，至「而楚未始存也」止。無缺筆字。

南華眞經知北遊品第廿二，完篇九章。日本東京書道博物館藏。敦煌道藏未收錄。世字缺筆。

徐无鬼品第廿四 (P2508B)，殘篇四章。法國巴黎國家圖書館藏。起「行。殆乎，非我與吾子之罪，幾天（下殘缺）吾是以泣也」，至「是尚大不惑也」止。世民字缺筆。

外物品第廿六 (S.77)，前部殘篇，英國倫敦大英博物館藏，起「蝀蜳不得成」，至「與其譽堯而非桀，不如」止。正好下接 (P2688) 後部殘篇，法國巴黎國家圖書館藏，起「兩忘而閉其所譽」，至「雖然，若是者」止。共五章。虎淵世民字缺筆。

讓王品第廿八 (P4988)，殘篇三章。法國巴黎國家圖書館藏。起「亶父可謂能尊」，下左殘缺一角，至「餘事」止，末頁殘缺處正好可與日本杏雨書屋藏殘篇（羽 019R"0208）完整拼合，至「子其爲我延之以三旌之位。屠羊説」止，三章。後一殘篇敦煌道藏未收錄。寺岡龍含皆未校勘。世字缺筆。

漁父品第卅一 (Дx00178R)，殘篇一章。俄羅斯科學院東方研究所聖彼得堡分所藏。起「(上殘缺）動於外，是所（下殘缺），其用於人理也」，至「言拜而應，得無大甚乎」止。敦煌道藏未收錄。寺岡龍含未校勘。世字缺筆。

以上凡十四篇，除標明南華眞經的五篇外，其餘各篇皆未見篇名，係據內容添加；各篇分章，皆另起一行書寫。郭象注。簡稱「敦煌本」。

另有（S.3395V）二頁，見英藏敦煌文獻第五冊第七十六頁，字體模糊，經仔細辨認，依次實含徐无鬼第二十四、庚桑楚第二十三、知北遊第二十二、田子方第二十一四篇文字。無缺筆字。簡稱「英藏敦煌本」。

敦煌道藏第一五三一頁至一五四一頁收錄（P2495）莊子內篇第一逍遥遊至莊子外篇第十五刻意，無第五德充符（第四篇末緊接第六篇），但刻意僅一行，次行卽爲秋水內容，與前混合無間，凡十五篇。首頁上接列子末篇後，另起一行寫：「莊子三袟，合卅三卷，郭子玄注」，次行書：「莊子內篇第一，逍遥遊，七卷」，末尾至「吾跳梁井幹，入休缺岸，赴水則」止。世民治字缺筆，虎字不缺筆。內容似屬雜記或記憶默寫的片段。因不無校勘價值，故亦酌情收錄，簡稱「敦煌寫本」。

敦煌道藏第一五九〇頁至一五九三頁收錄（P3602）駢拇第八（前缺，未見篇名）至在宥第十一（後缺）凡四篇的音義，非陸德明之經典釋文。另外，（P4058）收錄有天下第三十三的音義，自「雞三足」至「鏃矢之」止，似爲陸德明之經典釋文，然有差異。稱「敦煌音義」。

以上凡標明（P）者，高清彩圖皆可於法國國家圖書館網站（http://gallica.bnf.fr/）搜索相應編號查閱。另外，凡 S. PBD. 均可於國際敦煌項目網站（http://idPnlc.cn/）查閱。

◆六、日本高山寺藏莊子古鈔本七卷七篇，晉郭象注，日本昭和七年（1932），東方文化學院影印本，又影印於嚴靈峰輯無求備齋老列莊三子集成補編第五十四冊，臺北成文出版社，一九八三年。參考日本狩野直喜舊鈔卷子本莊子殘卷校勘記，東方文化學院排印本，昭和七年；王叔岷跋日本高山寺舊鈔卷子本莊子殘卷，歷史語言研究所集刊第二十二本，一九五〇年。京都高尾高山寺所藏舊鈔卷子本莊子郭象注，現存：莊子雜篇庚桑第廿三，莊子雜篇外物第廿六，莊子雜篇寓言第廿七，莊子雜篇讓王第廿八，莊子雜篇說劒第卅，莊子雜篇漁父第卅一，莊子雜篇天下第卅三，凡七篇。此古鈔本曾經後人塗改、補筆、補字，今衹校原本；若原本有明顯闕誤或義不可通者，則酌情出校記。簡稱「高山寺本」。

日本澀江全善、森立之經籍訪古志記載：「［莊子零本］又，舊鈔卷子本，石山寺藏，現存十五卷。每卷首題莊子某篇某第幾，郭象注，體式一與前本同。界長七寸六分，幅七八分，每行十六七字，注雙行。每卷行款字體小異，褾背有弘世押字家本等字。是本，往歲小島學古入京時展閱一過，後得傳錄雜篇庚桑楚第廿三、外物第廿六、寓言第廿七凡三卷，餘卷未見。按以上二本，皆就李唐舊本傳錄者，文字異同，校之今本，當據以校訂其誤者不尠，間或與陸氏所依本合。如『庚桑第廿三』，無『楚』字，『吾洒然異之』，『灑』作『洒』，『天道已行矣』，『大』作『天』之類是也。又按，是書卷數，隋志稱『三十卷，目一卷』，梁七錄『三十三卷』，釋文序錄『三十三卷三十三篇』，現在書目『三十三卷』，舊新唐志『十卷』。今此本一篇爲一卷，與七錄已下所稱合，蓋卽古本之舊裁也。其爲十卷者，宋代人併合，實非郭氏之舊。」❶

楊守敬日本訪書志卷七亦記載說：「莊子郭注殘本三卷，古鈔卷子本。……余此三卷，卽小島學古所傳錄之本也。界長七寸六分，幅七八分，每行十六七字不等，注雙行。此卷字體細瘦，相其筆意，當在七八百年間，而其根源則在六朝。」

王叔岷跋日本高山寺舊鈔卷子本莊子殘卷謂：「鈔本來源甚早，鈔者無識，每據後出之本妄加改竄，原本之眞遂失矣。此極當留意者。……鈔本中已有成疏竄入，如漁父篇：『孔子愀然自踈也曰：請問何謂眞也？』『自踈也』三字，乃成疏竄入正文者。其鈔寫年代，不可塙考，惟其來源，尚略可探索。檢陸德明釋文所引宋南朝之劉宋元嘉本，常與鈔本暗合……可證鈔本卽從元嘉本出。惟當留意原本，若爲改竄處所欺，則其來源不可探索矣。……唐寫本（卽敦煌本）與鈔本

❶ 澀江全善、森立之：經籍訪古志，影印於日本藏漢籍善本書志書目集成第一冊，北京圖書館出版社，2003年，第337頁。

最爲接近，然亦非卽同一來源，因其中尚有不同之處也。」

狩野直喜舊鈔卷子本莊子殘卷校勘記序謂：「欄上行間及褾背，摘記釋文莊子音義、成玄英疏。每卷字體小異。考鈔寫年代，疑在鎌倉初期矣。……至天下篇末子玄後語，略見釋文敍錄，宋以後刻本所無，卽此一事，足稱驚人祕笈。」

郭象後語全文如下：夫學者尚（當）以成性易知爲德，不以能政（攻）異端爲貴也。然莊子閎才命世，誠多英文偉詞，正言若反，故一曲之士，不能暢其弘旨，而妄竄奇說。若閼亦（弈）、意脩之首，尾（危）言、遊易（鳧）、子胥之篇，凡諸巧雜，若此之類，十分有三，或牵之令近，或迂之令誕，或似山海經，或似［占］夢書，或出淮南，或辯形名，而參之高韻，龍蛇並御，且辭（辭）氣鄙背，竟無深澳（奥），而徒難知，以因（困）後蒙，令沈滯失乎流，豈所求莊子之意哉？故皆略而不存。令（今）唯哉（裁）取其長達致全乎大體者，爲卅三篇者（焉）。太史公曰：莊子者，名周，守（宋）蒙縣人也，曾爲漆園史（吏），與魏惠［王］、齊［宣］王、楚威王同時者也。

狩野直喜謂：「右二百二字，乃郭象後語，自述其刊芟莊子，輯爲三十三篇之意也。……但鈔本此文訛奪百出，夐過於他文，殆不解其故。或釋文出字至篇末注語而止，不及此文，是以唐時卷帙雖有之，讀者多不留意，傳寫之際亦致多誤，而至宋刊出，則併全文而佚之歟？今幸有此書以傳舊本體裁，又藉明敍錄所本，則其可寶貴何如也！」

王叔岷謂：「武內義雄謂此二百二字爲郭象附於書末目錄之序，狩野直喜謂此二百二字爲郭象後語，自述其刊芟莊子輯爲三十三篇之意也，岷謂此二百二字，措辭草率，不似一完整之序，當是郭象注莊子畢，偶記於篇末者。」

◆七、黄華珍編校日藏宋本莊子音義，唐國子博士兼太子中允贈齊州刺史吳縣開國男陸德明撰，上海古籍出版社，一九九六年。參校北京圖書館（國家圖書館）藏宋元遞修本經典釋文，上海古籍出版社，一九八五年；續古逸叢書本南華眞經第一至第十八篇之南宋本莊子音義；國家圖書館藏南宋末建刻分章標題南華眞經十卷本之莊子音義。參校經典釋文清刻本三種：通志堂本，清徐乾學、納蘭性德校刊，四部叢刊影印本，上海商務印書館，一九二二年；抱經堂叢書本，清盧文弨校刊，叢書集成初編影印本，商務印書館，一九三六年；文淵閣四庫全書本，臺灣商務印書館，一九八六年。參考清盧文弨經典釋文考證，抱經堂本附錄；黄焯經典釋文彙校，中華書局，一九八〇年；宋陳景元南華眞經章句音義；黄華珍莊子音義研究，中華書局，一九九九年。今全錄經典釋文莊子音義的校勘記，及具有校勘價值的文字，視校勘需要收錄相關音義。稱「釋文」。

黄華珍在莊子音義研究中說：「僅就目前所知，我國北京圖書館所藏宋元遞修本經典釋文是存世至今的足本的最早刻本，而其中收錄的莊子音義（以下稱北圖本）以及日本奈良天理大學圖書館所藏宋刻本莊子音義（以下稱天理本）則是已知所在的兩種貴重古本。」

關於北圖本，黄華珍説：「收有北圖本的宋元遞修本經典釋文原藏清宫，辛亥革命後流出内府。卷一至卷六爲北京琉璃廠藻玉堂書店所得，並于一九四六年售給北京圖書館，其餘二十四卷也于一九四九年以後成爲北京圖書館的珍貴藏本。經過一番曲折，險遭没頂之災的稀世古籍纔得以重見天日。一九八〇年和一九八五年，上海古籍出版社曾分别以綫装本和縮印本的形式影印出版。……原本全書共三十卷，二十七册。原版版框高二〇五毫米，寬一五一毫米。全書共八百六十葉，其中莊子音義三卷，共九十三葉，每半葉十一行，每行十六字或十七字，注文小字雙行，每行二十二或二十三字。白口，左右雙邊，單魚尾。版心刻有莊子音義上（中、下），下方刻有刻工姓名。刻工名大體可分爲三個時期，即南宋初期、南宋中期及元代，因此可以明確判斷該書是（南）宋元遞修本。莊子音義部分可見南宋初期優秀刻工陳明仲、張謹、孫勉、徐政、徐杲、毛諒、陳錫、徐茂等人的姓名。從没有發現其他兩個時期（南宋中期及元代）刻工名的實際情況來判斷，莊子音義部分當屬比較完整的南宋初期刻本。」

關於天理本，黄華珍説：「天理本，據説是二戰以後不久，日本奈良天理大學圖書館從京都彙文堂廉價購進的，一九八二年曾影印出版（古文尚書、莊子音義，天理大學出版部）。該書卷首首行刻有經典釋文卷第（墨釘），第二行刻有莊子音義上（中、下），上篇和下篇卷後刻有經典釋文卷二十六(二十七),中篇卷後刻有經典釋文卷第(墨釘),由此可知該書是從經典釋文三十卷本抽出刊印的。原版框高二三〇毫米,寬一六〇毫米。每半葉八行十五字,注文小字雙行,每行二十字。有界,白口,左右雙邊,雙魚尾。版心正中刻有莊釋(莊或釋)上(中、下),上部刻有字數,下部刻有吴元、杜奇、李信、葛文、劉生、劉聰、藍文等刻工姓名。宋諱至愼。卷末附有魏峴的以下跋文:『漆園吏書,環偉諔詭,河南氏以爲知本,獨訓注增衍虛譚。余少時嘗得元英師疏,其解釋明白,不穿鑿,不艱深,讀之易曉。長落宦海,書失之久,楚游,復得於士友,開卷瞭然,如見故人,亟鋟諸梓,以廣其傳云。彊圉大困獻(丁亥)中和節壽春魏峴。』

黄華珍總結説:「根據兩書都諱至愼字的事實以及出現的刻工姓名,可以確認北圖本和天理本同是南宋刻本。北圖本係南宋初期杭州刻本,曾先後于南宋中葉和元代進行過補版,根據所蓋朱印還可考知該書原藏于元、明、清三朝宫中。至于天理本,長澤先生在引用魏峴跋文後曾作了如下敘述:『據此丁亥魏峴的跋文中記載,其年少時曾喜愛南華眞經注疏的解釋易懂,因久爲官宦,書終遺失,不久前在友人處重見此書,故喜而上梓,那麼這本莊子音義是南華眞經注疏(現藏于靜嘉堂文庫)的附刻本。跋文年號丁亥有孝宗乾道三年和理宗寶慶三年(1227),因注疏本缺筆至郭廓,故不得不取後者。音義中雖缺愼不缺惇郭鶉,但這不成爲問題。既然愼又缺又不缺,其他諱字亦然。』」

陸德明經典釋文序錄註解傳述人：莊子者，姓莊，名周，太史公云：字子休。梁國蒙縣人也。六國時，爲梁漆園吏，與魏惠王、齊宣王、楚威王同時。李頤云：與齊愍王同時。齊、楚嘗聘以爲相，不應。時人皆尚遊說，莊生獨高尚其事，優遊自得，依老氏之旨，著書十餘万言，❶以逍遙自然無爲齊物而已，大抵皆寓言，歸之於理，不可案文責也。然莊生宏才命世，辭趣華深，正言若反，故莫能暢其弘致，後人增足，漸失其眞，故郭子玄云：「一曲之才，妄竄奇說，若閼弈、意脩之首，危言、游鳧、子胥之篇，凡諸巧雜，十分有三。」漢書藝文志「莊子五十二篇」，卽司馬彪、孟氏所注是也。言多詭誕，或似山海經，或類占夢書，故注者以意去取。其內篇，眾家竝同，自餘或有外而無雜。唯子玄所注，特會莊生之旨，故爲世所貴。徐仙民、李弘範作音，皆依郭本，以郭爲主。崔譔注，十卷，二十七篇：清河人，晉議郎；內篇七，外篇二十。向秀注，二十卷，二十六篇：一作二十七篇，一作二十八篇，亦無雜篇；爲音三卷。司馬彪注，二十一卷，五十二篇：字紹統，河內人，晉祕書監；內篇七，外篇二十八，雜篇十四，解說三；爲音三卷。郭象注，三十三卷，三十三篇：字子玄，河內人，晉大傅主簿；內篇七，外篇十五，雜篇十一；爲音三卷。李頤集解，三十卷，三十篇：字

❶【万言】清刻本「万」作「萬」。東漢許愼說文解字：「𥜻萬，蟲也。」清段玉裁注：「謂蟲名也。叚借爲十千數名，而十千無正字，遂久叚不歸，學者昧其本義矣。唐人十千作万，故廣韻万與萬別。」唐張參五經文字：「萬，蟲也，象形。今以爲十千之萬。」

景眞，潁川襄城人，晉丞相參軍，自號玄道子；一作三十五篇；爲音一卷。孟氏注，十八卷，五十二篇：不詳何人。王叔之義疏，三卷：字穆□，琅邪人，宋處士；亦作注。李軌音，一卷。徐邈音，三卷。

經典釋文序録條例：唯孝經童蒙始學，老子衆本多乖，是以二書特紀全句。……至於莊子，❶讀學者稀，故于此書，微爲詳悉。……文字音訓，今古不同。前儒作音，多不依注，注者自讀，亦未兼通。今之所撰，微加斟酌。若典籍常用，會理合時，便即遵承，標之於首。其音堪互用，義可竝行，或字有多音，衆家別讀，苟有所取，靡不畢書，各題氏姓，以相甄識。義乖於經，亦不悉記。其或音、一音者，蓋出於淺近，示傳聞見，覽者察其哀焉。❷然古人音書，止爲譬況之說，孫炎始爲反語，魏朝以降漸繁，世變人移，音訛字替。如徐仙民反「易」爲「神石」，郭景純反「餤」爲「羽鹽」，劉昌宗用「承音乘」，許叔重讀「皿」爲「猛」，若斯之儔，今亦存之音內，既不敢遺舊，且欲俟之來哲。書音之用，本示童蒙，前儒或用假借字爲音，更令學者疑昧。余今所撰，務從易識，援引衆訓，讀者但取其意義，亦不全寫舊文。典籍之文，雖夫子刪定，子思讀詩，師資已別，而況其餘乎？鄭康成云：「其始書之也，倉卒無其字，或以音類比方假借爲之，趣於近之而已，受之者非一邦之人，人用其鄉同言異字，同字異言於兹遂生矣。」戰國交爭，儒術用息，秦

❶【至於莊子】　宋元遞修本及清刻本「莊子」皆作「莊老」，據上下文義改。

❷【察其哀焉】　通志堂本同，抱經堂本四庫本「哀」作「衷」。

皇滅學，加以坑焚，先聖之風埽地盡矣。漢興，改秦之弊，廣收篇籍，孝武之後，經術大隆，然承秦焚書，口相傳授，一經之學，數家競爽，章句既異，踳駮非一。……班固云：「後世經傳既已乖離，傳學者又不思多聞闕疑之義，而務碎義逃難，便詞巧說，安其所習，毁所不見，終以自弊，此學者之大患也。」誠哉是言！余既撰音，須定紕謬。若兩本俱用，二理兼通，今竝出之，以明同異。其涇渭相亂，朱紫可分，亦悉書之，隨加刊正。復有他經别本，詞反義乖，而又存之者，示博異聞耳。經藉文字相承已久，❶至如悅字作說，閑字爲閒，智但作知，汝止爲女，若此之類，今竝依舊音之。然音書之體，本在假借，或經中過多，或尋文易了，則翻音正字以辯借音，各於經内求之，自然可見。其兩音之者，恐人惑故也。……今皆依舊爲音，其字有别體，則見之音内，然亦兼采說文、字詁，以示同異者也。

◆八、宋碧虚子陳景元南華眞經章句音義十四卷，南華眞經章句餘事(内含分章篇目和闕誤)一卷，明正統道藏洞神部玉訣類習字號及聽字號上，見道藏第十五册，文物出版社、上海書店、天津古籍出版社，一九八八年。參校清錢熙祚校梓守山閣刻本；明焦竑莊子翼(明萬曆戊子年刻本)附錄莊子闕誤，清蔣氏愼脩書屋校印金陵叢書本，文淵閣四庫全書本。參考明楊

……………………

❶【相承已久】宋元遞修本「久」作「又」，據清刻本改。

愼莊子闕誤，焦竑編、顧起元校升庵外集明刊本，影印於嚴靈峰輯無求備齋莊子集成續編第三冊，臺北藝文印書館，一九七四年。南華眞經章句音義今祇取其中的校勘記和句讀，簡稱「章句音義」。

陳景元南華眞經章句音義敘曰：「書成，嘗數其正經，得六萬五千九百二十三言，合馬遷之所記，十亡其四矣。復將中太一宫寶文統錄内有莊子數本及笈中手鈔諸家同異，校得國子監景德四年(1007)印本不同共三百四十九字，仍按所出，別疏闕誤一卷，以辯疑謬。」

闕誤末載：「覽過南華眞經名氏：景德四年國子監本；江南古藏本，徐鉉、葛湍校；天台山方瀛宫藏本，徐靈府校；成玄英疏，❶中太一宫本，張君房校；文如海正義，中太一宫本，❷張君房校；郭象注，中太一宫本，張君房校；散人劉得一注，❸大中祥符時人；江南李氏書庫本；張潛夫補註。❹右九家闕誤同異，各有義旨。」以上九種版本的標點，係據正統道藏本宋褚伯秀南華

---

❶【成玄英疏】　原文「疏」作「解疏」，據南華眞經義海纂微刪「解」字。○舊唐書、新唐書著錄：「莊子疏十二卷，成玄英撰。」○日本藤原佐世編見在書目著錄：「莊子疏十，西華寺法師成英撰。」

❷南華眞經義海纂微此下有注文：「成、文並唐道士」。

❸【劉得一注】　南華眞經義海纂微「注」作「本」。

❹南華眞經義海纂微作「江南李氏書庫本，張潛夫補註」，係一行文字，爲一種版本，則非「九家」而爲「八家」，誤。達生第十九的闕誤：「自爲謀則取之，其所異彘者何也：見張潛夫本，舊闕。」

眞經義海纂微分行列舉而確定。全録此一卷校勘記，簡稱「闕誤」。

◆九、韓自强撰阜陽漢簡莊子，文物研究總第六輯，黄山書社，一九九〇年。參考韓自强、韓朝撰阜陽出土的莊子雜篇漢簡，陳鼓應主編道家文化研究第十八輯，三聯書店，二〇〇〇年；臺灣許學仁撰戰國楚簡文字研究的幾個問題——讀戰國楚簡語叢四所録莊子語暨漢墓出土莊子殘簡瑣記，東華人文學報，東華大學人文社會科學學院，二〇〇一年第三期。一九七七年，安徽省阜陽縣發掘了西漢文帝時的汝陰侯夏侯竈夫婦墓，内有莊子竹簡八支。八簡全文收録，共七條，簡稱「阜陽漢簡」。

◆十、荊州市博物館江陵張家山兩座漢墓出土大批竹簡，文物一九九二年第九期。參考廖名春莊子盜跖篇探源，文史第四十五期，中華書局，一九九八年。一九八八年湖北省江陵張家山一三六號漢墓出土盜跖竹簡四十四支。上兩文中刊有其中兩支竹簡的照片。兩簡全文收録，僅兩條，簡稱「張家山漢簡」。其餘四十二支竹簡至今未見。

◆十一、莊子鬳齋口義十卷，釋音一卷，南宋林希逸撰，南宋咸淳五年重刻本，國家圖書館藏，影印於方勇總編纂子藏道家部莊子卷第二〇、二一册，國家圖書館出版社，二〇一一年。另有「中華再造善本」，二函十一册，國家圖書館出版社，二〇〇四年六月。簡稱「林希逸本」。

此宋刻本，每半葉九行，行十八字，注雙行十八字，細黑口，左右雙邊，雙魚尾。卷首景定辛西(1261)林同序，次景定改元林經德莊子後序，次咸淳屠維荒落(己巳，1269)陳𡨥炎南夫序，次盧齋林希逸莊子盧齋口義發題，次景定辛酉徐霖景說跋。此本雖亦分十卷，然各分卷所含之篇目，除卷一卷二與其他宋刻本相同之外，其餘各卷皆有差異。正文無句讀，正文一大段，間以雙行注解一大段，段落之間、正文注文之間，皆不分行。

韓國學中央研究院王室圖書館藏書閣有句解南華眞經十卷，活字印本，未知刊刻年代。細黑口，花紋雙魚尾，四周單邊，有界，半葉十行十七字，注雙行十七字，首景定改元林經德莊子後序，次句解南華眞經目錄，次李士表新添莊子十論，次盧齋林希逸句解南華眞經發題，次景定辛酉徐霖景說跋，次景定辛酉林同序。篇卷同上南宋本，但正文有句讀，逐句注解，且每一分段皆另起一行。此本僅作參校之用。簡稱「句解」本。

◆十二、宋刻本呂觀文進莊子義殘卷十三篇(TK6)，宋呂惠卿注，收錄於俄藏黑水城文獻第一册，俄羅斯科學院東方研究所聖彼得堡分所、中國社會科學院民族研究所、上海古籍出版社合編，上海古籍出版社，一九九六年。簡稱「黑水城」本。

發掘於內蒙古自治區黑水城的這個宋刻本，現存第二至第十四篇，其中衹有養生主第三、人間世第四、大宗師第六、駢拇第八、馬蹄第九、胠篋第十、天道第十三，是完篇，其餘皆有殘缺。

齊物論第二，前缺殘篇。起「解者是且暮遇之也」，至篇末。

德充符第五，中間殘缺兩處。缺「无趾曰吾唯」後，至「之而外不蕩也」前；又缺「其可以爲法也内保」後，至「者天食也」前。

應帝王第七，中間殘缺一處。缺「而遊於无有者也」後，至「吾見杜權矣」前（據圖片左上角編號，由二一跳到二三）。

在宥第十一，後缺殘篇。篇首至「物者莫足爲也，而不可爲。不明」止，後缺。

天地第十二，前缺殘篇。起「夫子曰夫道淵乎其居也」（起始頁圖片左上角編號V/3，疑編印時遺漏前二頁），至篇末。

天運第十四，後缺殘篇。篇首至「今蘄行周於魯，是猶推」止（文字有殘損），後缺。

傅增湘藏園羣書題記卷十跋宋本呂惠卿莊子義殘卷謂：「呂氏莊子義，宋刊本，半葉十行，每行十七字，注雙行二十五字，白口，左右雙闌。……標題爲呂觀文進莊子内篇義，或外篇義，玄匡字缺末筆，桓愼字不缺。原本藏俄國亞細亞博物院，新寄影本貽北平圖書館，余因得見之，略爲考訂於左：考是書陳氏直齋書録解題著録云：『莊子義十卷，參政清源呂惠卿吉父撰。』宋史藝文志作莊子解，焦氏國史經籍志作莊子注。觀此本作内篇義、外篇義，則陳氏所題正合，而宋、明二志皆失之矣。又書名上冠『呂觀文進』四字，考陳氏言，惠卿於『元豐七年先表進內篇，其餘蓋續成之。』按元豐七年，惠卿爲河東經略使，知太原府，至紹聖中知大名府，乃加觀文殿大學士，知此書雖進於元豐，其成書付雕必在紹聖時，故追題此銜耳。其刊工古拙，於宋諱不避桓字，則北宋開版，殆無疑義。褚氏南華真經義海纂微采呂氏書，其目下注云『川本』。以余所見冊府元龜、李太白集、二百家名賢文粹諸本參之，皆字畫疏古，風氣樸厚，正與此類，則茲本爲蜀刻，或不妄也。呂氏所注尚有老子四卷，爲元豐元年知定州時所進，列入道藏『必』字號，故世多傳之。莊子義獨不見收，元、明以來又無傳刻，遍檢各家書目，惟季氏延令書目有宋刊本，題『呂太尉經進莊子全解十卷，明文彭、吳元恭識尾』。此本今藏楊氏海源閣，攷其目錄所記，行格爲半葉十二行，每行大字二十四至二十七，小字二十八、九不等。其結銜及書名與此本迴異。楊紹和跋謂是南宋初刻本，則視此已遜一籌矣。」

俄藏黑水城文獻第六冊收錄俄孟列夫所著黑城出土漢文遺書敘錄（寧夏人民出版社1994年中譯本），著錄：「TK6 呂觀文進莊子義：宋蜀刻本。蝴蝶裝，白口，版心題『莊子』，下有頁碼，或陰文，或加魚尾陽文。未染麻紙。共一〇九頁。紙幅高二十點一（釐米，下同），寬二十四點一。版框高十七，寬二十二點七，天頭二點二，地腳零點九。每半頁十行，行約十八至十九字。有小字雙行注釋。上下單邊，左右雙邊，中烏絲欄。宋體，墨色深。卷一首缺，有尾題：『莊子內篇義卷第一』。尾題左側行楷大字『茂承』。背行楷粉蝶兒詞，五行，墨色不勻。存頁二十五至二十八，共四個整頁。卷二首題：「呂觀文進莊子內篇義卷第二」。中有分題：養生主第三，人間世第四，德充符第五。有尾題：「莊子內篇義卷第二」。尾題左側反覆寫「茂」「茂承」等字。存頁一至二十六，頁二十八，共二十七個整頁。卷三首題：「呂觀文進莊子內篇義卷第三」。中有分題：大宗師第六，應帝王第七。尾題誤刻爲「呂觀文進莊子外篇義卷第三」。尾題左側又寫「茂承」等字。存頁一至二十五，共二十五個整頁。卷四首題：「呂觀文進莊子外篇義卷第四」。中有分題：駢拇第八，馬蹄第九，胠篋第十，在宥第十一。尾缺。存頁一至二十六，共二十六個整頁。卷五首尾缺。中有分題：天道第十三，天運第十四。存頁三至二十七、頁二十九至三十二，共二十九個整頁。頁內天頭偶有本行疑難字楷書反切注音（或注實音），行內有墨筆校改錯刻字。有避諱缺筆字，如「玄」字缺筆，避宋太祖以上先世名諱；「匡」字缺筆，避太祖名諱。「桓」（欽宗名諱）等字不避，可見是書刊刻於北宋時。據羅福萇、傅增湘研究，呂觀文者，卽時人呂惠卿。直齋書録解題卷九，元豐七年（1084，神宗在位），惠卿「先進內篇，其餘蓋續成之」。至紹聖中，惠卿加觀文殿大學士，乃追題此銜，成書付雕。」

◆十三、宋刻本南華眞經殘卷九篇（俄TK97），晉郭象注，收録於俄藏黑水城文獻第二册。簡稱「郭注黑水城本」。

俄藏黑水城文獻第六册收録孟列夫所著黑城出土漢文遺書敘録著録：「TK97南華眞

經：宋刻本。蝴蝶裝，白口，版心題『上莊子八』（或九、十，以示卷序），下有頁碼。每卷頁碼另起。共二十四個整頁，四個半頁。所存爲卷第八、第九、第十之一部分。所缺爲卷第八之第一至八頁，第九頁左半，卷第九之第九頁左半，第十頁整頁，第十一頁右半；卷第十第六頁以下全缺。紙幅高二十點三（釐米，下同），寬二十五點七。版框高十七點八，寬二十三點九，天頭一點五，地腳一點一。每半頁十三行，行二十六至二十八字。有雙行小字注釋。上下單邊，左右雙邊，中烏絲欄。宋體，墨色有深淺。第八卷首缺。有尾題：『南華眞經卷第八』。並有該卷子目：『莊子雜篇則陽第二十五』，子目下空三字位，皆刻『郭象注』。又有第九卷首題與尾題：『南華眞經卷第九』。並有該卷子目：莊子雜篇外物第二十六，寓言第二十七，讓王第二十八。佚失『莊子雜篇盜跖第二十九』。又有第十卷首題：『南華眞經卷第十』，尾題缺。並有該卷子目：莊子雜篇說劍第三十，漁父第三十一，列禦寇第三十二。每卷首框外右側楷書加寫本卷子目，卷中框外天頭或左側楷書加寫本頁子目。有缺筆避諱字，如『敬』字缺筆，避宋太祖祖父趙敬諱；『弘』『殷』字缺筆，避太祖父趙弘殷諱；『匡』字缺筆，避太祖趙匡胤諱，當爲宋刻，而非金刻。

此本有書名卷第「南華眞經卷第九」「南華眞經卷第十」，篇名如「莊子雜篇則陽第二十五郭象注」。原刻本亦有少量譌誤，如「旦」作「且」，「刺」作「剌」，「入」作「人」，讓王「未嘗得見此言也」，「見」當作「聞」；「鼓琴足以自娛」，「目」當作「自」；列御寇「愛乎心，宰乎神」，「愛」當作「受」；「列子提屨，跣足而走」，衍「足」字；「以友爲旨」，「友」當作「支」；「如而天者」，「天」當作「夫」；則陽「其來无止，窮无止，言之无也」，「窮」上脱「无」字；説劒「臣竊謂大王薄之」，「謂」當作「爲」。疑書中文字亦有經後人補改而致譌誤，如徐无鬼「譬之猶一�星也」，則陽「是故立山積卑而爲高」，讓王「舜以天下讓其友江人无擇，北人无擇」，説劒「王乃校劒士七日」等。此本殘存第二十四至第三十二共九篇，其中則陽第二十五、外物第二十六、寓言第二十七、説劍第三十、漁父第三十一共五篇爲完篇。

徐无鬼第二十四，殘篇，起「曰勿已則隰朋可」，至「嗟乎我悲人之自」止；又起「而況爲大乎」至篇末。

讓王第二十八，殘篇，篇首至「乃負石而自沈於廬水」止。

盜跖第二十九，殘篇，起「然而黄帝不能致德與蚩尤戰於涿鹿之野」，至「所謂賢士」止，此半葉殘缺左下角約三分之一；又起「骨肉不葬」至篇末。

列禦寇第三十二，殘篇，篇首至「孰協唐許」止。

◆十四、壬辰重改證呂太尉經進莊子全解十卷，北宋呂惠卿撰，金大定十二年（1172）刻本，國家圖書館藏，影印於方勇總編纂子藏道家部莊子卷第十七冊，國家圖書館出版社，二〇一一年。另有國家圖書館出版社彩色影印單行本，二〇一二年。此金刻本文字譌誤較多，且有後人描補之失眞。凡此本獨有之明顯譌誤，不出校記。簡稱「呂惠卿本」。

國家圖書館古籍館善本組程有慶第二批國家珍貴古籍名録所收宋元珍籍述要：「03079 號壬辰重改證呂太尉經進莊子全解金刻本，國家圖書館藏。原書十卷，舊爲海源閣藏書，楹書隅録著録作宋本，已故著名古籍版本專家趙萬里先生據版式及紙墨刀法，斷爲金代平水翻宋本，爲傳世孤本，後歸至德周叔弢先生收藏。周氏另藏有宋刻本莊子南華眞經、分章標題南華眞經兩部，曾特製『雙南華館』一印，作爲藏書室名。一九五二年，周叔弢將這三部重要的莊子珍籍，連同其所藏善本共計七百十五部，全部無償捐獻國家圖書館。」

周叔弢自莊嚴堪善本書目載：「壬辰重改證呂太尉經進莊子全解十卷，宋呂惠卿撰，金刻本，吳元恭題款，六冊。十二行二十二至二十六字，小字雙行二十八至三十一字，白口，左右雙邊。卷七後有『嘉靖三年重陽日文彭莊讀於停雲館之南軒』，二行。卷十後有：『甲申仲秋文彭端誦』，『壬辰季冬吳元恭觀完』，各一行。有文壽承氏、太素館、吳元恭氏、季振宜讀書、乾學、徐健菴等印。此書後歸海源閣，楹書隅録卷三著録。」

清楊紹和楹書隅録卷三：「宋本呂太尉經進莊子全解十卷，六冊一函。古籍流傳日少，若宋槧諸經正史及諸秦各子，尤不易得。此本猶是南宋原槧，爲呂注之初本，可稱祕笈。王、呂二注傳世甚稀，惟此可見古書面目。蕘翁（黄丕烈）謂：『讀書不讀古本，與未讀同。』良然良然。丙寅冬月上澣又跋。宋存書室主人（楊以增）。均在卷末。」

此金刻本，葉面有破損殘缺之處，影印本底色皆較淺白，明顯可見葉面殘缺的形狀。凡呂惠卿的注文，保持殘缺的原狀，而莊子本文皆已被描補。描補者求全責備之心，適足以自毀眞容而貽誤後人，如第七十三頁「子而悦子之執政而後人見者也」，此「見」字顯爲強硬補入，使上下文字間距失常地緊密。又如第一一〇頁「夫聖人之治也，治外乎」，竟缺後一「治」字，描補文字字體明顯不類周圍文字，且字間距明顯較疏。又如第一八九頁「往見老聃，不而老聃許」，字間距明顯較周圍文字緊密，黑水城本無「而」字，作「老聃不許」。誠如傅增湘所言，此本較黑水城本「已遜一籌矣」。

◆十五、分章標題南華眞經十卷，晉郭象注，唐陸德明音義，南宋刻本，國家圖書館藏，影印於方勇總編纂子藏道家部莊子卷第十二、十三册，國家圖書館出版社，二〇一一年。此宋刻本譌誤衍脱不少，主要用於參校釋文。簡稱「分章本」。

傅增湘藏園羣書經眼録卷十載：「分章標題南華眞經註十卷，晉郭象撰，唐陸德明音義。宋刊本。十三行二十三字，小字雙行二十八字，白口，左右雙闌，版心上魚尾上記字數，左闌外上方標篇名，闌上標精要語數字或一二句，注後附音義，音義解釋之字别以白文。玄愼殷弘匡恒字缺末筆，他諱亦間不避，是南宋末坊刻本。……乙丑歲暮翰文齋郭姓持來，似粤中黎氏書，收自孔氏嶽雪樓，索二千元，還以七百元，不售。後歸周叔弢。」

周叔弢自莊嚴堪善本書目載：「分章標題南華眞經十卷，晉郭象注，唐陸德明音義，宋刻本，勞健題款，四冊。十三行二十三字，小字雙行二十八字，白口，左右雙邊，耳記篇名。有毛晉印、甲、宋本、粵人吳榮光印、荷屋所得古刻善本等印。」

王文進文祿堂訪書記載：「分章標題南華眞經十卷，宋建刻本。半葉十三行，行二十三字，白口。有毛晉、粵人吳榮光印。」

此南宋刻本，名曰「分章標題」，雖有「○」標誌的「分章」，但仍有很多宜分之章未見標誌，亦未見「分章」之「標題」。眉批文字，僅是摘鈔文中的字句而已，非「分章」之「標題」。此本之粗製濫造於此可見一斑。卷首郭象南華眞經序至逍遥遊第一「吾將爲賓乎」共五葉文字，字體格式與後文不同，當係補鈔；天下第三十三「雖然，其爲人太多，其自」以下文字，字體格式與前不類，「丁子有尾」下有「互注」一條，當係據纂圖互注南華眞經補鈔。此前之「名川三百，支川三千」，此本「名川」作「名山」，亦見於纂圖互注南華眞經。

莊子彙校考訂

下

蔣門馬 著

巴蜀書社

去其所本无
還其所固有

目錄

南華眞經卷第四

南華眞經卷第五

南華眞經卷第六

莊子內篇　逍遙遊第一

①【逍遙遊第一】

○釋文：「逍」，音銷，亦作消。「遙」，如字，亦作搖。「遊」，如字，亦作游。逍遙遊者，篇名，義取閒放不拘，怡適自得也。

●東漢許愼說文解字：（新附字）逍逍，逍遙，猶翱翔也。臣鉉等案：詩只用消搖，此二字字林所加。（新附字）遙遙，逍遙也，又遠也。游游，旌旗之流也。遊，古文游。清段玉裁注：俗作遊者，合二篆爲一字。

○清顧藹吉隸辨：逍，〔東漢〕張平子碑：逍遙故墟。

○三國魏張揖廣雅釋訓：逍遙，儴佯也。

○戰國屈原楚辭九歌湘君：時不可兮再得，聊逍遙兮容與。東漢王逸注：逍遙，遊戲也。

②【北冥有魚】

○釋文：「北冥」，本亦作溟，覓經反。

●說文：冥冥，幽也。日數十，十六日而月始虧幽也。溟溟，小雨溟溟也。段玉裁注：冥，引伸爲凡闇昧之偁。莊子「南溟」「北溟」，其字當是本作冥。

【摶扶搖而上者九萬里】③　趙諫議本「摶」作「搏」。

○釋文：「**摶**」，徒端反，司馬云：摶，飛而上也；一音**博**，崔云：拊翼徘徊而上也。▲「**摶**」，續古逸本作「**搏**」。

●唐顏元孫干祿字書：**専專**，上通下正。

○唐慧琳一切經音義卷六十二：「摶霄」，上奪戀反。考聲云：附也。莊子云：摶扶搖而上九萬里也。

○廣雅釋詁三：摶，著也。

□案：「摶」作「搏」，音形俱非。「摶」義爲附著，「摶扶搖」卽爲「培風背」，爲乘風。若作「搏」，訓爲「拊翼徘徊而上也」，則與風何干？

【生物之以息相吹也】④

○釋文：「吹」，如字，崔本作炊。

○在宥：從容无爲，而萬物炊累焉。　釋文：「炊」，本或作吹，同。「累」，劣僞反。

⑤ ●說文：吹，噓也，出气也。炊，爨也。

【其遠而无所至極邪】 趙諫議本、續古逸本、林希逸本、呂惠卿本「无」作「無」。底本下文作「无」。趙諫議本下文作「无」；「邪」作「耶」，上句作「邪」。

●說文：無，亡也。无，奇字無。无，飲食氣屰不得息曰旡。，古文旡。

○明張自烈正字通：俗以无爲有无之无。

◎干祿字書：耶邪，上俗下正。

⑥ 【亦若是則已矣】 眾本「已」作「巳」。

○闕誤：「亦若是而已矣」，見文如海本，舊作則。

○章句音義：「是而已矣」，見文如海本，舊作則。

○郭象注：亦若人之自此視天，則止而圖南矣。

●清畢弘述訂正六書通：詮次曰：按：巳，此字二義二音。一爲止也，音以；一爲辰名，音似。

說文別無已字。

○說文：巳，巳也。四月陽气巳出，陰气巳藏，萬物見，成文章，故巳爲蛇，象形。祥里切。

段玉裁注：辰巳之巳既久用巳然巳止之巳，故即以巳然之巳釋之。漢人巳午巳然無二音，其義則異而同也。

○隸辨：諸碑巳與已異。鈎連上畫者爲終巳之巳，俗書多混。廣韻：巳又音似，辰名。毛晃增韻云：陽氣生於子，終於巳，巳者終巳也，象陽氣既極，回復之形，故又爲終巳字。今俗以有鈎挑者爲終巳字，無鈎挑者爲辰巳字，是蓋未知其義也。韻會云：史記：巳者言陽氣之巳盡也。博雅云：巳，㠯也。釋名云：巳，巳也，如出有所爲，畢巳復還而入也。是辰巳字，不特書作巳，亦讀如終巳之巳也。

⑦【則負大舟也无力】　靜嘉堂本、呂惠卿本「則」作「則其」，敦煌寫本作「其」。敦煌寫本下句作「則負大翼也無力」。

⑧【覆杯水於坳堂之上】　眾校本同，底本「杯」作「桮」。

○釋文：「覆」。「杯」，崔本作盃。「坳堂」。

●干祿字書：盃杯，上通下正。

○說文：桮桮，𨶹也。

○清畢沅經典文字辨證書：桮，正；杯，省；盃，別。

○宋處觀精嚴新集大藏音：杯桮，上正，並盃音。

⑨【而後乃今，培風背，負青天】

○釋文：「而後乃今培」，音裴，重也，本或作陪。「風」，絕句。「背負青天」，一讀以背字屬上句。

◎下文：絕雲氣，負青天。

◎淮南子人間：淩乎浮雲，背負青天，膺摩赤霄。

⑩【蜩與鷽鳩笑之曰】　趙諫議本、呂惠卿本、林希逸本同，續古逸本「鷽」作「學」，底本、靜嘉堂本作「鷽」。

○釋文：「學鳩」，本又作鷽，音同；本或作鷽，音預。▲「鷽」，天理本作「鷽」，據續古逸本、北圖本改。

○庚桑楚：是蜩與鷽鳩同於同也。　釋文：「學鳩」，本或作鷽，音同。

●干祿字書：學學，上俗下正。

○說文：鷽鷽，雗鷽，山鵲，知來事鳥也。从鳥學省聲。胡角切。斆斆，覺悟也。胡覺切。學學，篆文斆省。

⑪■【槍榆枋】底本、續古逸本、呂惠卿本、林希逸本「槍」作「搶」，據趙諫議本、靜嘉堂本改。

○闕誤：「槍榆枋而止」，見文本及江南本，舊闕。

○成玄英疏：槍，集也，亦突也。

○釋文：「搶」，七良反。司馬、李云：猶集也。崔云：著也。支遁云：搶，突也。「榆」。「枋」。

⑫ ●說文：槍槍，歫也。一曰：槍攘也。歫，止也，一曰槍也。　段玉裁注：攘，各本從木，誤，今正。　許無从手之搶，凡槍攘，上从木，下从手。

【適莽蒼者，三飡而反】　靜嘉堂本「飡」作「湌」，林希逸本作「飧」。

○釋文：「三飡」，七丹反。

○則陽：終年厭飡。　釋文：「厭飡」，音孫，本又作飧。

●說文：餐餐，吞也。湌湌，餐或从水。飧飧，餔也。从夕食。會意。思魂切。

○正字通：湌，俗餐字；說文餐或从水作湌，後人譌省作飡。又餐與飧别，飧从夕，俗譌爲飱。

⑬ 【腹猶果然】

○闕誤：「腹猶顆然」，見文本，舊作果。

○釋文：「果然」，徐如字，又苦火反。　眾家皆云：飽貌。

●說文：果果，木實也。　顆顆，小頭也。

⑭ 【之二蟲，又何知】

○闕誤：「彼之二蟲，又何知也」，見文本，舊闕。

○章句音義：「彼之二蟲，又何知也」，見文本，舊作之二蟲又何知。

⑮ 【小知不及大知】

○釋文：「小知」，音智，本又作智，下大知同，下年知放此。

●説文：𥏼（智），識詞也。𥎿知，詞也。

○東漢劉熙釋名：智，知也，無所不知也。

○唐張參五經文字序例：經典音字，多有假借，謂若借后爲後、辟爲避、大爲太、知爲智之類，經典通用。

□案：此處衹論「知」，不論「智」；作「智」者非。

⑯【蟪蛄不知春秋】

○釋文：「惠」，本亦作蟪，同。「蛄」，音姑。

⑰〖楚之南有冥靈者〗

○釋文：「冥」，本或作榠，同。「靈」。

⑱【八千歲爲秋】

○闕誤：「八千歲爲秋，此大年也」，見成玄英本，舊闕。

○成玄英疏：故謂之大年也。

⑲〖而彭祖乃今以久特聞〗

○釋文：「特聞」，崔本作待聞。

⑳【眾人匹之】　眾本「眾」作「衆」。

●說文：𥄳眾，多也，从㐺目，眾意。

○清王筠說文釋例彣飾：衆之罒，卽目字，皆不應上出，此古人起筆，偶露痕迹，後人效之，遂成彣飾也。李監書澤字，亦從罒，雖異於說文，亦不爲異。

○正字通：眾，从橫目，从㐺，人數多也，目數也。今經傳譌作衆。

㉑【背若太山】　續古逸本「太」作「泰」，趙諫議本作「大」。

○齊物論：而太山爲小。　釋文：「大山」，音泰。

○大宗師：以處大山。　釋文：「大山」，音泰，又如字。

○在宥：大山嵁巖之下。　釋文：「大山」，音泰，亦如字。

○盜跖：休卒徒太山之陽。　釋文：「大山」，音太。

●說文：𣴎泰，滑也。夳，古文泰如此。大大，天大地大，人亦大，故大象人形。段玉裁注：後世凡言大，而以爲形容未盡，則作太，如大宰俗作太宰，大子俗作太子，周大王俗作太王是也，謂太卽說文夳字。夳卽泰，則又用泰爲太。展轉貤繆，莫能諟正。清徐灝注箋：夳，隸省作太，通作泰。

㉒【且適南冥也】　靜嘉堂本「冥」作「溟」。

㉓【斥鴳笑之曰】

○釋文：「斥」，如字。司馬云：小澤也。本亦作尺，崔本同。簡文云：作尺，非。「鴳」，於諫反，字亦作鷃。司馬云：鴳，鴳雀也。

○達生：樂鴳以鍾鼓也。釋文：「鷃」，字又作鴳，音晏。

●廣雅釋地：斥，池也。

○說文：鴳，雇也。烏諫切。

○唐玄應一切經音義卷十一：「鴳鳥」，又作鷃，同，烏諫反。鴳，雀也。

㉔【翱翔蓬蒿之間】續古逸本、靜嘉堂本、呂惠卿本、林希逸本、釋文「翱」作「䎗」，底本、趙諫議本作「䎗」。

●說文：翱，翔也。从羽，皋聲。皋，从白夲。翔，回飛也。似羊切。

○正字通：皋，經傳及正韻作皐，並非；別作皐，尤非。

○玄應音義卷一：「翱翔」，五高反，迴飛也。飛而不動曰翔。釋名云：翱，敖也，言敖遊也；翔，佯也，言仿佯也。

○慧琳音義卷六：「翱翔」，上我高反，下徐羊反。鄭玄箋毛詩云：翱翔，猶逍遥也。韓詩云：翱翔，遊也。爾雅：翱翔，鳥飛也。集訓曰：翱翔，高飛也。考聲云：鳥飛往來緩緩皃也。說文云：翱翔，迴飛也。

㉕【故夫知效一官】　敦煌本「知效」作「智効」。

○釋文：「知效」，音智，下戶教反。

●南朝梁顧野王玉篇：効，胡孝切，俗效字。

○干祿字書：効效，上功下放。

㉖【辯乎榮辱之境】　續古逸本「境」作「竟」。

○釋文：「之竟」，居領反。

○齊物論：振於无竟，故寓諸无竟。　釋文：「无竟」，如字，極也，崔作境。

○天道：邊境有人焉，其名爲竊。　釋文：「邊竟」，音境。

○田子方：鋉斛不敢入於四境。　釋文：「四竟」，音境，下同。

●說文：竟，樂曲盡爲竟。　段玉裁注：曲之所止也。引伸之，凡事之所止，土地之所止，皆曰竟。　毛亨傳曰：疆，竟也。俗別製境字，非。

㉗【此雖免乎行】　敦煌本「免」作「勉」。

○成玄英疏：乘風輕舉，雖免步行。

㉘■【猶有所待者也】　底本「待」作「侍」，據注文和下文及眾校本改。

○郭象注：非風則不得行，斯必有待也。

㉙【而御六氣之辯】　敦煌本無「而」字。

○釋文：「之辯」，如字，變也，崔本作和。

㉚【至人无己】　呂惠卿本同，底本「己」作「巳」，注文作「巳」，靜嘉堂本、續古逸本、趙諫議本、林希逸本作「己」。

○釋文：「无巳」，音紀。

●說文：㔾己，中宮也，象萬物辟藏詘形也。己承戊，象人腹。段玉裁注：引申之義爲人己，言己以別於人者，己在中，人在外，可紀識也。此與巳止字絕不同，宋以前分別，自明以來，書籍間大亂，如論語「莫己知也」，「斯己而巳矣」，唐石經不譌，宋儒乃不能了。

○玉篇：巳，居喜切，己身也。

○明梅膺祚字彙：己，人己之己，上方處不連。已，已止之已，上微缺。巳，辰巳之巳，上不缺。俗以有鉤挑爲人己已止字，無鉤挑爲辰巳字，非。

㉛【日月出矣，而爝火不息】

○釋文：「爝」，本亦作燋，音爵，郭徂繳反。司馬云：然也。向云：人所然火也。一云：爝火，謂小火也。字林云：爝，炬火也，子召反。燋，所以然持火者，子約反。

㉜【名者，實之賓也】　衆本「賓」作「賔」。同偏旁者同此。

●說文：賔賓，所敬也。

○唐唐玄度新加九經字樣：賓，經典相承作賔已久，不可改正。

㉝〖歸休乎君，予无所用天下爲〗

◎釋文：「歸休乎君」，絕句：一讀至乎字絕句，君別讀。

㉞〖尸祝不越樽俎而代之矣〗

○釋文：「樽」，子存反，本亦作尊。「俎」。

○下文：何不慮以爲大樽。　釋文：「不慮以爲大樽」，本亦作尊。

○馬蹄：孰爲犧樽。　釋文：「犧尊」，音羲，尊或作樽。

●說文：𡬓尊，酒器也。　徐鉉曰：今俗以尊作尊卑之尊，別作罇，非是。　段玉裁注：凡酌酒者以資於尊，故引申以爲尊卑字。自專用爲尊卑字，而別製罇樽爲酒尊字矣。

㉟〖吾聞言於接輿〗

○釋文：「接輿」，本又作與，同，音餘。

○大宗師：子祀、子輿。　釋文：「子輿」，本又作與，音餘。

㊱〖大有逕庭〗

○釋文：「大有」，音泰。「逕」，徐古定反，司馬本作莖。「庭」。 參見徐无鬼校勘記⑪。

○徐无鬼：藜藋柱乎鼪鼬之逕。 釋文：「之逕」，本亦作徑，本又作跡，元嘉本作迭。

㊲【淖約若處子】 靜嘉堂本「淖」作「綽」。

○釋文：「淖」，郭昌略反。「約」，如字。李云：淖約，柔弱貌；司馬云：好貌。

○大宗師：綽乎其殺也。 釋文：「綽乎」，昌略反，崔本作淖。

●說文：淖，泥也。綽，緩也。 段玉裁注：泥淖以土與水合和爲之，故淖引伸之義訓和。

㊳【不食五穀】 底本、呂惠卿本「穀」作「**穀**」，靜嘉堂本作「**穀**」，續古逸本、林希逸本作「**穀**」，趙諫議本作「穀」。

○駢拇：臧與穀。 續古逸本「穀」作「榖」，下文作「穀」，趙諫議本反之。敦煌音義作「榖」。釋文：「與穀」，爾雅云：善也；崔本作穀，云：孺子曰穀。

●說文：穀，續也，百穀之總名也。从禾，㱿聲。 榖，楮也，从木，㱿聲。

○隸辨：按：說文穀從禾從㱿。廣韻云：今經典省作穀，俗作穀。非。 六經正誤云：禾穀之穀，與穀楮之穀不同；穀楮之穀，從㱿從木。碑則通用無別。

○宋陳彭年廣韻：穀，今經典省作穀，餘從㱿者並同。穀，俗。

㊴【使物不疵癘】

○釋文：「疵」。「癘」，音厲，本或作厲。　參見天運校勘記(83)。

●說文：癘，癘，惡疾也。　段玉裁注：按古義謂惡病，包内外言之。今義別製癩字，訓爲惡瘡，訓癘爲癘疫。古多借厲爲癘。

㊵【聾者无以與乎鍾鼓之聲】　敦煌寫本同，靜嘉堂本「鍾」作「鐘」。

○釋文：「聾」。「者無以與乎鍾鼓之聲」，崔、向、司馬本此下更有：眇者無以與乎眉目之好，夫刖者不自爲假文屨。▲「向」，宋刻本作「尚」，據清刻本改。「刖」，天理本作「肘」，據續古逸本、北圖本改。

●說文：鍾，鍾，酒器也。鐘，鐘，樂鐘也。

○干祿字書：鍾鐘，上酒器，下鐘磬，今竝用上字。

㊶【豈唯形骸有聾盲哉】

○闕誤：「豈唯形骸有聾瞽哉」，見天台山方瀛觀古藏本，舊作盲。

○郭象注：此知之聾盲也。　成玄英疏：瞽者，謂眼無眹縫，冥冥如鼓皮也。聾者，耳病也。盲者，眼根敗也。……良由智障盲闇，不能照察。▲「眹」，靜嘉堂本同，日本室町舊鈔本作「眸」。

㊷〔將旁礴萬物，以爲一世蘄乎亂〕

○釋文：「旁」，薄剛反，李鋪剛反，字又作磅，同。「礴」，蒲博反，李普各反。司馬云：旁礴，猶混同也。

○章句音義：「亂」，本作乿，古治字，後人轉寫作亂。「萬物以爲一」，句絕。

●說文：亂亂，治也。从乙，乙，治之也；从𤔔。旁旁，溥也。段玉裁注：亂，本訓不治，不治則欲其治，故其字从乙。乙以治之，謂詘者達之也。轉注之法，乃訓亂爲治。司馬相如封禪文曰：旁魄四塞，張揖曰：旁，衍也。廣雅曰：旁，大也。按旁讀如滂，與溥雙聲，後人訓側，其義偏矣。

○慧琳音義卷九十七：「磅礴」，上蒲忙反，下旁博反。考聲：磅礴，廣大皃也。○卷八十五：「磅礴」，上音旁，下音薄。集訓云：磅礴，廣大貌也。太玄經亦云：包羅宇宙皃也。

【孰弊弊焉以天下爲事】 ㊸

○釋文：「弊弊」，司馬本作蔽蔽。

【是其塵垢秕糠】 ㊹ 底本、續古逸本、林希逸本「秕」作「粃」，靜嘉堂本、趙諫議本、呂惠卿本「秕糠」作「粃糠」。

○釋文：「粃」，本又作秕。「糠」，字亦作康。

○天運：夫播糠眯目。 敦煌本「糠」作「糠」。 釋文：「糠」，音康，字亦作康。

○達生：食以穅糟。　敦煌本「穅糟」作「糟糠」。　釋文：「穅」，音康。

●說文：𥝩秕，不成粟也。𥞊穅，穀之皮也。𥝌康，穅或省作。

○玉篇：粃，俗秕字。糠，俗穅字。

【將猶陶鑄堯、舜者也】㊺

○釋文：「陶」，本亦作鋾，音同。「鑄」。

●正字通：鋾，謟字。

【越人斷髮文身】㊻

○釋文：「斷」，司馬本作敦，云：敦，斷也。

【汾水之陽】㊼

○釋文：「汾水」，司馬、崔本作盆水。

【則瓠落无所容】㊽

○釋文：「瓠」，戶郭切，司馬音護，下同。「落」。

○章句音義：「則瓠」，戶郭切，又音護，下同，本作䨼，音鑊。

【非不呺然大也】㊾

○釋文：「呺然」，本亦作号，徐許橋反，李云：号然，虛大貌，崔作謞，簡文同。

○齊物論：作則萬竅怒呺。林希逸本「呺」作「號」。釋文「怒呺」，胡刀反，又胡到反。

●文選卷二十六謝靈運永初三年七月十六日之郡初發都：空班趙氏璧，徒乖魏王瓠。唐李善注：莊子曰：……非不枵然大也。司馬彪曰：枵然，大貌。

○說文：枵枵，木皃。从木号聲。許嬌切。春秋傳曰：歲在玄枵。玄枵，虚也。段玉裁注：大徐本作木根，非也。枵，木大皃，莊子所云：呺然大也。木大則多空穴。莊子曰：大木百圍之竅穴，似枅，似圈，似臼，似洼者，似污者。故左氏釋玄枵云：枵，虚也。

⑳【請買其方百金】

○闕誤：「請買其方以百金」，見江南古藏本，舊闕。

○章句音義：「以百金」，以，見江南古藏本，舊闕。

○釋文：「百金」，李云：金方寸重一斤爲一金，百金，百斤也。

㉑【今一朝而鬻技百金】趙諫議本無「今」字。

○釋文：「鬻」。「技」，本或作伎，竭彼反。

●說文：伎伎，與也。技技，巧也。段玉裁注：與者，黨與也，此伎之本義也，俗用爲技巧之技。

㉒【何不慮以爲大樽】

○釋文：「不慮以爲大樽」，本亦作尊。

⑬【其大本擁腫】　底本、趙諫議本、呂惠卿本「本」作「夲」。擁腫，參見庚桑楚校勘記⑦。

●說文：夲，進趣也，从大从十，讀若滔。木本，木下曰本。

○干祿字書：夲本，上通下正。

⑭〖其小枝卷曲而不中規矩〗

○釋文：「卷曲」，本又作拳，同，音權。

○人間世：則拳曲而不可以爲棟梁。　釋文：「則拳」，本亦作卷，音權。

●說文：卷，厀(膝)曲也。居轉切。拳，手也。巨員切。　段玉裁注：卷之本義也。引伸爲凡曲之偁。大雅：有卷者阿。傳曰：卷，曲也。又引伸爲卷舒。合掌指而爲手，卷之爲拳。

⑮〖卑身而伏，以候敖者〗

○釋文：「敖者」，本又作傲，同。司馬音遨。

●說文：敖，敖，出游也。

⑯【東西跳梁，不避高下】

○釋文：「跳」，音條。「不辟」，音避，今本多作避。

⑰■【今夫斄牛】　眾本「斄」作「犛」，據釋文之音義改。應帝王「斄之狗來藉」同此改。

○釋文：「斄牛」，郭呂之反，徐、李音來；又音離，司馬云：旄牛。

○成玄英疏：斄牛，猶旄牛也，出西南夷。

○應帝王：斄之徇來藉。釋文：「斄」，音來，李音狸。崔云：旄牛也。

●說文：氂斄，彊曲毛也，可以箸起衣。洛哀切。犛，西南夷長髦牛也。里之切。段玉裁注：箸同褚，裝衣也。洛哀切，舊音力之切。此牛名犛牛，音如貍。中山經荊山多犛牛，郭曰：旄牛屬。

○明李時珍本草綱目卷五十一犛牛：犛牛，毛俚來三音。時珍曰：犛牛出西南徼外，居深山中野牛也，狀及毛尾俱同牦牛。牦小而犛大，有重千斤者。

⑤8【彷徨乎无爲其側】

○釋文：「彷」，薄剛反，又音房。「徨」，音皇。彷徨，猶翱翔也；崔本作方羊，簡文同。廣雅云：彷徉，徙倚也。

●慧琳音義卷五十二：「傍徨」，蒲光反，下胡光反。彷徨，徘徊也。埤蒼：傍徨，彷徉也。

⑤9【安所困苦哉】

○闕誤：「安所困苦哉」，文作安所窮困哉。

○成玄英疏：詎肯困苦於生分也？

莊子內篇　齊物論第二

① 【隱几而坐】　敦煌寫本「几」作「机」。

○釋文：「隱」，於靳反，馮也。「机」，音紀，李本作几。▲「几」，天理本、北圖本作「凡」，據續古逸本、分章本改。

○秋水：公子牟隱机大息。　釋文：「隱机」，於靳反。

○知北遊：神農隱几闔戶晝瞑。　敦煌本「几」作「机」。　釋文：「隱机」，於靳反，下同。

●說文：机机，木也。几几，凥几也，象形。周禮五几：玉几、雕几、彤几、鬃几、素几。臣鍇曰：人所凭坐几也。　段玉裁注：凥，各本作踞，今正。凥几者，謂人所凥之几也。凥，処也。処，止也。古人坐而凭几，蹲則未有倚几者也。几，俗作机。

○玉篇：几，居履切，案也，亦作机。　机，飢雉切，木，出蜀中。

② 【嗒焉似喪其耦】

○釋文：「荅焉」，本又作嗒，同，解體貌。「似喪」。「其耦」，本又作偶。

●說文：耦耦，耜廣五寸爲伐，二伐爲耦。偶偶，桐人也。▲「耜」，原作「耒」，據考工記匠人及玉篇改。　段玉裁注：耦，引伸爲凡人耦之偁，俗借偶。偶者，寓也，寓於木之人也。

○考工記匠人：耜廣五寸，二耜爲耦。

○玉篇：耦，午后切，不畸也，又二耜也。

○玄應音義卷七：「嗒然」，土合反，精靈失其所也，莊子：嗒然似喪其偶，是也。

③【形固可使如槁木】 敦煌寫本「形」作「刑」，後文同此。

④【汝聞人籟而未聞地籟】 續古逸本「汝」作「女」。

○釋文：「女聞」，音汝，下皆同，本亦作汝。

●宋丁度集韻：女，忍與切，爾也，通作汝。

⑤【夫大塊噫氣】

○釋文：「大塊」，說文同，云：俗凷字也；衆家或作大槐，班固同；淮南子作大昧。▲「凷」，宋刻本作「由」，據清刻本改。

●說文：凷，凷，墣也。塊，塊，凷或从鬼。

⑥【作則萬竅怒呺】 林希逸本、句解本「呺」作「號」。

○釋文「怒呺」，胡刀反，又胡到反。

⑦【而獨不聞之翏翏乎】

○釋文：「翏翏」，良救反，長風聲也，李本作飂飂，音同。▲「良」，天理本作「艮」，據續古逸本、北圖本改。

⑧【山林之畏佳】　靜嘉堂本「佳」作「住」。

○釋文：「畏」，崔本作㟪。「佳」，醉癸反，徐子唯反，郭祖罪反，李諸鬼反。李頤云：畏佳，山阜貌。▲「佳」，天理本作「住」，據續古逸本、北圖本改。

●元周伯琦六書正譌：隹，朱惟切，短尾鳥之總名也。俗譌作佳，非。

○段玉裁說文解字注：莊子「山林之畏佳」，「佳」卽今之「崔」也。

○清朱駿聲說文通訓定聲：莊子「山林之畏佳」，與嵬崔同。

○爾雅釋山：石戴土謂之崔嵬。

⑨【大木百圍之竅穴】　靜嘉堂本、趙諫議本「穴」作「宂」。

○釋文：「之竅」，崔本作窾。

●說文：穴，土室也。从宀，八聲。宂，㪚也，从宀儿，人在屋下，無田事也。段玉裁注：各本奪「儿」，今補。儿卽人也。引伸之，凡空竅皆爲穴。

⑩【泠風則小和】　靜嘉堂本「泠」作「冷」。

○釋文「泠風」，音零。

●干祿字書：泠泠，上力鼎反，下力丁反，上俗下正。

⑪【大知閑閑，小知間間】林希逸本、呂惠卿本同，續古逸本、趙諫議本「間間」作「閒閒」，靜嘉堂本作「間間」。趙諫議本音義作：「間間」，古閑反。

○釋文：「大知」，音智，下及注同。「閑閑」，李云：無所容貌。簡文云：廣博之貌。「間間」，古閑反，有所間別也。▲「間」，續古逸本、北圖本作「閒」。

○成玄英疏：閑閑，寬裕也。間間，分別也。……有取有捨，故間隔而分別。无是无非，故閑暇而寬裕也。

●說文：閑，闌也。戶閒切。閒，隙也。古閑切。段玉裁注：閑，引申爲防閑，古多借爲清閒字，又借爲嫻習字。隙者，壁際也，引申之，凡有兩邊有中者皆謂之隙。閒者，稍暇也，故曰閒暇，今人分別其音爲戶閑切，或以閑代之。閒者，隙之可尋者，故曰閒廁，曰閒迭，曰閒隔，曰閒諜，今人分別其音爲古莧切。

○經典文字辨證書：閒，正；間，俗。今人謂從月爲閒暇，從日爲兩間者，非是。

○詩經魏風十畝之間：桑者閑閑兮。漢毛萇傳：閑閑然，男女無別，往來之貌。

⑫〔大言炎炎，小言詹詹〕

○釋文：「炎炎」，李作淡。「詹詹」，音占。李頤云：小辯之貌。崔本作閻。

⑬【與接爲構】靜嘉堂本「構」作「搆」。

○釋文：「與接爲構」。

⑭【其發若機栝】　林希逸本、句解本「栝」作「括」。

○釋文「機栝」，古活反，機弩牙栝箭栝。

⑮【其殺如秋冬】　靜嘉堂本「如」作「若」。

⑯【以言其老洫也】　靜嘉堂本無「其」字。呂惠卿本「洫」作「溢」。

○闕誤：「老洫」，江南古藏本作溢。

○釋文：「老洫」，本亦作溢，同，音逸，郭許鵙反，又已質反。

○郭象注：其厭沒於欲，老而愈洫，有如此者。

●說文：洫，十里爲成，成間廣八尺深八尺謂之洫。況逼切。溢，器滿也。侐，靜也。況逼切。　段玉裁注：靜者，審也，悉也，知審諦也。莊子書云：以言其老洫也，近死之心，莫使復陽也。老洫者，枯靜之意。　莊子之洫，侐之假借。

○集韻：洫，弋質切，深意，莊子老而愈洫，郭象讀。洫，況壁切，深意，郭象曰老而愈洫。

⑰【莫使復陽也】　靜嘉堂本無「也」字。

⑱【慮嘆變慹】　續古逸本、趙諫議本、靜嘉堂本、林希逸本同，底本、呂惠卿本「慹」作「慹」。林希逸本莊子釋音作「慹」，音摺。在宥「其熱焦火」，底本「熱」字作「爇」。

○釋文：「慹」，之涉反。司馬云：不動貌。

○成玄英疏：慹則屈伏不伸。

●說文：慹，悑(怖)也。之入切。

○玉篇：慹，之涉切，司馬彪注莊子云：慹，不動皃。又之入切，怖也。

○遼行均龍龕手鑑：慹，通；慹，正。之涉、奴叶二反，不動皃也。

○正字通：慹，卽慹字譌文。

⑲【蒸成菌】　靜嘉堂本「成」作「生」。

○釋文：「蒸」。「成菌」。

⑳〖旦暮得此其所由以生乎〗

○釋文：「旦暮」，本又作莫，音同。▲「旦」，天理本作「且」，據續古逸本、北圖本改。

●說文：莫，日且冥也，从日在茻中。　宋徐鉉曰：暮，本作莫，日在茻中也。

㉑■【而特不得其朕】　底本、續古逸本、趙諫議本、靜嘉堂本、林希逸本「朕」作「眹」，據呂惠卿本改。應帝王「而遊无朕」同此改。呂惠卿本經文作「朕」，注文作「眹」。

○釋文：「其眹」，李除忍反，兆也。

○應帝王：體盡无窮，而遊无眹。　呂惠卿本「无眹」作「無朕」。　釋文：「无眹」，直忍反，崔云：兆也。

●說文：𦩎朕，我也。闕。直禁切。（新附字）𦩎朕，目精也。案：勝賸字，皆从朕聲，疑古以朕爲朕。直引切。　清徐灝箋：朕者，蓋體質初具而未成之偁。事之見幾而未形者曰兆朕。莊子齊物論「若有眞宰而特不得其朕」，言不得其形迹耳。

○原本玉篇：朕，馳錦反。又天子稱朕。爾雅：我也。野王案：自稱我也。又曰：朕，身也。朕，予也。獨斷曰：古者上下共之，貴賤不嫌，則可以同號。又音直忍反。淮南：行无迹，遊无朕，許叔重曰：朕，兆也。野王案：莊子：不得其朕，以遊无朕，是也。

㉒ ■【可行已信】　底本「已」作「己」，據呂惠卿本、林希逸本改。

○郭象注：今夫行者信己可得行也。

㉓【百骸九竅六藏】

○釋文：「六藏」，才浪反。

○章句音義：「六藏」，江南古藏本作五藏六府。

㉔【汝皆悅之乎】　續古逸本「悅」作「說」。

○釋文：「皆說」，音悅，今本多卽作悅字，後皆放此。

●說文：說說，說釋也。段玉裁注：說釋卽悅懌。說悅，釋懌，古今字，許書無悅懌二字也。說釋者，開解之意，故爲喜悅。采部曰：釋，解也。

㉕【薾然疲役】 呂惠卿本同，底本、續古逸本、趙諫議本、靜嘉堂本、林希逸本「薾」作「苶」，注文同，日本室町舊鈔本作「茶」。

○釋文：「苶然」，乃結反，徐、李乃協反，崔音捻，云：忘貌；簡文云：疲病困之狀。▲「苶」，北圖本作「苶」。

○成玄英疏：薾然，疲頓貌。（道藏本）

●干祿字書：尒尔爾，上通下正。

○龍龕手鑑：苶，或作薾，正。

○說文：薾薾，華盛。兒氏切。 徐鍇曰：薾，猶彌漫意也。

○文選卷二十六謝靈運過始寧墅：緇磷謝清曠，疲薾慚貞堅。 唐李善注：薾，奴結切。莊子曰薾然疲而不知所歸，司馬彪曰：薾，極貌也。

㉖【吾獨且奈何哉】 林希逸本同，續古逸本、趙諫議本、靜嘉堂本、呂惠卿本「奈」作「柰」。

●說文：柰柰，果也。

○隸辨：按廣韻：柰，那也，本亦作奈。李文仲字鑑以柰卽柰何，俗別作奈爲非，蓋未見漢碑，并未攷廣韻耳。諸碑奈何之奈皆從大，無從木者。

㉗

〔道惡乎隱而有眞僞〕

○釋文：「眞僞」，一本作眞詭，崔本作眞然。

○盜跖：子之道，狂狂伋伋，詐巧虛僞事也，非可以全眞也，奚足論哉！

○漁父：不能法天而恤於人，不知貴眞，禄禄而受變於俗，故不足。惜哉，子之早湛於人僞，而晚聞大道也！

●說文：僞，詐也。詭，責也。段玉裁注：詐者，欺也。釋詁曰：詐，僞也。徐鍇曰：僞者，人爲之，非天眞也，故人爲爲僞。是也。詭，今人爲詭詐字。

㉘

〔无物不然，无物不可〕

○釋文：「无物不然，无物不可」，崔本此下更有：可於可，而不可於不可。不可於不可，而可於可。

㉙

【故爲是舉莛與楹】

○釋文：「莛」，徐音庭，李音挺，司馬云：屋梁也。「楹」。▲「莛」，天理本、北圖本作「筳」，據續古逸本及章句音義改。

●說文：莛莛，莖也。莛筳，維絲筦也。

○正字通：莊子莛楹之莛，指艸莖言，喻大小不倫也，舊註又屋梁，誤。

㉚【恢恑憰怪】

○釋文：「恢」，徐苦回反，大也，簡文本作弔。「恑」。「憰怪」。

㉛【已而不知其然謂之道。勞神明爲一】

◎釋文：「謂之道」，向、郭絕句，崔讀：謂之道勞。

㉜【何謂朝三？曰】　靜嘉堂本、呂惠卿本無「曰」字。

㉝【狙公賦芧曰】　趙諫議本「芧」作「茅」。

○釋文：「賦芧」，音序。

㉞■【朝三暮四】　底本、續古逸本、趙諫議本、靜嘉堂本、呂惠卿本、林希逸本作「朝三而暮四」，據釋文刪「而」字。續古逸本「暮」作「莫」。參見本篇校勘記⑳。

○釋文：「朝三莫四」，司馬云：朝三升，莫四升也。

㉟【而休乎天均】　續古逸本「均」作「鈞」。

○郭象注：莫之偏任，故付之自均而止也。成玄英疏：天均者，自然均平之理也。

○釋文：「天鈞」，本又作均。崔云：鈞，陶鈞也。

○寓言：始卒若環，莫得其倫，是謂天均。天均者，天倪也。

○庚桑楚：天鈞敗之。

●說文：銞鈞，三十斤也。坸均，平徧也。段玉裁注：漢志曰：鈞者均也，陽施其氣，陰化其物，皆得其成就平均也。按：古多叚鈞爲均。

㊱【不可以加矣】　呂惠卿本「加」作「有加」。

㊲〖若是而可謂成乎，雖我亦成也〗

○闕誤：「雖我亦成也」，江南古藏本作：雖我无成，亦可謂成矣。

○章句音義：「雖我无成，亦可謂成矣」，見江南古藏本，舊作雖我亦成也。

○郭象注：若三子而可謂成，則雖我之不成，亦可謂成也。　成玄英疏：我，衆人也。若三子異於衆人，遂自以爲成，而衆人異於三子，亦可謂之成也。

㊳【天下莫大於秋豪之末而太山爲小】　續古逸本「太」作「大」。

○釋文：「秋豪」，如字，依字應作毫。「大山」，音泰。

㊴〖夫道未始有封〗

◎釋文：「夫道未始有封」，崔云：齊物七章，此連上章，而班固說在外篇。

㊵〖有左有右〗

㊶ ○釋文：「有左有右」，崔本作有在宥也。▲「有在」，抱經堂本作「宥在」。

【有倫有義】

○釋文：「有倫有義」，崔本作有論有議。

㊷ 【仁常而不成】

○闕誤：「仁常而不周」，見江南古藏本，舊作成。

○郭象注：物无常愛，而常愛必不周。　成玄英疏：而恆懷恩惠，每挾親情，欲効成功，無時可見。

○上文：大仁不仁。

○天運：仁義，先王之遽廬也，止可以一宿，而不可久處，覯而多責。

㊸ 【五者园而幾向方矣】

○釋文：「园」，崔音刓，徐五丸反。司馬云：圓也。郭音團。「而幾」。「向方」，本亦作嚮，音同，下皆放此。

●玉篇：园，五丸切，削也，亦作刓。

○集韻：團，說文圜也，周禮作專，莊子作园。

㊹ 【我欲伐宗、膾、胥敖】

◎釋文：「宗膾」，徐古外反。「胥」，息徐反，華胥國。「敖」，徐五高反。司馬云：宗膾、胥、敖，三國名也。崔云：宗一也，膾二也，胥敖三也。

○章句音義：「宗膾」，古外切。「胥」，息徐切。「敖」，五高切。三國名也。崔云：宗一膾二胥敖三也。一云：宗膾、叢支、胥敖。

⑮【庸詎知吾所謂『知之』非不知邪】

○釋文：「庸詎」，徐本作巨。李云：庸，用也；詎，何也。

⑯【木處則惴慄恂懼】

○釋文：「惴」。「慄」。「恂」，郭音荀，徐音峻，恐貌。崔云：戰也。班固作眴也。

⑰【蝍蛆甘帶】　續古逸本、林希逸本「蛆」作「且」。

○釋文：「蝍」，音卽。「且」，字或作蛆，子徐反。李云：蝍且，蟲名也。廣雅云：蜈公也。爾雅云：蒺藜蝍蛆。郭璞注云：似蝗，大腹長角，能食蛇腦。

●爾雅釋蟲：蒺藜，蝍蛆。郭璞注：似蝗而大腹長角，能食蛇腦。

○廣雅釋蟲：蝍蛆，吳公也。王念孫疏證：吳公，一作蜈蚣。

⑱■【鴟鴉嗜鼠】　底本、續古逸本、趙諫議本、靜嘉堂本、林希逸本「嗜」作「耆」，據呂惠卿本及釋文所校之某本改。

○釋文：「鴟」，尺夷反。「鴉」，本亦作鵶，於加反。「耆」，市志反，或作嗜，崔本作甘。

○大宗師：其耆欲深者，其天機淺。　釋文：「其耆」，市志反。

○徐无鬼：君將盈嗜欲……君將黜嗜欲。　釋文：「盈耆」，時志反。

●說文：耆，老也。渠脂切。　嗜，嗜，喜欲之也。常利切。▲二徐作「嗜欲，喜之也。」段玉裁注：此依韵會本。喜當作憙。憙，悅也。經傳多假耆爲嗜。

○廣雅釋詁：勁、堅、剛、耆，強也。欲、嗜，貪也。

㊾【毛嬙、麗姬】

○釋文：「毛嬙」。「麗姬」，力知反，下同。麗姬，晉獻公之嬖，以爲夫人。崔本作西施。

㊿【樊然殽亂】

○釋文：「樊然」。「殽亂」，徐戶交反，郭作散，悉旦反。

51【河漢沍而不能寒】　靜嘉堂本同，林希逸本「沍」作「沍」，續古逸本、趙諫議本、呂惠卿本作「冱」。

○釋文：「冱」，戶故反。向云：凍也。崔云：冱猶涸也。▲「冱」，北圖本、分章本作「沍」，章句音義作「冱」，續古逸本作「冱」。

●玉篇：沍，胡故切，寒也。泜，丈脂切，水中丘，又小渚，俗作沍。沍，胡故切，閉塞也。

○慧琳音義卷八十三：「凝冱」，下胡故反。杜注左傳：冱，閉也。王注楚辭云：冱，亦寒也。古今正字：從水互聲。

□案：凍寒之義，字當从仌(冫)，不當从水(氵)。說文：仌，凍也。冱，正；沍，譌。

⑫【疾雷破山、風振海而不能驚】

○闕誤：「飄風振海」，見江南李氏本，舊闕。

○成玄英疏：飄風濤蕩而振海。

⑬〖而遊乎塵垢之外〗

○釋文：「而遊」，崔本作而施。

⑭【是黃帝之所聽瑩也】　續古逸本、林希逸本「瑩」作「熒」。

○釋文：「皇帝」，本又作黃帝。「聽」。「熒」，音瑩磨之瑩，本亦作瑩。向、司馬云：聽熒，疑惑也。向、崔本作䁋榮。

○郭象注：夫物有自然，理有至極，循而直往，則冥然自合，非所言也。故言之者孟浪，而聞之者聽瑩。雖復黃帝，猶不能使萬物无懷，而聽瑩至竟，故聖人付當於塵垢之外而玄合乎視聽之表，照之以天而不逆計，放之自爾而不推明也。　成玄英疏：聽瑩，疑惑不明之貌也。夫至道深玄，非名言而可究，雖復三皇、五帝乃是聖人，而詮辯至理，不盡其妙，聽瑩至竟，疑惑不明。我是何人，猶能曉了？本亦有作黄字者，則是軒轅。□案：郭注、成疏之「瑩」當作「熒」。

●說文：瑩，玉色也。熒，屋下鐙燭之光也。段玉裁注：謂玉光明之皃，引伸爲磨瑩。熒者，光不定之皃……熒惑是也。

○漢揚雄太玄經玄瑩：玄瑩。晉范望注：瑩者，明也。

□案：作「熒」字誤。孔子不能明，而黄帝能明，蓋「有眞人而後有眞知」（大宗師），知北遊可爲其證。若黄帝尚疑惑，則天下無眞知矣，夫復何言？

⑤⑤【旁日月，挾宇宙】

○釋文：「旁日月」，崔本作謗。「挾」，崔本作扶。「宇宙」。

⑤⑥【爲其脗合】

續古逸本同，趙諫議本、靜嘉堂本、呂惠卿本、林希逸本「脗」作「脗」。

○釋文：「脗」，本或作緡，郭音泯，徐武軫反，李武粉反。司馬云：合也。向音脣，云：若兩脣之相合也。

●說文：昒吻，口邊也。武粉切。脗，吻或从肉从昬。段玉裁注：字亦作脗作脗，皆脗（脗）之俗也。凡言脗合，當用此。

⑤⑦【置其滑涽】

○釋文：「滑」，徐古沒反，亂也；向本作汩，音同。「涽」，徐音昏，崔本作緍，武巾反，云：繩也。

⑱【聖人愚芚】

○闕誤：「聖人愚芼」，見劉得一本，舊作芚。

○釋文：「芚」，徐徒奔反，郭治本反。司馬云：渾屯不分察也。崔云：厚貌也。或云：束也。李丑倫反。

○成玄英疏：愚芚，無知之貌。體道之士，忘知廢照，芚然而若愚也。

●說文：芚，艸覆蔓。莫抱切。萅(春)，推也。从艸从日，艸春時生也；屯聲。昌純切。蠢(惷)，亂也。从心萅聲。春秋傳曰：王室日惷惷焉。一曰厚也。尺允切。　清朱駿聲通訓定聲：萅，隸作春，字亦作芚；叚借爲蠢，又爲鈍。

⑲〖萬物盡然，而以是相蘊〗

○釋文：「相蘊」，本亦作緼，積也。

●說文：薀，積也。从艸溫聲，於粉切。春秋左傳曰：薀利生孼。縕，紼也，於云切。段玉裁注：薀，俗作蘊。

⑳【與王同匡牀】　續古逸本、林希逸本「匡」作「筐」。

○釋文：「筐」，本亦作匡。「牀」，徐音床。

61 ●說文：匩匡，飯器，筥也。筐筐，匡或从竹。

【覺而後知其夢也】 靜嘉堂本「覺」作「覺者」。

62 〖君乎牧乎〗

○釋文：「牧乎」，崔本作跂乎，云：踶跂，強羊貌。

63 〖何謂和之以天倪〗

○釋文：「天倪」，李音崖，徐音詣，郭音五底反，李云：分也，崔云：或作霓，音同，際也。班固曰天研。

○寓言：和之以天倪。 釋文：「天倪」，音崖，徐音詣。

64 【則是之異乎不是也，亦无辯；然若果然也，則然之異乎不然也，亦无辯】

○闕誤：「則是之異乎不是也，其无辯矣；然若果然也，則然之異乎不然也，亦无辯矣」，見江南古藏本。

○章句音義：「則是之異乎不是也，其无辯矣」，見江南古藏本，舊作亦无辯。「然若果然也，則然之異乎不然也，亦无辯矣」，見江南古藏本，舊无矣字。

65 【若其不相待】 黑水城本、呂惠卿本無「其」字。

66 〖振於无竟，故寓諸无竟〗

○釋文：「无竟」，如字，極也，崔作境。

⑥⑦【罔兩問景曰】

○釋文：「罔兩」，崔本作罔浪。「景」，本或作影，俗〔字〕也。

○寓言：衆罔兩問於影。釋文：「景」，音影，又如字，本或作影。

○天下：飛鳥之景未嘗動也。釋文：「飛鳥之景」，音影。

●北齊顔之推顔氏家訓卷六書證：尚書曰惟影響，周禮云土圭測影、影朝、影夕，孟子曰圖影失形，莊子云罔兩問影，如此等字，皆當爲光景之景。凡陰景者，因光而生，故即謂爲景，淮南子呼爲景柱，廣雅云晷柱挂景，竝是也。至晉世葛洪字苑，傍始加彡，音於景反，而世間輒改治尚書、周禮、莊、孟從葛洪字，甚爲失矣。

⑥⑧【何其无特操與】

○釋文：「无特」，本或作持。「操與」。

⑥⑨【吾待，蛇蚹蜩翼邪】

○寓言：予，蜩甲也，蛇蜕也，似之而非也。

⑦⓪【栩栩然胡蝶也】

○釋文：「栩栩」，徐況羽反，喜貌，崔本作翩。「胡蝶」。

⑺〔自喻適志與〕

○釋文：「自喻」。「志與」，音餘，下同，崔云：與，哉。

⑻【則蘧蘧然周也】 呂惠卿本同，黑水城本不重「蘧」字。

○釋文：「蘧蘧」，崔作據據，引大宗師云：據然覺。

○大宗師：成然寐，蘧然覺。 釋文：「蘧然」，李音渠，崔本作據。「覺」，古孝反。

南華眞經卷第二

莊子內篇　養生主第三

①【吾生也有涯，而知也无涯】　敦煌寫本「涯」作「厓」。

○釋文：「有涯」，本又作崖。「而知」，音智，下同。

○秋水：兩涘渚涯之間。　續古逸本「涯」作「崖」。　釋文：「崖」，字又作涯，亦作厓，並同。

●說文：涯涯，水邊也。崖崖，高邊也。厓厓，山邊也。五佳切。

②【庖丁爲文惠君解牛】

○釋文：「庖丁」，崔本作胞，同，白交反。

○庚桑楚：湯以庖人籠伊尹。　高山寺本「庖」作「胞」。　釋文：「湯以胞」，本又作庖，白交反。「人籠伊尹」，伊尹好廚，故湯用爲庖人也。

●說文：庖庖，廚也。胞胞，兒生裹也。　段玉裁注：包謂母腹，胞謂胎衣。

③【砉然嚮然】

○釋文：「嚮然」，本或無然字。

④【所見无非牛者】　趙諫議本「牛」作「全牛」。

○成玄英疏：始學屠宰，未見間理，所覩唯牛。

⑤【批大郤，導大窾】

○釋文：「批」。「大郤」，徐去逆反，郭音却，崔、李云：間也。「道」，音導。「大窾」。

○人間世：吾行郤曲。　釋文：「郤曲」，去逆反。

○德充符：日夜无郤。　釋文：「无郤」，去逆反，李云間也。

○天道：今吾心正郤矣。　釋文：「正郤」，去逆反，或云息也。

○天運：塗郤守神。　釋文：「塗郤」，去逆反，與隙義同。

○達生：其神无郤。　釋文：「无郤」，去逆反。

○知北遊：若白駒之過郤。　釋文：「過郤」，去逆反，本亦作隙。隙，孔也。

○遍查經典釋文：「卻」，起略反；去略反；卻亦作却。

●說文：卻卻，節欲也。去約切。郤郤，地名，晉大夫叔虎邑也。綺戟切。　段玉裁注：卻，俗作却。隙，又引申之，凡間空皆曰隙，叚借以郤爲之。

⑥【技經肯綮之未嘗】

○釋文：「技經」，本或作倚，其綺反，徐音技。「肯」，說文作肎，字林同。「綮」。▲「音技」，北圖本同，續古逸本作「音枝」。

●説文：徛，舉脛有渡也。去奇切。肎，骨閒肉肎肎箸也。徐鍇繫傳：徛，卽溪澗夏有水、冬無水處，橫木爲之，至冬則去，今曰水彴橋。段注：肎肎，附箸難解之皃。肎之言，可也，故心所願曰肎，得其窾郤曰中肎，引伸之義也。隸作肯。

□案：此句之正常語序爲：「技未嘗經肯綮」，「經」爲動詞。

⑦〔而刀刃若新發於硎〕

○釋文：「硎」，音刑，磨石也，崔本作形。

⑧【謋然已解，如土委地】

○闕誤：「牛不知其死也，如土委地」，見文如海本、劉得一本，舊闕。

○郭象注：得其宜則用力少，理解而無刀迹，若聚土也。成玄英疏：運動鸞刀，甚自微妙，依於天理，所以不難，如土委地，有何蹤跡？

⑨〔惡乎介也〕

○釋文：「介」，音戒，一音兀，司馬云：刖也；向、郭云：偏刖也。崔本作兀，又作趴，云：斷足也。

○郭象注：介，偏刖之名。

○下文：天之生是使獨也。釋文：「使獨」，司馬云：一足曰獨。

●廣雅釋詁三：介，獨也。

⑩〔老聃死，秦失弔之〕

○釋文：「秦失」，本又作佚，各依字讀，亦皆音逸。

⑪【始也，吾以爲其人也】

○闕誤：「始也，吾以爲至人也」，見文本，舊作其。

○成玄英疏：秦失初始入弔，謂哭者是方外門人。及見哀慟，迺知非老君弟子也。

○大宗師：子非其人也。

⑫【遁天倍情】

○釋文：「遯天」，徒遜反，又作遁。「倍情」，音裴，加也。又布對反。本又作背。

○列御寇「遁天之刑」，釋文無注。

○田子方：朝令而夜遁。　釋文：「夜遁」，徐困反。

●說文：遯遯，逃也。徒困切。　遁遁，遷也；一曰逃也。徒困切。　倍倍，反也。薄亥切。　段玉裁注：遁，此字古音同循，遷延之意。

○唐張參五經文字：遯遁，二同。上，易卦遯，逃也。下，遷也。經典通用之。

莊子內篇　人間世第四

①【將之衛】　林希逸本同，續古逸本、趙諫議本、呂惠卿本、黑水城本、釋文「衛」作「衞」。

●說文：衞，宿衞也，从韋帀行。

○隸辨：衛，說文作衞，從韋從帀。九經字樣云：衞，隸省。鄭固碑作衛。按：碑省帀從韋，今俗因之。

②【願以所聞思其則，庶幾其國有瘳乎】

○闕誤：「思其所行則庶幾」，見李氏本，舊闕。

○章句音義：「思其所行，則庶幾其國有瘳乎」，所行，見江南李氏本，舊闕。

◎釋文：「思其則」，絕句。崔、李云：則，法也。

○成玄英疏：顏生今將化衛，是以述昔所聞，思其稟受法言，冀其近於善也。

③【曰：譆！若殆往而刑耳】

○闕誤：「曰譆若往而殆刑耳」，見張君房本，舊作：若殆往而刑耳。

○成玄英疏：若，汝也。殆，近也。汝若往於衛，必遭刑戮者也。

●段玉裁說文解字注：殆，引伸之，凡將然之詞皆曰殆。

④【名也者，相軋也】

○釋文：「相札」，徐於八反，又側列反。李云：折也。崔云：夭也。亦作軋。崔又云：或作礼，相賓禮也。▲「礼」，續古逸本作「禮」。「夭」，天理本作「夫」，其餘宋本作「天」，據清刻本改。

○郭象注：而名起則相軋，知用則爭興，故遺名知而後行可盡也。成玄英疏：軋，傷也。夫矜名則更相毀損，顯智則爭競路興。

○庚桑楚：舉賢則民相軋，任知則民相盜。釋文：「軋」，烏黠反，向音乙。

●段玉裁說文解字注：軋，引申之爲勢相傾。

○說文：禮，禮，履也，所以事神致福也。礼，礼，古文禮。

⑤【而彊以仁義繩墨之言】

○釋文：「而強」，其兩反。

●干祿字書：強彊，上通下正。

○說文：強，蚚也，从虫，弘聲。彊，彊，弓有力也。段玉裁注：強，叚借爲彊弱之彊。彊，引申爲凡有力之稱，又叚爲勥迫之勥。

⑥【術暴人之前者】

○闕誤：「衒暴人之前者」，見江南古藏本，舊作術。

○郭象注：彼所未達也，而彊以仁義準繩於彼，彼將謂回欲毀人以自成也。成玄英疏：繩墨之言，卽五德聖智也。回之德性，衛君未達，而彊用仁義之術，行於暴人之前，所述先王美言，必遭衛君憎惡，故不可也。

●說文：術，邑中道也。衕，行且賣也。衒，衕或从玄。段玉裁注：述，或叚借術爲之，如詩報我不述，本作術是也。

⑦【是以人惡有其美也】

○釋文：「人惡有」，烏路反，下惡不肖同。崔本有作育，云：賣也。

⑧【若唯无詔，王公必將乘人，而鬬其捷】

◎釋文：「若唯」。「無詔」，絕句。詔，告也，言也。崔本作詺，音領，云：逆擊曰詺。「王公必將乘人」，絕句。「而鬬其捷」，崔讀：若唯无詺王公，絕句；必將乘人而鬬，絕句；捷作接其，接，引續也。▲天理本經文無「必」字，據續古逸本、北圖本補。

⑨【而目將熒之】

○釋文：「熒之」，戶扃反，向、崔本作營，音熒。

⑩【王子比干】　續古逸本「干」作「千」。

○釋文：「王子比干」，殷紂之叔父。

⑪【是皆脩其身】　黑水城本、呂惠卿本「脩」作「修」。

●隸辨：脩，按諸碑皆以脩脯之脩爲修飾字。

○說文：𢼄修，飾也。𦝠脩，脯也。　段玉裁注：飾即今之拭字，拂拭之則發其光采，故引申爲文飾。不去其塵垢，不可謂之修；不加縟采，不可謂之修。修之从彡者，洒㕞之也，藻繪之也。修者，治也，引申爲凡治之偁。經傳多假脩爲修治字。

⑫■【堯攻叢支、胥敖】　底本、續古逸本、趙諫議本、林希逸本、黑水城本、呂惠卿本「支」作「枝」，據釋文改。

○釋文：「叢支」，才公反。▲「支」，北圖本作「文」。

○章句音義：「叢支」，才公切。

⑬【國爲虛厲】

○釋文：「虛厲」，如字，又音墟。李云：居宅無人曰虛，死而無後爲厲。

⑭【聖人之所不能勝也】　趙諫議本無「之」字。

⑮【夫以陽爲充孔揚，采色不定】　續古逸本、趙諫議本、呂惠卿本、林希逸本同。黑水城本「采色不定」作「采色不足」。

○郭象注：喜怒無常。　成玄英疏：神采氣色，曾無定準。

●俗書刊誤：采，從爪，俗作釆，非；加手作採，亦非。釆音辨。

○說文：釆，辨別也，象獸指爪分別也，讀若辨。采，捋取也。

⑯【外曲者，與人之爲徒也】　趙諫議本、呂惠卿本無「之」字。

○上下文：內直者，與天爲徒……是之謂與人爲徒。成而上比者，與古爲徒。

○天地：垂衣裳，設采色，動容貌，以媚一世，而不自謂導諛，與夫人之爲徒，通是非，而不自謂衆人，愚之至也。

□案：此句與上下文句法不一，多「之」「也」兩字，維持原狀可也。

⑰【太多政法而不諜】　續古逸本「太」作「大」。

○釋文：「大多」，音泰，崔本作太。

⑱【仲尼曰齋】

○釋文：「曰齊」，本亦作齋，同，側皆反，下同。

○應帝王：子之先生不齊。　釋文：「不齊」，側皆反，本又作齋，下同。

○在宥：乃齊戒以言之。　釋文：「齊戒」，本又作齋，同，側皆反。

○天運：尸祝齋戒以將之。　釋文：「齊戒」，側皆反，本亦作齋。

○達生：三日齊。　釋文：「日齊」，側皆反，後章同。

○知北遊：汝齋戒。　釋文：「齊戒」，側皆反。

●說文：齊齊，禾麥吐穗上平也。齋齋戒，潔也。　段玉裁注：齊，引伸爲凡齊等之義，古叚借爲臍字，亦叚爲齋字。祭統曰：齋之爲言，齊也，齊不齊以致齊者也。　王筠句讀：說文無潔字，當作絜。許云齋戒絜也者，謂三日齋，七日戒，其詞雖異，皆內潔其心，外潔其體之謂也。

○玉篇：齊，在兮切，齊整也。齋，側皆切，易曰：聖人以此齋戒，韓康伯曰：洗心曰齋，防患曰戒。又敬也。

⑲【有而爲，其易邪】　趙諫議本、黑水城本同，續古逸本、呂惠卿本、林希逸本「爲」作「爲之」。

○闕誤：「有心而爲之，其易邪」，見張本，舊闕。

○章句音义：「有心而爲之，其易邪」，心一之，見張君房本，舊作有而爲其易邪。

○釋文：「其易」，以豉反，後皆同。向、崔云：輕易也。

○郭象注：夫有其心而爲之者，誠未易也。以有爲爲易，未見其宜也。

●王念孫讀書雜志荀子第八到而獨鹿：今案：而猶以也，謂到以獨鹿也。古者而與以同義。

⑳【易之者，暤天不宜】　底本、黑水城本「暤」作「暭」，續古逸本、呂惠卿本作「暭」，趙諫議本作「暤」，林希逸本作「皡」。

○釋文：「暭天」，徐胡老反，向云：暭天，自然也。▲「暭」，北圖本作「皡」。天理本「向」作「白」，據續古逸本、北圖本改。

●說文：暤暤，皓旰也。从日，皋聲。段玉裁注：皓旰謂絜白光明之皃。俗从白作皞。

○正字通：暤，昊本字。俗作暭，誤。暭，俗暤字。

○經典文字辨證書：暤，正；皞，俗。

㉑【回之未始得使，實自回也】

◎釋文：「未始得使」，絕句，崔讀至實字絕句。

㉒【无門无毒，一宅而寓於不得已】

○釋文：「无毒」，如字，治也，崔本作每，云：貪也。「而寓」，崔本作如愚。

㉓【絕迹易，无行地難】

◎釋文：「絕迹易无」，絕句，向、崔皆以无字屬下句。

㉔■【瞻彼闋者】底本、呂惠卿本「闋」作「閲」，據續古逸本、趙諫議本、林希逸本、黑水城本改。

○釋文：「闋者」，徐苦穴反，司馬云：空也。▲「穴」，天理本、續古逸本作「宂」，據北圖本改。

○郭象注：夫視有若无，虛室者也。室虛而純白獨生矣。成玄英疏：瞻，觀照也。彼，前境也。闋，空也。夫觀照萬有，悉皆空寂。

●說文：闋，事已，閉門也。傾雪切。閱，具數於門中也。弋雪切。段玉裁注：闋，引申爲凡事已之偁。詩：俾民心闋，傳曰：闋，息也。
○慧琳音義卷九十四：「猶闋」，下犬決反，蒼頡篇云：闋，閱也。

㉕【伏羲】　續古逸本「羲」作「戲」。
○釋文：「伏戲」，本又作羲，亦作犧，同，許宜反。
○大宗師：伏戲得之。　釋文：「伏戲」，音羲，崔本作伏戲氏。
○胠篋：伏戲氏。　釋文：「伏戲」，音羲。
●隋蕭吉撰五行大義第二十一論五帝：帝觀蜘蛛之網，教民取犧牲以充庖廚，故曰庖犧，是謂羲皇。後世音謬，謂之伏犧，或云宓羲。
○晉王嘉撰拾遺記春皇庖犧：庖者包也，言包含萬象；以犧牲登薦於百神，民服其聖，故曰庖犧，亦曰伏羲。

㉖■【子常語諸梁也】　底本、續古逸本、趙諫議本、林希逸本、黑水城本、呂惠卿本「常」作「嘗」，據釋文改。
○釋文：「常語」，魚據反，下同。

●說文：嘗，口味之也。常，下帬也。段玉裁注：引伸凡經過者爲嘗，未經過爲未嘗。常，引伸爲經常字。清朱駿聲說文通訓定聲：常，叚借爲嘗。

㉗【寡不道以懽成】

○闕誤：「寡不道以懽成」，江南古藏本作：寡有不道以成懽。

○郭象注：夫事無小大，少有不言以成爲懽者耳。……夫以成爲懽者，不成則怒矣。成玄英疏：而莫不以成遂爲歡適也。

㉘【吾食也執粗而不臧】黑水城本、呂惠卿本「臧」作「藏」。

○釋文：「執」，眾家本並然，簡文作勢；「粗」，音麤，才古反。「而不臧」，作郎反，善也，絕句；一音才郎反，句至爨字。▲「並」，天理本作「自」，據續古逸本、北圖本改。

㉙【爨无欲清之人】

○釋文：「爨」，七亂反。「无欲清」，七性反，字宜從冫。從冫者，假借也。清，涼也。「之人」。▲「七」，天理本作「士」，據續古逸本、北圖本改。「清」，各本作「清」，據義改。「涼」，天理本、續古逸本作「涼」，據北圖本改。

○郭象注：對火而不思涼，明其所饌儉薄也。

●玉篇：涼，俗涼字。

○干祿字書：清清，溫清字，俗作凊，非也。

○說文：清清，朖也，澂水之皃。凊凊，寒也。涼涼，薄也。段玉裁注：朖者，明也，澂而後明，故云澂水之皃。引伸之凡潔曰清，凡人潔之亦曰清，同瀞。曲禮曰：凡爲人子之禮，冬溫而夏凊。涼，薄也，薄則生寒，又引伸爲寒，如北風其涼是也。至字林乃云：涼，微寒也。

(30) ■【夫傳兩喜兩怒之言】底本、續古逸本、趙諫議本、林希逸本、黑水城本、呂惠卿本「怒」作「怒」，據釋文所校之某本改；下文「兩怒必多溢惡之言」同此改。

○釋文：「兩怒」，本又作怒，下同。

●論語憲問：奪伯氏駢邑三百，飯疏食，沒齒無怨言。

○左傳僖公二十四年：尤而效之，罪又甚焉，且出怨言，不食其食。

○周禮夏官合方氏：通其財利，同其數器，壹其度量，除其怨惡，同其好善。

(31) 【凡溢之，類妄】林希逸本、句解本「類妄」作「類也妄」。

(32) 【泰至則多奇巧】

○釋文：「大至」，音泰，本亦作泰，下同。

(33) 【巧言偏辭】

○釋文：「偏辭」，音篇，崔本作諞，音辯。

㉞〔氣息茀然〕
○釋文：「氣息」，向本作諰器，云：諰，馬氏音息；器，氣也。崔本作諰簃，云：喘息；簃，不調也，又作簞字。

㉟【顔闔將傅衛靈公太子】　黑水城本「傅」作「傳」。黑水城本、續古逸本「太」作「大」。
○釋文：「顔闔」，向、崔本作盍。「大子」，音泰。
○達生：顔闔遇之。　釋文：「顔闔」，戶臘反，元嘉本作盍，崔同。

㊱〔彼且爲无崖〕
○釋文：「无崖」，司馬云：不顧法也。▲「崖」，天理本、北圖本作「崔」，據續古逸本、分章本改。
○天道：生熟不盡於前，而積斂无崖。
○知北遊：其來无迹，其往无崖。
○徐无鬼：其問之也，不可以有崖，而不可以无崖。
●說文：崔崔，大高也。崖崖，高邊也。

㊲〔積伐而美者，以犯之，幾矣〕
○章句音義：「幾矣」，文本作：幾殆矣。

㊳〔以筐盛矢，以蜄盛溺〕

㊴

○釋文：「盛矢」，音成，下同。矢或作屎，同。「溺」，奴弔反。
○章句音義：「溺」，奴弔切，劉得一作屡，从尾从水。
○知北遊：在屎溺。　釋文：「屎」，尸旨反，舊詩旨反，本或作矢。「溺」。
●說文：菌，糞也。式視切。屡(尿)，人小便也。奴弔切。　徐鍇繫傳：菌，今作矢，假借也。　段玉裁注：屡，古書多假溺爲之。
○玉篇：菌，舒理切，糞也，亦作矢，俗爲屎。
○玄應音義卷十三：「矢溺」，又作屎，說文作菌，同，式旨反，糞矢也。下正體作⿰氵屡屡二形，同，乃吊反，經文作溺，假借耳。

【適有蚊虻僕緣，而拊之不時】　眾本「蚊虻」作「蚉宝」。

○釋文：「蚉」，音文，本或作蟁，同。「宝」，孟庚反。「僕緣」。「而拊」，崔本作府，音拊。▲「本或」，天理本、北圖本作「或本」，據續古逸本改。
○應帝王：猶涉海鑿河而使蚉負山也。　釋文：「蚉」，音文，本亦作蟁，同。
○秋水：是猶使蚉負山、商蚷馳河也。　釋文：「蚉」，音文。
○天運：蚊虻噆膚。　釋文：「蚊」，音文，字亦作蟁。「虻」，音盲，字亦作䖟。
○寓言：如鸛蚊相過乎前也。　釋文：「蚊」，音文。「虻」，孟庚反。

○天下：其猶一蚉一䖟之勞者也。

●說文：[篆]𧕟，齧人飛蟲。[篆]蚊，俗𧕟从虫从文。[篆]𧍗，齧人飛蟲。武庚切。

○慧琳音義卷三：「蚊𧍗」，上勿芬反，說文作𧕟，經中作蚉，俗字也。

○集韻：𧍗虻，說文齧人飛蟲；或省。

○正字通：虻䖟𧍗，𠇍(並)同。蝱，俗𧍗字。

⑩【則缺銜】　句解本同，林希逸本「銜」作「御」。

⑪【其大蔽牛】

○闕誤：「其大蔽數千牛」，文、成、李、張本同，舊闕。

○釋文：「蔽牛」，必世反，李云：牛住其旁而不見。

○成玄英疏：櫟社之大，特高常木，枝葉覆蔭，木蔽千牛；以繩束之，圍麤百尺。江南莊本多言「其大蔽牛」，無「數千」字，此本應錯。且商丘之木，既結駟千乘，曲轅之樹，豈蔽一牛？以此格量，「數千」之本是也。

⑫【絜之百圍】　趙諫議本、黑水城本、呂惠卿本「絜」作「潔」。

○釋文：「絜」，向、徐戶結反，約束也。

○讓王：不如避之以絜吾行。高山寺本「絜」作「潔」，林希逸本作「潔」。

●正字通：潔，俗絜字。

○說文：絜絜，麻一耑也。段玉裁注：一耑猶一束也。耑，頭也。束，故曰耑。人部係下云：絜，束也。是知絜爲束也。束之必圍之，故引申之圍度曰絜。束之則不枝曼，故又引申爲潔淨。俗作潔，經典作絜。

㊸【其高臨山十仞而後有枝】

○釋文：「十仞」，崔本作千仞。

㊹【匠伯不顧】

○釋文：「匠伯」，伯，匠石字也，崔本亦作石。

㊺【以爲棺槨則速腐】

○釋文：「則速」，如字。向、崔本作數，向所祿反，下同。

㊻【以爲柱則蠹】 林希逸本、句解本「柱」作「樹」，注：「樹，柱也。」

㊼【此以其能苦其生者也】

○釋文：「苦其」，如字，崔本作枯。

㊽【而幾死之散人，又惡知散木】

◎釋文：「而幾死之」，絕句，向同，一讀連下散人爲句，崔同。

⑲【不爲社者，且幾有翦乎】

○釋文：「且幾」。「翦乎」，子淺反，崔本作前于。

⑳■【見大木焉，有異，結駟千乘隱，將庇其所藾】　底本、續古逸本、黑水城本、呂惠卿本、趙諫議本、林希逸本「庇」作「芘」、「藾」作「藾」，據釋文所校之某本、崔本改。黑水城本、呂惠卿本「藾」作「籟」。敦煌寫本縮略作「其枝隱蔽千乘」。

○闕誤：「將隱芘其所藾」，見張本，舊作隱將。

○章句音義：「將隱芘其所藾」，見張君房本，舊作隱將芘其所藾。

○釋文：「隱」，崔云：傷於熱也。「將芘」，本亦作庇，崔本作比，云：芘也。「所藾」，崔本作賴，向云：蔭也。▲「比」，續古逸本作「芘」。

○郭象注：其枝所陰，可以隱芘千乘。

●說文：隱，蔽也。於謹切。庇，蔭也。必至切。芘，草也。一曰芘茮木。旁脂切。藾，贏也。洛帶切。　段玉裁注：庇，引伸之爲凡覆庇之偁。釋言曰：庇、休，蔭也。高帝紀：始大人常以臣亡賴。應曰：賴者，恃也。晉曰：許愼云：賴，利也。無利入於家也。

○經典文字辨證書：庇，正。芘，別。

○玉篇：藾，力蓋切，藾蕭也，蒿也。

⑤¹ 【此必有異材夫】　黑水城本、呂惠卿本無「此」字。

⑤² 〔仰而視其細枝〕

○釋文：「仰而」，向、崔本作從而。

⑤³ 〔則拳曲而不可以爲棟梁〕

○釋文：「則拳」，本亦作卷，音權。　參見逍遥遊校勘記㊹。

⑤⁴ 〔咶其葉，則口爛而爲傷；嗅之〕

○釋文：「咶」，食紙反。「嗅」，崔云：齅，許救反。

●玉篇：齅，喜宥切，說文云：以鼻就臭也。論語曰：三齅而作。亦作嗅。

○慧琳音義卷七十五：「舐利」，食尒反，誤用字也，說文云：以舌取物也。正從易作䑛，或作䑜，並正體字也。字書或作咕，俗字，或古字也。　參見田子方校勘記㊱。

⑤⁵ ■【宋有荊氏者，宜秋柏桑】　底本、續古逸本、趙諫議本、黑水城本、呂惠卿本、林希逸本「秋」作「楸」，據釋文改。

○釋文：「宜秋栢桑」，崔云：荊氏之地，宜此三木。李云：三木，文木也。▲北圖本同。續古逸本「秋栢」作「楸柏」。

○列御寇：既爲秋柏之實矣。

●干禄字書：栢柏，上俗下正。

○唐張參五經文字：柏，巴格反，經典相承亦作栢。

○説文：柏柏，鞠也，从木，白聲。博陌切。

⑯【求狙猴之杙者斬之】

○釋文：「之杙」，司馬作朳，音八，崔本作柭，音跋，云：枷也。▲「柭」，天理本、續古逸本作「拔」，據北圖本改。

●玉篇：杙，余力切，橜也。朳，兵拔切，無齒杷也。柭，蒲葛切，矢末也。

⑰【求禪傍者斬之】

○釋文：「求禪」，本亦作擅，音膳。「傍」，薄剛反。

⑱【肩高於頂】

○釋文：「於頂」，如字，本作項。

○大宗師：肩高於頂。　釋文：「於頂」，本亦作項。崔本作釘，音頂。

⑲【五管在上，兩髀爲脅，挫鍼治繲】

○釋文：「管」，崔本作筦。「在上」，李云：管，腧也，五藏之腧皆在上也。「兩髀」，本又作脾，同，音陛。「爲脅」。「挫」。「鍼」。「治繲」，佳賣反，司馬云：浣衣也，向同，崔作繲，音綫。▲「緈」，天理本作「緈」，據續古逸本、北圖本改。

⑥⓪
○在宥：拊髀雀躍而遊。　續古逸本「髀」作「脾」。　釋文：「脾」，本又作髀。。

●說文：髀，股也。脾，土藏也。　段玉裁注：古文以髀爲脾字。

【足以餬口】　林希逸本、句解本「餬」作「糊」。

○釋文：「餬口」，徐音胡，李云：食也，崔云：字或作互，或作餂。

●說文：餬，寄食也。戶吳切。

○玉篇：餬，戶吾切，寄食也，或作糊。　餂，同上。

○清鐵珊撰增廣字學舉隅：餬糊，皆音胡。　上，饘也，糜也，寄食也。　下，黏也，粥也，糊口也，又模糊，漫兒。　正考父鼎銘：饘于是，粥于是，以糊余口。

⑥①
〔則支離攘臂於其間〕

○釋文：「攘」。「臂於其間」，司馬云：間，裏也，崔本作攘臂於其開，云：開，門中也。

⑥②
■【福輕乎羽，莫之知載。禍重乎地，莫之知寘】　底本、續古逸本、趙諫議本、黑水城本、呂惠卿本、林希逸本「寘」作「避」，據釋文所校之舊本改。

○釋文：「知避」，舊本作寘，云：置也。

○郭象注：禍至重而莫之知避，此世之大迷也。

●說文：（新附字）寘，置也。支義切。窴，塞也。待年切。　清鈕樹玉說文新附考：玉篇：寘，支義切，置也。按詩伐檀：寘之河之干兮，毛傳：寘，置也。說文：迣讀若寘，則不應遺寘，故疑爲窴之省文。蓋寘窴竝从眞聲，宀穴二部義亦相近，如寮俗作寮，窳俗作窳，窫俗反作窫是也。　後魏故懷令李超墓誌銘：化動陰窴，與蓋帶爲韻，則窴自有迣音矣。

○集韻、廣韻、龍龕手鑑：寘，止也，置也，廢也。支義切。

○玉篇：窴，徒堅切，塞也，今作塡。

63

■【已乎已乎】　底本、續古逸本、黑水城本「已」作「己」，據趙諫議本、呂惠卿本、林希逸本改。　林希逸注：巳乎巳乎，猶言休休也。

○郭象注：有其己而臨物，與物不冥矣。　成玄英疏：已，止也。

○齊物論：已乎已乎，旦暮得此，其所由以生乎？

○則陽：已乎已乎，且无所逃。

○寓言：已乎已乎，吾且不得及彼乎！

●左傳昭公十二年：已乎已乎，非吾黨之士乎！　漢服虔注：已乎，決絕之辭。　漢鄭玄注：已乎已乎，言自遂不改。

64

【吾行郤曲】

○闕誤：「卻曲卻曲」，見張本，舊作吾行卻曲。▲守山閣本「卻」作「郤」。

○章句音義：「郤曲郤曲」，乞約切，退也，謂退身曲全也。郤曲郤曲，見張君房本，舊作吾行郤曲，轉寫誤也。郤音乞逆切，今不取。□案：據章句音義所述，「郤」字當作「卻」。參見養生主校勘記⑤。

○釋文：「郤曲」，去逆反，字書作迟，廣雅云：迟，曲也。

○郭象注：曲成其行，各自足矣。成玄英疏：郤，空也。曲，從順也。虛空其心，隨順物性，則凡稱吾者，各自足也。

●篆隸萬象名義：郤，去戟反，迴曲也。

○廣雅釋詁：迟，曲也。隋曹憲音：迟，音隙。

○說文：䢺迟，曲行也。从辵，只聲。綺戟切。段玉裁注：莊子吾行郤曲，郤曲即迟曲，異部叚借也。

⑥5【无傷吾足】黑水城本、呂惠卿本「傷」作「復」，注文作「傷」。

莊子內篇　德充符第五

①

■【魯有介者王駘】眾本「介」作「兀」，據釋文及養生主改。本篇所有「兀」字皆改作「介」。

○釋文：「兀者」，五忽反，又音界。李云：刖足曰兀。案：篆書兀介字相似。

○下文：而未嘗知吾兀者也。　釋文：「知吾介」，本又作兀，兩通。

○養生主：是何人也？惡乎介也？天與？其人與？曰：天也，非人也，天之生是使獨也。郭象注：介，偏刖之名。　釋文：「介」，音戒，一音兀，司馬云：刖也。崔本作兀，又作趴，云：斷足也。「使獨」，司馬云：一足曰獨。

○庚桑楚：介者拸畫，外非譽也。　釋文：「介」，音界，郭云：刖也，廣雅云：獨也。崔本作兀。

●說文：介介，畫也。从人从八，人各有介。兀兀，高而上平也，从一在儿上。

□案：據隸辨所摹漢碑，介之隸書作尒或尒。

○方言卷六：介，特也。　物無耦曰特，獸無耦曰介。

○廣雅釋詁三：介、特，獨也。

②

【雖天地覆墜】

○釋文：「雖天地覆」。「墜」，本又作隊，直類反。

○達生：夫醉者之墜車。釋文：「之墜」，字或作隊，同，直類反，後皆同。

●爾雅釋詁：隊，落也。

○說文：𨸏隊，從高隊也。直類切。段玉裁注：隊墜，正俗字，古書多作隊，今則墜行而隊廢矣。

③【命物之化，而守其宗也】

○闕誤：「守其宗者也」，見江南古藏本，舊闕。

○章句音義：「而守其宗者也」，見江南藏本，舊闕。

○成玄英疏：故恆住其宗本者也。

④〔物何爲最之哉〕

○釋文：「最之」，徂會反，徐采會反，司馬云：聚也。

○郭象注：故常使物就之。成玄英疏：最，聚也。……使眾歸之者也。

●唐空海篆隸萬象名義：最，子外反，極也，好也，聚也。

○說文：冣最，犯而取也，又曰會。从冃取。祖外切。▲「又曰會」，據小徐本補。王筠句讀：公羊隱元年傳：會，猶最也。注：最，聚也。

⑤【人莫鑑於流水】

○釋文：「流水」，崔本作沫水，云：沫或作流。▲「本」，天理本作「体」，據北圖本、續古逸本改。

⑥【受命於地，唯松柏獨也在，冬夏青青；受命於天，唯舜獨也正，幸能正生，以正眾生】

○闕誤：「受命於地，唯松柏獨也正，在冬夏青青；受命於天，唯堯、舜獨也正，在萬物之首」，見張本，舊闕。

○成玄英疏：凡厥草木，皆資厚地。至於稟質堅勁，隆冬不凋者，在松柏，通年四季，常保青全。……至如挺氣正眞，獨有虞舜。

⑦【彼且擇日而登假，人則從是也】

○釋文：「假人」，古雅反，借也。徐音遐，讀連上句，人字句下。▲「句下」，天理本、北圖本、續古逸本作「向下」，據分章本改。

●五經文字：假，工下反，至也。又音格。經典多作假。

○大宗師：是知之能登假於道也若此。　釋文：「登假」，更百反，至也。

○說文：假，非眞也；一曰至也，虞書曰：假于上下。古雅切。　假，至也。古雅切。　叚，借也。古雅切。　遐，遠也。胡加切。　徐鉉注：遐，或通用假字。

○爾雅釋詁：假，陞也。

○方言卷一：假（音駕）、佫（古格字），至也。邠、唐、冀、兗之間曰假，或曰佫。

○淮南子齊俗：其不能乘雲升假，亦明矣。　漢高誘注：假，上也。

⑧【伯昬无人】　黑水城本、呂惠卿本「昬」作「昏」。呂惠卿本「无」作「無」。

○釋文：「无人」，雜篇作瞀人。

○列御寇：列御寇之齊，中道而反，遇伯昏瞀人。　釋文：「瞀人」，音茂，又音務。

○田子方：列御寇爲伯昬无人射。

⑨【先生之門】　續古逸本「生」作「王」。

⑩【計子之德，不足以自反邪】

○闕誤：「計子之德□足以自反邪」，文、成、李、張同，舊作：不足以自反邪。

○章句音義：「不足以自反邪」，張君房本无不字。

○郭象注：計子之德，故不足以補形殘之過。　成玄英疏：反，猶復也。言申徒嘉形殘如是，而不自知，乃欲將我並驅，可謂與堯爭善。子雖有德，何足言以德補殘？猶未平復也。

●隸辨：□，讀若圍。

○管錫華：□，這箇空圍是初刻時多刻一字挖掉所作，並非有缺文，更不是口字。（漢語古籍校勘學，成都：巴蜀書社，2003年，第113頁。）

⑪【遊於羿之彀中，中央者，中地也，然而不中者，命也】

○釋文：「羿」。「彀」，音遘，張弓也。「中」，如字。「央」，於良反，舊於倉反。郭云：弓矢所及爲彀中。「中地」，丁仲反，下不中，注中與不中，同。

○郭象注：羿，古之善射……弓矢所及爲彀中。夫利害相攻，則天下皆羿……自不遺身忘知，與物同波者，皆遊於羿之彀中耳。雖張毅之出，單豹之處，猶未免於中地，則中與不中，唯在命耳。

⑫【不知先生之洗我以善邪】

○闕誤：「不知先生之洗我以善邪？吾之自寤邪？」見張本，舊闕。

○郭象注：不知先生洗我以善道故邪？我爲能自反邪？斯自忘形而遺累矣。

成玄英疏：不知師以善水洗滌我心，爲是我之性情自反復？

⑬【吾與夫子遊，十九年矣】　趙諫議本無「矣」字。

⑭■【而未嘗知吾介者也】　衆本「介」作「兀」，據釋文及上文改。

○釋文：「知吾介」，本又作兀，兩通。▲天理本無「兀」字，據續古逸本、北圖本補。

⑮〔子不謹，前既犯患若是矣〕

◎釋文：「子不謹前」，絕句，一讀以謹字絕句。

⑯【孔丘之於至人，其未邪】

○闕誤：「孔丘之於至人□未邪」，見張本，舊作其未邪。

○成玄英疏：以汝格量，故知其未如至人也。

●王引之經傳釋詞：其，擬議之詞也。其，猶殆也。

【彼且蘄以諔詭幻怪之名聞】⑰

○釋文：「且蘄」。「諔」，尺叔反。「詭」。「幻」，滑辯反，亦作勽。

【又以惡駭天下】⑱

○釋文：「惡駭」，胡楷反，崔本作駴。▲「楷」，天理本作「楷」，據續古逸本、北圖本改。

■【氾若而辭】⑲ 底本、續古逸本、林希逸本、呂惠卿本、黑水城本「若而」作「而若」，據趙諫議本改。眾本「氾」作「汜」，據釋文之音義改；同偏旁者同此改。

○釋文：「氾」，浮劒反，不係也。

○郭象注：人辭亦辭。 成玄英疏：氾若者，是無的當，不係之貌也。 雖無驚於寵辱，亦乃同塵以遜讓，故氾然，常人辭亦辭也。

○天下：墨子氾愛。 釋文：「氾」，芳劒反。

○田子方：臧丈人昧然而不應，泛然而辭。

●正字通：氾與汜音義別，俗氾譌作汜。

○說文：汜，水別復入水也；一曰：汜，窮瀆也。詳里切。汜，濫也。孚梵切。

○漢書賈誼傳：苟若而可。顔師古注：若，猶然也。

⑳【寡人卹焉】底本、續古逸本、趙諫議本、黑水城本、呂惠卿本、林希逸本「卹」作「䘏」。

○徐无鬼：若卹若失。釋文：「若䘏」，音恤。

●六書正譌：卹，雪律切，憂也，从血，卩聲。人憂則傷血，會意。俗作䘏，非。

○說文：卹，憂也。从血，卩聲；一曰鮮少也。辛聿切。恤，憂也。徐鍇繫傳：卹者，言憂之切至也。段玉裁注：卹與恤音義皆同，古書多用卹字，後人多改爲恤。

㉑〖丘也嘗使於楚矣〗

○釋文：「嘗使於楚矣」，使，音所吏反，本亦作遊，本又直云：嘗於楚矣。

㉒【適見豚子食於其死母者】續古逸本「豚」作「㹠」。

○釋文：「㹠子」，本又作豚，徒門反。

●俗書刊誤：豚，俗作㹠豘，竝非。

○說文：，小豕也。豚，篆文从肉豕。

㉓〖少焉眴若〗

○釋文：「眴若」，本亦作瞬，音舜。

●說文：旬，目搖也。从目，勻省聲。黃絢切。眴，旬或从目旬。瞚，開闔目數搖也。舒閏切。　徐鉉曰：瞚，今俗別作瞬，非是。

㉔【其人之葬也，不以翣資】

○釋文：「翣資」，所甲反，扇也，武王所造。宋均云：武飾也。崔本作翣杸，音坎，謂先人墳墓也。▲「謂」，天理本、北圖本作「坎謂」，據續古逸本刪「坎」字。

㉕【不得復使】

○釋文：「不得復使」，崔本作：不得復使入。

㉖■【賢不肖】　底本、續古逸本、黑水城本、呂惠卿本、林希逸本「賢不肖」作「賢與不肖」，據趙諫議本刪「與」字。

○天道：賞罰已明，而愚知處宜，貴賤履位，仁賢不肖襲情。

㉗【而不失於兌】　眾本「兌」作「兊」，說悅等同偏旁字同此。

○釋文：「於兊」，徒外反，李云：悅也。

○成玄英疏：兌，偏悅也。

●干祿字書：兊兌，上通下正。

○五經文字：兌兊，大外反。上說文，下經典相承隸省。凡從兊者放此。

○說文：兑，說也。段玉裁注：說者，今之悦字。

㉘【使日夜无郤】敦煌本「郤」作「陳」。

○釋文：「无郤」，去逆反，李云：間也。▲「間」，北圖本作「閒」，續古逸本作「閑」。

○成玄英疏：郤，間也。駘它流轉，日夜不停，心心相係，亦無間斷也。

㉙■【甕㼜大癭】底本「癭」作「廮」，據眾校本及釋文改。

○釋文：「甕」。「㼜」。「大癭」，一領反，説文云：瘤也。

●說文：㲽廮，安止也。鉅鹿有廮陶縣。於郢切。瘿瘦，頸瘤也。於郢切。

㉚【謷乎大哉，獨成其天】

○釋文：「謷乎」。「獨成其天」，崔本天字作大。

㉛【倚樹而吟，據槁梧而瞑】

○釋文：「倚樹」，於綺反。「據槁」，苦老反。「梧」，音吾。「而瞑」，音眠。崔云：據琴而睡也。

○天運：儻然立於四虚之道，倚於槁梧而吟。

南華眞經卷第三

莊子內篇　大宗師第六

①【知天之所爲者，天而生也】

○釋文：「天而生」，向、崔本作失而生。

②【是知之能登假於道也若此】

○釋文：「登假」，更百反，至也。

③【其出不訢，其入不距】

○釋文：「不訢」，音欣，又音祈。「不距」，本又作拒，音巨。李云：欣出則營生，距入則惡死。

●五經文字：拒，與距字同。

○隸辨：石經論語殘碑：其不可者距之。按：今本論語作拒。

④【翛然而往】

○釋文：「翛然」，音蕭，本又作儵。▲「翛」，天理本、北圖本作「脩」，據續古逸本改。

●隸辨：翛，［漢］唐公房碑：翛然與之俱去。

○說文：儵儵，青黑繒發白色也。式竹切。

○玉篇：儵，尸祝切，疾也，或作倏。又音蕭。儵，他狄切，又大的尸育二切，儵儵，禍毒也，青黑繒也，急疾也。

⑤〔是之謂不以心捐道〕

○釋文：「捐」，徐以全反，郭作揖，一入反。崔云：或作楫，所以行舟也。▲「揖」，天理本、北圖本作「楫」，據續古逸本改。

○郭象注：用心則背道。　成玄英疏：捐，棄也。　捐棄虛通之道。

●說文：捐捐，棄也。與專切。

⑥【其容寂】

○釋文：「容寂」，本亦作寂，崔本作宗。▲「宗」，宋本作「宗」，據四庫本改。

●說文：宗宗，無人聲也。　段玉裁注：宗，今字作寂，方言作家，云：靜也，江、湘、九嶷之郊謂之家。

⑦〔其顙頯〕

○釋文：「其顙」，息黨反，崔云：額也。「頯」，徐去軌反，郭苦對反，李音仇，一音逵，權也。王云：質朴無飾也。向本作頯，云：頯然，大朴貌；廣雅云：頯，大也，五罪反。

○天道：而頯頯然。敦煌本「頯」作「顯」。釋文：「頯頯」，上息黨反，下去軌反，本又作顯，如字，司馬本作魌。

●說文：頯，權也。渠追切。魌，頭不正也。口猥切。徐鍇繫傳：莊子曰：其頯頯。頯，塊然也。

○廣雅釋詁：頯，厚也。魌，大也。

【申徒狄】⑧

○釋文：「申徒狄」，崔本作司徒狄。

【與乎其觚而不堅也，張乎其虛而不華也，邴邴乎其似喜乎，崔乎其不得已乎，滀乎進我色也，與乎止我德也，厲乎其似世乎】⑨

○闕誤：「邴邴乎其似喜乎，崔乎其不得已乎；厲乎其似世乎」，文、成、張作：邴邴乎其似喜也，崔崔乎其不得已也；厲乎其似世也。

○釋文：「與乎」，如字，又音豫，同，云：疑貌。「其觚」，音孤，王云：觚，特立不羣也；崔云：觚，棱也。「邴邴」，徐音丙。「崔乎」，千罪反。「滀乎」，本又作慉，敕六反。司馬云：色憒起貌。王云：富有德充也。簡文云：聚也。「厲乎」，崔本作廣。

●玉篇：滀，仲六切，滯也。

○廣韻：湽，丑六切，水聚。傗，丑六切，傗俶，不伸。

⑩【悗乎忘其言也】

○釋文：「悗乎」，亡本反，字或作免。李云：無匹貌。王云：廢忘也。崔云：婉順也。

●玉篇：悗，武桓切，惑也。

⑪【以德爲循】

○釋文：「爲循」，本亦作脩，兩得。「脩」，參見人間世校勘記⑪。

○天地：循於道之謂備。　釋文：「循」，音旬，或作脩。

●説文：循，行順也。

○廣雅釋詁：循，順也。

⑫【綽乎其殺也】

○釋文：「綽乎」，昌略反，崔本作淖。

⑬【其有夜旦之常】

○釋文：「夜旦」，如字，崔本作靼，音怛。

⑭■【相濡以沫】　底本、呂惠卿本「沫」作「沬」，據續古逸本、趙諫議本、黑水城本、林希逸本及釋文改。天運「相濡以沫」同此改。

○釋文：「相濡」，本又作濡，音儒。「以沫」，音末。▲「以沫音末」，天理本、北圖本作「以沫音未」，據續古逸本改。

○成玄英疏：於是吐沫相濡，呴氣相濕，恩愛往來，更相親附。

○天運：相呴以濕，相濡以沫。　釋文：「相濡」。「以沫」，音末。

○天運：烏鵲孺，魚傅沫。　釋文：「沫」，音末。司馬云：傅沫者，以沫相育也。一云：傅口中沫，相與而生子也。

●說文：沬，沬，洒面也。荒內切。沬，沬，沬水出蜀西南徼外，東南入江。莫割切。濡，濡，水出涿郡故安，東入淶。　段玉裁注：沫，謂水泡。今字以濡爲霑濡，經典皆然。

○經典文字辨證書：濡，正。濡，俗。

【善夭善老】⑮

○釋文：「善妖」，崔本作狖，同，古卯反。本又作夭，於表反，簡文於橋反，云：異也。

○闕誤：「善少」，見張本，舊作夭。

○郭象注：不善少而否老。　釋文：「善少」，詩照反。「否老」，音鄙，本亦作鄙。　成玄英疏：至於壽夭老少，都不介懷。

●說文：𡚾，巧也。一曰女子笑皃。詩曰：桃之𡚾𡚾。於喬切。夭，屈也，从大，象形。於兆切。段玉裁注：𡚾，俗省作妖。隰有萇楚傳曰：夭，少也。桃夭傳曰：夭夭，桃之少壯也。凱風傳曰：夭夭，盛皃也。月令注曰：少長曰夭。此皆謂物初長可觀也。物初長者，尚屈而未申，叚令不成遂，則終於夭而已矣，故左傳、國語注曰：短折曰夭，國語注又曰：不終曰夭，引申之義也。

⑯【在太極之先而不爲高】

○釋文：「在大極」，音泰。「之先」，一本作之先宋，崔本同。▲「宋」，北圖本作「未」，續古逸本作「末」。

⑰【伏戲得之】　黑水城本、呂惠卿本「戲」作「犧」。

○釋文：「伏戲」，音羲，崔本作伏戲氏。

⑱【終古不忒】

○釋文：「終古」。「不忒」，它得反，差也。崔本作代。

⑲【堪坏得之】　黑水城本、呂惠卿本、林希逸本「坏」作「坯」。

○釋文：「堪坏」，徐扶眉反，崔本作邳，淮南作欽負。

●玉篇：坏，普梅切。說文云：丘再成者也，一曰瓦未燒。又作坯。

⑳ 〖以襲崐崘〗
○釋文：「崐崘」，崐或作崐，同，音昆。

㉑ 〖以遊大川〗
○釋文：「大川」，河也。崔本作泰川。▲天理本無「本」字，據續古逸本、北圖本補。

㉒ 【以處大山】趙諫議本、黑水城本、呂惠卿本「大」作「太」。
○釋文：「大山」，音泰，又如字。

㉓ 〖傅說得之，以相武丁，奄有天下，乘東維，騎箕尾，而比於列星〗
○釋文：「傅說」，音悅。「得之，以相」，息亮反。「武丁，奄有天下，乘東維，騎箕尾，而比於列星」，崔本此下更有：其生無父母，死登假三年而形遯，此言神人無能名者也。凡二十二字。

㉔ 【色若孺子】續古逸本、林希逸本「孺」作「孺」。
○釋文：「孺子」，本亦作孺，如喻反。李云：弱子也。
●說文：孺，乳子也。
○玉篇：孺，如喻切，稚也，少也，乳子也。孺，同上，俗。

㉕ 【可得學邪】黑水城本、呂惠卿本、趙諫議本、分章本同，續古逸本、林希逸本作「道可得學邪」。

㉖【參日而後能外天下】　黑水城本、呂惠卿本「參」作「三」。

○釋文：「參日」，音三。

●説文：曑，曑商，星也。所今切。曑，或省。二三，天地人之道也。穌甘切。

○玉篇：參，千含切，相參也，相謁也，分也，卽三也。又所今切，星名。

㉗【殺生者不死】

○闕誤：「故殺生者不死」，見江南古藏本，舊闕。

○章句音義故見江南古藏本，　舊闕。

○釋文：「殺生者不死」。

㉘〔子祀、子輿〕

○釋文：「子祀」，崔云：淮南作子永。「子輿」，本又作與，音餘。

㉙【遂相與爲友】　趙諫議本無「遂」字。

○下文：三人相視而笑，莫逆於心，遂相與友。

㉚〔偉哉！夫造物者將以予爲此拘拘也〕

◎釋文：「偉哉」，崔云：自此至鑑于井，皆子祀自説病狀也。

㉛〔肩高於頂〕

㉜ ○釋文：「於頂」，本亦作項。崔本作釘，音頂。

【陰陽之氣有沴】

○釋文：「有沴」，音麗，郭奴結反，云：陵亂也，李同。崔本作𢌶，云：滿也。▲「𢌶」，四庫本作「𢌶」。

●說文：沴沴，水不利也。郎計切。濔濔，滿也。奴禮切。

○漢書五行志：氣相傷謂之沴。沴，猶臨莅，不和意也。

㉝【其心閒而无事】 黑水城本同，底本、呂惠卿本、趙諫議本、續古逸本、林希逸本「閒」作「閒」。後文「閒居，倐德就閒，閒游，閒暇」等徑改作「閒」。

◎釋文：「其心閒」，音閑。崔以其心屬上句。▲「閒」，天理本作「間」，據北圖本、續古逸本改。參見齊物論校勘記⑪。

㉞【跰䟕而鑑于井】

○釋文：「跰䟕」，步田反，下悉田反，崔本作邊鮮。司馬云：病不能行，故跰䟕也。

㉟【曰：嗟乎】

◎釋文：「曰嗟乎」，崔云：此子輿辭。

㊱【曰：亡，予何惡】

◎釋文：「曰亡」，如字，絕句。「予何惡」，烏路反，下同；一音如字，讀則連亡字爲句。

37 ■【予因以時夜】　底本、續古逸本、趙諫議本、林希逸本、黑水城本、呂惠卿本「時夜」作「求時夜」，據釋文所校之某本删「求」字。

○釋文：「予因以求時夜」，一本無求字。

○成玄英疏：彈則求於鴞鳥，鷄則夜候天時。

○齊物論：且汝亦大早計，見卵而求時夜，見彈而求鴞炙。

38 【喘喘然將死】

○釋文：「喘喘」，崔本作惴惴。

39 【叱避，无怛化】　黑水城本、呂惠卿本「怛」作「怚」。

○釋文：「叱避」，昌失反。「无怛」，丁達反，崔本作靼，音怛。案：怛，驚也。

40 【以汝爲蟲臂乎】

○釋文：「蟲臂」，臂亦作腸，崔本同。

○成玄英疏：或化四支爲蟲之臂。

41 【我則捍矣】　續古逸本、林希逸本「捍」作「悍」。

○釋文：「則悍」，本亦作捍，說文云：捍，抵也。

○郭象注：適足捍逆於理，以速其死。

○盜跖：勇悍果敢。

●說文：悍，勇也。侯旰切。扞，枝也。侯旰切。斁，止也。从攴，旱聲。侯旰切。周書曰：斁我于艱。　段玉裁注：斁扞，古今字，扞行而斁廢矣。扞，字亦作捍。　祭法：能禦大災，能捍大患，則祀之，魯語作扞。

○玄應音義卷一：「爲捍」，又作扞，同，胡旦反。說文：扞，止也。亦蔽也，衛也。

㊷ ■【成然寐，蘧然覺，發然汗出】　底本、續古逸本、趙諫議本、林希逸本、黑水城本、呂惠卿本無「發然汗出」一句，據釋文所校之向、崔本補。

○釋文：「成然」，如字，崔同；本或作戌，音恤；簡文云：當作滅；本又作眓，呼括反，視高貌；本亦作俄然。「蘧然」，李音渠，崔本作據。「覺」，古孝反。向、崔本此下更有發然汗出一句。　▲「戌」，眾本作「戍」，據音形改。「眓」，天理本作「⿰耳戈」，據續古逸本、北圖本改。

●呂氏春秋明理：草木庳小不滋，五穀萎敗不成。　漢高誘注：成，熟也。

□案：一覺睡醒，通體汗出，則豁然病瘉。無末句，則文意不完。

㊸ 【撓挑无極】

○釋文：「撓」。「挑」，徐徒了反，又作兆。

⑷【莫然有間】

○釋文：「莫然」。「有間」，如字，崔、李云：頃也。本亦作爲間。

⑸【使子貢往待事焉】

○闕誤：「往侍事焉」，見張本，舊作待。

○成玄英疏：使子貢往而弔，仍令供給喪事，將迎賓客。

○田子方：孔子便而待之。　釋文：「便而待」，待或作侍。

○漁父：竊待於下風。高山寺本同。　釋文：「竊待」，待或作侍。　闕誤：「侍於下風」，見張本，舊作待。

●說文：待，竢也。侍，承也。　段玉裁注：承者，奉也，受也。凡言侍者，皆敬恭承奉之義。　待，今人易其語曰等。

○周禮天官小宰：各修乃職，攷乃灋，待乃事，以聽王命。

⑹【而我猶爲人猗】

○釋文：「我猶」，崔本作獨。「人猗」。

⑺【而丘使汝往弔之】　黑水城本、呂惠卿本「弔」作「吊」。

●干禄字書：吊弔，上俗下正。

⑱【託於同體】 林希逸本、句解本「託」作「托」，下同。

●說文：「託」託，寄也。他各切。

○玉篇：托，他落切，推也。

⑲【不知端倪】

○釋文：「端倪」，本或作淣，同，音崖，徐音詣。

⑳【芒然彷徨乎塵垢之外】

○釋文：「芒然」。「彷」。「徨」。「塵垢」，崔本作埱均。

㉑【彼又惡能憒憒然】 呂惠卿本同，黑水城本「憒」作「潰」。

○釋文：「憒憒」，工內反，說文、蒼頡篇並云：亂也。

㉒【穿池而養給】

○釋文：「穿池」，本亦作地，崔同。

㉓【孟孫才】

○釋文：「孟孫才」，崔云：才或作牛。

㉔【以善喪蓋魯國】 續古逸本、呂惠卿本、林希逸本同，黑水城本、趙諫議本「善喪」作「善處喪」。成玄疏以「蓋」字屬下句。

◎成玄英疏：云其處喪，深得禮法也。……魯人睹其外跡，故有善喪之名。

55 【且彼有駭形而无損心】

○釋文：「駭形」，如字，崔本作咳，云：有嬰兒之形。

56 【有旦宅而无情死】　黑水城本、呂惠卿本「旦」作「且」。

○釋文：「旦宅」，並如字。王云：旦暮改易，宅是神居也。李本作怛侘，上丹末反，下陟嫁反，云：驚惋之貌。崔本作靼宅，靼，怛也。▲「靼」，天理本作「韡」，據續古逸本、北圖本改。

○上文：其有夜旦之常，天也。　釋文：「夜旦」，如字，崔本作靼，音怛。

○上文：叱避，无怛化。　釋文：「无怛」，丁達反，崔本作靼，音怛。案：怛，驚也。

●說文：旦，明也，从日見一上。一，地也。宅，所託也。怛，憯也。悬，或从心在旦下。詩曰：信誓悬悬（今作旦旦）。當割切。憯，憯，痛也。

○方言：怛，痛也。怛，惡也。

○廣雅釋詁：怛，憂也。怛，驚也。怛，痛也。

○篆隸萬象名義：侘，徒各反，懲也，憂也。

57 【是自其所以乃】

○釋文：「所以乃」，崔本乃作惡。

○郭象注：故人哭亦哭，正自是其所宜也。　成玄英疏：人哭亦哭，自是順物之宜者也。

●廣雅釋詁：乃，往也。

○爾雅釋詁：郡、臻、仍、迺、侯，乃也。　郭璞注：迺即乃。

○說文：乃，曳詞之難也，象气之出難。卤（迺迺），驚聲也。或曰：卤，往也。讀若仍。仍，因也。　段玉裁注：詩、書、史、漢發語多用此字作迺，而流俗多改爲乃。　王筠句讀：古乃仍同音。周禮司几筵：仍几，注：故書仍爲乃，先鄭云：乃讀爲仍。

58【造適不及笑，獻笑不及排，安排而去化，乃入於寥天一】

○釋文：「造適」。「獻笑」。「及排」，皮皆反。「寥」，本亦作廖。「天一」，崔本作：造敵不及笑，獻芥不及犛，安排而造化，不及眇眇，不及雄漂淪，雄漂淪不及蕈篮，蕈篮乃入於謬天一。▲天理本無「笑」字，「於」作「方」，據續古逸本、北圖本補改。

●玄應音義卷十四：「俳說」，皮皆反。說文：俳，戲也。莊子：獻笑不及俳。案俳者，樂人所爲戲笑以自怡悅也。

59【夫盲者无以與乎眉目顏色之好】

○釋文：「盲者」，本又作眇；崔本作目，云：目或作刑。

60■【皆在鑪捶之間耳】　底本、趙諫議本、呂惠卿本、黑水城本「捶」作「錘」，據續古逸本及釋文改。林希逸本經文作「棰」，注文作「錘」，句解本作「錘」。

○釋文：「鑪」，音盧。「捶」，本又作錘。徐之睡反，又之蘂反。▲「錘」，天理本作「鍾」，據續古逸本、北圖本改。

○郭象注：言天下之物，未必皆自成也，自然之理亦有須冶鍛而爲器者耳。

○知北遊：大馬之捶鉤者。　釋文：「大馬之捶鉤者，年八十矣，而不失豪芒」，捶，郭音丁果反，徐之累反，李之睡反。江東三魏之間人皆謂鍛爲捶。

●說文：錘，八銖也。捶，以杖擊也。　段玉裁注：後人謂稱之權爲錘。內則注曰：捶，擣之也。

⑥1 【曰：噫！未可知也】　敦煌本「噫」作「噫而」。

○釋文：「曰噫」，本亦作意，謂呼意而名也。

⑥2 ■【韲萬物而不爲戾】　衆本「戾」作「義」，據天道改。「韲」，底本作「䪡」，後文作「𩐋」「䪡」；續古逸本作「䪡」，後文北宋本作「䪡」「䪡」；敦煌本作「䪡」，後文作「齏」；趙諫議本作「𩐋」，後文作「韲」；黑水城本、呂惠卿本、林希逸本作「韲」。

○釋文：「䪡」，子兮反，司馬云：碎也。▲「䪡」，天理本後文作「𩐋」「䪡」「䪡」，北圖本作「韲」。

○郭象注：皆自爾耳，亦无愛爲於其間也，安所寄其仁義！▲「自」，底本作「目」，據衆校本改。成玄英疏：整，碎也。至如素秋霜降，碎落萬物，豈有情斷割而爲義哉？

○天道：整萬物而不爲戾。釋文：「爲戾」，力計反，暴也。郭象注：變而相雜，故曰整，自整耳，非吾師之暴戾。

●說文：𩐁整（韲齏韲），墜也。从韭，次朿皆聲。齏齏，整或从齊。

○正字通：齏，牋西切，菹菜肉之通稱。說文作韲，正譌作韲，俗省作整，譌作整，並非。韲，齏本字，俗本莊子譌作整整。韲，同，齏省。

○宋本玉篇作「整」，宋本集韻作「整」，宋本廣韻作「整」。

63【澤及萬世而不爲仁】敦煌本無「而」字。

64【它日復見】敦煌本「它」作「他」。

○釋文：「它日」，崔本作異日，下亦然。

●說文：它，虫也。段玉裁注：其字或叚佗爲之，又俗作他，經典多作它，猶言彼也。

65【墮枝體】敦煌本「墮」作「隳」。

○釋文：「墮」，許規反，徐又待果反。

○在宥：墮爾形體，吐爾聰明。釋文：「墮」，許規反。

●玉篇：隓，許規切，廢也，毁也，捐也，亦作墮。

○五經文字：墮，許規反，俗作隳。

⑥⑥【同於大通】　敦煌寫本「通」作「道」。

⑥⑦【化則无常也】　敦煌本無「也」字。

⑥⑧【丘也請從而後也】　敦煌本無「請」字，句末無「也」字。

⑥⑨【子輿與子桑友】　敦煌本「輿」作「轝」，下同此。

⑦⓪【而淋雨十日】　趙諫議本、黑水城本、呂惠卿本、敦煌本同，續古逸本、林希逸本「淋」作「霖」。

○釋文：「霖雨」，本又作淋，音林。左傳云：雨三日以往爲霖。

●說文：霖霖，雨三日已往。淋淋，以水漢也。段玉裁注：已當作以。自三日以往，謂雨三日又不止，不定其日數也。雨三日止，不得謂霖矣。韋注國語亦曰：雨三日以上爲霖。釋天：久雨謂之淫，淫謂之霖。自上澆下曰漢。隸作沃。

⑦①【裹飯而往食之】　敦煌本「裹」作「褁」，黑水城本、呂惠卿本作「裹」。敦煌寫本「食」作「飴」。

○釋文：「裹」，音果。「食」，音嗣。

●龍龕手鑑：褁，裹俗字。

莊子內篇　應帝王第七

①【有虞氏，其猶臧仁以要人】　趙諫議本、黑水城本、呂惠卿本同，續古逸本、林希逸本「臧」作「藏」。

○釋文：「藏仁」，才剛反；本亦作臧，作剛反，善也，簡文同。「以要」。

○駢拇：自虞氏招仁義以撓天下也，天下莫不奔命於仁義。

●說文：𦽏臧，善也。（新附字）𦽏藏，匿也。徐鉉曰：漢書通用臧字。从艸，後人所加。

段玉裁注：按：子郎、才郎二反，本無二字。凡物善者，必隱於內也。以從艸之藏爲臧匿字，始於漢末，改易經典，不可從也。

②【泰氏】

○章句音義：「泰氏之世」，見劉得一本，舊闕。

③【其臥徐徐，其覺于于】

○釋文：「徐徐」，崔本作袪袪。「其覺」，古孝反。「于于」。

④【日中始何以語汝】

○釋文：「日」，人實反。「中」，音仲，亦如字。「始」，李云：日中始，人姓名，賢者也。崔本無日字，云：中始，賢人也。

⑤【以己出經，式義度人，孰敢不聽而化諸】

○闕誤：「庶民孰敢不聽而化諸」，見張本，舊作度人。

○章句音義：「庶民」，見張君房本，舊作式義度人。

◎釋文：「出經」，絕句。「式義度人」，絕句。▲「式」，天理本作「武」，據續古逸本、北圖本改。

○成玄英疏：式，用也。教我爲君之道，化物之方，必須己出智以經綸，用仁義以導俗，則四方氓庶，誰不聽從？遐邇黎元，敢不歸化邪？

⑥【狂接輿曰】　續古逸本無「狂」字。

⑦【使蚊負山也】　衆本「蚊」作「蚉」。詳見人間世校勘記㊴。

○釋文：「蚉」，音文，本亦作蝱，同。

⑧〖確乎能其事者而已矣〗

○釋文：「確乎」，崔本作槖，音託。

⑨〖且鳥高飛以避矰弋之害〗

○釋文：「之害」，崔本作菑。

⑩【以避熏鑿之患】　續古逸本「熏」作「重」。

○釋文：「熏」，香云反。

⑪【天根遊於殷陽】

○釋文：「天根」。「遊於殷陽」，或作殷湯。

⑫【厭則又乘夫莽眇之鳥】

○釋文：「莽」，莫蕩反，崔本作猛。「眇」，妙小反。

⑬【以處壙埌之野】

○釋文：「壙」，徐苦廣反。「埌」，徐力黨反，李音浪。

⑭■【汝又何寱以治天下感予之心爲】　衆本「寱」作「帠」，據釋文所校之一本改。

○釋文：「帠」，徐音藝，又魚例反。司馬云：法也。一本作寱，牛世反。崔本作爲。

●說文：寱寱，瞑言也。牛例切。　段玉裁注：瞑言，寐中有言也。寱，俗作囈。

⑮【嚮疾彊梁】

○釋文：「嚮」，許亮反，李許兩反。「疾強梁」。

⑯【胥易技係】

○釋文：「胥」。「易」。「技」。「係」，崔本作繫，或云作系，簡文云：音繫。▲「系」，宋本作「繫」，抱經堂本作「毄」，據四庫本改。

●說文：係，絜束也。系，繫也。繫，繫繡也。一曰惡絮。段玉裁注：絜束者，圍而束之。束之則縷與物相連，故凡相聯屬謂之係。俗通用繫。系與係可通用，然經傳係多謂束縛。系之義引申爲世系。

⑰【犛之徇來藉】　眾本「犛」作「斄」，據釋文之音義改，詳見逍遥遊校勘記㊼。底本、續古逸本、林希逸本「徇」作「狗」，趙諫議本、黑水城本、呂惠卿本作「狗」。

○釋文：「斄」，音來，李音狸。崔云：旄牛也。「來藉」，司馬云：藉，繩也，由捷見結縛也。崔云：藉，繫也。

○成玄英疏：狗以執捉狐狸，每遭係頸。

●字彙、正字通、俗書刊誤：徇，俗作狗。□案：「徇」作「狗」同例。

○集韻：跔，說文：天寒足跔。一曰拘跔不伸。或作跼徇。

○說文：跔，天寒足跔也。其俱切。　段玉裁注：跔者，句曲不伸之意。

⑱【吾與汝，既其文，未既其實】

○闕誤：「吾與汝无其文」，見江南古藏本，舊作既。

○章句音義：「无其文」，向秀本作无，江南古藏本或作玩，又作既，玩既並非是。

○釋文：「既其文」，李云：既，盡也。

⑲ ○成玄英疏：與，授也。旣，盡也。吾比授汝，始盡文言，於其妙理，全未造實。

〔而以道與世亢，必信夫，故使人得而相汝〕

◎釋文：「必信」，崔云：絕句。

◎章句音義：「必信夫」，句絕。

⑳ 〔以予示之〕

○釋文：「示之」，本亦作視，崔云：視，示之也。

㉑ 【曏吾示之以地文】 續古逸本、林希逸本「曏」作「鄉」，下同。

○釋文：「鄉吾」，許亮反，本作曏，亦作向，同；崔本作康，云：向也。

○說文：曏曏，不久也。許兩切。向向，北出牖也。許諒切。鄉鄉，國離邑，民所封鄉也。嗇夫別治。封圻之內六鄉，六鄉治之。許良切。段玉裁注：士相見禮曰：曏者吾子辱使某見，請還贄於將命者。注云：曏，曩也。按：禮注曏字或作鄉。今人語曰向年向時，向者卽曏字也。

㉒ 【萌乎不震不正】

○闕誤：「不震不止」，見江南古藏本，舊作正。

○釋文：「不震不正」，崔本作不誫不止。

○郭象注：萌然不動，亦不自正。成玄英疏：萌然寂泊，曾不震動，無心自正。

●說文：𣥃正，是也。从止，一以止。𣥂止，下基也，象艸木出有址，故以止爲足。徐鍇曰：正，守一以止也。

㉓【子之先生不齊】

○釋文：「不齊」，側皆反，本又作齋，下同。

㉔【鯢桓之審爲淵】

○釋文：「鯢」。「桓」，崔本作鯢拒，又云：拒或作桓。「之審」，崔本作潘。

㉕【因以爲弟靡】　底本「弟」作「苐」，其餘衆本皆作「弟」。

○釋文：「弟」，徐音頹，丈回反。「靡」，弟靡，不窮之貌，崔云猶遜伏也。

●干祿字書去聲：苐第，次第字，上俗下正。

○集韻：弟，說文韋束之次弟也。或从竹弟。一曰順也。

○金石文字辨異：弟作苐，俗字。古無苐字，隸書有之，後又誤爲第矣。第即弟變體。

㉖【因以爲波流】

○釋文：「波流」，崔本作波隨。

㉗【彫琢復朴】　續古逸本「彫」作「雕」。

○釋文：「彫琢」，竹角反。

⑱【紛而封哉】

○闕誤：「紛然而封哉」，見張本，舊闕。

○章句音義：「然」，見張君房本，舊闕。

○釋文：「紛而」，崔云：亂貌。「封哉」，崔本作戎，云：封戎，散亂也。

⑲〖應而不藏〗

○釋文：「應而不藏」，如字，本又作臧，亦依字讀。

南華眞經卷第四

莊子外篇　駢拇第八

①【淫僻於仁義之行】　敦煌音義「僻」作「辟」。參見馬蹄校勘記⑭。

○釋文:「淫僻」,本又作辟,匹亦反,徐敷赤反,注及篇末同。

②【而多方於聰明之用也】

○闕誤:「而多方於聰明之用也」,張作:而多□於聰明之用也。

○章句音義:舊本云:而多方於聰明之用也,張君房削去方字,與下文多於聰者相類。

○郭象注:聰明之用,各有本分,故多方不爲有餘,少方不爲不足。

③【青黄黼黻之煌煌】

○釋文:「煌煌」,向、崔本作韹。

④【亂五聲,淫六律】

○釋文:「五聲」,本亦作五音。

○馬蹄:五聲不亂,孰應六律?

●說文：聲，音也。音，聲也，生於心，有節於外，謂之音。宮商角徵羽，聲。絲竹金石匏土革木，音也。段玉裁注：樂記曰：聲成文謂之音。

○尚書益稷：予欲聞六律、五聲、八音，在治忽，以出納五言，汝聽。

⑤ ■【使天下簧鼓】 底本、趙諫議本、呂惠卿本「鼓」作「鼓」，據續古逸本、林希逸本、黑水城本及釋文改。

○釋文：「簧鼓」，音黃，謂笙簧也。鼓，動也。

●說文：鼓，郭也，春分之音，萬物郭皮甲而出，故謂之鼓。从壴，支象其手擊之也。鼓，擊鼓也。从攴从壴，壴亦聲。

⑥ 【纍瓦結繩竄句】

○釋文：「纍」，劣彼反。「瓦」，危委反，向同，崔如字；一云：瓦當作丸。「結繩」，李云：言小辯危辭，若結繩之纍瓦也。崔云：聚無用之語，如瓦之纍、繩之結也。「竄」，七亂反。爾雅云：微也，一云：藏也。「句」，紀具反。司馬云：竄句，謂邪說微隱，穿鑿文句也。一音鉤。

○敦煌音義：「纍瓦」。「結繩」。「竄句揰辭」。

●干祿字書：瓦瓦，上俗下正。

○後漢書張衡列傳：且河洛、六蓺，篇錄已定，後人皮傳，無所容篡。唐李賢注：無所容竄，謂不容妄有加增也。莊子曰竄句籍辭，續漢書亦作竄。本作篡者，義亦通。

⑦【而敝跬譽无用之言】

○釋文：「敝」，本亦作蹩，徐音婢，郭父結〔反〕，李步計反，司馬云：罷也。「跬」，徐丘婢反，郭音屑，向、崔本作趌，向丘氏反，云：近也，司馬同，李却垂反。一云：敝跬，分外用力之貌。「譽」，音餘。

○敦煌音義：「而敞（敝）」，徐音婢。「跬」，司馬曰：跬，近也。

●說文：敝敝，帗也，一曰敗衣。毗祭切。蹩蹩，踶也，一曰跛也。蒲結切。趌趌，半步也。丘弭切。

段玉裁注：敝，引伸爲凡敗之偁。趌，今字作跬。

○玉篇：敝，壞也，敗也，極也，頓仆也。或作弊。弊，同上，俗。

○廣雅釋言：胯，奎也。

王念孫疏證：方言：半步爲跬。跬，亦跨也。跨與胯、跬與奎，聲相近，皆中空之意也。

⑧【而枝者不爲跂】

○闕誤：「而枝者不爲岐」，見江南古藏本，舊作跂。

○釋文：「不爲跂」，其知反，崔本作枝。

○敦煌音義：「不爲岐」，音奇。

●說文：𧿒跂，足多指也。巨支切。

○慧琳音義卷四十六：「岐道」，渠宜反。謂枝別義也。爾雅曰：道二達謂之岐。郭璞曰：岐，道旁出者也。釋名云：物兩爲岐，左邊曰旁。

⑨【鳧脛雖短】

○釋文：「鳧」，音符。「脛」，本又作踁。

○天下：腓无胈，脛無毛。高山寺本「脛」作「踁」；下文作「脛」。釋文：「脛」，刑定反。

●玉篇：踁，腳踁，與脛同。

○說文：脛，胻也。胡定切。段玉裁注：厀（膝）下踝上曰脛。脛之言，莖也，如莖之載物。

⑩【意仁義其非人情乎】

○釋文：「意」，如字，下同，亦作醫。

○成玄英疏：噫，嗟歎之聲也。

●廣雅釋言：意，疑也。

⑪【齕之則啼】

○釋文：「啼」，音提，崔本作諦。

⑫【屈折禮樂】

○釋文：「屈」，崔本作詘。「折」，之熱反。謂屈折支體爲禮樂也。

●說文：詘，詰詘也。一曰屈襞。區勿切。屈，無尾也。段玉裁注：淮南：屈奇之服。許注云：屈，短也；奇，長也。凡短尾曰屈。引伸爲凡短之偁。山短高曰崛，其類也。今人屈伸字，古作詘申，不用屈字，此古今字之異也。

○廣雅釋詁：折、詰、詘，曲也。詘、曲，折也。

【呴俞仁義】⑬

○釋文：「呴」，況於反，李況付反，本又作傴，於禹反。「俞」，音臾，李音喻。本又作呴，音詡。謂呴喻顏色爲仁義之貌。

○敦煌音義：「呴」，況於反，李酗字。「喻（俞）」，音喻。李頤曰：喻顏色爲礼義皃。

○刻意：吹呴呼吸。　釋文：「吹呴」，況于反，字亦作呴。

●廣雅釋詁：俞，益也。傴，曲也。

○集韻：欨煦呴，火羽切，吹也，或作煦，亦省。

【約束不以纆索】⑭

○釋文：「纆」，音墨，廣雅云：索也。「索」。

○敦煌音義：「又奚連連如膠漆墨（纆）索」，音墨。

⑮【臧與穀】 續古逸本「穀」作「榖」，下文作「穀」，趙諫議本反之，敦煌音義作「縠」。
○釋文：「與穀」，爾雅云：善也，崔本作彀，云：孺子曰彀。▲「穀」，宋本作「穀」，抱經堂本作「彀」，據四庫本改。
●說文：㲉穀，乳也。縠穀，細縛也。 段玉裁注：此乳者，謂既生而乳哺之也。左傳曰：楚人謂乳穀，其音乃苟切，今本左傳作穀，漢書作穀，或作彀，或作㝅，皆非也，音亦如構。
⑯〔則挾筴讀書〕
○釋文：「挾」，音協。「筴」，字又作策，初革反，李云：竹簡也，古以寫書，長二尺四寸。
●顏氏家訓卷六書證：簡策字，竹下施朿，末代隸書，似杞宋之宋，亦有竹下遂爲夾者，猶如刺字之傍應爲朿，今亦作夾。 徐仙民春秋禮音，遂以筴爲正字，以策爲音，殊爲顛倒。
⑰【彼其所殉】 林希逸本、句解本「其」作「之」。
⑱〔又惡取君子小人於其間哉〕
○釋文：「又惡」，音烏。「取君子小人於其間哉」，崔本無小人於三字。
⑲【雖通如曾、史，非吾所謂臧也】
○釋文：「雖通如楊、墨」，一本無此句。
⑳【吾所謂臧】 續古逸本、林希逸本同，黑水城本、呂惠卿本、趙諫議本「臧」作「臧者」。

㉑【余愧乎道德】

〇釋文：「愧乎」，崔本作瑰，云：瑰愧同。

〇在宥：其无愧而不知恥也。　釋文：「无愧」，崔本作瑰。

莊子外篇　馬蹄第九

① 【毛可以禦風寒】

○釋文：「禦」，魚呂反，廣雅云：敵也。崔本作辟。

○敦煌音義：「可以御」。

●說文：御，使馬也。馭，古文御从又从馬。禦，祀也。段玉裁注：禦，後人用此爲禁禦字，古只用御字。

② 【翹足而陸】

○章句音義：「而踛」，音陸，跳也；張君房本作踛，馬健也。

○釋文：「翹」，祁饒反。「足」，崔本作尾。「而陸」，司馬云：陸，跳也；字書作踛，踛，馬健也。

○敦煌音義：「而陸」。

●周易夬：九五，莧陸夬夬，中行無咎。虞翻曰：陸，和睦也。

③ 【雖有義臺路寢】

○釋文：「義」，一本作羲。「臺」。「路寢」。

④ 【燒之剔之】

○釋文：「剔之」，敕歷反，字林云：剃也。徐詩赤反。向、崔本作鬄，向音郝。

●說文：(新修字)剔，解骨也。他歷切。鬄，髮也。大計切。鬄，鬀髮也。他歷切。鬀(剃)，鬄髮也。他計切。大兒曰髡，小人曰鬀，盡及身毛曰鬄。

⑤【刻之雒之】

○釋文：「雒之」，音洛。司馬云：燒謂燒鐵以爍之，剔謂翦其毛，刻謂削其甲，雒謂羈雒其頭也。

○闕誤：「絡之」，見江南古藏本，舊作雒。

○敦煌音義：「刻之雒之」。

⑥〔連之以羈馽〕

○釋文：「羈」，居宜反。「馽」，丁邑反，徐丁立反，絆也。李音述。本或作馵，非也；馵，之樹反。司馬、向、崔本並作縶。向云：馬氏音竦。崔云：絆前兩足也。

●說文：馽(䭾)，絆馬也。从馬口其足。春秋傳曰：韓厥執馽前。讀若輒。陟立切。縶，馽或从糸，執聲。馵，馬後左足白也，讀若注。之戍切。[糸頁]，絆前兩足也。从糸，須聲。相主切。

⑦【前有橛飾之患】 敦煌音義「飾」作「餝」，注文作「飾」。

○釋文：「檿」。「飾」，徐音式。

⑧【我善治埴】　黑水城本、呂惠卿本「埴」作「植」，下兩處同。

○釋文：「埴」，徐時力反。

⑨〖一而不黨，命曰天放〗

○釋文：「天放」，崔本作牧，云：養也。

⑩〖其行塡塡，其視顚顚〗

○釋文：「塡塡」，淮南作莫莫。「顚顚」，淮南作瞑瞑。

⑪【烏鵲之巢可攀援而闚】　趙諫議本「烏」作「鳥」。

○釋文：「攀」，本又作扳。「援」。「闚」。

⑫【蹩躠爲仁，踶跂爲義】

○釋文：「蹩」，步結反，向、崔本作弊，音同。「躠」，本又作薛，悉結反；向、崔本作殺，音同。一音素葛反。「踶」。「跂」，李云：蹩躠、踶跂，皆用心爲仁義之貌。

○敦煌音義：「蹩薛」，蘇結反。

⑬〖澶漫爲樂〗

○釋文：「澶」，本又作儃，徒旦反，向、崔本作但，音憚。「漫」，武半反，向、崔本作曼，音同。李云：澶漫，猶縱逸也。崔云：但曼，淫衍也。一云：澶漫，牽引也。

○敦煌音義：「澶漫爲樂」。

⑭ ■【摘僻爲禮】　底本、續古逸本、趙諫議本、黑水城本、林希逸本、呂惠卿本「擿」作「摘」，據釋文所校之李頤本、崔譔本及敦煌音義改。

○釋文：「摘」，敕歷反，又陟革反。「辟」，匹壁反，向音檗，徐敷歷反，李父歷反，本或作僻，音同。李云：糾擿邪辟而爲禮也。一音婦赤反，法也。崔云：擿辟，多節。

○敦煌音義：「擿」，敕歷反。「僻」。「爲礼」。　□案：釋文「摘，敕歷反」，字當作「擿」。

○郭象注：夫聖迹既彰，則仁義不眞，而禮樂離性，徒得形表而已矣。　成玄英疏：摘僻，是曲拳之行。……摘僻，尚浮華之禮。

●干祿字書：摘擿，上採，竹革反；下糾擿，他歷反。

○說文：摘摘，拓果樹實也；一曰指近之也。竹歷切。擿擿，搔也；一曰投也。直隻切。辟辟，法也。必益切。僻僻，辟也。从人，辟聲。詩曰：宛如左僻。一曰從旁牽也。普擊切。段玉裁注：辟者，法也，引伸爲辟人之辟。辟人而人避之亦曰辟。他書辟人、辟邪、辟塵之類，語意大略相似。辟之言，邊也，屏於一邊也。僻之本義如是。廣韵曰：誤也，邪僻也，此引伸之義。今義行而古義廢矣。

⑮【孰爲犧樽】

○釋文：「犧尊」，音羲，尊或作樽。

○敦煌音義：「犧樽」。

⑯■【情性不離】 底本、續古逸本、趙諫議本、黑水城本、林希逸本、呂惠卿本「情性」作「性情」，據釋文改。

○釋文：「情性不離」，如字，別離也。

○成玄英疏：禮以檢迹，樂以和心。情苟不散，安用和心？性苟不離，何勞檢迹？

⑰■【加之以衡枙】 底本、續古逸本、趙諫議本、黑水城本、林希逸本、呂惠卿本「枙」作「扼」，據敦煌音義及日本室町舊鈔本改。下「闉枙」同此改。

○釋文：「衡扼」，於革反。衡，轅前橫木，縛軛者也。扼，叉馬頸者也。▲「叉」，天理本、北圖本、續古逸本作「又」，據分章本、抱經堂本、四庫本改。

●急就篇卷三：蓋轑俾倪枙縛棠。 顔師古注：枙在衡上，所以扼持牛馬之頸也。

○論語鄉黨第十釋文：「枙」，於革反，本今作軛。

○說文：搹搹，把也。扼扼，搹或从戹。軶軶，轅前也，於革切。 段玉裁注：扼，今隸變作扼，猶軶隸變作軛也。 曰轅前者，謂衡也。自其橫言之謂之衡，自其扼制馬言之謂之軶。隸省作軛。

⑱ ■【而馬知介倪、闉扼、驇曼】　衆本「驇」作「鷙」，據釋文改。「扼」字同上改。

○釋文：「驇」，徐敕二反，郭音躓。「曼」，武半反，郭武諫反。李云：驇，抵也，曼，突也。崔云：闉扼驇曼，距扼頓遲也。司馬云：言曲頸於扼以抵突也。一云：驇曼，旁出也。▲續古逸本「驇」作「鷙」；北圖本作「驇」，注文作「鷙」；敦煌音義作「驇」。

●類篇、集韻：驇曼，馬距扼遲頓皃，一曰馬旁出。驇，卓驇，行不平也，李軌說。

○說文：驇，馬重皃也。陟利切。鷙，擊殺鳥也。脂利切。　段玉裁注：晉世家：惠公馬驇不行，即左傳晉戎馬還濘而止，今本史記作鷙，譌字也，而秦本紀作馬驇，不誤。莊子馬蹄篇：闉扼驇曼，崔云：拒扼頓遲也，今刻釋文亦譌从鳥，而集韵、類篇不誤。

⑲ 【夫赫胥氏之時】　敦煌音義「赫」作「萘」。

○釋文：「赫」，本或作萘，呼白反。「胥氏」。

⑳ ■【縣企仁義】　底本、續古逸本、趙諫議本、黑水城本、林希逸本、呂惠卿本「企」作「跂」，據釋文改。

○釋文：「縣企」，音玄。

○成玄英疏：高懸仁義，令企慕。

○秋水：故遙而不悶，掇而不跂。釋文：「而不跂」，一本作企。

●說文：企，舉踵也。去智切。跂，足多指也。巨支切。段玉裁注：企，或作跂。

衞風曰：跂予望之。檀弓曰：先王之制禮也，過之者俯而就之，不至焉者跂而及之。方言：跂，登也，梁、益之間語。

莊子外篇　胠篋第十

①【則必攝緘縢】

○釋文：「縢」，向、崔本作絺，同，徒登切。

○敦煌音義：「絺，徒登[反]。

●説文：縢，緘也，徒登切。

②【固扃鐍】　續古逸本同，趙諫議本、黑水城本、呂惠卿本、林希逸本、敦煌音義「扃」作「扄」。

○釋文：「扃」，古熒反，崔、李云：關也。「鐍」，古穴反，李云：紐也。

●六書正譌：扄，俗作扃，非。

○玉篇：扄，古熒切，説文曰：外閉之關也。扄，書掌切，戶耳也。

③【則負匱揭篋擔囊而趨】　句解本同，林希逸本「擔」作「檐」。

○釋文：「擔」，丁甘反。

④【然則向之所謂知者】　續古逸本「向」作「鄉」。參見應帝王校勘記㉑。

○釋文：「鄉之」，本又作向，亦作曏，同，許亮反。

⑤ ■【耒耨之所刺】 眾本「刺」作「刺」，據釋文之音義改；同偏旁字同此改。

○釋文：「耒」。「耨」。「所刺」，徐七智反。

●元黄公紹撰古今韻會舉要：刺，俗作刺，誤。

⑥ 【曷嘗不法聖人哉】

○闕誤：「曷嘗不法聖智哉」，「善人不得聖智之道不立，跖不得聖智之道不行」，「則聖智之利天下也少」，「聖智生而大盜起」，「掊擊聖智」，「聖智已死」，「聖智不死」，「雖重聖智」，「是乃聖智之過也」，「彼聖智者，天下之利器也」，並見張本，舊作人。

○釋文：「聖人已死，則大盜不起」。「聖人不死，大盜不止」。

⑦ 【一旦殺齊君而盜其國】

○釋文：「一旦」，宋元嘉中本作一日。「殺」，音試。「齊君」。「而盜其國」。

⑧ 【十二世有齊國】

○釋文：「十二世有齊國」，自敬仲至莊子九世知齊政，太公和至威王三世爲齊侯，故云十二世也。

⑨ 【昔者龍逢斬，比干剖】 趙諫議本作「逄」作「逄」。黑水城本「干」作「千」，呂惠卿本作「于」。

○釋文：「比干剖」，普口反，謂割心也。崔本作節，云：支解也。

●干禄字書：逄逢，上俗下正。

⑩【萇弘胣】　續古逸本「胣」作「施」。敦煌音義作「胣」。

○釋文：「萇」，直良反。「弘胣」，本又作胣，或作施字。

●正字通：胣，隱起切，音以，刳腸也。莊子：萇弘胣，注：裂也。俗作胣。

⑪【知可否，知也】

○釋文：「知可」，本或作知可否。

⑫■【諸侯之門而義士存焉】　衆本「義士」作「仁義」，據郭店楚簡語叢四第八簡改。

○盜跖：小盜者拘，大盜者爲諸侯。諸侯之門，義士存焉。

⑬【絕聖棄知】　趙諫議本同，續古逸本「棄」作「弃」。黑水城本「知」作「智」。

●說文：𠅏棄，捐也。𠂇弃，古文棄。

⑭【焚符破璽】　黑水城本、呂惠卿本「焚」作「燒」。

⑮■【殫天下之法】　底本、續古逸本、趙諫議本、林希逸本、黑水城本、呂惠卿本作「殫殘天下之聖法」，據敦煌音義刪「殘」「聖」兩字。

○釋文：「殫」，音丹，盡也。

○敦煌音義：「殫」，丹。「天下之法」，司馬曰：殫，盡也；盡天下之法也。

○郭象注：外无所矯則內全，我朴而无自失之言也。　成玄英疏：殫，盡也。殘，毀也。聖法，謂五德也。

●說文：𣧬殫，極盡也。𣧵殘，賊也。

○玉篇：殫，多安切，盡也。殘，昨安切，賊義也，惡也，食餘也。

⑯【鑠絕竽瑟】

○釋文：「鑠絕」。「竽」，徐音于。「瑟」，本亦作笙。

⑰【塞瞽曠之耳】

○釋文：「塞瞽曠」，崔本塞作杜，云：塞也。

⑱【而天下始人有其巧矣】　敦煌本「其巧」作「巧工」。

⑲【鉗楊、墨之口】　敦煌本「墨」作「默」，下同此。

⑳【人含其知，則天下不惑矣】　敦煌本「知」作「智」，下文「好知」「知多」同此；「惑」作「或」，下同此。

㉑【驪畜氏】　敦煌音義同。

○章句音義：「驪畜氏」，江南古藏本作驪連氏。

○釋文：「驪」。「畜」，徐敕六反。

㉒【伏戲氏】敦煌本、黑水城本、呂惠卿本「戲」作「犧」，林希逸本作「羲」。

○釋文：「伏戲」，音羲。

㉓〖民至老死而不相往來〗

○釋文：「而不相往來」，一本作而不相與往來。檢元嘉中郭注本及崔、向永和中本，並無與字。

○道德經第八十章：民至老死，不相往來。

㉔【若此之時】敦煌本無「之」字。

㉕【鉤餌、罔罟】續古逸本「罔」作「網」，上文作「罔」。

○釋文：「鉤餌」。「罔罟罾」。「笱」。

●說文：网，庖犧所結繩以漁。罔，网或从亡。網，网或从糸。

㉖〖削格、羅落、罝罘之知多〗

○釋文：「削」。「格」。「羅落罝」。「罘」，本又作罦，音浮。

○敦煌音義作「罘」。

㉗【而莫知求其所已知者……而莫知非其所已善者】敦煌本「已」作「以」。黑水城本上句作「以」，下句作「已」。

●說文：㠯，用也。从反巳（𠃊）。賈侍中說：己意巳實也。象形。羊止切。段玉裁注：用者，可施行也。凡㠯字，皆此訓。巳主乎止，㠯主乎行，故形相反，二字古有通用者。又按，今字皆作以，由隸變加人於右也。

⑱【下爍山川之精】

○釋文：「下爍」，失約反。崔云：消也。司馬云：崩竭也。崔、向本作櫟，同，徐音藥。

㉙【喘耎之蟲】　續古逸本「喘」作「惴」，敦煌本作「揣」。敦煌音義作「喘蝡」。

○釋文：「惴」，本亦作蝙，又作喘，川兗反。向音揣。「耎」，耳轉反。崔云：蠉蝙，動蟲也。一云：惴耎，謂無足蟲。

○大宗師：喘喘然將死。　釋文：「喘喘」，崔本作惴惴。

●說文：惴，憂懼也。之瑞切。喘，疾息也。昌沇切。揣，量也。度高曰揣。一曰捶之。初委切。耎，稍前大也。而沇切。蝡，動也。而沇切。

○廣雅釋詁：耎，弱也。

■【釋夫恬淡无爲】　底本、趙諫議本、林希逸本、黑水城本、呂惠卿本、敦煌音義「淡」作「惔」，據續古逸本及天道改。刻意「恬淡寂漠」同此改。

㉚○釋文：「恬」，徒謙反。「惔」，徒暫反，徐大敢反。

○天道：夫虛靜恬淡、寂漠无爲者，天地之平，而道德之至。

○刻意：夫恬惔寂漠，虛无无爲，此天地之平，而道德之質也。　敦煌本「恬惔寂漠」作「恬淡寂莫」。

●說文：恬，安也。徒兼切。惔，憂也。詩曰：憂心如惔。徒甘切。淡，薄味也。徒敢切。倓，安也。徒甘切。　段玉裁注：炎者，火光上也。憂心如之，故其字作惔。毛傳曰：惔，燎之也。　鄭玄箋：惔，燔也，憂心如火灼爛之矣。

○文選卷十七王子淵洞簫賦：悲愴怳以惻惐兮，時恬倓以綏肆。

○廣雅釋詁：恬倓，靜也。

□案：字作「惔」者，蓋沿襲「恬」字之偏旁而誤，正字當作「倓」，今從天道作「淡」，刻意同此。

㉛

〖而悅夫啍啍之意〗　敦煌本同。

○釋文：「啍啍」，李之閏反，又之純反，郭音惇，以己誨人之貌，下同。司馬云：少智貌。徐許彭反，又許剛反。向本作哼，音亨；崔本上句作哼哼，少知而芒也。一云：哼哼，壯健之貌。▲向本作哼：天理本「啍」作「哼」，據續古逸本、北圖本改。

○郭象注：啍啍，以己誨人也。

●說文：啍啍（哼），口气也。他昆切。

○孔子家語五儀解：哀公問於孔子曰：請問取人之法？孔子對曰：事任於官，無取捷捷，無取鉗鉗，無取啍啍。捷捷，貪也。鉗鉗，亂也。啍啍，誕也。三國魏王肅注：啍啍，多言。誕，欺詐也。

莊子外篇　在宥第十一

① 【有治天下者哉】

○釋文：「有治天下者哉」，崔本作：有治天下者材失。

② 【使天下瘁瘁焉】

○釋文：「瘁瘁」，在季反，病也，廣雅云：憂也。崔本作醉。

③ 【人大喜，邪毗於陽；大怒，邪毗於陰】

○釋文：「毗於」，如字，司馬云：助也；一云：并也。

○敦煌音義：「耶毗於陽」，司馬曰：毗，助也。

④ 【乃始臠卷傖囊而亂天下也】

○釋文：「臠」，力轉反，崔本作欒。「卷」。「傖」，音倉，崔本作戕。「囊」。▲「傖」，北圖本作「獊」。

○章句音義：「傖囊」，本作倉囊，難承受也。

⑤ 【豈直過也而去之邪】

○釋文：「而去」。「之邪」，崔本唯此一字作邪，餘皆作咫。

⑥【乃齊戒以言之】

○釋文：「齊戒」，本又作齋，同，側皆反。

⑦■【貴爲身於爲天下，則可以託天下；愛以身爲天下，則可以寄天下】　衆本「貴爲身」作「貴以身」，「愛以身」作「愛以身於」，據馬王堆漢墓帛書老子第十三章改。

○帛書老子甲本：故貴爲身於爲天下，若可以迈天下矣；㤅以身爲天下，女何以寄天下。

○帛書老子乙本：故貴爲身於爲天下，若可以橐天下□；㤅以身爲天下，女可以寄天下矣。

○郭店楚簡乙本：□□□□□爲天下，若可以厇天下矣；㤅以身爲天下，若可以迲天下矣。

○讓王：唯无以天下爲者，可以託天下也。

⑧【尸居而龍見】

○釋文：「龍見」，賢遍反，向、崔本作覞，向音見，崔音睍。▲「覞」，續古逸本作「鴟」，北圖本作「睍」。「睍」，續古逸本、北圖本作「睍」。

●說文：睨，袤視也。研計切。覞，旁視也。五計切。段玉裁注：二字音義皆同。

⑨【淵默而雷聲】　敦煌寫本「默」作「嘿」。

●干祿字書：嘿默，上俗下正。

○說文：默默，犬暫逐人也。段玉裁注：叚借爲人靜穆之偁。亦作嘿。

⑩ ■【從容无爲，而萬物吹纍焉】　眾本「吹」作「炊」，據釋文所校之某本改。眾本「纍」作「累」，據義改，參見外物校勘記⑲。

○釋文：「炊」，本或作吹，同。「累」，劣僞反。司馬云：炊累，猶動升也。向、郭云：如埃塵之自動也。

○郭象注：若遊塵之自動。

○逍遙遊：生物之以息相吹也。釋文：「吹」，如字，崔本作炊。

●慧琳音義卷六十五：「炊作」，出隹反，韻詮云：炊，蒸也。說文：爨也。

○大乘理趣六波羅密經釋文卷八：「鼓吹」，下，字苑：以氣激物，昌爲反，又尺僞反。

○妙法蓮華經釋文卷上：「吹」，昌爲反，郭知玄云：以氣激物也。

⑪ 【崔瞿問於老聃曰】

○釋文：「崔瞿」，向、崔本作曜，向求朱反。▲「瞿」，續古逸本、北圖本作「矅」。

⑫ 【人心排下而進上】

○釋文：「排」，皮皆反，崔本作俳。「進上」。

⑬ ■【其居也淵而靜，其動也縣天】　底本、續古逸本、趙諫議本、黑水城本、林希逸本、呂惠

卿本「縣天」作「縣而天」，據敦煌音義及釋文所校之向秀本删「而」字。

○釋文：「縣而天」，音玄，向本無而字，云：希高慕遠，故曰懸天。▲「慕」，天理本作「暮」，據續古逸本、北圖本改。

○敦煌音義：「其動也縣」，郭音懸。「天」，李頤曰：懸，著也。司馬曰：希高慕遠，故曰懸天。

○郭象注：靜之可使如淵，動之則係天而踊躍也。

⑭【股无胈】

○釋文：「股」，音古，脛本曰股。「胈」，或云：字當作紱；紱，蔽膝也。

○天下：腓无胈，脛无毛。　釋文：「腓」。「无胈」。

●玉篇：胈，蒲末切。禹治水，腓無胈。胈，股上小毛也。

⑮【投三苗於三峗】

○釋文：「投三苗」，崔本投作殺；尚書作竄。「三峗」，音危，本亦作危。

○敦煌音義：「投三苗於三峗」。

⑯■【斤鋸制焉】　底本、續古逸本、趙諫議本、黑水城本、林希逸本、呂惠卿本、敦煌音義「斤」作「釿」，據釋文所校之某本改。

○釋文：「釿」，音斤，本亦作斤。「鋸」，音據。「制焉」。

○逍遥遊：不夭斤斧。

○人間世：自吾執斧斤以隨夫子……而中道之夭於斧斤。

●説文：𣂺斤，斫木也。𨪐釿，劑也。桂馥義證：哀二十五年左傳：皆執利兵，無者執斤。杜注：斤，工匠所執。馥案：因三匠作亂，故執斤字或作釿。釋名：釿者，謹也，板廣不可得制削，又有節，則用此斫之，所以詳謹，令平滅斧迹也。

⑰ 【天下脊脊大亂】

○釋文：「脊脊」，音藉，在亦反，相踐藉也；本亦作肴肴，廣雅云：肴，亂也。

○敦煌音義：「天下藉(脊)」，音藉。

⑱ 【賢者伏處大山嵁巖之下】　趙諫議本「大」作「太」。

○釋文：「大山」，音泰，亦如字。「嵁」。「巖」。

⑲ 【萬乘之君憂慄乎廟堂之上】　趙諫議本無「乎」字。

⑳ 【殊死者相枕也】

○釋文：「殊死」，崔本作殀死。「相枕」。

●説文：𣦼殊，死也。段玉裁注：凡漢詔云殊死者，皆謂死罪也。死罪者，首身分離，故曰殊死，引伸爲殊異。

㉑ 【其无愧而不知恥也】

○釋文：「无愧」，崔本作聭。

○駢拇：余愧乎道德。　釋文：「愧乎」，崔本作聭，云：聭愧同。

㉒ 【吾未知聖知之不爲桁楊椄槢也】

○釋文：「椄」。「槢」，崔本作𣗳，或作謵字。

㉓ 【仁義之不爲桎梏鑿枘也】

○釋文：「鑿」。「枘」，人銳反，向本作內，音同。

㉔ 【焉知曾、史之不爲桀、跖嚆矢也】

○釋文：「焉知」。「嚆矢」，許交反，本亦作嗃，崔本作蒿，或作矯；崔本此下更有：有無之相生也，則甚；曾、史與桀、跖，生有無也，又惡得無相轂也。凡二十四字。▲「本亦」，天理本作「又亦」，據續古逸本、北圖本改。

㉕ 【聞廣成子在於空同之上】　呂惠卿本同，黑水城本「空同」作「崆峒」。

○闕誤：「空同之山」，見張本，舊作上。

○釋文：「空同」，司馬云：當北斗下山也。

㉖ 【日月之光益以荒矣】

〇釋文：「益以」，崔本作蓋以。

㉗ 【吾形未常衰】　黑水城本、呂惠卿本、林希逸本「常」作「嘗」。參見人間世校勘記㉖。

㉘ 【廣成子之謂天矣】　黑水城本、呂惠卿本「矣」作「也」。

㉙ 【當我，緡乎？遠我，昏乎】　黑水城本、呂惠卿本「昏」作「惛」；上文作「惛惛默默」。

〇釋文：「當我」。「緡乎」。「遠我」。「昏乎」，如字，暗也。

●玉篇：昏，呼昆切，說文曰：日冥也。惛，同上。

〇說文：𣅱昏，日冥也，从日，氐省。氐者，下也。一曰民聲。　王筠句讀：案：此蓋本有昬篆爲重文，今本則篆捝而說存。

〇五經文字：愍(愍)，傷也。緣廟諱偏傍，準式省從氏。凡汦昏(泯昬)之類皆從氏。

□案：「昏」，甲骨文作「昏」，从日从氏，氏爲氐省；漢帛書作「昬」，从日从民。

㉚ 〔過扶搖之枝，而適遭鴻蒙〕

〇釋文：「扶搖」，扶亦作夫，音符。「鴻蒙」。

㉛ ■【拊髀雀躍而遊】　底本、趙諫議本、林希逸本、黑水城本、呂惠卿本「雀」作「爵」，據釋文改。續古逸本「髀」作「脾」。下兩處同此。

〇釋文：「拊」。「脾」，本又作髀。「雀」，本又作爵，同。「躍」。

●說文：髀髀，股也。脾脾，土藏也。雀雀，依人小鳥也，讀與爵同。段玉裁注：古文以髀爲脾字。雀，今俗云麻雀者是也，其色褐，其鳴節節足足，禮器象之曰爵。爵與雀同音，後人因書小鳥之字爲爵矣。

㉜【倘然止，贅然立，曰：叟何人邪？叟何爲此】

○釋文：「倘」。「贅」。「叟」，本又作傁。

●說文：叜叜，老也，从又从灾。穌后切。傁傁，叜或从人。

○方言：傁、艾，長老也。東齊、魯、衛之間，凡尊老，謂之傁，或謂之艾，周、晉、秦、隴謂之公，或謂之翁，南楚謂之父，或謂之父老。

○干祿字書：叟叜，上通下正。

○五經文字：叜叟，上說文，從灾，下又；下經典相承隸省。凡字從叟者放此。

㉝【鴻蒙仰而視雲將曰：吁】

○釋文：「曰吁」，況于反，亦作呼。

㉞【地氣鬱結】

○釋文：「鬱結」，崔本作縎，音結。

㉟■【過有宗之野】　眾本「宗」作「宋」，據釋文所校之某本改。

○釋文：「有宋」，國名；本作宗者，非。

□案：此處人名地名皆爲寓言，非實有，作「有宋」非。

㊱【願聞於鴻蒙】　林希逸本、句解本「聞」作「問」。

㊲【而民隨予所往】　趙諫議本「予」作「子」。

㊳【災及草木，禍及昆蟲】　續古逸本、林希逸本「昆」作「止」。

○釋文：「止蟲」，本亦作昆蟲，崔本作正蟲。

○成玄英疏：草木未霜零落，災禍及昆蟲。昆，明也，向陽啓蟄。

●顧炎武日知錄卷三十二豸：莊子在宥篇：災及草木，禍及止蟲，止當作豸，古止豸通用。左傳宣十七年：庶有豸乎，豸，止也。

○禮記郊特牲：土反其宅，水歸其壑，昆蟲毋作，草木歸其澤。

○禮記祭統：昆蟲之異，草木之實，陰陽之物備矣。

㊴【噫】　續古逸本「噫」作「意」，下文作「意毒哉」「意心養」。

○釋文：「意」，音醫，本又作噫，下皆同。

○駢拇：意仁義其非人情乎。　釋文：「意」，如字，下同，亦作醫。　成玄英疏：噫，嗟歎之聲也。

●廣雅釋言：意，疑也。

⑩ 【僊僊乎歸矣】

○釋文：「僊僊」，音仙。

⑪ 【墮爾形體，吐爾聰明】

○大宗師：墮枝體，黜聰明，離形去知，同於大通，此謂坐忘。

●玄應音義卷十一：「喝吐」，蒼頡篇：吐，棄也。

⑫ 【夫以出乎眾爲心者】　趙諫議本無「夫」字。

⑬ ■【此覽乎三王之利而不見其患者也】　底本「此」作「比」，據眾校本改。底本及眾校本「覽」作「攬」，據釋文所校之某本改。

○釋文：「此攬」，音覽，本亦作覽。

○郭象注：夫欲爲人之國者，不因眾之自爲而以己爲之者，此爲徒求三王之利而不見己爲之患也。

●說文：𢸭（擥），撮持也。盧敢切。𥈭（覽），觀也。盧敢切。

○玉篇：擥，力甘、力敢二切，手擥取也。攬，同上。

⑭ 【此以人之國僥倖也】

○闕誤：「此以因人之國僥倖也」，見江南古藏本，舊闕。▲「此以」，道藏本作「以此」，據守山閣本、章句音義改。

○釋文：「僥」，古堯反，徐古了反，字或作儌。「倖」，音幸。一云：僥倖，求利不止之貌。

○盜跖：使天下學士，不反其本，妄作孝悌，而儌倖於封侯富貴者也。

●說文：僥，僥，南方有焦僥，人長三尺，短之極。五聊切。憿，憿，幸也。古堯切。徼，徼，循也。古堯切。徐鍇繫傳：憿，今多作儌。儌，要也，非此字。段玉裁注：幸者，吉而免凶也。引申之曰欲幸，亦曰憿幸，俗作僥倖、儌倖、徼倖，皆非也。凡傳言徼福者，皆當作憿福爲正。按：徼，引伸爲徼求，爲邊徼。

○玉篇：倖，胡耿切，儌倖。亦作幸。徼，古幺切，要也，求也；徼，遮也；又古弔切，邊徼也。儌，居曉切，儌行也。僥，魚彫切，山海經云：焦僥國在三首國東。

○玄應音義卷三：「僥倖」，又作憿徼二形，同，古堯反。下音幸，俗謂幸爲僥倖，非其所當而得之。小爾雅：非分而得謂之幸，冀望得也。徼，遇也，遇幸得也。楚辭：願僥倖以待時，謂規求親遇也。禮記：孔子曰小人行險以僥倖，是。

【聲之於響】續古逸本、林希逸本「響」作「嚮」。

㊺
○釋文：「於嚮」，許丈反，本又作響。

●經典文字辨證書：響，正。嚮，俗。

○說文：響響，應聲也。▲原無「應」字，據玉篇補。

㊻■【物者，莫足爲也，而不可不爲】　底本、黑水城本、呂惠卿本「而不可不爲」作「而不可爲」，據續古逸本、趙諫議本、林希逸本及釋文增下「不」字。

○釋文：「物者莫足爲也」，分外也。「而不可不爲」，分內也。▲分外也：天理本、北圖本「也」作「反」，據續古逸本改。

○郭象注：夫爲者，豈以足爲故爲哉？自體此爲，故不可得而止也。　成玄英疏：故素無之，而不可強爲；性中有者，不可不爲也。

南華眞經卷第五

莊子外篇　天地第十二

① 【故通於天地者，德也。行於萬物者，道也】

○闕誤：「故通於天者道也，順於地者德也，行於萬物者義也」，見江南古藏本，舊闕上五字，義作道。

○郭象注：萬物莫不皆得，則天地通。道不塞其所由，則萬物自得其行矣。成玄英疏：通，同也。同兩儀之覆載，與天地而俱生者，德也。至理無塞，恣物往來，同行萬物，故曰道也。

② 【无心得而鬼神服】　敦煌寫本「无」作「天」。

○西昇經無思章：故曰：子能知一，萬事畢。無心德留，而鬼神伏矣。

③ 〖君子不可以不刳心焉〗

○釋文：「不刳」，崔本作軒，云：寬悅之貌。

④ 〖循於道之謂備〗

○釋文：「循」，音旬，或作脩。　參見大宗師校勘記⑪。

⑤〔沛乎其爲萬物逝也〕

○釋文：「物逝」，崔本逝作啓，云：開也。

⑥【藏珠於淵】

○闕誤：「沈珠於淵」，見張本，舊作藏。

○成玄英疏：珠生於水，不索，故藏之於淵。

⑦【立德明道】　呂惠卿本同，黑水城本「明」作「鳴」。

⑧〔至无而供其求〕

○釋文：「而供」，音恭，本亦作恭。

⑨■【殆哉圾乎天下】　衆本「岌」作「圾」，據釋文所校之某本改。列御寇同此改。

○釋文：「圾」，本又作岌，五急反，又五合反，郭、李云：危也。

○列御寇：殆哉圾乎。　釋文：「圾」，魚及反，又五臘反，危也。

●玉篇：岌，魚及切，山高皃。　圾，渠劫切，土圾。

○原本玉篇：岌，魚及反。爾雅：小山岌，郭璞曰：謂過高也。韓詩曰：四牡岌岌，盛皃也。楚辭：高余冠之岌岌，王逸曰：岌岌，高皃也。孟子曰：天下殆哉岌乎，劉熙曰：語者之聲岌岌然也。司馬注莊子，殆岌皆危也。

⑩【封人曰：退已】

○闕誤：「退已」，音紀，見江南古藏本，舊作巳。

○成玄英疏：所疑已決，宜速退歸。

⑪〖夫子闔行邪〗

○釋文：「闔」，本亦作盍，胡臘反。

○徐无鬼：闔不亦問是已，奚惑然爲？

○則陽：日與物化者，一不化者也，闔嘗舍之？

○列御寇：闔胡嘗視其良？釋文：「闔胡嘗視其良」，闔，語助也。

●清郝懿行爾雅義疏：盍者，廣雅云：何也；玉篇云：何不也。又通作闔，管子小稱篇云：闔不起爲寡人壽乎？莊子天地篇云：夫子闔行邪？釋文：闔本亦作盍。闔亦從盍得聲也。

⑫〖留動而生物〗

○釋文：「留動」，留或作流。

○成玄英疏：留，靜也。陽動陰靜，氤氳升降，分布三才，化生萬物，物得成就，生理具足，謂之形也。

●說文：畱留，止也。𣶒流，水行也。

⑬【其合緡緡，若愚若昏】續古逸本、黑水城本、呂惠卿本「昏」作「昬」。參見在宥校勘記㉙。

⑭【夫子問于老聃】趙諫議本「于」作「於」。

●說文：亐亏，於也，象气之舒亏，从丂从一。一者，其气平之也。今變隸作于。段玉裁注：於者，古文烏也。凡詩、書用亏字，凡論語用於字，蓋于於二字在周時爲古今字，故以今字釋古字也。凡言於，皆自此之彼之詞，其气舒于。按今音，于，羽俱切；於，央居切；烏，哀都切，古無是分別也，自周時已分別於爲屬辭之用。

○隸辨：亐，于，說文作亐，從丂從一，筆迹小異變作于，經典相承用此字。

⑮【有人治道，若相放】

○釋文：「相方」，如字；本亦作放，甫往反。

●說文：㫃放，逐也。𣃘方，併船也，象兩舟省總頭形。

⑯■【執留之狗成思】 底本、趙諫議本、黑水城本、林希逸本、呂惠卿本「留」作「狸」，據續古逸本及釋文改。

○釋文：「執留」，如字，本又作貍，音同；一本作狸，亦如字。司馬云：貍，竹鼠也。一云：執留之狗，謂有能故被留係成愁思也。

○郭象注：言此皆失其常然也。

⑰【蔣閭葂見季徹】　續古逸本、林希逸本「蔣」作「將」。

○釋文：「將」，一本作蔣。「閭」，力於反。「葂」，字亦作莬，音免；又音晚，郭音問。將閭葂，人姓名也；一云：姓將閭，名莬；或云：姓蔣，名閭葂也。

⑱【魯君謂葂也曰：請受教】　呂惠卿本同，黑水城本「受」作「授」。

●說文：𠬪受，相付也。𢩘授，予也。

⑲【其自爲處危】　續古逸本「處」作「遽」。

○釋文：「自爲遽」，其據反，本又作處。

○郭象注：自處高顯。　成玄英疏：處置危縣。

●說文：𧾩遽，傳也。一曰窘也。

○廣雅：遽，懼也。

◎郭象注句讀作：其自爲處，危其觀臺，多物將往，投迹者眾。

⑳【葂也汒若於夫子之所言矣】

○釋文：「汒若」，本或作芒，武剛反，郭武蕩反。

○下文：諄芒將東之大壑。　釋文：「芒」，本或作汒，武剛反。

○下文：汒乎淳備哉。　釋文：「汒乎」，莫剛反。

○秋水：今吾聞莊子之言，汒焉異之。　釋文：「汒焉」，莫剛反，郭音莽。

●玄應音義卷八卷十：「芒然」，莫唐反。案：芒然，冥昧不明也，舊經作惘然。莊子：芒然無所見，是也。

㉑【豈兄堯、舜之教民，溟涬然弟之哉】

○釋文：「豈兄」，元嘉本作豈足。

○郭象注：溟涬，甚貴之謂也。不肯多謝堯、舜而推之爲兄也。

●說文：𠑹兄，長也。　段玉裁注：長短、滋長、長幼，皆無二義。　小雅：兄也永歎，傳曰：兄，茲也。大雅：倉兄塡兮，傳曰：兄，滋也。職兄斯引，職兄斯弘，傳曰：兄，茲也。又小雅：僕夫兄瘁，箋云：兄，茲也。又大雅：亂兄其削，箋云：而亂茲甚。茲與滋義同。茲者，草木多益也。滋者，益也。兄之本義訓益，許所謂長也。

㉒【抱甕而出灌】

○釋文：「甕」，烏送反，字亦作瓮。

●玉篇：瓮，於貢切，大甖。甕，同上。

○說文：瓮，罌也。从瓦公聲。烏貢切。罋，汲缾也。从缶雝聲。烏貢切。段玉裁注：罋，俗作甕。

㉓【有械於此】

○闕誤：「有機械於此」，見張本，機舊闕。

○釋文：「有械」，戶戒反，字亦作械。▲「械」，天理本、北圖本作「械」，黄焯作「搣」，據續古逸本改。

㉔【爲圃者仰而視之】　續古逸本、林希逸本「仰」作「卬」。

○釋文：「卬」，音仰，本又作仰。

●說文：卬，望，欲有所庶及也。从匕从卪。詩曰：高山卬止。伍岡切。仰，舉也。魚兩切。

㉕【挈水若抽】

○釋文：「若抽」，敕留反，李云：引也；司馬、崔本作流。

㉖【數如泆湯】

○釋文：「數如」。「泆湯」，音逸，本或作溢；司馬本作佚蕩。

●說文：[seal-script character]泆，水所蕩泆也。夷質切。段玉裁注：蕩泆者，動盪奔突而出。凡言淫泆者，皆謂太過，其引伸之義也。禹貢：沇水入于河，泆爲熒。……衛包改禹貢之泆爲溢，淺人以滿釋之，固可歎矣。

㉗【其名爲槔】

○闕誤：「其名桔槔」，見張本，桔舊作爲。

○釋文：「槔」，本又作橋，或作皋，同，音羔。司馬、李云：桔槔也。

○成玄英疏：即今之所用桔槔也。

㉘〔子貢瞞然慙〕

○釋文：「瞞」，武版反，又亡安反，字林云：目眥平貌。李夫典反，慙貌。司馬本作憮，音武，崔本作撫。▲「憮」，天理本、續古逸本作「撫」，據北圖本改。

●說文：[seal-script character]瞞，平目也。母官切。[seal-script character]憮，愛也。韓、鄭曰憮。一曰不動。文甫切。徐鍇繫傳：瞞，目瞼低也。憮，今爾雅作撫。

㉙〔於于以蓋衆〕

○釋文：「於于」，本或作唹吁，音同。「以蓋衆」，司馬本蓋作善。

㉚〔項項然不自得〕

○釋文：「頊頊」，本又作旭旭，許玉反，李云：自失貌。

●說文：頊，頭頊頊，謹皃。許玉切。段玉裁注：此本義也，故从頁，引伸爲正也。白虎通又曰：冬，其帝顓頊。顓頊者，寒縮也。

○爾雅釋訓：旭旭、蹻蹻，憍也。郭璞注：皆小人得志，憍蹇之貌。

㉛【向之人】

○釋文：「向之」，許亮反，本又作鄉，音同，後倣此。參見應帝王校勘記㉑。

㉜【功利機巧，必忘夫人之心】

○釋文：「之心」，心或作道。

㉝【得其所謂，謷然不顧】

○釋文：「謷然」，五羔反，司馬本作警。

㉞【失其所謂，儻然不受】

○釋文：「儻然」，本亦作黨，司馬本作傥，同。敕蕩反，郭吐更反。▲「敕」，眾本作「勑」，下文所引同，皆改作「敕」。

○下文：儻乎若行而失其道也。釋文：「儻乎」，敕黨反，司馬本作傥。

○繕性：物之儻來寄也。釋文：「儻來」，吐黨反，崔本作黨，云：眾也。

●五經文字：敕，丑力反，古勑字。今相承皆作勑，唯整字從此敕。

○清邢澍金石文字辨異：漢夏承碑：黨有靈，隸釋云：以黨爲儻。案：漢書伍被傳：黨可以徼幸，師古曰：黨讀曰儻。……儻皆作黨。

㉟【諄芒將東之大壑】

○釋文：「諄」，郭之倫反。「芒」，本或作汒，武剛反。

㊱【適遇苑風於東海之濱】

○釋文：「苑風」，本亦作宛。▲「宛」，天理本作「苑」，據續古逸本、北圖本改。

㊲【酌焉而不竭】

○釋文：「酌焉」，一本作取焉。

㊳【願聞聖治】

○釋文：「願聞」，本或依司馬本作問，下同。「聖治」。

㊴■【手撓頣指】 眾本「頣」作「顧」，據釋文所校之某本改。

○釋文：「手撓」，而小反。司馬云：動也。「顧指」，如字。向云：顧指者，言指麾顧盼而治也。或音頣，本亦作頣，以之反，謂舉頣指麾也。

●漢書卷四十八賈誼傳：今陛下力制天下，頣指如意。三國魏如淳注：但動頣指麾，則所欲皆如意。

⑩【共利之之爲悦，共給之之爲安】續古逸本上「爲」字作「謂」，下仍作「爲」。

⑪〖儻乎若行而失其道也〗

○釋文：「儻乎」，敕黨反，司馬本作儻。

⑫〖此謂德人之容〗

○釋文：「德人之容」，或云：依注當作客。

○郭象注：德者，神人迹也，故曰容。

⑬〖門无鬼與赤張滿稽〗

○釋文：「門无鬼」，司馬本作无畏。「赤張滿」，本或作蒲。「稽」。

⑭〖其亂而後治之與〗

○釋文：「之與」，音餘，本又作邪。

⑮【聖人羞之】

○闕誤：「聖人所羞也」，見張本，舊作聖人羞之。

○成玄英疏：事不得已，是故羞之。

⑯【上如標枝】續古逸本「枝」作「校」。

○釋文：「如標」，言樹杪之枝，無心在上也。「校」，胡孝反，李音較；一本作枝。▲「杪」，天理本、續古逸本作「標」，據北圖本改。

○郭象注：出物上而不自高也。　成玄英疏：猶如高樹之枝，無心榮貴也。

●說文：𣞤標，木杪末也。𣏕校，木囚也。𣏌枝，木別生條也。

【孝子不諛其親，忠臣不諂其君】　林希逸本、句解本「諂」作「謟」。

⑰

○釋文：「不諛」，羊朱反，郭貽附反。「不諂」，敕檢反。

○天地：忠臣不諂其君。　林希逸本、句解本「諂」作「謟」。　釋文：「不諂」，敕檢反。

○秋水：不賤佞諂。　續古逸本同。趙諫議本、呂惠卿本、林希逸本「諂」作「謟」。

○漁父：希意導言謂之諂。　靜嘉堂本、呂惠卿本、林希逸本「諂」作「謟」。

●五經文字：謟諂，上音滔，從爪從臼，凡字聲近謟者皆從舀；下笞冉反，從夕從臼，凡字聲近諂者皆從臽。

○說文：讇讇，諛也。从言閻聲。丑琰切。諂諂，讇或省。

○增廣字學舉隅：諂，同讇，讀若產，陷也，媚也，佞也，卑屈也。面从曰諛，佞言曰諂。謟，音叨，疑也。

○爾雅釋詁：謟，疑也。

⑱ 【則不謂之導諛之人也】　續古逸本「導」作「道」。

○釋文：「之道」，音導，下同。

○郭象注：言俗不爲尊嚴於君親而從俗，俗不謂之諂〔諛〕。

●清王念孫讀書雜志三史記第三越王句踐世家「導諛」：「吴已殺子胥，導諛者衆。」念孫案：「導諛」即「諂諛」也，或作「道諛」，莊子天地篇作「道諛之人」是也。……荀子不苟篇「非諂諛也」，賈子先醒篇「君好諂諛而惡至言」，韓詩外傳竝作「道諛」。「諂」與「道」，聲之轉。

□案：分則作「諂」「諛」，合則作「導諛」，酷肖分則作「聾」「瞽」，合則作「聾盲」。逍遥遊：「瞽者无以與乎文章之觀，聾者无以與乎鍾鼓之聲。豈唯形骸有聾盲哉？」

⑲ ■【謂己導諛則勃然作色，謂己衆人則怫然作色，而終身導諛也，終身衆人也】　衆本「導諛」作「導人」，據上下文改；「衆人」作「諛人」，據釋文所校之衆本改。

○釋文：「則勃」。「謂己諛人」，本多作衆人，下同。司馬云：衆人，凡人也。「則怫」。

○郭象注：世俗遂以多同爲正，故謂之導諛，則作色不受。

○下文：垂衣裳，設采色，動容貌，以媚一世，而不自謂導諛，與夫人之爲徒，通是非，而不自謂衆人，愚之至也。

⑳ 【合譬飾辭聚衆也，是終始本末不相坐】

○闕誤：「不相罪坐」，見張木，舊闕。
○釋文：「相坐」，才臥反，注同。
○郭象注：夫合譬飾辭，應受諂諛之罪，而世復以此得人，以此聚衆，亦爲從俗者恆不見罪坐也。▲衆本「諂諛」作「導諛」，據上文改。　成玄英疏：衆既從之，故不相罪坐也。譬，本有作璧字者，言合珪璧也。
●玄應音義卷二：「坐此」，慈臥反。案：坐，罪也，謂相緣罪也。蒼頡篇：坐，辜也。鹽鐵論曰：什伍相連，親戚相坐，若引根本而及華葉，傷小指而累四體，是也。
⑤①【設采色，動容貌】　黑水城本「貌」作「皃」，呂惠卿本作「皃」。
●說文：皃，頌儀也。貌，籒文皃。　段玉裁注：頌者，今之容字。言儀者，謂頌之儀度可皃象也。凡容言其內，皃言其外，引伸之，凡得其狀曰皃。今字皆用籒文。
○重訂直音篇：皃，同皃。
⑤②【大愚者，終身不靈】
○釋文：「不靈」，本又作無靈。司馬云：靈，曉也。
⑤③【折楊、皇華則嗑然而笑】　敦煌寫本同，續古逸本、趙諫議本、林希逸本「華」作「荂」。
○釋文：「折楊」。「皇荂」，況于反，又撫于反；本又作華，音花；司馬本作里華。「嗑然」，

許甲反。李云：折楊、皇華，皆古歌曲也。嗑，笑聲也，本又作嗌，烏邀反，司馬本作榼。

▲「邀」，續古逸本作「邈」。

⑭ ●方言卷一：華、荂，晠也，齊、楚之間或謂之華，或謂之荂。郭璞注：荂亦華别名，音誇。

【高言不止於衆人之心】　續古逸本「止」作「上」。

⑮ 〖以二缶鍾惑〗

○釋文：「以二缶鍾」，缶應作垂，鍾應作踵，言垂脚空中，必不得有之適也。司馬本作二垂鍾，云：鍾，注意也。

○成玄英疏：踵，足也。夫迷方之士，指北爲南，而二惑既生，垂脚不得。

●說文：缶，瓦器，所以盛酒漿，秦人鼓之以節謌(歌)。

□案：上文「大聲」「折楊」「皇荂」皆爲歌曲，則此處「缶鍾」可作樂器解。

⑯ 〖不推，誰其比憂〗

○釋文：「比憂」，毗志反，司馬本作鼻，云：始也。

⑰ 〖遽取火而視之〗

○釋文：「遽」，巨據反，本或作蘧，音同。

●玉篇：遽，渠庶切，急也，疾也，卒也。蘧，其居切，蘧麥。

⑤⑧【其斷在溝中】

○釋文：「其斷」，徒亂反，下同，本或作故。

⑤⑨【三曰五臭薰鼻，困惾中顙】

○釋文：「困」，本或作悃，音同。「惾」，子公反。「中」。「顙」。

⑥⓪■【四曰五味濁口】　底本、趙諫議本、黑水城本、呂惠卿本「濁」作「噣」，據續古逸本、林希逸本及釋文改。

○釋文：「濁口」，本又作噣，音同。

●說文：噣，喙也。陟救切。

⑥①【五曰趣舍滑心】

○釋文：「滑心」，李音骨，本亦作噣。

⑥②■【夫得者困】　底本「困」作「因」，據衆校本改。

○成玄英疏：夫仁義禮法，約束其心者，非眞性者也。既僞其性，則遭困苦。若以此困而爲得者，則何異乎鳩鴞之鳥在樊籠之中偁其自得者也？

⑥③【皮弁、鷸冠】

○釋文：「鷸」，尹必反，徐音述，本又作鵡，音同。

莊子外篇　天道第十三

①【六通四辟】　敦煌寫本「辟」作「闢」。

○釋文：「六通」，謂六氣，陰陽風雨晦明。「四辟」，毗赤反，謂四方開也。

○天下：六通四闢。　釋文：「四辟」，婢亦反，本又作闢。

●說文：闢闢，開也。辟辟，法也。　段玉裁注：辟，引伸之爲辟除。

○禮記王制：天子曰辟廱。　鄭玄注：辟，明也。

□案：「六通四辟」，當指庚桑楚所言之「此四六者」，則作「辟」字爲正。

②【其自爲也】

○闕誤：「其自然爲也」，見張本，舊闕。

○郭象注：任其自爲。　成玄英疏：任物自動，故曰自爲。

③【平中準】　趙諫議本同，底本、續古逸本、黑水城本、呂惠卿本、林希逸本「準」作「准」。

○釋文：「中準」，丁仲反。

●干禄字書：准準，上通下正。

○說文：準準，平也。从水隼聲。　段玉裁注：謂水之平也。天下莫平於水，水平謂之準，因之製平物之器亦謂之準，漢志：繩直生準，準者，所以揆平取正，是也。

④ ■【天地之平，而道德之質】　衆本「質」作「至」，據刻意改。

○闕誤：「而道德之至也」，見張本，舊闕。

○郭象注：凡不平不至者，生於有爲。　成玄英疏：歎無爲之美，故具此四名，而天地以此爲平，道德用兹爲至也。

○刻意：此天地之平，而道德之質也。　釋文：「質也」，質，正也。　郭象注：非夫寂漠無爲也，則危其平而喪其質也。　成玄英疏：天地以此法爲平均之源，道德以此法爲質實之本也。

⑤【實者倫矣】

○闕誤：「實者倫矣」，江南古藏本作：實者備矣。

○郭象注：倫，理也。

⑥【明此以南鄉】

○釋文：「南鄉」，許亮反，本亦作嚮。　參見應帝王校勘記㉑。

●釋名釋州國：萬二千五百家爲鄉。鄉，向也，衆所向也。

○廣韻：嚮，許兩切，爾雅：兩階間謂之嚮。本亦作鄉。嚮，許亮切，與向通用。

⑦ 〔鰲萬物而不爲戾〕

○釋文：「爲戾」，力計反，暴也。

○郭象注：變而相雜，故曰鰲，自鰲耳，非吾師之暴戾。

⑧ ■【辯雖彫萬物，不自說也】　底本、趙諫議本、黑水城本、呂惠卿本「說」作「悅」，據續古逸本、林希逸本及釋文改。參見齊物論校勘記㉔。

○釋文：「自說」，音悅。

○成玄英疏：弘辯如流，彫飾萬物，而付之司牧，終不自言也。

○齊物論：大辯不言。

⑨ ■【禮法數度】　衆本「數度」作「度數」，據下文作「禮法數度」顛倒次序。

○成玄英疏：數者，計筭。度，丈尺。

○天下：其明而在數度者，舊法，世傳之史尚多有之，其在於詩書禮樂者，鄒魯之士搢紳先生多能明之。

○天運：吾求之於度數，五年而未得也。　□案：此「度數」當作「數度」。

●周易節：象曰：澤上有水，節，君子以制數度，議德行。

⑩ ■【形名比詳】　衆本「形」作「刑」，據下文及郭象注成玄英疏改。

○闕誤：「形名比詳」，見張本，下同，舊作刑。▲道藏本「形」作「刑」，據守山閣本改。

○成玄英疏：形者，容儀。

○下文：分守已明而形名次之。郭象注：得分而物物之名各當其形也。

●說文：刑，刭也。戶經切。形，象形也。戶經切。刑，罰辠也。戶經切。

○孫子勢篇第五：鬭衆如鬭寡，形名是也。

○管子心術：物固有形，形固有名。

○淮南子說山第十六：凡得道者，形不可得而見，名不可得而揚。今汝已有形名矣，何道之所能乎？

○韓非子主道：有言者自爲名，有事者自爲形，形名參同，君乃無事焉，歸之其情。

○清袁枚隨園隨筆卷十七辨訛類：申、韓形名之學，其法在審合形名，故曰：不知其名，復修其形。今稱爲刑罰之刑，誤矣。

⑪【夫天地，至神】

○闕誤：「夫天地，至神矣」，見張本，舊闕。

⑫【語道而非其道者，安取道】

○闕誤：「安取道哉」，見文本，舊闕。

⑬【此之謂太平】

○釋文：「大平」，音泰。

⑭【非知治之道】

○闕誤：「非知治之道者也」，見江南古藏本，舊闕。

⑮■【形名比詳】　底本、續古逸本、趙諫議本、林希逸本「形」作「刑」，據上文及黑水城本、呂惠卿本改。

⑯【往見老聃，而老聃不許】　黑水城本無「而」字，呂惠卿本原文殘缺。

⑰【老聃中其説，曰：太謾】　續古逸本「太」作「大」。

○釋文：「老聃中」。「其説」，如字，絶句。「曰大」，音泰。「謾」。

⑱■【中心勿愷】　底本、續古逸本、趙諫議本、黑水城本、林希逸本、呂惠卿本「勿」作「物」，據釋文所校之某本改。

○釋文：「中心物」，本亦作勿。「愷」，開待反，司馬云：樂也。

○成玄英疏：愷，樂也。忠誠之心，願物安樂。

●説文：勿勿，州里所建旗。㫚旃，勿或从㫃。

○五經文字：勿，州里所建旗之象，其後相承作物，以此勿爲止之。

⑲〖老聃曰：意！幾乎後言〗

○釋文：「曰意」。「幾乎」，音機，司馬本作頎，云：頎，長也。

⑳〖鼠壤有餘蔬，而棄妹〗

○釋文：「餘蔬」。「棄妹」，一本作妹之者。

㉑〖今吾心正郤矣〗

○釋文：「正郤」，去逆反，或云：息也。

㉒【吾服也恆服，吾非以服有服】　敦煌本「恆服」「有服」下有「也」字。

㉓【而顡頯然】　敦煌本「頯」作「顯」。參見大宗師校勘記⑦。

○釋文：「顡頯」，上息黨反，下去軌反，本又作顯，如字，司馬本作魌。

㉔【而口闞然，而狀義然】　敦煌本「然」作「若」。

㉕【邊境有人焉，其名爲竊】

○釋文：「邊竟」，音境。「有人焉，其名爲竊」。

㉖【老子曰】　續古逸本、趙諫議本、黑水城本、呂惠卿本同，敦煌本、林希逸本「老子」作「夫子」。

○成玄英疏：莊周師老君，故呼爲夫子也。

㉗【淵乎其不可測也】　敦煌本同。

○闕誤：「淵淵乎其不可測也」，見江南古藏本，舊闕。

㉘【形德仁義】　敦煌本「形」作「刑」。　□案：此處「形」字不當作「刑」字。

○大宗師：以刑爲體，以禮爲翼，以知爲時，以德爲循。

○說劍：論以刑德。　高山寺本「刑」作「形」。

㉙【天下奮棅而不與之偕】　敦煌本同。續古逸本「棅」作「棅」。

○釋文：「奮棅」，音柄，司馬云：威權也。李丑倫反。一本作棅。

●說文：柄，柯也。棅，或從秉。棅，極也。多貢切。

○玉篇：棅，筆永切，執也。柄，必命切，柯柄也。棅，同上。棟，都貢切，屋極也。

㉚■【審乎无假而不與物遷】　眾本「物」作「利」，據德充符改。

○德充符：審乎无假而不與物遷，命物之化而守其宗也。

㉛【能守其本】　敦煌本句末有「者也」兩字。

㉜【而神未嘗有所困也】　敦煌本「也」作「者也」。

㉝【至人之心有所定矣】　敦煌本「定矣」作「定之矣」。

㉞【世之所貴道者，書也】　敦煌本無「道」「也」兩字。

○成玄英疏：道者，言說。書者，文字。　○下文：而世因貴言傳書。

㉟【世雖貴之哉，猶不足貴也】　趙諫議本無「哉」「也」兩字。敦煌本無「也」字，「足貴」作「貴足」。

㊱【爲其貴非其貴也】　敦煌本作「爲其非其貴者也」。

㊲【言者不知】　敦煌本句末有「也」字。

㊳【而世豈識之哉】　敦煌本「之哉」作「之乎哉」。

㊴【桓公讀書於堂上，輪扁斲輪於堂下】　敦煌本無兩「於」字。

㊵【公之所讀者，何言邪】　敦煌本同。續古逸本「者」作「爲」。

㊶〖古人之糟魄已夫〗

○釋文：「糟」，音遭，李云：酒滓也。「魄」，普各反，司馬云：爛食曰魄。一云：糟爛爲魄。本又作粕，音同。許愼云：粕，已漉麤糟也。或普白反，謂魂魄也。「已夫」，音符，絕句。或如字。

㊷【輪人安得議乎】　敦煌本無「乎」字。

㊸【得之於手而應於心】　敦煌本無「之」字。

㊹【口不能言】　敦煌本句末有「也」字。

㊺【有數存焉於其間】　敦煌本「焉於」作「乎」。

㊻【古之人與！其不可傳也，死矣】敦煌本「也」作「者」。○釋文：「人與」，如字，又一音餘。

㊼【古人之糟魄已矣】續古逸本、林希逸本「已矣」作「已夫」，敦煌本作「也已矣」。

莊子外篇　天運第十四

①【天運第十四】

○釋文：「天運」，司馬作天員。

②【孰居无事，推而行是】

○釋文：「推而」，司馬本作誰。

③【意者其有機緘而不得已邪】

○釋文：「緘」，司馬本作咸，云：引也。

④【雨者爲雲乎？孰隆施是】

敦煌本「施」作「弛」。

○闕誤：「孰隆施是」，李氏作弛。

○釋文：「隆施」，音弛，式氏反。

○成玄英疏：隆，興也。弛，廢也。

●說文：施，旗皃。式支切。弛，弓解也。施氏切。段玉裁注：弛，引申爲凡懈廢之稱。

○篆隸萬象名義：弛，詩紙反，弓解也，離也。弛，同上。

○廣韻：施，施智切，易曰：雲行雨施。弛，釋也，說文云弓解也，施是切。

⑤〔孰居无事，淫樂而勸是〕

○釋文：「而勸」，司馬本勸作倦。

⑥【有上彷徨】　敦煌本作「在上彷徨」。

○闕誤：「在上彷徨」，見張本，舊作有。

○釋文：「有上」，時掌反。「彷」，薄皇反。「徨」，音皇。司馬本作旁皇。

●五經文字：彷徨，上音旁，下音皇，見詩。作仿偟者訛。

⑦〔孰居无事而披拂是〕

○釋文：「披」。「拂」，司馬本作翇。

⑧【巫咸袑曰】　敦煌本「巫」作「無」。

○釋文：「巫咸袑」。

⑨【逆之則凶】　敦煌本「則」作「者」。

⑩【天下載之】　敦煌本「載」作「戴」。

○成玄英疏：百姓荷戴而不辭。

●説文：𢦏載，乘也。𢍰戴，分物得增益曰戴。段玉裁注：乘者，覆也。上覆之，則下載之，故其義相成。引申爲凡載物之偁。戴又與載通用，言其上曰戴，言其下曰載也。

○釋名釋姿容：載，戴也，戴在其上也。

⑪【商大宰蕩】 敦煌本「大」作「太」。趙諫議本此作「太」，下文作「大」。

○釋文：「商大」，音泰，下文大息同。▲「商」，天理本作「商」，據北圖本、續古逸本改。

●干祿字書：商商，上俗下正。

○五經文字：商，作商，訛。

⑫【虎狼，仁也】 敦煌本無「也」字。

⑬〔大宰曰：蕩聞之〕

○釋文：「蕩聞之」，一本蕩作盈，崔本同。

⑭【天下莫知也】 敦煌本「也」作「者」。

⑮【豈直太息而言仁孝乎哉】 敦煌本「太」作「泰」，無「仁」字。

⑯【夫孝悌仁義】 敦煌本、林希逸本「悌」作「弟」。

○釋文：「孝悌」，音弟。

○盜跖：妄作孝悌。 釋文：「孝弟」，音悌，本亦作悌。

●說文：(新附字)[illegible]悌，善兄弟也，經典通用弟。特計切。

⑰■【吾始聞之懼】 底本、敦煌本、續古逸本、趙諫議本、黑水城本、呂惠卿本、林希逸本

「戄」作「懼」，據釋文所校之某本改；下文「汝故戄也」「始於戄，戄故祟」，同此改。

○釋文：「之懼」，如字，或音句，下同；一本作戄，音況縛反。案說文懼是正字，矍古文。

▲「矍」，宋刻本同，清刻本作「戄」。□案：當作「案說文戄是正字，矍古文」。

○下文：而一不可待，汝故懼也。　郭象注：初聞无窮之變，不能待之以一，故懼然悚聽。

○下文：樂也者，始於懼，懼故祟。　郭象注：懼然悚聽，故是祟耳，未大和也。

□案：上兩處郭象注「懼」字皆當作「戄」。

○庚桑楚：南榮趎懼然顧其後。高山寺本同。　釋文：「懼然」，向紀具反，本又作戄，音同；又況縛反。

●說文：懼，恐也，从心，瞿聲，其遇切。愳，古文。矍，隹欲逸走也。从又持之，瞿瞿也；一曰視遽皃。九縛切。瞿，鷹隼之視也。讀若章句之句。

○玉篇：戄，許縛、貝縛二切，驚也，又遽視也。　矍，許縛居縛二切，急視也。

○文選卷五十一東方朔非有先生論：於是吳王戄然易容，捐薦去几，危坐而聽。　李善注：戄，驚皃也。▲「戄」，五臣注本作「懼」，呂延濟注：「懼然，驚視皃。」

○慧琳音義卷四十二：「矍然」，顧野王：矍，驚懼（戄）之皃也。考聲：心驚皃。

○集韻：戄，怳縛切，驚也，一曰遽視。或作愯。

○廣韻：戄，許縛切，驚戄，又曰遽視。㦜，胡郭切，心動也。

○玄應音義卷十一：「㦜動」，胡郭況縛二反，蒼頡篇云：㦜，驚也。

○文選班固東都賦：主人之辭未終，西都賓矍然失容。李善注：說文曰：矍，驚視皃也。

⑱【徵之以天】 敦煌本同。續古逸本「徽」作「徵」。

○釋文：「徵之」，古本多作徽。

●爾雅釋詁：徽，善也。徽，止也。徵，虛也。釋言：徵，召也。

○廣雅釋詁：徽，束也。徵，明也。

⑲【行之以禮義，建之以大清】 敦煌本無兩「之」字。續古逸本、敦煌本、呂惠卿本、林希逸本「大」作「太」。續古逸本此下有：「夫至樂者，先應之以人事，順之以天理，行之以五德，應之以自然，然後調理四時，太和萬物。」日本室町舊鈔本同，敦煌本、趙諫議本、黑水城本、呂惠卿本、林希逸本、分章本無此三十五字。據道藏本南華眞經注疏，此三十五字係成玄英疏文。釋文無相關音義。

○釋文：「大清」，音泰。

⑳【四時迭起】

○釋文：「迭起」，大節反；一本作遞，大計反。

●說文：遞遞，更易也。特計切。迭迭，更迭也。徒結切。

㉑【一盛一衰】　敦煌本此兩「一」字並作「壹」，下文仍作「一」。

●隸辨：按儀禮士冠禮：壹揖壹讓，注曰：古文壹皆作一，疏曰：一壹得通用。又漢書凡一字皆作壹。

㉒【其聲能短能長】　敦煌本無「能長」兩字。

㉓〔塗郤守神〕

○釋文：「塗郤」，去逆反，與隙義同。

㉔〔倚於槁梧而吟：目知窮乎所欲見〕

○釋文：「目知」，音智。

○郭象注：言物之知力，各有所齊限。

●說文：知知，詞也。　朱駿聲說文通訓定聲：知，發聲之詞。

㉕【吾既不及已矣】　趙諫議本、敦煌本同。續古逸本「矣」作「夫」。

㉖〔形充空虛，乃至委蛇〕

○釋文：「委」。「蛇」，以支反，又作施，徐音絁。

㉗【達於情而遂於命也】　敦煌本「也」作「者也」。

㉘ ■【故有焱氏爲之頌曰】 底本、續古逸本、趙諫議本、黑水城本、林希逸本、呂惠卿本「焱」作「猋」，據釋文之音及山木之釋文改。

○釋文：「猋氏」，必遥反，本亦作炎。

○山木：而歌猋氏之風。 釋文：「猋氏」，必遥反。

●說文：焱焱，火華也。以冄切。猋猋，犬走皃。甫遥切。段玉裁注：古書猋與焱二字多互譌。

○康熙字典：猋，唐韻：甫遥切，集韻、韻會、正韻：卑遥切，㕘(並)音標。

㉙【苞裹六極】 趙諫議本「苞」作「包」。黑水城本、呂惠卿本、林希逸本「裹」作「褁」。敦煌本無「苞」字。

○釋文：「苞裹」，音包，本或作包。

●五經文字：苞，皮表反，經典借爲包裹字。

○說文：苞苞，艸也，南陽以爲麤履(履)。从艸包聲。布交切。包包，象人裹妊，巳在中，象子未成形也。 段玉裁注：包，引伸之爲凡外裹之偁。亦作苞，皆假借字。凡經傳言苞苴者，裹之曰苞，藉之曰苴。

㉚ ■【始於懼，懼故祟】 「懼」字據上文改。呂惠卿本「祟」作「崇」，黑水城本作「祟」。

○釋文：「祟」，雖遂反。

㉛【愚故道，道可載而與之俱也】　敦煌本不重「道」字。

○郭象注：以無知爲愚，愚乃至也。　成玄英疏：蕩蕩默默，類彼愚迷，不怠不懼，雅符眞道，既而運載無心，與物俱至也。

○知北遊：无從无道始得道。

●管子白心：今夫來者必道其道。　唐房玄齡注：上道，從也。

㉜【夫芻狗之未陳也】　敦煌本「芻狗」作「蒭苟」，下同。

○釋文：「芻狗」。

㉝〖盛以篋衍〗

○釋文：「篋」，苦牒反，本或作筐。「衍」。

●說文：匧，緘藏也，苦叶切。篋，匧或从竹。匡，飯器，筥也。筐，匡或从竹。

㉞【尸祝齋戒以將之】　趙諫議本、敦煌本同，續古逸本、林希逸本「齋」作「齊」。

○釋文：「齊戒」，側皆反，本亦作齋。

㉟【亦取先王已陳芻狗】　敦煌本「已陳」作「已陳之」。

㊱【取弟子遊居寢臥其下】　敦煌本、敦煌寫本「取」作「聚」。

○成玄英疏：故集聚弟子。

●朱駿聲說文通訓定聲：取，叚借又爲聚。
○漢書五行志：取不達兹謂不知。顏師古注：取，讀曰聚。

㊲【舍之則仰】敦煌本同，敦煌寫本「仰」作「昂」。

㊳【非引人也】敦煌本「也」作「者也」。

㊴【三皇、五帝之禮義法度】敦煌本「皇」作「王」，「義」作「儀」，下句同此；上文作「行之以禮義」。

○成玄英疏：步驟殊時，禮義威儀，不相沿襲。

㊵【相梨橘柚】敦煌本「相」作「樝」。

○釋文：「相」，側加反。
●干祿字書：相樝，上通下正。

㊶〔盡去而後慊〕
○釋文：「慊」，苦牒反，李云：足也。本亦作嗛，音同。▲「嗛」，續古逸本作「兼」。
●說文：[篆]慊，疑也。戶兼切。[篆]嗛，口有所銜也。戶監切。
○玄應音義卷三：「慊苦」，慊，猒也，猒足也，快也。

㊷■【吾求之於數度】敦煌本無「數度」兩字，其餘衆本「數度」作「度數」，據天道及天下

改，詳見天道校勘記⑨。

⑬【十有二年而未得】敦煌本句末有「也」字。

⑭【則人莫不告其兄弟】敦煌本「兄弟」作「弟兄」。

⑮【名，公器也】敦煌本同。

○闕誤：「名者公器也」，見張本，舊闕。

○釋文：「名公器也」。

○郭象注：夫名者，天下之所共用。

⑯■【仁義，先王之遽廬也】眾本「遽」作「蘧」，據釋文之司馬、郭注改。

○釋文：「蘧」，音渠。司馬、郭云：蘧廬，猶傳舍也。

○天地：遽取火而視之。釋文：「遽」，巨據反，本或作蘧，音同。

●說文：蘧，蘧麥也。彊魚切。遽，傳也，一曰窘也。其倨切。傳，遽也。段玉裁注：釋艸曰：大菊蘧麥，本艸謂之瞿麥，一名巨句麥，廣雅謂之紫萎，一名麥句薑，俗謂之洛陽花，一名石竹。

○爾雅釋草：大菊，蘧麥。釋文：「蘧」，音渠，或音劬，字或作遽，音同。

○漢書卷四十三酈食其傳第十三：沛公至高陽傳舍。顏師古注：傳舍者，人所止息，前人已去，後人復來，轉相傳也。一音張戀反，謂傳置之舍也，其義兩通。

○明顧起元說畧卷二十：孟子曰：速於置郵而傳命。馬遞曰置，步遞曰郵，漢謂之乘傳，又謂之遽。莊子：仁義，先王之蘧廬，可以一宿。是遽廬卽傳舍也。

⑰【止可以一宿，而不可久處】 敦煌本無「止」字；敦煌本、林希逸本「不可」作「不可以」。

⑱【古之至人】 敦煌本無「卒」字。

⑲【以遊逍遙之墟】 續古逸本、敦煌本「墟」作「虛」。

○釋文：「之虛」，音墟，本亦作墟。

●隸辨：蓋自漢以後，虛始爲墟，猶形景爲影本乎稚川也。

○說文：虛虛，大丘也。昆侖丘謂之昆侖虛。古者九夫爲井，四井爲邑，四邑爲丘，丘謂之虛。段玉裁注：虛，本謂大丘，大則空曠，故引伸之爲空虛；又引伸之爲凡不實之稱。虛，猶聚也，居也，引伸爲虛落，今作墟。

⑳【食於苟簡之田】

○釋文：「苟簡」，王云：苟，且也；簡，略也。司馬本簡作間，云：分別也。▲「苟」，天理本作「苟」；續古逸本經文作「茍」，注文作「苟」，據北圖本改。

●說文：苟，艸也。古厚切。茍，自急敕也。己力切。段玉裁注：孔注論語云：苟，誠也，鄭注燕禮云：苟，且也，假也，皆假借也。急者褊也，敕者誡也。釋文云：亟，字又作苟，同，居力反，經典亦作棘，同。

51 【古者謂是采眞之遊】　敦煌本「是」作「之」，「采」作「采」。

52 【以闚其所不休者】　敦煌本無「不」字。

○成玄英疏：一無鑒識，豈能聞見玄理而休心息智者乎？

53 【无所湮者】

○釋文：「湮者」，音因，李云：塞也，亦滯也。司馬本作歅，疑也。簡文作甄，云：隔也。

54 【天門弗開矣】　敦煌本「矣」作「也」。

55 【夫播穅眯目，則天地四方易位矣】　敦煌本「穅」作「糠」，無「矣」字。

○釋文：「播」。「穅」，音康，字亦作康。參見逍遥遊校勘記㊹。

56 【蚊虻噆膚，則通昔不寐矣】　敦煌本「虻」作「蝱」。敦煌寫本「昔」作「夕」。

○釋文：「蚊」，音文，字亦作蟁。「虻」，音盲，字亦作蝱。「噆」。「通昔」，昔，夜也。

●說文：昔，乾肉也。从殘肉，日以晞之。與俎同意。思積切。腊，籀文从肉。段玉裁注：昔肉必經一夕，故古叚昔爲夕。又引伸之則叚昔爲昨，又引伸之則以今昔爲今古矣。

⑰ 【夫仁義憯然，乃憤吾心，亂莫大焉】

○釋文：「憯然」。「乃憤」，扶粉反，本又作憒，古內反。

○郭象注：尚之以加其性，故亂。

●說文：憯，痛也。七感切。憤，懣也。房吻切。憒，亂也。胡對切。

○方言卷十二、廣雅釋言：憤，盈也。

⑱ 【揔德而立矣】 敦煌本「矣」作「耳」。

●說文：總，聚束也。作孔切。段玉裁注：謂聚而縛之也。引申之爲凡兼綜之偁。俗作揔。

⑲ 【又奚傑然】 敦煌本「傑然」作「傑傑然」。

○闕誤：「又奚傑傑然」，見張本，舊闕。

○釋文：「傑然」，郭居竭反，又居謁反，巨竭反。

○成玄英疏：傑然，用力貌。

⑳ 【鵠不日浴而白】 敦煌本「鵠」作「鶴」。

○釋文：「鵠」，本又作鶴，同。

㉑ 【名譽之觀】

○釋文：「之觀」，古亂反，司馬本作讙。

⑫【魚相與處於陸】　敦煌本無「於」字。

⑬【相呴以濕】　續古逸本「呴」作「吻」，音義作「呴」。敦煌本「呴」作「煦」，無「濕」字。

○釋文：「相呴」。

⑭■【相濡以沫】　底本、敦煌本、趙諫議本、呂惠卿本「沫」作「沫」，據續古逸本、林希逸本及釋文改。參見大宗師校勘記⑭。

○釋文：「相濡」。「以沫」，音末。

○成玄英疏：夫泉源枯竭，魚傳沫以相濡。

⑮【不若相忘於江湖】　敦煌本「於」作「乎」。

⑯【三日不談】

○釋文：「不談」，本亦作不言。

⑰【予口張而不能嗋】　敦煌本上句「予」作「余」，下句作「予」，無「能」字。

○闕誤：「予口張而不能脅，舌舉而不能訒」，見江南古藏本，舊闕。

○釋文：「嗋」，許劫反，合也。

○秋水：公孫龍口呿而不合，舌舉而不下。

●鄭玄曰：余予，古今字。

⑱【然則人固有尸居而龍見】 敦煌本同。

○闕誤：「然則至人」，見江南古藏本，舊闕。

○成玄英疏：言至人，其處也……

○在宥：故君子苟能无解其五藏，无擢其聰明，尸居而龍見，淵默而雷聲。

⑲【雷聲而淵默】 敦煌本「淵」作「玄」。

⑳【發動如天地者乎】 敦煌本「乎」作「乎哉」。

○闕誤：「發動如天地者哉」，見張本，舊作乎。

㉑【賜亦可得而觀乎】 敦煌本無「而」字。

○釋文：「賜亦」，本又作賜也。

㉒【老聃方將倨堂，而應微曰】 敦煌本無「而」字。

㉓【夫三王、五帝之治天下不同】 敦煌本「天下」作「天下也」。

○釋文：「三王」，本或作三皇，依注作王是也，餘皆作三皇。

○敦煌本此作「三王」，下文作「三皇」。

㉔【其係聲名，一也】 敦煌本無「聲」字。

○成玄英疏：聲名令聞，相係▯也。

⑺【堯授舜，舜授禹】　敦煌本作「堯與而舜受」。

○成玄英疏：堯讓舜，舜讓禹。

⑺【三皇、五帝之治天下】　敦煌本同。林希逸本「皇」作「王」。

○闕誤：「三皇、五帝之治天下也。昔黃帝之治天下」，見江南古藏本，舊闕。

⑺【殺其殺】　敦煌本無「其殺」兩字；「殺」作「煞」，下文同。

○釋文：「殺其殺」，並所戒反，降也。

●干祿字書：煞殺，上俗下正。

⑺【自爲種而天下耳】　敦煌本句末有「矣」字。

⑺【儒墨皆起】　敦煌本「墨」作「默」。

⑻【三皇、五帝之治天下】　敦煌本無「五帝」。

⑻【而亂莫甚焉】　敦煌本「亂」作「亂之」。

⑻【下睽山川之精】　敦煌本「睽」作「睽」。

○釋文：「下睽」，苦圭反，又音圭，乖也。

●慧琳音義卷四十九：「睽違」，闋圭反，周易云：睽，乖也。説文云：睽，目不相聽從也。

○康熙字典：睽，玉篇：去圭切，音恢，違也。正韻牋：睽孤之睽从目，睽違之睽从日，俗多誤用。睽，滂原又以睽卽睽之譌。

⑧³【其知憯於蠣蠆之尾】

○釋文：「憯於」，七感反。「蠣」，本亦作厲。「蠆」，或云：依字，上當作蠆，下當作蠍；通俗文云：長尾爲蠆，短尾爲蠍。

●說文：厲厲，旱石也。力制切。蠣蠣，或不省。蠆蠆，毒蟲也，象形。丑芥切。

○慧琳音義卷十一：「慘厲」，下力滯反，韻英云：毛詩傳曰：厲，惡也，鄭玄注禮記云：厲，嚴也，考聲云：氣不和也，杜預注左傳云：厲，猛也。

⑧⁴【不可恥乎？其无恥也】　敦煌本作「不可耳，無恥也」。

⑧⁵【丘治詩、書、禮、樂、易、春秋六經】　敦煌本同。趙諫議本無「六經」兩字。

⑧⁶【孰知其故矣】　敦煌本「孰」作「熟」。

●說文：孰孰，食飪也。易曰：孰飪。殊六切。　徐鉉說文解字敘新修字義：熟，本作孰，後人妄加偏傍，失六書之義。

⑧⁷【而明周、召之迹】　敦煌本「召」作「邵」。

⑧⁸【甚矣夫，人之難說也】

○釋文：「甚矣夫」，音符，篇末同。「難說」，始銳反。

⑧⑨【老子曰：幸矣】　敦煌本無「矣」字。

⑨⓪【夫迹，履之所出】　敦煌本無「所」字。

⑨①【夫白鶂之相視，眸子不運而風化】　敦煌本同。

○闕誤：「眸子不運而感風化」，見張本，舊闕。

○釋文：「白鶂」。「之相視，眸子不運而風化」。

⑨②【蟲，雄鳴於上風，雌應於下風，而風化】　敦煌本「應於」作「應之於」。續古逸本「而風化」無「風」字。

○闕誤：「雌應於下風而感風化」，見張本，舊闕。

○釋文：「蟲，雄鳴於上風，雌應於下風而化」，一本作而風化。

⑨③【類，自爲雌雄，故風化】　敦煌本同。

○闕誤：「故曰風化」，見張本，舊闕。

○釋文：「類，自爲雌雄，故風化」。

⑨④【失焉者，无自而可】　敦煌本句末有「也」字。

⑨⑤【烏鵲孺，魚傅沫】

○釋文：「烏鵲孺」，如喻反。李云：孚乳而生也。「魚傅」，音附，又音付，本亦作傳，直專反。「沫」，音末。司馬云：傅沫者，以沫相育也。一云：傅口中沫，相與而生子也。

⑯【細要者化】 敦煌寫本「要」作「腰」。

○釋文：「細要」，一遙反。「者化」。

○漁父：而夫子曲要磬折。敦煌本、高山寺本「要」作「腰」。釋文：「曲要」，一遙反。

●玉篇：腰，於消切，骻也，本作要。

○說文：𦥑要，身中也。

⑰【有弟而兄啼】 續古逸本「而」作「而而」。

南華眞經卷第六

莊子外篇　刻意第十五

① 【教誨之人】　敦煌本句末有「也」字。下文作「避世之人也」，「養形之人也」。

② 【釣魚閒處】　敦煌本同。

○釋文：「魡魚」，本亦作釣，同，彫叫反。

●説文：釣，鉤魚也。　段玉裁注：鉤者，曲金也。以曲金取魚謂之釣。

○玉篇：魡，丁叫切，亦作釣，餌取魚也。

③ 【吹呴呼吸】　敦煌本「呴」作「煦」。

○釋文：「吹呴」，況于反，字亦作煦。

○天運：相呴以濕。　敦煌本「呴」作「煦」。　釋文：「相呴」，況付反，又況于反。

●增廣字學舉隅：煦，音詡，吹也。

○玉篇：呴，呼俱呼具二切。呴亦嘘吹之也。老子曰：或呴或吹。

④ 【此導引之士】　敦煌本同。續古逸本「導」作「道」。

○釋文：「道引」，音導，下同。李云：導氣令和，引體令柔。

●說文：䆃道，所行道也。一達謂之道。徒皓切。䆃導，導引也。徒皓切。

⑤【澹然无極】

○釋文：「澹」，大暫反，徐音談。「然」，一本作澹而。

⑥■【夫恬淡寂漠】底本、續古逸本、趙諫議本、林希逸本「淡」作「惔」，據敦煌本、呂惠卿本及天道改。敦煌本作「恬淡寂莫」，下文及注同此。呂惠卿本此作「淡」，下文作「惔」。參見胠篋校勘記㉚。

○釋文：「恬惔」，大暫反，徐音談，下皆同。

○天道：夫虛靜恬淡、寂漠无爲者。

⑦【此天地之平，而道德之質也】敦煌本同。呂惠卿本無「而」字。

○釋文：「質也」，質，正也。

○天道：天地之平，而道德之至。

⑧【故曰聖人休。休焉則平易矣】敦煌本同。

○闕誤：「故曰聖人休焉，休則平易矣」，見張本，舊作聖人休休焉則平易矣。

○釋文：「人休」，虛求反，息也，下同。▲「求」，天理本作「休」，據續古逸本、北圖本改。

○郭象注：休乎恬淡寂漠，息乎虚無無爲，則雖歷乎阻險之變，常平夷而無難。

○天道：故帝王聖人休焉，休則虚。

⑨【憂患不能入】　敦煌本句末有「也」字；下兩句作「襲也」，「虧矣」。

⑩【无人非，无鬼責】　敦煌本無「无鬼責」三字。

⑪【光矣而不耀】　敦煌本無「矣」字，下句有「矣」字。

⑫【悲樂者，德之邪；喜怒者，道之過；好惡者，德之失】　敦煌本作「悲樂者，德之耶也；喜怒者，道之過也；好惡者，德之失也」。

⑬【静一而不變，淡而无爲】　敦煌本「一」作「壹」，第二句末有「也」字。

⑭【其名爲同帝】　敦煌本無「同」字，注文作「同天帝之不爲也」。

⑮【一之精通，合于天倫】　敦煌本同。趙諫議本「于」作「乎」。

⑯【无所與雜也】　敦煌本「雜」作「親」，注文作：「以不雜爲素」，「而雜乎外飾」。

莊子外篇　繕性第十六

①【繕性於俗，俗學以求復其初】

○闕誤：「繕性於俗，□學以求復其初」，見張本，舊作繕性於俗俗學以求復其初。

○郭象注：已治性於俗矣，而欲以俗學復性命之本，所以求者愈非其道也。

②【滑欲於俗，思以求致其明】

○闕誤：「滑欲於欲，思以求致其明」，見張本，舊作俗。

○郭象注：已亂其心於欲，而方復役思以求明，思之愈精，失之愈遠。成玄英疏：滑，亂也。致，得也。欲，謂名利聲色等可貪之物也。言人所以心靈昏亂者，爲貪欲於塵俗故也。今還役用分別之心，思量求學，望得獲其明照之道者，必不可也。本亦有作滑欲於欲者也。

○釋文：「滑」，音骨，亂也。崔云：治也。「思以」，李息吏反，注役思同。

③【古之治道者，以恬養知。生而无以知爲也，謂之以知養恬】

○闕誤：「古之治道者，以恬養智。智生而无以智爲也，謂之以智養恬」，見張本，舊闕。

○釋文：「養知」，音智，下以意求之。

○郭象注：夫无以知爲而任其自知，則雖知周萬物，而恬然自得也。 成玄英疏：率性而照，知生者也。

●孔子家語曲禮子貢問：傷哉貧也！生而無以供養，死則無以爲禮也！

④ ■【義明而物親，中也】 底本、續古逸本、趙諫議本、林希逸本、呂惠卿本「中」作「忠」，據闕誤所校之七種版本改。

○闕誤：「義明而物親，忠也」，見江南古藏本，舊作中。

○郭象注：若夫義明而不由忠，則物愈疏。 成玄英疏：義理明顯，情率於中，既不矜驕，故物來親附也。

○宋褚伯秀南華眞經義海纂微引郭象注「忠」作「中」，云：「忠字，詳郭註成疏，皆當是中。」

●說文：忠，敬也。盡心曰忠。 中，中，正也。▲「正」，大徐本作「而」，小徐本作「和」，段玉裁改作「內」，桂馥以爲「和當爲龢」，此據說文「史」字解說改。 ○說文：史，記事者也，从又持中。中，正也。 段玉裁注：敬者，肅也。未有盡心而不敬者。中者，別於外之辭也，別於偏之辭也，亦合宜之辭也。 王筠說文繫傳校錄：蓋許君以「中正」爲中之本義。

⑤【禮樂偏行】

○闕誤：「禮樂偏行」，江南古藏本作偏。

○釋文：「偏」，音遍。

○郭象注：以一體之所履，一志之所樂，行之天下，則一方得而萬方失也。

⑥【四時得節】

○闕誤：「四時應節」，見張本，舊作得。

○成玄英疏：炎涼順序，四時得節。

⑦■【澆醇散朴】　底本、續古逸本、趙諫議本、呂惠卿本「澆醇」作「⿰氵臬淳」，林希逸本作「⿰氵臬醇」，據釋文所校之某本改「⿰氵臬」作「澆」，據林希逸本及釋文改「淳」作「醇」。

○釋文：「⿰氵臬」，古堯反，本亦作澆。「醇」，本亦作淳，音純。

●文子上禮：施及周室，澆醇散樸。……澆天下之醇，散天下之樸。

○說文：澆，渶（沃）也。醇，不澆酒也。淳，淥（漉）也。常倫切。段玉裁注：凡醲者，澆之則薄，故其引伸之義爲薄。漢書循吏傳：澆淳散樸。凡酒，沃之以水則薄，不襍（雜）以水則曰醇，故厚薄曰醇澆。醇襍，亦卽此字。一色成體謂之醇。純，其叚借字。

○徐灝箋：淥，謂漬諸水中。沃則以水澆之。淳，古通作醇。

○玉篇：澆，公堯切，薄也，沃也。⿰氵臬，同上。

○說文：朴朴，木皮也。樸樸，木素也。段玉裁注：素猶質也。以木爲質，未彫飾，如瓦器之坯然。漢書：以敦朴爲天下先，假朴爲樸也。

⑧【心與心識】

○釋文：「心與心識」，衆本悉同，向本作職，云：彼我之心競爲先職矣。郭注既與向同，則亦當作職也。▲向本作職：天理本、北圖本「職」作「識」，據續古逸本改。

●說文：識識，常也。一曰知也。職職，記微也。段玉裁注：記猶識也。纖微必識，是曰職。凡言職者，謂其善聽也。釋詁曰：職，主也。毛傳同，見詩悉蟀、十月之交。周禮職方亦作識方。

○爾雅釋詁：職，常也。職，主也。

⑨■【无以反其性而復其初】　衆本「性」作「性情」，據上下文刪「情」字。

○成玄英疏：欲反其恬惔之情性。

○上下文：冒則物必失其性也……然後去性而從於心……危然處其所而反其性。

○庚桑楚：汝欲反汝情性，而无由入，可憐哉！

○盜跖：而強反其情性，其行乃甚可羞也。□案：上二句「情性」皆當刪「情」字。

⑩【古之行身者】　續古逸本「行」作「存」。

○成玄英疏：是以古之行其身者。

○天下：其行身也，徐而不費，无爲也而笑巧。

⑪〔危然處其所〕

○釋文：「危然」，郭云：獨正貌。司馬本作佹，云：獨立貌。崔本作垝，垝然，自持安固貌。

⑫■【而反其性已，又何爲哉】 底本、續古逸本「已」作「己」，屬下句，據趙諫議本、呂惠卿本、林希逸本改。

○闕誤：「又何爲乎哉」，見張本，舊闕。

○章句音義：「又何爲乎哉」，見張君房本，舊作又何爲哉。

○成玄英疏：恆反自然之性，率性而動，復何爲之哉？

⑬【軒冕在身，非性命也】

○闕誤：「軒冕在身，非性命之有也」，見張本，舊闕。

○章句音義：「非性命之有也」，見張君房本，舊作非性命也。

○成玄英疏：軒冕榮華，身外之物，物之儻來，非我性命，蹔寄而已。

⑭〔物之儻來寄也〕

○釋文：「儻來」，吐黨反，崔本作黨，云：衆也。

⑮ 〖其來，不可圉〗

○釋文：「可圉」，魚呂反，本又作禦。

●爾雅：禦、圉，禁也。郭璞注：禁制。

莊子外篇　秋水第十七

①【涇流之大】

○釋文：「涇流」，音經，崔本作徑，又云：字或作涇。

②【兩涘渚涯之間】續古逸本「涯」作「崖」，下「涯涘」同此。

○釋文：「兩涘」。「渚」。「崖」，字又作涯，亦作厓，並同。

●說文：𣺌涯，水邊也。𡸁崖，高邊也。厓厓，山邊也。五佳切。

③【不辯牛馬】

○釋文：「不辯牛馬」，辯，別也。參見庚桑楚校勘記㉕。

④【旋其面目，望洋向若而歎】

○釋文：「面目盳」，莫剛反，又音旁；又音望，本亦作望。「洋」，音羊。司馬、崔云：盳洋，猶望羊，仰視貌。「向若」。

●正字通：盳，俗盲字。舊註：音忙，盳洋，仰視皃；又音妄，音傍，義同。𡘲(並)非。从亡目，失明也，何能仰視？

⑤【今我睹子之難窮也】

○釋文：「今我睹」，舊音覩。案說文睹今字，覩古字。睹，見也。崔本作今睹。

⑥【拘於墟也】續古逸本「墟」作「虛」。

○釋文：「於虛」，音墟，本亦作墟。

⑦【吾在天地之間】續古逸本「在」作「在於」。

⑧【稊米之在大倉】續古逸本、林希逸本「大」作「太」。

○釋文：「稊米」。「大倉」，音泰。

⑨【號物之數爲之萬】林希逸本同，續古逸本、趙諫議本、呂惠卿本「爲」作「謂」。

⑩【五帝之所連】

○闕誤：「五帝之所運」，見江南古藏本，舊作連。

○釋文：「五常之所連」，司馬云：謂連續仁義也；崔云：連，續也；本亦作五帝。

⑪〖故遙而不悶，掇而不跂〗

○成玄英疏：五帝連接而揖讓。

○釋文：「掇」。「而不跂」，一本作企。▲「企」，宋刻本作「念」，據清刻本改。參見馬蹄校勘記⑳。

○成玄英疏：掇，短也。稟齡夭促，亦不欣企於遐壽。

⑫【故異便】

○闕誤：「故異便耳」，見張本，舊闕。

○釋文：「異便」，婢面反，徐扶面反，注皆同。

⑬〖言之所不能論〗

○釋文：「不能論」，本或作諭。

○上文：可以言論者。

⑭【不出乎害人】

○闕誤：「是故大人之行，不出害人之塗也」，見張本，舊闕。

○郭象注：豈出害人之塗哉？　成玄英疏：出言利物，終不害人也。

⑮■【不賤貪汙】　底本「汙」作「汗」，據眾校本改。

⑯【不賤佞諂】　續古逸本同。趙諫議本、呂惠卿本、林希逸本「諂」作「謟」。　參見天地校勘記㊼。

⑰〖捕鼠不如狸狌〗

○釋文：「捕」，本又作搏。「狸」，力之反。「狌」，音姓，崔本作鼬。

⑱■【鴟夜撮蚤】　底本、續古逸本、趙諫議本、呂惠卿本、林希逸本「鴟」作「鴟鵂」，據釋文删「鵂」字。

○釋文：「鴟」，尺夷反，崔云：鴟，鵂鶹，與委梟同。「夜撮」，七括反，崔本作最，音同。「蚤」，音早，說文：跳蟲齧人者也。淮南子：鴟夜聚蚤，察分豪末。許慎云：鴟，聚食蚤蝨不失也。司馬本作蚉，音文，云：鴟，鵂鶹，夜取蚉食。今郭本亦有作蚉者。崔本作爪，云：鵂鶹夜聚人爪於巢中也。▲淮南子鴟夜聚蚤：天理本「夜」作「夷夜」，據北圖本、續古逸本刪「夷」字。

○淮南子主術：鴟夜撮蚤蚊，察分秋毫。高誘注：鴟，鵂也，謂之老菟。

⑲【瞋目而不見丘山】

○釋文：「瞋」，尺夷反，向處辰反，司馬云：張也；崔音眩，又師慎反；本或作瞑。

⑳【謂之篡夫】

○闕誤：「謂之篡之夫」，見張本，舊闕。

○釋文：「篡夫」，初患反，取也，下如字。

○下文：當其時，順其俗者，謂之義之徒。

㉑【是謂反衍】

○釋文：「反衍」，如字，又以戰反。崔云：無所貴賤，乃反爲美也。本亦作畔衍，李云：猶漫衍合爲一家。

㉒【與道大蹇】

○釋文：「與道大蹇」，本或作與天道蹇；崔本蹇作浣，云：猶洽也。

㉓【汎汎乎其若四方之无窮】　續古逸本「汎」作「泛」。

○釋文：「泛泛」，字又作汎。

●說文：泛，浮也。汎，浮貌。

㉔【知天人之行】

○闕誤：「知乎人之行」，見江南古藏本，舊作天。

○郭象注：此天然之知自行，而不出乎分者也。

㉕【跉踔而行】

○釋文：「跉」，敕甚反，郭菟減反，一音初稟反。「卓」，本亦作踔，同；李云：跉卓，行貌。

●說文：卓，高也。踔，踶也。知教切。（新附字）踸，踸踔，行無常兒。丑甚切。逴，遠也，一曰蹇也。　徐鍇曰：踶亦當蹋意也。　段玉裁注：許意踔與蹈義同。

○集韻：踸，丑甚切，說文：踸踔，行無常兒。或作跉踸。

○玄應音義卷八：「踔足」，丑白丑卓二反。踸踔，行腳長短也。廣雅：踸踔，無常也。　○卷十三：「踔擲」，丑罩丑格二反。方言：踔，蹇也。又郭璞曰：跛者行踸踔不前也。

○廣雅釋訓：跌踔，無常也。釋詁：逴，蹇也。

○方言卷六：逴，蹇也。（郭璞注：跛者行跌踔也。）吴楚偏蹇曰騷，齊楚晉曰逴。○卷三：自關而西，秦晉之間，凡蹇者或謂之逴，體而偏長短亦謂之逴。

㉖ ■【今子之使萬足】　底本「子」作「予」，據衆校本改。

㉗ 【雜而下者，不可勝數也】　趙諫議本無「也」字。

㉘ 〖然而指我則勝我，鰌我亦勝我〗

○釋文：「鰌」，音秋，李云：藉也，藉則削也；本又作蹭，子六反，又七六反，迫也。▲「蹭」，續古逸本作「䲡」。□案：字書無「䲡」字。

●說文：鰌鰌（鰍），鰼也。七由切。趥趥（蹭），行皃。千牛切。遒遒，迫也。逎遒，遒或从酉。字秋切。

●荀子議兵：鰌之以刑罰。　唐楊倞注：鰌，藉也。或作蹭，七由反。

○荀子彊國：大燕鰌吾後。　楊倞注：鰌，蹴也。亦作蹭吾後也。

㉙ 【孔子遊於匡，宋人圍之數帀】　敦煌寫本「匡，宋」作「宋，匡」。

○釋文：「孔子遊於匡，宋人圍之數」，色主反。「帀」，子合反。司馬云：宋當作衛；匡，衛邑也。

●史記孔子世家：將適陳，過匡，顏刻爲僕，以其策指之曰：昔吾入此，由彼缺也。匡人聞之，以爲魯之陽虎。陽虎嘗暴匡人，匡人於是遂止孔子。孔子狀類陽虎。拘焉五日。顏淵後，子曰：吾以汝爲死矣。顏淵曰：子在，回何敢死！匡人拘孔子益急，弟子懼。孔子曰：文王既沒，文不在茲乎？天之將喪斯文也，後死者不得與于斯文也。天之未喪斯文也，匡人其如予何！孔子使從者爲甯武子臣於衛，然後得去。唐司馬貞索隱：匡，宋邑也。參見論語子罕「子畏於匡」。

30【弦歌不輟】續古逸本、林希逸本「輟」作「惙」。

○釋文：「不惙」，本又作輟，同，丁劣反。

○成玄英疏：輟，止也。絃歌不止也。

○讓王：弦歌鼓琴，未嘗絕音。

●說文：𨍭輟，車小缺復合者也。𢡣惙，憂也，一曰意不定也。段玉裁注：小缺而復合謂之輟，引申爲凡作輟之偁。

31【求通，久矣，而不得，時也】

○闕誤：「而不遇，時也」，見江南古藏本，舊作得。

○成玄英疏：求通亦久，而不能得者，不遇明時也。

32【當堯、舜，而天下无窮人，非知得也；當桀、紂，而天下无通人，非知失也】敦煌寫本作「當堯、舜時」，「當桀、紂時」，「知」作「智」。

○闕誤：「當堯、舜之時」，「當桀、紂之時」，並見張本，舊闕。

○成玄英疏：夫生當堯、舜之時……當桀、紂之時。

●文選卷四十五東方曼倩荅客難：蘇秦、張儀，壹當萬乘之主，而身都卿相之位，澤及後世。唐李周翰注：當，遇也。

○韓非子説疑：若夫后稷、皋陶、伊尹、周公旦……如此臣者，雖當昏亂之主，尚可致功，況於顯明之主乎？

㉝【時勢適然】　敦煌寫本作「時勢然也」。

㉞〖將甲者進〗

○釋文：「將甲」，本亦作持甲。▲「亦」，天理本作「字」，據續古逸本、北圖本改。

㉟〖今吾无所開吾喙〗

○釋文：「所開」，本亦作關，兩通；本或作閡。「吾喙」。

㊱■【公子牟隱几大息】　衆本「几」作「机」，據齊物論改。參見齊物論校勘記①。

○釋文：「隱机」，於靳反。「大息」，音泰。

㊲【子獨不聞夫埳井之蛙乎】　續古逸本、林希逸本「蛙」作「鼃」，上下文同。

○釋文：「埳井」，音坎，郭音陷。「之鼃」，本亦作蛙。

●明李時珍本草綱目卷四十二：鼃，亦作蛙字。

㊳【謂東海之鼈曰】 續古逸本「鼈」作「鱉」。

○釋文：「之鱉」，必滅反，字亦作鼈。

●玉篇：鱉，俗鼈字。

㊴【吾跳梁乎井幹之上】 敦煌寫本上句作「吾跳梁井幹」。

○闕誤：「出跳乎井幹之上」，見江南古藏本，舊作跳梁。

○釋文：「跳」，音條。「井幹」，古旦反，司馬云：井欄也。

○成玄英疏：我出則跳躑井欄之上。

○逍遙遊：東西跳梁，不避高下。 釋文：「跳」，音條。

㊵【赴水則接掖持頤】

○釋文：「赴水」，司馬本作踣，云：赴也。 參見外物校勘記(65)。

㊶【還虷蟹與科斗】

○釋文：「還」，音旋，司馬云：顧視也。「虷」，音寒。「蟹」，戶買反。

○成玄英疏：還，顧視也。

㊷【是猶使蚊負山、商蚷馳河也】　眾本「蚊」作「蚉」。詳見人間世校勘記㊴。

○釋文：「蚉」，音文。「商蚷」，音渠，郭音巨，司馬云：商蚷，蟲名，北燕謂之馬蚿。一本作蝂，徐市軫反。

○成玄英疏：使蚉子負於丘山，商蚷馳於河海。

●玉篇：蚷，強魚切，蟲。蝂，市忍切，大蛤也，亦作蜃。

㊸■【叜於國中】　底本、續古逸本、趙諫議本、呂惠卿本、林希逸本「叜」作「搜」，據釋文所校之某本改。

○釋文：「挍」，字又作搜，或作叜，所求反，李悉溝反，云：索也；說文云：求也。▲「叜」，宋刻本作「痩」，據清刻本改。

●說文：[illegible]挍，眾意也，一曰求也。从手，叜聲。所鳩切。

○五經文字：挍搜，上說文，下經典相承隸省。

○方言卷三：叜，隱也。　郭璞注：謂隱匿也。

○玉篇：叜，所留切，隱匿也，求也，索也，隈也。亦作搜。

㊹【仰而視之】　續古逸本無「之」字。

㊺【曰：嚇】

○釋文：「嚇」，本亦作呼，同，許嫁反。司馬云：怒其聲，恐其奪己也。詩箋云：以口拒人曰嚇。

㊻【莊子與惠子遊於濠梁之上】

○釋文：「豪梁」，本亦作濠，音同。司馬云：濠，水名也；石絕水曰梁。

㊼【儵魚出游從容】

○釋文：「儵魚」，徐音條，說文直留反，李音由，白魚也。

㊽【子曰『汝安知魚樂』云者】

○闕誤：「且子曰」，見張本，舊闕。

莊子外篇　至樂第十八

①【壽者惛惛】

○章句音義：「惛惛」，音昏，張君房本作㫆㫆。

○釋文：「惛惛」，音昏，又音門。

○知北遊：惛然若亡而存。敦煌本同。釋文：「惛然」，音昏，又音泯。章句音義：「惛然」，音昏，昧也，張君房本作㫆。

●說文：𢞓惛，不憭也，从心昏聲。呼昆切。憭，慧也。▲宋本「昏聲」作「㫆聲」。

○玉篇：㫆，火困切，老忘也。惛，呼昆切，亂也，痴也。

○慧琳音義卷六十六：「惛沈」，上呼昆反，孔注尚書云：惛，亂也；鄭箋詩云：童惛，謂無所知也；廣雅：癡也；說文：不明憭也，從心昬聲。○卷三：說文從民，避廟諱，改民爲氏。○卷五十七：「迷惛」，音昏，考聲云：老而多忘曰惛；孔注尚書云：惛，亂也；毛詩箋云：惛，無所知也；說文從心昏聲。

②【列士爲天下見善矣】句解本、林希逸本「列」作「烈」。

③【誙誙然如將不得已】

○釋文：「逕逕」，戶耕反，徐苦耕反，又胡挺反。李云：趣死貌。崔云：以是爲非，非以爲是，爲逕逕。本又作脛脛。

④【吾未之樂也，亦未之不樂也。果有樂无有哉？吾以无爲誠樂矣】趙諫議本首兩句作「吾未之樂也，亦未知不樂也」。

○闕誤：「吾未知之樂也，亦未知之不樂也。果有樂无有哉？吾以无爲而誠者爲樂矣」，並見江南古藏本，舊闕。

○郭象注：夫無爲之樂，無憂而已。成玄英疏：莊生體道忘澹，故不見其樂，亦不見其不樂矣……用虛澹無爲，爲至實之樂。

□案：「吾未之樂也」，此爲否定句中代詞賓語前置句式，正常句式爲「吾未樂之也」。莊子書中此類句式甚多，如「莫之夭閼」「莫之能害也」「物莫之傷」「未之嘗言」「未之盡者」「王未之見」「未之有也」等等。

⑤【故兩无爲相合，萬物皆化】

○闕誤：「萬物皆化生」，見江南古藏本，舊闕。

○郭象注：不爲而自合，故皆化。成玄英疏：而萬物化生。

○天道：无爲而萬物化。

○道德經第三十七章：道常無爲也，侯王若能守之，萬物將自化。

⑥【今又變而之死】

○闕誤：「今有變之而死」，見江南古藏本，舊作：今又變而之死。

●説文：[illegible]有，不宜有也。[illegible]又，手也，象形。段玉裁注：謂本是不當有而有之偁，引伸遂爲凡有之偁。古多叚有爲又字。又作右，而又爲更然之詞，穀梁傳曰：又，有繼之辭也。

⑦【支離叔與滑介叔觀於冥伯之丘】

○釋文：「滑」，音骨，崔本作滑。「介」，音界。「叔」。

⑧【俄而柳生其左肘】

○釋文：「左肘」，竹九反；司馬本作胕，音趺，云：胕，足上也。▲兩「胕」字，天理本皆作「肘」，北圖本第一箇「胕」字作「肘」，據續古逸本改。

⑨【撽以馬捶】

○釋文：「撽」，説文作擊（[illegible]），云：旁擊也。「馬捶」。

⑩【髑髏見夢曰：子之談者】

○闕誤：「髑髏見夢曰：向子之談者」，見張本，舊闕。

⑪【從然以天地爲春秋】

〇闕誤：「泛然以天地爲春秋」，見張本，舊作從。

〇釋文：「從然」，七容反，從容也。李、徐子用反，縱逸也。

〇成玄英疏：從容不復死生。

⑫

〔髑髏深矉蹙頞〕

〇釋文：「深矉」，音頻。「蹙」，本又作顣，又作蹴，同，子六反。「頞」，於葛反。李云：矉顣者，愁貌。

●孟子梁惠王：百姓聞王鐘鼓之聲，管籥之音，舉疾首蹙頞而相告。漢趙岐注：蹙頞，愁貌。

〇文選卷五十四劉孝標辨命論：夫靡顏膩理，哆噅顣頞，形之異也。唐張銑注：顣頞，鼻高貌也。

⑬

【而復爲人間之勞乎】

〇闕誤：「而復爲生人之勞乎」，見張本，舊作：人間之勞乎。

〇成玄英疏：誰能復爲生之勞，而棄於南面王之樂耶？▲「生」，日本室町舊鈔本同，日本萬治坊刻本作「生人」。

⑭

〔而形有所適也〕

〇釋文：「所適」，適或作通。

⑮【吾恐回與齊侯言堯、舜、黄帝之道】

〇釋文:「皇帝」,謂三皇、五帝也,司馬本作黄帝。

〇在宥:昔者黄帝始以仁義攖人之心,堯、舜於是乎,股无胈,脛无毛以養天下之形。

〇天道:而黄帝、堯、舜之所共美也。

〇天運:余語汝三皇、五帝之治天下。黄帝之治天下……堯之治天下……舜之治天下。

〇繕性:逮德下衰,及燧人、伏戲始爲天下,是故順而不一。德又下衰,及神農、黄帝始爲天下,是故安而不順。德又下衰,及唐、虞始爲天下。

⑯【鳥乃眩視憂悲】

〇釋文:「眩」,司馬本作玄,音眩。「視」。

⑰【遊之壇陸】

〇釋文:「壇」,太丹反,司馬本作澶,音但,云:水沙澶也。

⑱【彼必相與異,其好惡故異也,故先聖不一其能】

〇闕誤:「彼必相與異其好惡。好惡異,故先聖不一其能」,見江南古藏本,舊作:故異也。

〇成玄英疏:彼之人魚,稟性各別,好惡不同,故死生斯異。

⑲【是之謂條達而福持】趙諫議本「條達」作「達條」。

⑳〔列子行食於道，從見百歲髑髏〕

○釋文：「道從」，如字，司馬云：從，道旁也；本或作徒。

●小爾雅廣言：從，遂也。

㉑【汝果養乎？予果歡乎】續古逸本「汝」作「若」。趙諫議本「予」作「子」。

○釋文：「若果」，一本作汝果，元嘉本作汝過。「養」，司馬本作暮，云：死也。「予果」，元嘉本作予過。「歡乎」，司馬本作嚾，云：呼聲，謂生也。

○郭象注：歡養之實，未有定在。

㉒【種有幾】

○闕誤：「種有幾，若鼃爲鶉」，見劉得一本，舊闕。

○釋文：「種」，章勇反。「有幾」。

㉓〔得水則爲㡭〕

○釋文：「得水則爲㡭」，此古絶字，徐音絶，今讀音繼，司馬本作繼；本或作斷，又作續斷。

●說文：𢇍絶，斷絲也。𢇍㡭，古文絶，象不連體，絶二絲。繼繼，續也。𢇍㡭，繼或作㡭，反㡭爲㡭，連也。从糸㡭。𢇍斷，截也。从斤从㡭。㡭，古文絶。（段注本）▲大徐本：繼繼，續也，从糸㡭。一曰反㡭爲繼。

㉔【陵舄得鬱棲則爲烏足】

○釋文：「陵舄得鬱栖則爲烏足」。▲「栖」，續古逸本經文作「棲」，音義作「栖」。

●五經文字：棲，巢也，作栖同。

○説文：「𡆹西，鳥在巢上，象形。日在西方而鳥西，故因以爲東西之西。𣚨棲，西或从木妻。

㉕【烏足之根爲蠐螬】

○釋文：「烏足之根爲蠐」，音齊。「螬」，音曹，司馬本作螬蠐，云：蝎也。

㉖【胡蝶，胥也】

○釋文：「胡蝶胥也」，一名胥也。

㉗【斯彌爲食醯】

○釋文：「斯彌爲食」，司馬本作蝕。「醯」，許兮反。

㉘【頤輅生乎食醯。黄軦生乎九猷，瞀芮生乎腐蠸，羊奚比乎不箰久竹生青寧】

○闕誤：「斯彌爲食醯，食醯生乎頤輅，頤輅生乎黄軦，黄軦生乎九猷，九猷生乎瞀芮，瞀芮生乎腐蠸，腐蠸生乎羊奚，羊奚比乎不箰久竹生青寧」，並見張本，舊闕。

○釋文：「俗本多誤，故具錄之」。▲自「種有幾」至「馬生人」，釋文文字與底本同。

南華眞經卷第七

莊子外篇　達生第十九

①【不務知之所无奈何】　敦煌本同。

○郭象注：知之所无奈何者，命表事也。　成玄英疏：一生命之所鍾者，皆智慮之所无奈之何也。

②【養形必先之物】　續古逸本、呂惠卿本、林希逸本同。敦煌本「之」作「以」，靜嘉堂本、趙諫議本作「之以」。

○成玄英疏：夫頤養身形，先須用物。

●戰國策齊策三：故物舍其所長，之其所短，堯亦有所不及矣。　漢高誘注：之，猶用也。

③【物有餘而形不養者有之矣】　敦煌本「不養」作「不得養」。

④【生之來，不能却；其去，不能止】句解本同，林希逸本「却」作「郤」。敦煌本「止」作「止也」。

●五經文字：卻，作却，俗，亦相承用之。

○古今正俗字詁：卻卻，俗作却，非。或作郤，亦誤。又邑部郤下曰：郤，晉大夫叔虎封邑也，从邑谷聲，與郤義絶殊。

⑤【非知巧果敢之列】　敦煌本「列」作「所」。

○釋文：「非知」，音智。「之列」，音例，本或作所。

⑥【皆物也，物與物何以相遠】　續古逸本作「皆物也，物何以相遠」。敦煌本作「皆物與？何以相遠」。

○成玄英疏：皆爲物也。二彼俱物，何足以遠？

⑦【是色而已】　敦煌本同。

○闕誤：「是形色而已」，見江南古藏本，舊闕。

○郭象注：同是形色之物耳，未足以相先也。　成玄英疏：俱是聲色故也。

●說文：[illegible]「色，顏气也。」段玉裁注：顏者，兩眉之間也。心達於气，气達於眉間，是之謂色。引伸之爲凡有形可見之偁。

⑧【物焉得而止焉】　敦煌本「而止」作「爲正」。

○闕誤：「物焉得而正焉」，見張本，舊作止。

○郭象注：夫至極者，非物所制。　○成玄英疏：世間萬物，何得止而控馭焉？

●說文：制制，裁也。一曰止也。

⑨【其天守全，其神无郤】

○釋文：「无郤」，去逆反。

⑩【夫醉者之墜車】

○釋文：「之墜」，字或作隊，同，直類反，後皆同。參見德充符校勘記②。

⑪【其神全也】　敦煌本作「其神者全也」。

⑫【死生驚懼不入乎其胷中】　敦煌本無「中」字。

⑬【故遻物而不慴】　靜嘉堂本同。底本、續古逸本、趙諫議本、呂惠卿本、林希逸本「遻」作「遻」，敦煌本作「遌」。

○釋文：「遻」，音悟，郭音愕；爾雅云：遻，忤也；郭注云：謂干觸。「不慴」，之涉反，懼也。李、郭音習。

●正字通：遻，吾路切，音誤，遇也，逢也。本作遻，篆作遻，俗作遌，誤。

○集韻：遻，說文相遇驚也，或从心，隸作遌愕。

○說文：遻遻，相遇驚也。五各切。

⑭【復讎者不折鏌、干】

○釋文：「鏌」，音莫，本亦作莫。「干」。

⑮【无殺戮之刑者】　敦煌本「者」作「也者」。

⑯【不開人之天】　敦煌本同。

○闕誤：「不開人之人」，見劉得一本，舊作天。

⑰〔見痀僂者承蜩〕

○釋文：「痀」。「僂」。「承」，一本作美。「蜩」，音條，蟬也。

⑱【子巧乎！有道邪】　敦煌本無「子」字，「邪」作「也」。

⑲【吾處身也，若橛株拘】　句解本同，林希逸本「橛」作「厥」。敦煌本無「身」字，「橛」作「撅」。

○釋文：「若厥」，本或作橛，同，其月反。「株」，音誅。「拘」，其俱反，郭音俱。

○章句音義：「橛」，其月切。「株」，音誅。「枸」，其俱切，與劬同音，立木也。橛株枸者，斷木也。張君房及江南古藏本並集韻所說，並從枸。舊本從拘，恐寫誤。▲並從枸：道藏本「枸」作「拘」，據守山閣本改。

●集韻：枸，權俱切，立木也，莊子橛株枸。

○說文：橛，弋也。厥，發石也。株，木根也。拘，止也。枸，木也，可爲醬，出蜀。　徐鍇繫傳：入土曰根，在土上者曰株。　段玉裁注：株，今俗語云樁。

○慧琳音義卷三十六：「如釘橛」，權月反。廣雅：橛，杙也。案：橛者，若鐵若竹若木，織之以釘地及墻壁。

⑳【雖天地之大】　敦煌本無「雖」字。

㉑【用志不分，乃凝於神】　敦煌本「凝」作「疑」；靜嘉堂本作「疑於神」。

○成玄英疏：夫運心用志，凝靜不離，故累丸承蜩，妙疑神鬼；而尼父勉勗門人，故云痀僂丈人之謂也。▲靜嘉堂本作「妙疑神鬼」，室町舊鈔本作「妙凝神魂」。

㉒【善游者數能】　敦煌本同。

○釋文：「數能」，音朔。

㉓【若乃夫沒人】　敦煌本「若乃」作「乃若」，下同此。

㉔【則未嘗見舟而便操之也】　敦煌本「也」作「者也」，下句同此。

㉕■【視舟之覆，猶其却也】　底本、敦煌本、續古逸本、趙諫議本、靜嘉堂本、呂惠卿本、林希逸本「其却」作「其車却」，據釋文所校之元嘉本刪「車」字。

○釋文：「之覆」。「猶其車却也」，元嘉本無車字。

●廣雅釋言：却，退也。

㉖■【以瓦注者巧，以鉤注者憚，以黄金注者殙】　底本、續古逸本、靜嘉堂本、呂惠卿本、林

希逸本「殙」作「殙」，據趙諫議本及釋文所校之某本改，敦煌本「殙」作「昏」。

○闕誤：「以瓦投」「鉤投」「金投」，見呂覽，舊作注。（呂氏春秋有始覽第一去尤）

○章句音義：「瓦投」，朱戊切，見江南古藏本，舊作注，李云：擊也。

○釋文：「瓦注」，之樹反，李云：擊也。「殙」，武典反，又音昏，又音門，本亦作殙，說文云：殙，矜也，元嘉本作昏。▲「殙」，北圖本作「殙」。

○郭象注：所要愈重，則其心愈矜也。

●清翟灝通俗編卷二十三貨財：注：莊子達生篇：以瓦注者巧，以鉤注者憚，以黃金注者殙。淮南說林訓作鉒，註云：鉒者，提馬也，博家謂之投翮。按：今博家猶以所累錢物爲注。

○說文：䀿殙，瞀也。呼昆切。䁅瞀，氐目謹視也。莫候切。

○玉篇：殙，呼溫切，說文瞀也。瞀，莫遘、亡角二切，目不明皃。

㉗【其巧一也】　敦煌本無「其」字。

㉘【田開之見周威公】

○釋文：「周威公」，崔本作周威公竈。

㉙【吾聞祝腎學生】

○釋文：「祝腎」，上之六反，下市軫反，字又作緊，音同，本或作賢。▲「緊」，天理本作「胥」，據北圖本、分章本改。□案：「緊」疑當作「胥」。

㉚【吾子與祝腎遊】

◎釋文：「吾子與祝腎遊」，司馬本以吾子屬上句，更云：子與祝腎遊。

㉛【亦何聞於夫子】敦煌本無「於」字。

◎釋文：「亦何聞於夫子」，絕句。

㉜【善養生者，若牧羊然】敦煌本「然」作「者然」。

㉝【視其後者而鞭之】

○釋文：「而鞭」，崔本作趨，云：匿也。

㉞【巖居而水飲】敦煌本同。

○釋文：「而水飲」，元嘉本作飲水。

●禮記喪大記：眾士疏食水飲。妻妾疏食水飲，士亦如之。

㉟【有張毅者，高門、縣薄，无不走也】敦煌本同。

○闕誤：「有張毅者，見高門縣薄」，見劉得一本，舊闕。▲「薄」，原作「簿」，據章句音義改。

○釋文：「縣」，音玄。「薄」，司馬云：簾也。「无不走也」。

㊱【立其中央】敦煌本無「巾」字。

㊲【夫畏塗者】　敦煌本無「者」字。

○釋文：「畏塗」，司馬云：阻險道，可畏懼者也。

㊳【人之所取畏者】　敦煌本無「取」字。

○闕誤：「人之所最畏者」，見江南古藏本，舊作取。

○郭象注：至於色欲之害，動皆之死地，而莫不冒之，斯過之甚也。

●釋名釋言語：取，趣也。

○禮記曲禮上：賢者狎而敬之，畏而愛之。　鄭玄注：心服曰畏。

㊴【說彘曰】

○釋文：「說」，如字，又始銳反。「彘」，直例反，本亦作豕。

●說文：𧰨彘，豕也。後蹏廢，謂之彘。直例切。㣇豕，彘也。竭其尾，故謂之豕。式視切。

㊵■【吾將三月豢汝】　眾本「豢」作「犧」，據闕誤所校之張君房本改。

○闕誤：「吾將三月豢汝」，見張本，舊作犧，篇、韻不收。

○章句音義：「豢」，音患，養也，見張君房本，舊作犧，篇、韻不收，恐轉寫誤。

○釋文：「犧」，音患，司馬云：養也，本亦作犧。

○齊物論：民食芻豢。　釋文：「豢」，徐音患，又胡滿反，司馬云：牛羊曰芻，犬豕曰豢，以所食得名也。

●說文：豢，以穀圈養豕也。胡慣切。段玉裁注：圈者，養獸之閑。圈養者，圈而養之。樂記注曰：以穀食犬豕曰豢。月令注曰：養牛羊曰芻，犬豕曰豢。桂馥義證：豢，俗作犧。

○正字通：犧，同豢，俗加牛旁，非。

41 【三日齊】敦煌本「齊」作「齋」，下同此。

○釋文：「日齊」，側皆反，後章同。

42 【爲彘謀曰】敦煌本無「曰」字。

43 【食以糠糟】敦煌本「糠糟」作「糟糠」。參見逍遙遊校勘記㊹。

○釋文：「食以」。「糠」，音康。「糟」，音遭。

44 ■【而措之牢筴之中】衆本「措」作「錯」，據釋文所校之某本改。

○釋文：「錯之」，七故反，置也；又如字；本又作措。

○成玄英疏：錯，置也。爲彘謀者，不如置之圈內，食之糟糠。

●說文：措，置也。倉故切。錯，金涂也。倉各切。段玉裁注：立之爲置，捨之亦爲置，措之義亦如是，經傳多叚錯爲之。

45 【自爲謀則取之，所異彘者，何也】敦煌本同。

○闕誤：「自爲謀則取之，其所異彘者何也」，見張潛夫本，舊闕。

㊻【臣无所見】　敦煌本作「臣无見也」。

㊼【公反】　敦煌本「公反」作「去反」。

○釋文：「去反」，一本作公反。

㊽【數日不出】

○釋文：「數日」，司馬本作數月。

○山木：莊子反入，三月不庭。釋文：「三月不庭」，一本作三日。

㊾【沈有履】

○釋文：「沈有履」，司馬本作沈有漏。

㊿【戸內之煩壤】

○章句音義：「煩壤」，劉得一本作墳壤。

51【倍阿鮭蠪躍之】　敦煌本「躍之」作「躍處之」。

○釋文：「倍」，音裴。「阿鮭」，本亦作蛙。「蠪」，音龍。「躍之」。

52【水有罔象】　趙諫議本「罔」作「岡」。

○釋文：「罔象」，司馬本作無傷。

53【丘有崒】　趙諫議本、敦煌本、林希逸本同，静嘉堂本、續古逸本、吕惠卿本「崒」作「崪」。
○釋文：「崒」，本又作莘，所巾反，又音臻。
54【野有彷徨】　敦煌本「彷徨」作「方皇」，静嘉堂本作「傍徨」。
○釋文：「方」，音傍，本亦作彷，同。「皇」，本亦作徨，同。
55【紫衣而朱冠】
○釋文：「朱冠」，司馬本作俞冠，云：俞國之冠也，其制似螺。
56【其爲物也惡，聞雷、車之聲】　敦煌本作「其爲物也惡雷聞車聲」。
○釋文：「惡聞雷」，烏路反。
57【則捧其首而立】　敦煌本無「則」字。
○釋文：「捧」。「其首」，司馬本同，一本作手。
58【紀渻子爲王養鬭雞】　敦煌本「渻」作「消」。
○釋文：「紀渻」，一本作消。
59【十日而問】　敦煌本作「十日呼而問」。
60【十日又問，曰】　續古逸本「曰」作「白」，下文作「曰」。
61【猶應嚮景】　敦煌本同。

○釋文：「猶應」。「嚮」，本亦作響。「景」。　參見在宥校勘記㊺。

○成玄英疏：見聞他雞，猶相應和，若形聲影響也。

62【異雞无敢應者，反走矣】　敦煌本作「異雞無敢應者，反走耳矣」。

○闕誤：「異雞無敢應，見者反走矣」，文如海、劉得一同，舊闕。

○成玄英疏：他人之雞，見之反走。天下無敵，誰敢應乎？

63【縣水三十仞，流沫四十里】　敦煌本「三十」「四十」並作「卅」。

○釋文：「縣水」，音玄。「三十仞」。「流沫」，音末。

64【魚鼈之所不能游也】　敦煌本「鼈」作「鱉」。趙諫議本、敦煌本「游」作「遊」。

○釋文：「鼈」，字又作鱉。

●玉篇：鱉，俗鼈字。

65【以爲有苦而欲死也】　敦煌本「也」作「者也」。

66【被髮行歌而游於塘下】　敦煌本「塘」作「堂」。

○釋文：「行歌」，司馬本作行道。

67【與齊俱入，與汩偕出】　敦煌本「俱」作「偕」。底本、敦煌本、續古逸本、靜嘉堂本、呂惠卿本、林希逸本「汩」作「**汩**」，趙諫議本作「汨」。

○釋文：「與汩」，胡忽反，司馬云：涌波也；郭云：回伏而涌出者汩也。

●說文：汩，長沙汩羅淵，屈原所沈之水。从水，冥省聲。莫狄切。汩，治水也。从水曰聲。于筆切。段玉裁注：汩，俗音古忽切，訓汩沒汩亂也。

○玉篇：汩，古沒切，汩沒；又爲筆切，水流也。

⑥⑧【未嘗敢以耗氣也】 敦煌本「耗」作「秏」。

○釋文：「秏」，呼報反，司馬云：損也。「氣」。

●玉篇：秏，虎告切，正作秏。秏，呼到切，減也，敗也，詩云：秏斁下土。又稻屬。

○說文：秏，稻屬，从禾，毛聲。

⑥⑨【其巧專而外滑消】 敦煌本、句解本同，林希逸本「滑」作「骨」。

○釋文：「骨消」，本亦作滑消。

●釋名釋形骸：骨，滑也，骨堅而滑也。

⑦⓪【形軀至矣，然後成見鐻】 敦煌本「軀」作「體」，無「矣」字，「鐻」作「鐻者」。

○釋文：「成見」，賢遍反。

○成玄英疏：形容軀貌。

⑦①【則以天合天】 敦煌本句末有「也」字。

⑦②【器之所以疑神者，其是與】　敦煌本同。趙諫議本「疑」作「凝」。
○闕誤：「其由是與」，見江南古藏本，舊闕。
○章句音義：「其由是與」，由，見江南古藏本，舊作其是與。
○釋文：「是與」，音餘。

⑦③【莊公以爲文弗過也，使之鉤百而反】　敦煌本同。
○釋文：「文弗過也」，司馬云：謂過織組之文也。「使之鉤百而反」。

⑦④【顏闔遇之】　敦煌本「闔」作「瘟」。
○釋文：「顏闔」，戶臘反，元嘉本作盧，崔同。▲天理本無「崔同」兩字，據北圖本、分章本補。

⑦⑤【公密而不應】　敦煌本「不」作「弗」。

⑦⑥【故曰敗】　敦煌本作「故曰敗也」。

⑦⑦■【工倕旋而蓋矩，指與物化，而不以心稽】　底本、續古逸本、趙諫議本、林希逸本、呂惠卿本「蓋矩」作「蓋規矩」，據敦煌本及釋文删「規」字。
○釋文：「工倕」。「旋而蓋矩指與物化而不以心稽」，司馬本矩作瞿，云：旋，圓也；瞿，句也。倕工巧，任規以見爲圓，覆蓋其句指，不以施度也，是與化之物，不以心稽留也。▲「與化之物」，清刻本作「與物化之」。

○郭象注：雖工倕之巧，猶任規矩，此言因物之易也。　成玄英疏：稟性極巧，蓋用規矩。

●爾雅釋詁：矩，法也。

(78)【忘足，屨之適也】　敦煌本「屨」作「履」。敦煌本五句末「適也」皆作「適者也」。

○釋文：「足屨」，九住反。

●說文：𡲋屨(履)，足所依也。良止切。𡲋屨，履也。九遇切。　段玉裁注：古曰屨，今曰履。晉蔡謨曰：今時所謂履者，自漢以前皆名屨。

(79)【知忘是非】　敦煌本同。

○闕誤：「□忘是非」，張、文本同，舊作：知忘是非。

○成玄英疏：亦猶心懷憂戚，爲有是非。今則知忘是非，故心常適樂也。

(80)〖有孫休者，踵門而詫子扁慶子〗

○釋文：「踵門」。「而詫」，敕駕反，司馬云：告也。李本作託，云：屬也。

○成玄英疏：詫，告也，歎也。

(81)【賓於鄉里】　敦煌本「賓於」作「賓放於」。

○釋文：「賓於」，必刃反。

○成玄英疏：遭州部而放逐，被鄉閭而賓棄。

(82)〔休惡遇此命也〕

○釋文：「惡遇」，音烏，下同。

(83)【至人之自行】　敦煌本無「自」字。

○成玄英疏：夫至人立行，虛遠清高。

○天下：以此教人，恐不愛人；以此自行，固不愛己。

(84)【芒然彷徨乎塵垢之外】　敦煌本「彷徨」作「傍皇」。

○釋文：「彷徨」，元嘉本作房皇，音同。

(85)【无中道夭於聾盲跛蹇而比於人數】　敦煌本無「中」字。

(86)【吾恐其驚而遂至於惑也】　敦煌本「惑」作「或」，下同此。

(87)【孫子之所言是邪】　敦煌本「邪」作「也」，下句同此。

(88)【彼固惑而來矣】　趙諫議本「來矣」作「來者矣」。

(89)【爲具太牢以饗之】　敦煌本「太」作「大」。

(90)【奏九韶以樂之】　敦煌本「奏」作「爲奏」。

○釋文：「奏九韶」，元嘉本作奏韶武。

(91)【則平陸而已矣】　敦煌本同。

○闕誤：「則安平陸而已」，見劉得一本，舊闕。

○章句音義：「則安平陸而已矣」，安，見劉得一本，舊闕。

92 【今休，款啓寡聞之民也】 靜嘉堂本、林希逸本「款」作「欵」。

○釋文：「款啓」，李云：款，空也。啓，開也。

●玉篇：款，口緩切，誠也，叩也。俗作欵。 窾，口官切，空也。

○說文：㪉啟（啓），教也。康禮切。論語曰：不憤不啟。 启启，開也。康禮切。 𣢟款（款），意有所欲也。从欠，𥨊省。苦管切。 徐鉉曰：𥨊，塞也。意有所欲而猶塞，款款然也。

93 【樂鴳以鍾鼓也】

○釋文：「鷃」，字又作鴳，音晏。 參見逍遙遊校勘記㉓。

莊子外篇　山木第二十

①■【此木以不材得終其天年夫出於山】底本、續古逸本、趙諫議本、靜嘉堂本、林希逸本、呂惠卿本「夫出」作「夫子出」，據釋文刪「子」字，「夫」字改屬上句。

○釋文：「夫出」，如字，夫者，夫子，謂莊子也，本或卽作夫子出。

□案：段中皆直稱「莊子」，獨此處稱「夫子」，非。

②【成則毀，廉則挫】

○釋文：「則剉」，子臥反，本亦作挫，同。

○下文：故朝夕賦斂而豪毛不挫。釋文：「不挫」，子臥反。

●說文：𠛁剉，折傷也。麤臥切。𢫦挫，摧也。則臥切。段玉裁注：剉與挫，音同義近。經史剉折字多作挫。

③【无須臾離居，然不免於患】

◎釋文：「无須臾離」，絕句；崔本無離字。「居然」，崔讀以居字連上句。

④【君之除患之術，淺矣】趙諫議本「君之」作「君子」。

⑤【猶且胥疏於江湖之上而求食焉】敦煌本「胥疏」作「胥疏草」。靜嘉堂本「且」作「旦」。

⑥ 〇釋文：「胥疏」，司馬云：胥，須也，疏，菜也；李云：胥，相也，謂相望疏草也。

〇成玄英疏：旦，明也。胥，皆也。言雖飢渴，猶斟酌明旦無人之時，相命於江湖之上，扶疏草中而求食也。

【刳形去皮，洒心去欲】

〇釋文：「刳形」。「去皮」。「洒心」，先典反，本亦作洗，音同。「去欲」。

●說文：洒，滌也。古文以爲灑埽字。先禮切。洗，洒足也。穌典切。段玉裁注：下文云：沫，洒面也；浴，洒身也；澡，洒手也；洗，洒足也。今人假洗爲洒，非古字。

⑦ 【與而不求其報】　敦煌本「與」作「予」。

●說文：予，推予也，象相予之形。與，黨與也。与，賜予也。一勺爲与。此与與同。

段玉裁注：予與，古今字。

⑧ 【猖狂妄行】　敦煌本「猖」作「昌」。

⑨ 【其生可樂，其死可葬】　敦煌本「可葬」作「可以葬」。

⑩ 【吾誰與爲鄰】　靜嘉堂本「吾」作「君」。

⑪ ■【吾无糧，餓无食】　眾本「餓」作「我」，據釋文所校之一本改。

〇釋文：「我无食」，一本我作餓。

⑫【安得而至焉】 敦煌本作「何以至焉」。

⑬【雖无糧，而乃足】 敦煌本無「而」字。

⑭【愈往而不知其所窮】 敦煌本「愈」作「逾」。

⑮【而獨與道遊於大莫之國】 敦煌本「道」作「君道」。

⑯【有虛船來觸舟】 底本「船」作「舩」，靜嘉堂本、呂惠卿本作「舡」，續古逸本、趙諫議本、林希逸本作「舩」。

●說文：䑿船，舟也。

○玉篇：舡，火加切，船也。

○字彙：船，俗作舡。舩，俗船字。

⑰■【雖有褊心之人】 底本、敦煌本、續古逸本、呂惠卿本「褊」作「惼」，據趙諫議本、靜嘉堂本、林希逸本改。

○釋文：「惼心」，必善反，爾雅云：急也。

●爾雅釋言：惐、褊，急也。 郭璞注：皆急狹。

○詩經魏風葛屨：維是褊心，是以爲刺。 鄭玄箋：是君心褊急。

○小爾雅廣言：褊，狹也。

○說文：褊褊，衣小也。急急，褊也。　段玉裁注：褊者，衣小也，故凡窄陋謂之褊。

○玉篇：惼，方顯切，不傾之皃。

⑱【呼張歙之】　敦煌本無「之」字。

⑲■【向不怒而今也怒】　底本、續古逸本、趙諫議本、静嘉堂本、呂惠卿本、林希逸本「向不」作「向也不」，據敦煌本删「也」字。

⑳【虚己以遊世】　敦煌本「遊世」作「遊於世」。

㉑【三月而成上下之縣】　敦煌本「縣」作「懸」。

○釋文：「上下之縣」，音玄。

●說文：縣縣，系也。　段玉裁注：古懸挂字皆如此作。引伸之則爲所系之偁。自專以縣爲州縣字，乃别製从心之懸挂，别其音，縣去，懸平，古無二形二音也。

㉒【一之間】　敦煌本「一」作「壹」。

㉓【儻乎其怠疑，萃乎芒乎】　句解本同，林希逸本「儻」作「倘」。敦煌本無「芒乎」。

○釋文：「儻」，敕蕩反。「萃乎」。「芒乎」。

○成玄英疏：言物之萃聚，芒然不知。

●元李文仲字鑑：儻，他曩切，說文：倜儻也，从人黨聲，俗作倘。

㉔【從其彊梁，隨其曲傅】　敦煌本同，靜嘉堂本「傅」作「傳」。

○釋文：「彊梁」，多力也。「曲傅」，音附，司馬云：曲附己者隨之也；本或作傳，張戀反。

○成玄英疏：傳，張戀反。

●廣雅釋詁：傅、因、從，就也。

㉕【因其自窮】　敦煌本句末有「也」字。

㉖【太公任往弔之】　敦煌本無「往」字。

○釋文：「大」，音泰。「公任」，李云：大公，大夫稱，任其名。

㉗【子惡死乎曰然】　趙諫議本無此六字。

○釋文：「子惡」，烏路反。

㉘【東海有鳥焉，其名曰意怠】　敦煌本無「焉」「曰」兩字。

㉙【其爲鳥也，翂翂翐翐】

○釋文：「翂翂」，音紛，字或作溦。「翐翐」，音秩，徐音族；字或作濑。司馬云：翂翂翐翐，舒遅貌；一云：飛不高貌；李云：羽翼聲。

●玉篇：翐，音秩，飛皃。

㉚【飾知以驚愚】　敦煌本「知」作「智」。

㉛ ○釋文：「飾知」，音智。

【孰能去功與名，而還與衆人】　敦煌本無「與」字。

㉜ 【道流而不明居，得行而不名處】　敦煌本無兩「而」字。

○釋文：「居得行」，如字，又下孟反。

㉝ 【削迹捐勢，不爲功名】　敦煌本「功名」作「名功」。

○郭象注：功自彼成，故勢不在我，而名迹皆去。　成玄英疏：豈存情於功績，以留意於名譽？

㉞ 【孔子曰：善哉】　敦煌本無「哉」。

㉟ 【孔子問子桑雩曰】　敦煌本、林希逸本「雩」作「虖」。

○釋文：「子桑雽」，音戶，本又作雽，音于。李云：桑姓，雽其名，隱人也。或云：姓桑雽，名隱。▲「雽」，天理本作「雩」，據北圖本、分章本改。

●説文：雩，夏祭樂於赤帝以祈甘雨也。从雨，亏聲。

○隸辨：亏，于，說文作亐，從亏從一，筆迹小異，變作于，經典相承用此字。

㊱ 【吾再逐於魯】　敦煌本無「再」字。

㊲ 【伐樹於宋，削迹於衛】

○釋文：「伐樹於衛」，一本作：伐樹於宋，削迹於衛。
○天運：故伐樹於宋，削迹於衛。
○讓王、漁父：削迹於衛，伐樹於宋。

【假人之亡與】㊳ 敦煌本無「人」字。
○釋文：「假」，古雅反，李云：國名。

【負赤子而趨，何也】㊴ 敦煌本無「也」字。

【彼以利合，此以天屬也】㊵ 敦煌本「也」作「者也」。

【君子之交淡若水，小人之交甘若醴】㊶ 敦煌本「之交」作「之交也」。

【徐行翔佯而歸】㊷ 敦煌本「佯」作「庠」。

【其愛益加進】㊸ 敦煌本作「其受益嘉進」。

【舜之將死，眞泠禹曰】㊹ 靜嘉堂本「泠」作「冷」，敦煌本作「命」。
○釋文：「眞」，司馬本作直。「泠」，音零。「禹」，司馬云：泠，曉也，謂以眞道曉語禹也。泠或爲命，又作令。命，猶教也。▲「直」，天理本作「真」，據北圖本、分章本改。
○下文：覩一蟬，方得美蔭而忘其身；螳蜋執翳而搏之，見得而忘其形；異鵲從而利之，見利而忘其眞。……今吾遊於雕陵而忘吾身，異鵲感吾顙，遊於栗林而忘眞。 釋文：「其眞」，司馬云：眞，身也。

○漁父：仁則仁矣，恐不免其身，苦心勞形，以危其眞……而身教之。

●淮南子本經：是故神明藏於無形，精神反於至眞。　高誘注：眞，身也。

○干祿字書：冷泠，上俗下正。

㊺【何先生之憊邪】

○釋文：「憊」，司馬本作病。

㊻【士有道德不能行】　敦煌本「行」作「保」。

㊼【衣弊履穿】　敦煌本「穿」作「空」。

㊽【此所謂非遭時也】　敦煌本「也」作「者也」。

㊾【王獨不見夫騰猨乎】　敦煌本同，底本、續古逸本、趙諫議本、靜嘉堂本、呂惠卿本、林希逸本「猨」作「猿」，本書其餘各處各本皆作「猨」。趙諫議本「騰」作「螣」。

○釋文「螣」，音騰，本亦作騰。

●干祿字書：猿猨蝯，上俗，中通，下正，今不行。

○說文：螣，神蛇也。騰，傳也。蝯，善援，禺屬。雨元切。　段玉裁注：傳，張戀切。引伸爲馳也，爲躍也。

⑤⓪【而王長其間】　敦煌本「長」作「張」。

○釋文：「而王」，往況反，司馬本作往。「長」，丁亮反，本又作張，音同。

⑤①■【雖羿、逢蒙】　底本、續古逸本、趙諫議本、靜嘉堂本、林希逸本「逢」作「蓬」，據敦煌本、呂惠卿本作「逢」、靜嘉堂本疏文作「逢」而改。

○釋文：「羿」。「蓬蒙」，符恭反，徐扶公反。

●唐顏元孫干祿字書：逢逢，上俗下正，諸同聲者竝準此，唯降字等從夅。

○唐顏師古匡謬正俗卷八：逢，逢姓者，蓋出于逢蒙之後，讀當如其本字，更無別音。今之爲此姓者，自稱乃與龐同音。按：德公、士元，所祖自別殊，非伯陵、尹父之裔，不應棄其本姓，混茲音讀，乃猥云：逢姓之逄，與逢遇字別。妄爲釋訓，何取據乎？

○孟子離婁：逢蒙學射於羿。　朱熹注：逢，薄江反。（據宋刻本）

○明淩迪知萬姓統譜卷一：蓬，周封支子於蓬州，因以爲氏。漢蓬球，北海人，出酉陽雜俎。

⑤②【不能睥睨也】

○釋文：「眄」，莫練反；本或作睥，普計反。「睨」。

●說文：眄，目偏合也；一曰衺視也，秦語。莫甸切。睨，衺視也。研計切。

○廣雅釋詁：睥睨、眄，視也。

○玉篇：睥，普計切，左睥右睨。

53【處勢不便】 敦煌本無「處」字。

54■【此比干之見心】 底本、敦煌本、續古逸本、趙諫議本、靜嘉堂本、林希逸本、呂惠卿本「見心」作「見剖心」，據釋文删「剖」字。

○釋文：「見心」，賢遍反。▲天理本無「反」字，據北圖本、分章本補。

○成玄英疏：昔殷紂無道，比干忠諫，剖心而死，豈非徵驗？

○胠篋：昔者龍逢斬，比干剖，萇弘胣，子胥靡。

○外物：外物不可必，故龍逢誅，比干戮，箕子狂，惡來死，桀、紂亡。

○盜跖：子胥沈江，比干剖心。……比干剖心，子胥抉眼，忠之禍也。

●史記殷本紀：紂怒曰：吾聞聖人心有七竅。剖比干，觀其心。

55■【而歌猋氏之風】 底本、敦煌本、續古逸本、趙諫議本、黑水城本、林希逸本、呂惠卿本「猋」作「焱」，據靜嘉堂本及釋文改。靜嘉堂本疏文作「焱」。參見天運校勘記㉘

○釋文：「猋氏」，必遙反。

56【有其具而无其數，有其聲而无宮角】 敦煌本無三「其」字。

57【无受天損易】 敦煌本無「易」字。

(58)【運物之泄也】　敦煌本作「運物之洩也」。
○闕誤：「運化之泄也」，見江南古藏本，舊作物。
○釋文：「運物」，司馬云：運，動也。「之泄」，息列反，司馬云：發也；徐以世反。
○成玄英疏：運動萬物，發泄氣候也。
●玉篇：泄，弋逝切，水名，在九江。又思列切，漏也。洩，同上。
○金石文字辨異：泄，通作洩。洩，蜀刻詩經殘本：洩洩其羽。案：泄作洩，則承唐開成石經之舊，避唐諱也。
(59)【執臣之道猶若是】　敦煌本作「執臣道而猶若是」。
(60)【无受人益難】　敦煌本無「難」字。
(61)【物之所利，乃非己也】　敦煌本無「非己也」三字。
(62)【吾命有在外者也】　敦煌本同。靜嘉堂本「有」作「其」。
○郭象注：人之生，必外有接物之命。
(63)【不給視，雖落其實】　敦煌本作「不給雒其實」。
(64)【棄之而走】　敦煌本無「之」字。
(65)【而襲諸人間社稷存焉爾】　敦煌本無「而」字，「爾」作「尒」。

⑥⑥【化其萬物】　敦煌本「物」作「方」。

○成玄英疏：夫道，通生萬物，變化羣方。

●纂隷萬象名義：方，類也。

○人間世：萬物之化也。

○德充符：命物之化而守其宗也。

○天道：天不產而萬物化，地不長而萬物育。

○至樂：故兩无爲相合，萬物皆化。

⑥⑦【焉知其所終？焉知其所始】　敦煌本「焉」作「烏」，「始」作「止」。

○成玄英疏：既無日新而變，何始卒之有邪？

⑥⑧【人之不能有天】　敦煌本句末有「也」字。

⑥⑨【體逝而終矣】　敦煌本「矣」作「耳矣」。

⑦⓪■【莊周遊乎雕陵之野】　眾本「野(壄)」作「樊」，據釋文所校之某本改。呂惠卿本「雕」作「彫」。

○釋文：「雕」，徐音彫，本亦作彫。「陵之樊」，音煩，司馬云：雕陵，陵名；樊，藩也，謂遊栗園藩籬之內也。樊，或作壄；壄，古野字。▲「壄」，北圖本、分章本作「埜」。

●說文：野野，郊外也。塈塈，古文野。樊樊，鷙不行也。附袁切。楙楙，藩也。附袁切。段玉裁注：邑部曰：歫國百里曰郊。冂部曰：邑外謂之郊，郊外謂之野，野外謂之林，林外謂之冂。埜，亦作埜。

○爾雅釋言：樊，藩也。郭璞注：謂藩籬。

○慧琳音義卷九十：「樊陽」，伐袁反，考聲云：山邊也。

○廣雅釋言：樊，邊也。

□案：莊子書中有「以遊无極之野」「而遊於无人之野」「遊於襄城之野」，「不蘄畜乎樊中」「若能入遊其樊」「夏則休乎山樊」。此處之「樊」當卽「壄」字之譌。

⑪

【蹇裳躩步】　呂惠卿本、林希逸本「蹇」作「褰」，敦煌本作「騫」。

○闕誤：「褰裳躩步」，見張本，舊作蹇。

○釋文：「蹇」，起虔反。「躩」。

●楚辭九章思美人：因芙蓉而爲媒兮，憚蹇裳而濡足。▲集註本「蹇」作「褰」。宋洪興祖補注：莊子曰：蹇裳躩步，蹇，起虔切，蓋讀若褰，謂摳衣也。

○說文：蹇蹇，跛也。九輦切。褰褰，絝也。去虔切。騫騫，馬腹縶也。去虔切。段玉裁注：易曰：蹇，難也。行難謂之蹇，言難亦謂之蹇。褰之本義謂絝，俗乃假爲騫衣字。古騫衣字作騫，今假褰，而褰之本義廢矣。摯，各本作縶，今正。按詩騫裳字，本用此，謂摳衣不使盈滿也，俗借褰綺字爲之，習者不知其非矣。

⑫【莊周怵然，曰：噫】 敦煌本「曰噫」作「意曰曰」。

⑬【虞人逐而誶之】 敦煌本「誶」作「訊」。

○釋文：「誶之」，本又作訊，音信，問也。▲天理本無「信」字，據北圖本、分章本補。

○徐无鬼：察士无淩誶之事則不樂。釋文：「誶」，音信，廣雅云：問也。又音祟，又音峻。一本作訙。

●干祿字書：訙訊，上俗下正。

○五經文字：訊，從卂。卂音信。作誶者訛。

○說文：䛢誶，讓也。國語曰：誶申胥。雖遂切。訊訊，問也。思晉切。段玉裁注：今國語、毛詩、爾雅及他書，誶皆譌訊。

○玉篇：誶，息醉切，言也，問也，罵也，讓也。

○闕誤：「莊子反入宮，三月不庭」，見江南古藏本，舊闕。

⑭【莊周反入，三月不庭】 敦煌本作「莊子反入，三月不廷」，下文「庭」亦作「廷」。

○釋文：「三月不庭」，一本作三日。

○成玄英疏：歸家愧恥，不出門庭。

⑮【藺且從而問之】

○釋文：「藺」，力信反，一本作蔄。「且」，子徐反。

⑯【且吾聞諸夫子曰】　敦煌本無「曰」字。

⑰【入其俗，從其俗】　敦煌本同。

○闕誤：「從其令」，江南李氏、成本同，舊作俗。

○郭象注：不違其禁令也。　成玄英疏：夫達者同塵入俗，俗有禁令，從而行之。

●禮記曲禮上：禮從宜，使從俗。

○宋衞湜禮記集說：藍田呂氏曰：使於他邦，必從其俗，故有入境而問禁，入國而問俗之禮。

○說文：㑹俗，習也。　段玉裁注：習者，數飛也，引伸之，凡相效謂之習。曲禮：入國而問俗，注：俗，謂常所行與所惡也。漢地理志曰：凡民函五常之性，其剛柔緩急，音聲不同，繫水土之風氣，故謂之風；好惡取舍，動靜無常，隨君上之情欲，謂之俗。

⑱【今吾遊於雕陵而忘吾身】　敦煌本無「吾」字。

⑲【遊於栗林而忘眞】　敦煌本作「遊栗林而忘栗」。

⑳【栗林虞人以吾爲戮】　敦煌本無「栗林」兩字。

○闕誤：「□□虞人以吾爲戮」，張、文本同，舊作：栗林虞人。

⑻【逆旅人有妾二人】敦煌本同。

○闕誤：「逆旅之有妾二人」，見劉得一本，舊作人。

莊子外篇　田子方第二十一

①〔數稱谿工〕

○釋文：「數稱」。「谿」，音溪，司馬本作雞。「工」。

②【无擇之里人也】　敦煌本無「也」字。

③【曰：子之師誰邪】　敦煌本無「曰」字。

④【夫子何故未嘗稱之】　敦煌本「嘗」作「當」。

⑤〔其爲人也眞，人貌而天虛，緣而葆眞〕

○釋文：「葆眞」，音保，本亦作保。

○齊物論：此之謂葆光。　釋文：「葆光」，音保，崔云：若有若无謂之葆光。

○讓王：葆力之士也。　釋文：「葆力」，音保，字亦作保。

●說文：保，養也。葆，艸盛皃。　段玉裁注：保全保守，皆其引伸之義。

○字彙：葆，博考切，音寶，草盛貌；又韜藏也，莊子：此之謂葆光；又與寶同。

⑥■【吾所學者，直土梗耳！夫魏眞爲我累耳】　敦煌本無「者」字。底本、續古逸本、趙諫議本、靜嘉堂本、林希逸本、呂惠卿本「直」作「眞」，據釋文改。

○釋文：「直」，本亦作眞，下句同；元嘉本此作眞，下句作直。「土梗」。

⑦【中國之民】 敦煌本「民」作「君子」。

○上文：中國之君子。

⑧■【其導我也似父】 底本、續古逸本、趙諫議本、靜嘉堂本、林希逸本、呂惠卿本「導」作「道」，據敦煌本、江南古藏本改。

○闕誤：「其導我也似父」，見江南古藏本，舊作道。

○釋文：「其道」，音導。

○盜跖：爲人父者必能詔其子，爲人兄者必能教其弟。

●爾雅釋詁：詔，導也。郭璞注：謂教導之也。

○說文：䢾道，所行道也。䢾導，引也。从寸，道聲。段玉裁注：毛傳每云：行，道也。道者，人所行，故亦謂之行。道之引伸爲道理，亦爲引道。經傳多假道爲導，義本通也。

⑨【吾子欲見溫伯雪子，久矣】 敦煌本「久矣」作「也久矣」。

⑩【見之而不言，何邪】 敦煌本無「邪」字。

⑪【夫子奔逸絕塵而回瞠若乎後矣】 敦煌本無「回」字，下文同此；「矣」作「耳矣」。

○釋文：「奔逸」，司馬本逸作徹。

⑫【夫子步亦步也】敦煌本句末有「者」字；下文作「亦趨也者」，「亦馳也者」，「後也者」。

●清王引之經傳釋詞卷四：也，猶者也。

⑬【无器而民滔乎前】敦煌本、静嘉堂本、林希逸本「滔」作「蹈」。

○釋文：「滔乎前」，吐刀反，謂無人君之器，滔聚其前也，又杜高反。

●說文：滔，水漫漫大皃。蹈，蹈，踐也。

○類篇、集韻：滔，聚也，莊子：民滔乎前而不知所以然。

⑭【而人死亦次之】敦煌本無「亦」字。

⑮【而入於西極】敦煌本無「而」字。

⑯【而不化以待盡】

○齊物論：一受其成形，不亡以待盡。

⑰【日夜无隙】敦煌本「隙」作「隟」。

○成玄英疏：變化日新，泯然而無間隙。

⑱〔丘以是日徂〕

○釋文：「日徂」，司馬本作疽，云：病也。

⑲【而汝求之以爲有】敦煌本無「而」「爲」兩字。英藏敦煌本有「而」字，無「爲」字。

⑳ 〖是求馬於唐肆也〗

○釋文：「是求馬於唐肆也」，司馬本作廣肆，云：廣庭也。

㉑ 【吾服汝也甚忘，汝服吾也亦甚忘】 敦煌本「亦甚忘」無「甚」字。

㉒ 【雖忘乎故吾】 敦煌本無「故吾」兩字。

㉓ 【老聃新沐】 續古逸本「沐」作「沬」。

●說文：沐沐，濯髮也。沬沬，洒面也。荒内切。

㉔ 【方將被髮而乾，慹然似非人】 敦煌本「乾」作「干」。

○釋文：「而干」，本或作乾。「慹」。

●說文：乾乾，上出也。干干，犯也。 段玉裁注：此乾字之本義也。自有文字以後，乃用爲卦名，而孔子釋之曰健也。健之義生於上出，上出爲乾，下注則爲溼，故乾與溼相對，俗別其音，古無是也。 犯，侵也。

㉕ 【孔子便而待之】 敦煌本無「之」字。

○釋文：「便而待」，待或作侍。

●周禮天官小宰：各修乃職，攷乃灋，待乃事，以聽王命。

㉖ 【似遺物離人而立於獨也】 敦煌本無「也」字。

㉗【吾遊於物之初】敦煌本、趙諫議本、續古逸本、呂惠卿本同，林希逸本「遊於」作「遊心於」，靜嘉堂本作「老聃曰吾遊心於」。

□案：靜嘉堂原刻本當無「心」字，字間距較上下文緊密，疑據成玄英疏挖補。

○郭象注：故遊於物初。成玄英疏：遊心物初，則是凝神妙本。

㉘■【行小變而不失其大常也】底本、林希逸本「小」作「少」，據敦煌本、續古逸本、趙諫議本、靜嘉堂本、呂惠卿本及釋文改。敦煌本「也」作「者也」。

○釋文：「行小」，下孟反，又如字。

○郭象注：死生亦小變也。

●說文：小，物之微也。少，不多也。段玉裁注：不多則小，故古少小互訓通用。

㉙【喜怒哀樂不入於胷次】敦煌本「胷次」作「匈中」。

○釋文：「胷次」，李云：次，中也。

○郭象注：知其小變而不失大常故。

㉚【知身貴於隸也】敦煌本「也」作「者也」。

㉛【夫孰足以患心已？爲道者解乎此】林希逸本、句解本「已」作「己」，屬下句，注：「此己，身也。身與道一，故曰己爲道。」或以「已」字屬下句。

㉜【古之君子，孰能說焉】　林希逸本同，敦煌本、續古逸本、趙諫議本、靜嘉堂本、呂惠卿本「說」作「脫」。
○成玄英疏：脫，免也。然則古之君子，誰能遺於言說而免於修爲者乎？
○說劍：王脫白刃待之。　釋文：「王脫」，一本作說，同，土活反。
●易經蒙：用說桎梏。　釋文：「用說」，吐活反，注同，徐又音稅。　東晉干寶注：說，解也。
㉝【至人之於德也不脩】　趙諫議本無「於」字。
㉞【履句屨者知地形】　趙諫議本、林希逸本「句」作「方」。
○釋文：「履句」，音矩，李云：方也。「屨」。
㉟■【緩佩玦者事至而斷】　底本、敦煌本、續古逸本、趙諫議本、靜嘉堂本、林希逸本、呂惠卿本「緩」作「綬」，據釋文所校之司馬本改。
○釋文：「緩」，戶管反，司馬本作綬。「佩玦」。「而斷」。
○成玄英疏：緩者，五色條繩，穿玉玦以飾佩也。玦，決也。本亦有作綬字者。
●說文：𦃃𦃃，繛(綽)也。胡管切。緩緩，𦃃或省。綬綬，韍維也。殖酉切。　段玉裁注：韍維，謂所以維韍者。古者韍佩皆系於革帶，佩玉之系謂之璲，俗字爲繸，又謂之綬，韍之系亦謂之綬。謂之綬者，韍佩與革帶之間有聯而受之者，故曰綬。玉藻曰：天子佩白玉而玄組綬，公侯佩山玄玉而朱組綬，大夫佩水蒼玉而純組綬，世子佩瑜玉而綦組綬，士佩瓀玟而緼組綬。孔子佩象環五寸而綦組綬。是其制也。○釋文：「而純」，讀爲緇，側其反。　○鄭玄注：純，當爲緇。

○慧琳音義卷三十七：「綬帶」，上音受。禮記云：天子玄組綬，公侯朱組綬，大夫緇組綬，世子綦組綬，士緼組綬。鄭玄曰：綬者，所以貫佩玉，相承受者也。綬，繫也。綬，亦帶也。

○玉篇：緩，乎管切，綽也，今作緩。緩，乎卯切，遲緩也。

㊱【舐筆和墨】

○釋文：「舐」，本或作䑛，食紙反。

○列御寇：舐痔者，得車五乘。釋文：「舐」，字又作䑛，食紙反。「痔」。

●玉篇：舓，神爾切，説文云：以舌取物也。舐䑛，並上同。

○說文：舓舓，以舌取食也。从舌，易聲。神旨切。䑛䑛，舓或从也。

㊲【儃儃然不趨】　敦煌本「趨」作「趍」。

●集韻：趨，逡須切，説文走也，鄭康成曰：行而張足曰趨。或从足，俗作趍，非是。

○說文：趨趨，走也。七逾切。趍趍，趍趙，夊也。直离切。夊，从後至也。陟侈切。▲「夊」，眾本作「久」，段玉裁改作「夊」，此據玉篇改。　王筠句讀：馬之奔曰馳，人之奔曰趍。

○釋名釋姿容：徐行曰步，疾行曰趨，疾趨曰走。

㊳【公使人視之，則解衣槃礴，羸】敦煌本無「公」字，「羸」作「羸」；分章本「槃」作「般」。

○釋文：「般」，字又作槃。「礴」，傍各反。司馬云：槃礴，謂箕坐也。「羸」，本又作羸，同，力果反；司馬云：將畫，故解衣見形。▲天理本、北圖本「槃」作「般」，「羸」作「羸」，據正文改。分章本「槃」作「般」。

●說文：般，辟也，象舟之旋。北潘切。槃，承槃也。鎜，古文從金。盤，籀文從皿。羸，瘦也。力爲切。

○金石文字辨異：槃般，通用。

○爾雅釋詁：般，樂也。

○廣雅釋詁：般，旋還也。

○類篇、集韻：褩，衣表也，吳俗語。

○增廣字學舉隅：羸，郎果切，與裸倮儽皆同，赤體也。羸，倫爲切，讀若雷，瘦也。

㊴【是眞畫者也】敦煌本「畫者」作「畫之者」。

㊵【文王觀於臧】

○釋文：「文王觀於臧」，司馬本作：文王微服而觀於臧。

㊶ ■【見一丈人釣】　眾本「丈人」作「丈夫」，據釋文所校之某本及下文改。

○釋文：「丈夫」，本或作丈人。

○下文：寓而政於臧丈人……遂迎臧丈人而授之政……臧丈人昧然而不應。

○天地：子貢南遊於楚，反於晉，過漢陰，見一丈人，方將爲圃畦。

●廣雅釋親：男子謂之丈夫，女子爲之婦人。

○論語微子：子路從而後，遇丈人以杖荷蓧。　三國魏何晏集解引包咸曰：丈人，老人也。

㊷ ■【於是旦而屬之夫夫】　底本、趙諫議本、林希逸本、敦煌本「夫夫」作「大夫」，據續古逸本、呂惠卿本及釋文改，下「諸夫夫」同此改。續古逸本「旦」作「且」。

○釋文：「旦而屬」，音燭。「之夫夫」，皆方于反，司馬云：夫夫，大夫也；一云：夫夫，古讀爲大夫。

●山海經中山經：又東一百五十里，曰夫夫之山。　清郝懿行箋疏：懿行案：吳氏云：釋義本作大夫之山，續通考引此亦大夫山。又案：秦繹山碑及漢印篆文，大夫都作夫夫，則二字古相通也。余案：宋景文筆記曰：古者大夫字便用疊畫寫之，以夫有大音故也。莊子、李斯嶧山碑如此。

○秦李斯繹山碑：「御史夫=臣」，「御史夫夫臣」皆讀作「御史大夫臣」。

【昔者寡人夢見良人】 43 敦煌本句前有「吾」字。

【乘駁馬而偏朱蹄】 44 敦煌本「駁」作「駮」。

○釋文：「駁馬」，邦角反。「偏朱蹄」。

○天下：其道舛駁。趙諫議本、高山寺本「駁」作「駮」。釋文：「駁」，邦角反。

●說文：駁駁，馬色不純。北角切。駮駮，獸，如馬，倨牙，食虎豹。北角切。

○玉篇：駁，布角切，馬色不純，今作駮。

【諸大夫蹵然曰】 45 眾本同。

○釋文：「蹵然」，子六反，本或作愀。

●玉篇：蹵，七六子六二切，蹴蹋也。蹴，同上。

○集韻：蹴（𨆻），七六切，說文：躡也。蹴，就六切。蹴然，敬皃。

○說文通訓定聲：愁愁，憂也，从心秋聲。字亦作愀，左形右聲。廣雅釋詁三：愁，悲也。釋訓：愁，愁憂也。易晉：晉如愁如，鄭注：變色皃。禮記哀公問：孔子愀然作色而對，注：變動皃。楚語：子木愀然，注：愁皃。荀子修身：見善愀然，注：憂懼貌。上林賦：愀然改容，注：變色貌。

○慧琳音義卷六十一："愀然"，上酉酉反，取就字上聲。考聲云：愀，憂也。禮記曰：孔子愀然作色也。家語云：臨當刑，君愀然不樂。卷八十三："愀然"，七小反，文字典說：愀然，不悅也。

⑯【然則卜之】敦煌本「之」作「諸」。

⑰【先君之命】

○釋文：「之令」，本或作命。

●說文：命命，使也。从口从令。令令，發號也。从亼卪。徐鍇曰：號令者，集而爲之。卪，制也。

⑱【王其无它】敦煌本「它」作「也」，林希逸本、句解本作「他」。

○釋文：「王其无它」。

⑲【偏令无出】敦煌本「偏」作「篇」。

⑳【則列士壞植散羣】

○釋文：「列士壞」，音怪，下同。「植」。「散羣」。

㉑【鍾斛不敢入於四境】敦煌本「鍾斛」作「斛斛」。

○釋文：「鍾斛」，音庾，李云：六斛四斗曰鍾。司馬本作鍾臾，云：鍾讀曰鍾，臾讀曰臾。「四竟」，音境，下同。

52 【於是焉以爲大師】　敦煌本「於是」作「少」。

○釋文：「大師」，音泰。

53 【夫文王，盡之也】　敦煌本「也」作「者也」。

54 【嘗與汝登高山，履危石】　續古逸本「危」作「佹」，下文作「危」。

●玉篇：佹，九委切，戾也。危，高也，正也。

55 【足二分垂在外】　敦煌本無「分」字。

56 〖今汝怵然有恂目之志〗

○釋文：「怵然」。「有恂」，李又作眴，音荀，爾雅云：恂，慄也。「目之志」。

57 【盜人不得劫】　敦煌本同。底本、續古逸本、趙諫議本、靜嘉堂本、呂惠卿本、林希逸本「劫」作「刦」。盜跖「內則疑劫請之賊」同此改。

○釋文：「得刦」，居業反，元嘉本作却。

○盜跖：內則疑刦請之賊，外則畏寇盜之害。　釋文：「疑刦」，許業反，又曲業反。

●說文：𠧪劫，人欲去，以力脅止曰劫。或曰：以力止去曰劫。　段玉裁注：此篆从力，而俗作刦，从刀，蓋刀與力相淆之處固多矣。　朱駿聲通訓定聲：按从力从去，會意字，亦作抾，俗誤作刼作刦。

○玉篇：劫，居業切，強取也。

○篆隸萬象名義：刼（刦），居業反，脅也。

○慧琳音義卷六十：「刼掠」，上劍業反，鄭注禮記云：刼脅也。人欲去以刀脅之，或曰：以刀止去曰刦。說文從力，古今正字從刀從怯省。

○五經文字：劫，几業反，又從刀者，俱爲劫脅之劫。其從刀者，本是或體，今經典並從力。

⑱

■【既以爲人，己愈有】　底本及衆校本「爲」作「與」，據馬王堆漢墓帛書老子甲、乙本改。「愈」，敦煌本作「逾」。

○帛書老子甲本作：聖人无積，□以爲□□□□

○帛書老子乙本作：聖人无積，既以爲人，己俞有；既以予人矣，己俞多。

●小爾雅廣詁：愈，益也。釋詁：俞，益也。

○玉篇：逾，與朱切，越也，遠也，進也。

莊子外篇　知北遊第二十二

①〖知北遊於玄水之上〗

○釋文：「知北遊」，音智，又如字。「於玄水之上」，司馬、崔本上作北。

○闕誤：「知」，如字，舊音智，不取。

②【不荅也。非不荅，不知荅也】　句解本同，林希逸本「荅」作「答」。敦煌本「非不荅」作「非不荅也」。

●經典文字辨證書：荅，正。答，俗。

○説文：𦬊荅，小尗也。　段玉裁注：廣雅云：小豆，荅也。叚借爲酬荅。

③〖而睹狂屈焉〗

○釋文：「而睹」。「狂屈」，求勿反，司馬、向、崔本作詘。

④【知以之言也問乎狂屈】　敦煌本無「也」字，「乎」作「于」。

○釋文：「以之言」，司馬云：之，是也。

⑤【中欲言而忘其所欲言。知不得問】　敦煌本「中欲言」無「欲」字，「問」作「聞」。

⑥【亂之首也】　敦煌本「亂」作「乱」，無「也」字。下句「无不爲也」亦無「也」字。

⑦【今已爲物也】　敦煌本「也」作「矣」。林希逸本「已」作「己」，注云：音紀。

⑧【是其所美者爲神奇，其所惡者爲臭腐】　敦煌本「爲臭腐」無「爲」字。

⑨【臭腐復化爲神奇，神奇復化爲臭腐】　敦煌本「臭腐復化」無「復」字。

⑩【故曰：通天下一氣耳】　敦煌本同。

○闕誤：「故曰通天地之一氣耳」，見劉得一本，舊作通天下一氣。

○成玄英疏：是知天下萬物，同一和氣耳。

⑪【非不我應】　敦煌本「我應」作「應我」。

⑫【中欲告而忘之也】　敦煌本無「欲」字。

⑬【以其知之也】　敦煌本無「也」字。

⑭【今彼神明至精】　敦煌本同。

○闕誤：「合彼神明至精」，見劉得一本，舊作今。

○郭象注：百化自化，而神明不奪。成玄英疏：彼神聖明靈，至精極妙，與物和混，變化隨流，或聚或散，曾無欣戚。

⑮【莫知其根也扁然】　敦煌本無「也」字。

○釋文：「扁」，音篇，又音幡。

○章句音義：「扁然」，音篇，成云：偏生貌；文本作翩然，云：日新貌。

⑯【各得其序】　敦煌本「得」作「有」。

⑰【惛然若亡而存】　敦煌本同。

○章句音義：「惛然」，音昬，昧也，張君房本作惛。　參見至樂校勘記①。

○釋文：「惛然」，音昬，又音泯。

⑱【油然不形而神】　敦煌本「形」作「刑」，下文同此。

⑲〔萬物畜而不知〕

○釋文：「物畜」，本亦作滀，同，敕六反，注同。

○郭象注：畜之而不得其本性之根，故不知其所以畜也。

●玉篇：滀，仲六切，滯也。　畜，許六切，養也，容也。

⑳【問道乎被衣】　敦煌本「乎」作「於」。

○釋文：「被衣」，音披，本亦作披。

㉑【若正汝形，一汝視】　敦煌本「一」作「壹」。

㉒【攝汝知】　敦煌本「知」作「私」。

○成玄英疏：收攝私心。

○人間世：夫徇耳目內通，而外於心知，鬼神將來舍，而況人乎？

㉓【汝瞳焉如新生之犢】　敦煌本「如」作「若」。

㉔〖舜問乎丞曰〗

○釋文：「丞」，李云：舜師也。

○章句音義：「丞」，或作烝。

㉕【孫子非汝有】　敦煌本「孫子」作「子孫」。

○闕誤：「子孫非汝有」，見張本，舊作孫子。

○成玄英疏：陰陽結聚，故有子孫。

○下文：未有子孫而有孫子，可乎。敦煌本同。釋文：「未有子孫而有孫子」，傳世故有子孫，不得無子而有孫也。

●詩經大雅文王：文王孫子，本支百世。鄭玄箋：其子孫，適爲天子，庶爲諸侯，皆百世。

○文選卷十六潘岳閒居賦：席長筵，列孫子。唐呂延濟注：孫子，子孫也。

㉖【食不知所味】　敦煌本「味」作「以」。

㉗【天地之彊陽，氣也】　敦煌本「彊」作「强」，下文同。參見人間世校勘記⑤。

○釋文：「天地之強陽氣也」。

⑱【今日晏閒】 敦煌本「閒」作「閑」，底本、趙諫議本、續古逸本、靜嘉堂本、林希逸本、呂惠卿本作「間」。參見齊物論校勘記⑪。

○釋文：「晏」。「閒」，音閑。

○成玄英疏：晏，安也。孔子師於老子，故承安居閑暇，而詢問玄道也。

㉙【汝齋戒】 敦煌本「戒」作「誡」。

○釋文：「齊戒」，側皆反。

㉚【疏瀹而心】林希逸本同，敦煌本、靜嘉堂本、續古逸本、趙諫議本、呂惠卿本「瀹」作「瀹」。

○釋文：「瀹」，音藥，或云：漬也。

●說文：瀹瀹，漬也。

○原本玉篇：瀹，與灼、餘呂二反。孟子：禹疏九河，瀹濟漯而注諸海。劉熙曰：瀹，通利之言也。

㉛【四達之皇皇也】 敦煌本「皇皇」作「遑遑」，無「也」字。

㉜【日月不得不行】 敦煌本「行」作「明」。

○成玄英疏：三光資玄道以運行。

○天運：日月星辰行其紀。 ○大宗師：日月得之，終古不息。

○胠篋：故上悖日月之明。 ○天道：日月固有明矣。 ○田子方：日月之自明。

●五經文字：明朙明，上古文，中説文，下石經，今並依上字。

㉝【淵淵乎其若海】　敦煌本句末有「也」字。

㉞【魏魏乎其終則復始也】　静嘉堂本、敦煌本「魏魏」作「巍巍」。

○釋文：「魏魏」，魚威反。

○成玄英疏：巍巍者，高大貌也。

○天下：魏然而已矣。　高山寺本「魏」作「巍」。　釋文：「魏然」，魚威反，李五回反。

●玉篇：魏，魚貴切，象魏闕也，大名也，高也。

○説文：𡾟巍，高也。　段玉裁注：高者必大，故論語注曰：巍巍，高大之稱也。按：本無二字，後人省山作魏，分别其義與音，不古之甚。

㉟【運量萬物而不匱】　敦煌本「匱」作「遺」，注同。

○闕誤：「運量萬物而不遺」，文、劉本同，舊作匱。

○釋文：「運量」，音亮。「萬物而不匱」，求位反，謂任物自動運，物物各足量也。

○郭象注：用物而不役己，故不匱也。　成玄英疏：夫運載萬物，器量羣生，潛被無窮，而不匱乏者。

●說文：匱匱，匣也。求位切。　段玉裁注：匱之義，引申爲竭。大雅：孝子不匱，永錫爾類，傳曰：匱，竭也。凡物，淥藏之，則有若無，實若虛，故匱之引申爲竭爲乏。竭，水渴也。乏，反其正也。

○龍龕手鑑：遺，俗，求位反，正作匱。匱，狂位反，匣也，慳也，竭也，乏也。

【萬物皆往資焉而不匱】　敦煌本「匱」作「遺」，注同。㊱

○章句音義：「萬物皆往資焉而不匱」，求位切。

○郭象注：還用物，故我不匱。此明道之贍物在於不贍，不贍而物自得。　成玄英疏：而玄功冥被，終不匱乏。

【處於天地之間】　敦煌本無「於」字。㊲

【直且爲人】　敦煌本「直」作「值」。㊳

○釋文：「直且」。

○成玄英疏：本亦作值字者。

【奚足以爲堯、桀之是非】　敦煌本「以」作「而」。㊴

【果蓏有理】　敦煌本「果」作「菓」。㊵

○釋文：「果蓏」，徐力果反。

●干祿字書：菓果，果木字，上俗下正。

㊶【聖人遭之而不違，過之而不守】　敦煌本無兩「而」字。

㊷【帝之所興，王之所起也】　敦煌本無「也」字。

㊸【人生天地之間，若白駒之過郤】　敦煌本「白」作「自」，「郤」作「隟」。

○釋文：「白駒」。「過郤」，去逆反，本亦作隙；隙，孔也。

●干祿字書：隟隙，上通下正。

㊹【油然漻然】　敦煌本「漻」作「寥」。

○釋文：「油然」。「漻然」，音流，李音礫。

㊺【紛乎宛乎】　敦煌本「宛」作「菀」。

○釋文：「宛乎」，於阮反。

㊻【非將至之所務也，此眾人之所同論也】　敦煌本無兩「也」字。

㊼【東郭子問於莊子】　敦煌本無「於」字。

㊽【在稊稗】　○

○釋文：「在苐」，大西反，又作稊。「薜」，步計反，本又作稗，蒲賣反；李云：苐薜，二草名。

○秋水：計中國之在海內，不似稊米之在大倉乎。　釋文：「稊米」，徒兮反，司馬云：稊米，小米也。李云：稊，草也。案郭注爾雅：稊，似稗，稗音蒲賣反。

●說文：荑荑，艸也。从艸夷聲。杜兮切。蕛蕛，蕛英也。从艸稊聲。大兮切。稗稗，禾別也。从禾卑聲。旁卦切。薜薜，牡贊也。蒲計切。

○爾雅釋草：蕛，英。　郭璞注：蕛似稗，布地生穢草。

○玄應音義卷四：「蕛米」，達鷄反。爾雅：蕛，英也。郭璞曰：似稗，布地生穢草也。　○卷十四：「稊稗」，又作荑，說文作苐，同，徒犂反，似稗，布地穢草也，今俗云稊子是也。稗，蒲懈反，說文：禾別也，草之似穀者也。

○慧琳音義卷五：「稊稗」，上徒奚反，字林云：似稗，一名英，爾雅云同。考聲云：草名也。衛宏作蕛。　○卷七十八：「蕛稗」，上弟泥反，郭注爾雅：蕛似稗，布地而生，穢草也。或作稊，說文作苐，古今正字從草稊聲也。下牌賣反，杜注左傳：稗，草之似穀也。或作粺。古今正字云：禾別種也，從禾卑聲也。

○集韻：荑，說文艸也。一曰卉木初生葉皃。或作苐苐。

㊾【何其愈下邪】　敦煌本無「下」字。

㊿【在瓦甓。曰：何其愈甚邪？】　敦煌本無「甚」字。

○釋文：「瓦甓」，本又作甓，步歷反。

●説文：甓，瓴甓也，从瓦辟聲，詩曰：中唐有甓。

○集韻：甓，匹歷切，甓礰，石聲。

○釋文：「屎」，尸旨反，舊詩旨反，本或作矢。「溺」。參見人間世校勘記㊳。

51 【在屎溺】

○人間世：以筐盛矢，以蜃盛溺。　釋文：「盛矢」，矢或作屎，同。

52 【汝唯莫必，无乎逃物】　敦煌本同。

○闕誤：「汝唯莫必謂无乎逃物」，張、成本同，舊闕。

○郭象注：若必謂無之逃物，則道不周矣。道而不周，則未足以爲道。　成玄英疏：無者，無爲道也。夫大道曠蕩，無不制圍。汝唯莫言至道逃棄於物也。必其逃物，何爲周徧乎？

53 【其指一也】　敦煌本「指」作「旨」。

○成玄英疏：其實理指歸，則同於一也。　□案：「同於」，當删「於」字。▲靜嘉堂本、室町舊鈔本經文同，疏文作：「其實理旨歸，則同一也。」

●説文：指，指，手指也。職雉切。旨，旨，美也。職雉切。恉，恉，意也。職雉切。　朱駿聲通訓定聲：恉，廣雅釋詁三：恉，志也。經傳皆以旨以指爲之。

54 【无所終窮乎】　敦煌本無「乎」字。

(55)【去而來，不知其所止】　靜嘉堂本「不知」作「而不知」。

(56)【彷徨乎馮閎】　敦煌本「彷徨」作「仿偟」。

○釋文：「彷」，音旁，本亦作傍。「徨」。「馮」。「閎」。▲「彷」，天理本爲墨釘，據北圖本、分章本補。

(57)【而物有際者，所謂物際者也】　敦煌本作「而物有際，所謂際者，物也」。

○郭象注：物有際，故每相與，不能冥然，眞所謂際者也。▲「眞所謂際者也」：敦煌本作：「不能冥所謂際也」。

(58)【際之不際者也，謂盈虛衰殺】　敦煌本無「者也」兩字；「殺」作「煞」，下同此。

○釋文：「衰殺」。

●干祿字書：煞殺，上俗下正。

(59)【彼爲盈虛非盈虛，彼爲衰殺非衰殺，彼爲本末非本末，彼爲積散非積散也】　敦煌本首句有「彼」字，下三句之首皆無「彼」字。

(60)〖妸荷甘與神農同學於老龍吉〗

○釋文：「妸」，於河反。「荷甘」，音河，本或作苛。

(61)【神農隱几闔戶晝瞑】　敦煌本「几」作「机」，下同；續古逸本「瞑」作「暝」。

○釋文：「隱机」，於靳反，下同。「闔戶」。「晝瞑」，音眠。▲「瞑」，天理本作「暝」，據北圖本、分章本改。

⑥② 【嘷然放杖而笑】　敦煌本「笑」作「咲」。

○釋文：「嘷然」，音剝，李云：放杖聲也。「投杖」，本亦作放杖。

●干祿字書：咲，通；笑，正。

○慧琳音義卷七十七：「刑笑」，霄曜反，毛詩傳云：笑，侮之也。顧野王云：爲所鄙吝而笑之也。古今正字：笑，喜也，從竹犬聲。譜文作咲，俗字也。

⑥③ 【僻陋慢訑】　續古逸本「陋」作「陋」。

○釋文：「僻陋」，匹亦反。「慢」。「訑」。

●明郭一經字學三正：陋，俗作陋。

○說文：陋，陋，阨陜也。盧候切。

⑥④ 【故棄予而死】　敦煌本作「故弃予」，英藏敦煌本作「故棄予而死也」。

⑥⑤ ■【已矣夫！子无所發予之狂言而死矣夫】　眾本「子之」作「予之」，據下文之義改。敦煌本、英藏敦煌本「子无」作「予无」。敦煌本「死矣夫」無「夫」字。

◎釋文：「已矣夫」，音符。

○郭象注：自肩吾已下皆以至言爲狂，而不信也，故非老龍、連叔之徒，莫足與言也。

□案：下句弇堈弔謂：「而猶知藏其狂言而死」，顯指老龍吉，則此句之「无所發狂言」者必爲老龍吉，而非神農，故「予」當作「子」。

(66) 【天下之君子所繫焉】 敦煌本無「所」字。

○釋文：「繫焉」，謂爲物所歸投也。

(67) 【此吾所以知道之數也】 敦煌本無「以」字。

(68) 【以之言也問乎无始】 敦煌本無「也」字。

(69) 【孰是而孰非乎】 敦煌本無「而」字。

(70) ■【泰清卬而歎】 眾本「卬」作「中」，據釋文所校之崔本改。

○釋文：「中而歎」，崔本作卬。▲「卬」，天理本、北圖本作「印」，據分章本改。

○章句音義：「卬而歎」，崔本作卬，張君房本作仰。集韻卬仰同音，說文舉也，詩瞻仰昊天。舊本作中，恐寫誤。

○寓言：老子中道仰天而歎。　○庚桑楚：南榮趎俯而慚，仰而歎。

(71) 【弗知乃知乎】 敦煌本無「乎」字。

(72) 【无應應之】 敦煌本不重「應」字。

(73)【其孰能至此乎】　敦煌本無「乎」字。

(74)【而不失豪芒】　敦煌本「豪」作「鉤」。

○釋文：「大馬之捶鉤者，年八十矣，而不失豪芒」。

(75)【非鉤无察也】　敦煌本「无」作「不」。

(76)【失問而退】　敦煌本無「問」字。

(77)【明日復見，曰：昔者吾問】　敦煌本無「吾問」兩字。

(78)【夫子曰：可】　敦煌本無「可」字。

(79)【昔日吾昭然】　敦煌本「昔日吾」作「吾昔者」。

(80)【又爲不神者求邪】　敦煌本「邪」作「之」。

(81)■【未有子孫而有孫子，可乎】　底本、續古逸本、趙諫議本、靜嘉堂本、呂惠卿本、林希逸本「孫子」作「子孫」，據敦煌本及釋文改。參見上文校勘記㉕。敦煌本「可乎」作「可矣」。

○釋文：「未有子孫而有孫子」，傳世故有子孫，不得無子而有孫也。

○郭象注：言世世無極。　成玄英疏：言子孫相生，世世無極。……可乎，言不可也。

(82)■【已矣，末應矣】　底本、續古逸本、趙諫議本、靜嘉堂本、呂惠卿本、林希逸本「末」作「未」，據敦煌本改。

○成玄英疏：已，止也。末，無也。▲「末」，眾本作「未」，據經文及天下之疏文改。

○天下：末敗墨子道。成玄英疏：末，無也。

●說文：未，味也，六月，滋味也。五行，木老於未，象木重枝葉也。末，木上曰末。段玉裁注：六書故曰：末，木之窮也，因之爲末殺、末減、略末，又與蔑、莫、無，聲義皆通。記曰：末之卜也，語曰：吾末如之何，末由也已。

○公羊傳隱公六年：吾與鄭人末有成也。何休注：末，無也。

○禮記檀弓下：不忍一日末有所歸也。鄭玄注：末，無也。

⑧③【死生有待邪】 敦煌本「死生」作「生死」。

⑧④【皆有所一體】 敦煌本「一」作「壹」。

⑧⑤【有先天地生者，物邪】 敦煌本無「物」字。

⑧⑥【物出不得先物也】 敦煌本「不得」作「而不得」。

⑧⑦【猶其有物也】 敦煌本無「也」字。

⑧⑧【顏淵問乎仲尼】 敦煌本「乎」作「於」。

⑧⑨【一不化者也】 敦煌本無「者」字。

⑨⓪【君子之人，若儒墨者】 敦煌本無「人」字，「墨」作「默」。

○讓王：今世之人，居高官尊爵者。　高山寺本無「人」字。

⑪ 【聖人處物不傷物】　敦煌本「處物」作「處於物」。

⑫ 【爲能與人相將迎】　敦煌本「人」作「之」。

⑬ 【山林與，皋壤與，使我欣欣然而樂與】　敦煌本作「山林與，皋壤與，使我忻忻然而樂」，句末無「與」字。

○闕誤：「山林與，皋壤與，與我无親，使我欣欣然而樂與」，見江南古藏本，舊闕。

○郭象注：山林皋壤，未善於我，而我便樂之，此爲无故而樂也。

⑭ 【世人直爲物逆旅耳】　句解本同，林希逸本「爲」作「謂」。

⑮ 【知能能而不能所不能】　敦煌本無「知」字。

○郭象注：所不能者，不能強能也。由此觀之，知與不知，能與不能，制不由我也，當付之自然耳。

成玄英疏：分之所能能，則能之；性之不能，不可能也。

○外物：知能七十二鑽而无遺筴，不能避刳腸之患。

⑯ 【夫務免乎人之所不免者】　敦煌本無「不」字。

南華眞經卷第八

莊子雜篇　庚桑楚第二十三

①【莊子雜篇庚桑楚第二十三】　高山寺本無「楚」字，「二十」作「廿」。

○釋文：「莊子雜篇庚桑第二十三」，本或作庚桑楚。

②〔老聃之役，有庚桑楚者〕

○釋文：「庚桑楚」，太史公書作亢桑。

③【偏得老聃之道】　高山寺本「偏」作「徧」，塗改作「偏」。

○釋文：「偏得」，向音篇。

○成玄英疏：門人之中，庚桑楚最勝，故稱偏得也。

④〔以北居畏壘之山〕

○釋文：「畏」，本或作𡶍，又作猥。「壘」，崔本作纍，同。

⑤【畫然知者去之】　高山寺本「知」作「智」。

○釋文：「知者」，音智。

⑥【挈然仁者遠之】　靜嘉堂本「挈」作「絜」。

○釋文：「挈然」，本又作契，同，苦計反，向云知也；又苦結反，廣雅云提也。「遠之」。

●說文：挈，縣持也。苦結切。契，大約也。苦計切。段玉裁注：縣者，系也，胡涓切。下文云：提，挈也。則提與挈皆謂縣而持之也。今俗語云挈帶。古叚借爲契。按：今人但於買賣曰文契。又叚爲挈字，如死生契闊，傳曰：契闊，勤苦也，又契契寤嘆，傳曰：契契，憂苦也，皆取提挈勤苦之意也。

⑦〔擁腫之與居〕

○釋文：「擁」，於勇反。「腫」，章勇反，本亦作踵。

○逍遥遊：其大本擁腫。釋文：「擁腫」，章勇反。李云：擁腫，猶盤瘿。

●說文：腫，癰也。从肉，重聲。之隴切。癰，腫也。从疒，雝聲。於容切。段玉裁注：瘍醫注曰：腫，瘍癰而上生創者。按：凡膨脹粗大者謂之雍腫。生民毛傳：種，雍腫也。莊子說木盤瘿曰雍腫。雍俗作擁。按：腫之本義謂癰，引伸之爲凡墳起之名。釋名曰：癰，壅也。氣壅否結裹而潰也。

⑧【畏壘大壤】　靜嘉堂本「壤」作「穰」。

○釋文：「大壤」，而掌反；本亦作穰，崔本同，又如羊反，廣雅云：豐也。

●玉篇：壤，如掌切，地之緩肥曰壤。穰，如羊切，黍穰也，豐也，眾多也；又如掌切。

⑨【子胡不相與尸而祝之】　高山寺本無「子」字，旁補「子」字。

⑩ ■【正得秋而萬實成】　底本、續古逸本、趙諫議本、靜嘉堂本、呂惠卿本、林希逸本「實」作「寶」，據高山寺本及釋文所校之元嘉本改。

○釋文：「正得秋而萬寶成」，天地以萬物爲寶，至秋而成也。元嘉本作萬實。

○郭象注：夫春秋生成，皆得自然之道，故不爲也。　成玄英疏：夫春生秋實，陰陽之恆；夏長冬藏，物之常事。故春秋豈有心施萬實，而天然之道已自行焉，故忘其生有之德也。實亦有作寶字者，言一儀以萬物爲寶，故逢秋而成就也。▲道藏本、靜嘉堂本「萬實」作「於萬寶」，「實亦有作寶字者」作「有亦有作育字者」，據室町舊鈔本改。室町舊鈔本經文作「萬實」。

●說文：[illegible]庚，位西方，象秋時萬物庚庚有實也。

○隋書世祖紀：麥之爲用，要切斯甚，今九秋在卽，萬實可收，其班宣遠近，竝令播種。

⑪【天道已行矣】　高山寺本同。

○釋文：「大道已行矣」，本或作天道。

○成玄英疏：而天然之道已自行焉。

⑫【百姓猖狂】　高山寺本「姅」作「性」。

⑬【畏壘之細民】　高山寺本無「民」字。

⑭【俎豆予于賢人之間】　高山寺本無「予」字。

⑮〖我其杓之人邪〗

○釋文：「杓」，郭音的。向云：馬氏作䵵，音的。

⑯〖巨魚无所還其體〗

○釋文：「所還」，音旋，回也，崔本作逮。

⑰〖步仞之丘陵〗

○釋文：「步仞之丘陵」，六尺爲步，七尺爲仞，廣一步，高一仞也。

⑱【小子來】　高山寺本「來」作「乎」。

⑲【介而離山】　高山寺本「介」作「分」，塗改作「介」。

○釋文：「介而」，音戒，廣雅云：獨也；一本作分，謂分張也，元嘉本同。「離山」。

○漁父：其分於道也。　釋文：「其分」，如字，本又作介，音界，司馬云：離也。

⑳【則不免于罔罟之患】　高山寺本「于」作「乎」。

㉑〖吞舟之魚，碭而失水〗

○釋文：「碭而失水」，徒浪反，崔本作：去水陸居也。

㉒〖則蟻能苦之〗

㉓ ○釋文：「則蟻」。「苦之」，向云：馬氏作最，又作窮。

【不厭深眇而已矣】 高山寺本「深眇」作「眇深」。

○釋文：「深眇」，彌小反。

㉔ ■【又何足以稱揚哉】 底本、續古逸本「揚」作「楊」，據趙諫議本、靜嘉堂本、林希逸本、呂惠卿本、高山寺本改。高山寺本「稱揚」作「揚稱」，無「以」字。

●說文：楊楊，蒲栁(柳)也。稱稱，銓也。偁偁，揚也。段玉裁注：古假楊爲揚，故詩楊之水，毛曰：楊，激揚也。廣雅曰：楊，揚也。銓者，衡也。聲類曰：銓，所以稱物也。稱俗作秤。揚者，飛舉也。釋言曰：偁，舉也。凡古偁舉偁謂字皆如此作。自稱行而偁廢矣。

㉕ 【是其於辯也】 高山寺本「辯」作「辨」。林希逸本、句解本「其於」作「於其」。

○庚桑楚：辯者辯其所不能辯也。高山寺本前兩「辯」字作「辨」。

○天下：大道能包之而不能辯之。高山寺本「辯」作「辨」。

○秋水：不辯牛馬。 釋文：「不辯牛馬」，辯，別也。

●五經文字：辯辨，並皮勉反，上理也，下別也。經典或通用之。

○說文：辯辯，治也。辨辦(辨)，判也。 段玉裁注：治者，理也。俗多與辨不別。辨者，判也。古辨判別，三字義同也。辨從刀，俗作辨，爲辨別字，符蹇切；別作從力之辦，爲幹辦字，蒲莧切。

㉖【將妄鑿垣牆而殖蓬蒿】 高山寺本「垣牆」作「牆垣」，「殖」作「列」。

㉗【簡髮而櫛】

○釋文：「而扻」，莊筆反，又作櫛，亦作椰，皆同，郭音節，徐側冀反。▲「櫛」，天理本作「擳」，據北圖本改。

○天下：沐甚雨，櫛疾風。釋文：「櫛」，側筆反。

●玉篇：櫛，側瑟切，梳枇之總名。椰，同上。扻，苦敢切，打扻也。

○說文：㮸櫛，梳、比之總名也。从木，節聲。阻瑟切。段玉裁注：比，讀若毗。疏者爲梳，密者爲比。釋名曰：梳，言其齒疏也。數言比，比於梳，其齒差數也。比，言細相比也。按：比之尤細者曰篦。按考工記椰字，櫛之古文也。

㉘【竊竊乎】

○釋文：「竊竊」，如字；崔本作察察。

㉙【又何足以濟世】 高山寺本「以」作「與」。

㉚【子有殺父】 高山寺本「殺」作「弒」，下同。

○釋文：「有殺」，音試，本又作弑，下同。

㉛【必生于堯、舜之間】 高山寺本「于」作「乎」，「間」作「聞」。

㉜【人與人相食者也】 高山寺本「也」作「矣」。

㉝〖南榮趎蹵然正坐曰〗

○釋文：「南榮趎」，漢書古今人表作南榮疇，或作儔，又作壽；淮南作南榮幬，亦作疇。

㉞【將惡乎託業以及此言邪】 高山寺本無「乎」字。

㉟【而盲者不能自見】 高山寺本句末有「也」字。

㊱【而聾者不能自聞；心之與形，吾不知其異也】 高山寺本無此十七字。

㊲【物或間之邪】 高山寺本「間」作「聞」。

○釋文：「或閒」，閒厕之閒。

㊳【勿使汝思慮營營】 高山寺本「勿」作「毋」，「營」作「榮」。

㊴【勉聞道達耳矣】 高山寺本「勉」作「晚」。

○章句音義：「勉聞道」，一本作晚。「達耳矣」，一本作未達耳。

○釋文：「勉聞道」，崔、向云：勉，強也；本或作踠。「達耳矣」，崔、向云：僅達於耳，未徹入於心。 □案：字書無「踠」字。

㊵【庚桑子曰：辭盡矣，曰奔蜂不能化藿蠋】 高山寺本作「庚桑子辭盡，曰奔蜂不能化霍蠋」。

○闕誤：「辭盡矣□奔蜂不能化藿蠋」，江南李氏、張本同，舊作：曰奔蜂不能化藿蠋。

○釋文：「奔蜂」。「藿蠋」，音蜀，司馬云：豆藿中大青蟲也。

41 【越雞不能伏鵠卵，魯雞固能矣。雞之與雞】　高山寺本作「越𪇆不能化鵠卵，魯鷄曰(因)能矣。雞𪇆之與雞」。▲狩野直喜讀「𪇆」爲「雛」。

○釋文：「越雞」。「能伏」。「鵠」，本亦作鶴，同。「卵」，力管反。「魯雞」。▲「亦」，天理本作「一」，據北圖本、分章本改。

42 【子胡不南見老子】　趙諫議本無前一「子」字。

43 【子何與人偕來之衆也】　高山寺本「偕」作「階」。

44 ■【南榮趎懼然顧其後】　底本、高山寺本、續古逸本、趙諫議本、靜嘉堂本、林希逸本、呂惠卿本「懼」作「懼」，據釋文所校之某本改。參見天運校勘記⑰。

○釋文：「懼然」，向紀具反，本又作懼，音同；又況縛反。

45 【因失吾問】　高山寺本「問」作「聞」。

○釋文：「因失吾問」，元嘉本問作聞。

46 〖人謂我朱愚〗

○章句音義：「朱愚」，江南古藏本作株愚。

●爾雅釋宮：柣，謂之閾。

○玉篇：柣，馳栗切，門限也，又音佚。

⑰【知乎，反愁我軀】 高山寺本無「反」字。

⑱【不仁則害人】 續古逸本「害」作「吾」。

⑲【義則反愁我己】 高山寺本無「己」字。

⑳【此三言者】 高山寺本「者」作「也」。

㉑〖向吾見若眉睫之間〗

○釋文：「向吾」，息浪反，本又作嚮，同。「眉睫」。▲天理本無「本又作」三字，據北圖本、分章本補。

㉒【若規規然若喪父母】 高山寺本作「若規規也若喪父母也」。

㉓【惘惘乎】 高山寺本「惘」作「罔」。

㉔【十日自愁】 高山寺本同。

○闕誤：「十日息愁」，江南李氏、文、劉、張同，舊作自。

○章句音義：「息愁」，舊作自愁，劉得一作息愁，文如海作愁息。

㉕【汝自洒濯孰哉】 靜嘉堂本「孰」作「熟」。參見天運校勘記㊻。

⑯【然而其中津津乎猶有惡也】　靜嘉堂本無「其」字，高山寺本無「乎」字。

○釋文：「津津」，如字，崔本作律律，云：惡貌。「猶有惡也」。

⑰【夫外韄者】　高山寺本「韄」作「獲」。

○釋文：「外獲」，向音霍，崔云：恢廓也；本亦作韄，音獲，李云：縛也，三蒼云：佩刀靶韋也。

●說文：韄，佩刀絲也。乙白切。獲，獵所獲也。胡伯切。段玉裁注：莊子外韄内韄，引伸之義也，李云：縛也。

⑱〖不可繁而捉〗

○釋文：「而捉」，徐側角反，崔作促，云：迫促也。

⑲【然其病病者，猶未病也】　高山寺本無「然其病」三字。

⑳【若趎之聞大道】　高山寺本句末有「也」字。

㉑【譬猶飲藥以加病也】　高山寺本「也」作「者也」。

○釋文：「加病」，元嘉本作知病，崔本作駕，云：加也。

㉒【衛生之經】　高山寺本句末有「乎」字。

㉓〖能翛然乎〗

○釋文：「翛」，音蕭，崔本作隨，云：順也。

64 【能侗然乎】

○釋文：「侗」，本又作洞。▲「侗」，北圖本作「侗」。

●說文：侗，大皃。他紅切。洞，疾流也。徒弄切。 段玉裁注：論語：侗而不愿，孔注曰：侗，未成器之人。按：此大義之引伸，猶言渾沌未鑿也。洞，引伸爲洞達，爲洞壑。

65 ■【終日號而不嗄】 底本、續古逸本、趙諫議本、靜嘉堂本、林希逸本、呂惠卿本作「終日嗥而嗌不嗄」，高山寺本作「終日號而嗌不嗄」，據老子帛書甲乙本改。

○釋文：「嗥」，戶羔反，本又作號。「而嗌」，音益，崔云：喉也；司馬云：咽也；李音厄，謂噎也；一本作而不嗌。案：如李音，有不字。「不嗄」，於邁反，本又作嚘；徐音憂；司馬云：楚人謂啼極無聲爲嗄；崔本作喝，云：啞也。▲「嗥」，天理本爲墨釘，據北圖本、分章本補。

○馬王堆漢墓帛書老子甲乙本：終日號而不嚘。 釋文：「終日號」，戶毛反。「不嗄」，一邁反，氣逆也；又於介反。而聲不嗄，當作噫。

○漢揚雄太玄經卷二夷：次二，柔，嬰兒于號，三日不嚘。

●說文：嗥，咆也。乎刀切。號，嘑也。乎刀切。嗌，咽也。伊昔切。嚘，語未定皃。於求切。 段玉裁注：嘑，各本作呼，今正。號嘑者，如今云高叫也。

○玉篇：嗄，所訝切，聲破。 嚘，於求切，老子曰：終日號而不嚘，嚘，氣逆也。

○慧琳音義卷第九十四：「聲嗄」，上正聲字，下所詐反。考聲云：嗄，聲破也。字書並不載。廣蒼從欠作[illegible]，音訓並同也。　○卷八十六：「導嚘聾」，中臆休反。蒼頡篇：嚘，呃也。老子云：終日號而不嚘。顧野王云：嚘謂氣逆也。説文從口憂聲。

○隸辨：樊敏碑「京師擾穰」，周公禮殿記「會直擾亂」，擾皆作擾，省憂作夏。

○干祿字書：夏夏，上俗下正。

⑥⑥【終日視而目不瞚】

○釋文：「不瞚」，字又作瞬，同；本或作瞑。

●玉篇：瞚，式閏切，目動也。莊子曰：終日視而不瞚。瞬，同上。

○説文：瞚，開闔目數搖也。舒閏切。瞑，翕目也。武延切。段玉裁注：呂覽曰：夫死，其視萬歲猶一瞚也，莊子：兒子終日視而目不瞚，此皆瞚字本義。釋詁、毛傳皆曰：翕，合也。

⑥⑦【偏不在外也】　趙諫議本「偏」作「徧」。

○釋文：「偏不」，徐音篇。

⑥⑧【是衛生之經已】　高山寺本「已」作「也已」。

⑥⑨【至人之德已乎】　高山寺本「乎」作「于」。

⑰【冰解凍釋者】　高山寺本句末有「也」字。

⑪【是謂衛生之經已】　高山寺本作「是實衛生之經也已」。

⑫【然則是至乎】　高山寺本「乎」作「干」。

⑬【若是者】　高山寺本無「若」字。

⑭【惡有人災也】　高山寺本無「也」字。

⑮【人見其人】　高山寺本同。

○闕誤：「人見其人，物見其物」，見張本，舊闕。

○郭象注：天光自發，則人見其人，物見其物。物各自見而不見彼，所以泰然而定也。

⑯【辯者，辯其所不能辯也】　高山寺本前兩「辯」字作「辨」。

⑰【天鈞敗之】　高山寺本「敗」作「則」，注文作「敗」。天鈞，參閱齊物論校勘記㉟。

○釋文：「敗之」，補邁反，或作則，元嘉本作則。

○郭象注：意雖欲爲，爲者必敗，理終不能。　成玄英疏：若有心分外，即不以分內爲是者，斯敗自然之性者也。

⑱【藏不虞以生心】　高山寺本「藏」作「臧」。

⑲【靈臺者，有持而不知其所持】　高山寺本「有持」作「持也」。

○郭象注：有持者，謂不動於物耳，其實非持。

⑧⓪【業入而不舍】　高山寺本句末有「也」字。

⑧①【每更爲失】　高山寺本同。

○闕誤：「每妄更爲失」，見劉得一本，舊闕。

○章句音義：「每妄更爲失」，妄，見劉得一本，舊闕。

○郭象注：發由己誠，乃爲得也。　成玄英疏：每妄發心，緣逐前境。

○上文：不見其誠己而發。　郭象注：此妄發作。

⑧②【爲不善乎幽閒之中者】　高山寺本「閒」作「冥」，底本、續古逸本、趙諫議本、靜嘉堂本、林希逸本、呂惠卿本作「間」。參見齊物論校勘記⑪。

○釋文：「幽閒」，音閑。

●漢書卷八十五谷永傳：臣妾之家，幽閒之處。　顔師古注：閒讀曰閑。

⑧③【券內者】

○釋文：「券內」，字又作卷，徐音勸。

⑧④【人見其跂，猶之魁然】高山寺本「跂」作「企」，句末有「也」字。參見馬蹄校勘記⑳。

○釋文：「人見其跂猶之魁」。「然」，謂衆人已見其跂求分外，而猶自安。

⑧⑤【不能容人者无親】　高山寺本無「人」字。

⑧⑥【兵莫憯于志】　高山寺本「憯于」作「潛乎」。

○釋文：「莫憯」，七坎反，廣雅云：痛也，元嘉本作潛。

○郭象注：夫志之所攖，燋火凝冰，故其爲兵，甚於劍戟也。

●說文：憯，痛也。潛，涉水也，一曰藏也。

⑧⑦【鏌鎁爲下】　眾本「鎁」作「鋣」。

○釋文：「鏌」，音莫。「鋣」，也嗟反。鏌鋣，良劒名。

○大宗師：我且必爲鏌鎁。　眾本「鎁」作「鋣」。　釋文：「鏌」，音莫。「鋣」，以嗟反。鏌鋣，劒名。

●說文：釾，鏌釾也。以遮切。　段玉裁注：漢郭究碑作鎁。

○玉篇：釾，以蛇切，鏌釾。鋣，同上。耶，羊遮切，俗邪字。

○漢趙曄撰吳越春秋卷二闔閭内傳：吳王闔閭請干將鑄作名劒二枚。……一曰干將，二曰莫邪。莫邪，干將之妻也。

□案：莫邪又作莫耶，劒名改作鏌鎁或鏌鋣。

⑧⑧【道通其分也】　高山寺本「其分也」作「其分也成也」。

○郭象注：成毀無常分，而道皆通。

⑧⑨ ○齊物論：道通爲一。其分也，成也；其成也，毁也。

【所以惡乎備者】　高山寺本無「惡」字。

⑨⑩ 〔有長而无本剽者〕

○釋文：「本剽」，本亦作標，同，甫小反，崔云：末也。

●說文：標，木杪末也。敷沼切。剽，砭刺也，一曰：剽，劫人也。匹妙切。段玉裁注：杪末，謂末之細者也。古謂木末曰本標，亦作本剽，如莊子云「有長而無本剽」者是也。砭刺必用其器之末，因之凡末謂之剽，莊子謂本末爲本剽。

⑨① 【入出而无見其形】　高山寺本同。

○闕誤：「出入而不見其形」，見張本，舊作入出。

○郭象注：死生出入。　成玄英疏：出入，由生死也，謂其出入生死，故有出入之名。

⑨② 【將以生爲喪也，以死爲反也】　高山寺本無「將」字，「反」作「返」。

⑨③ 【孰知有无死生之一守者】　高山寺本同。

○闕誤：「孰知有無死生之一宗者」，見文本，舊作守。

○成玄英疏：誰能知有無生死之不二而以此脩守者，莊生狎而友，明斯人猶難得也。

⑨④ 【吾與之爲友】　高山寺本無「爲友」兩字。

○大宗師：孰能以无爲首，以生爲脊，以死爲尻？孰知死生存亡之一體者，吾與之友矣！

⑮【昭、景也，著戴也；甲氏也，著封也：非一也】 趙諫議本「甲氏也」作「甲氏者」。

○釋文：「昭、景也，著」。「戴」，本亦作載。「也甲氏也，著」。「封也，非一也」。

⑯【有生，黬也】 高山寺本無「也」字。

○釋文：「有生黬」。

⑰【臘者之有膍胲】 高山寺本作「臈者之有腒胲」。

○釋文：「臘者之有膍」，音毗，司馬云：牛百葉也；本或作肶，音毗，猶也。「胲」。▲「肶音毗」，宋本作「昆音昆」，據四庫本改。

⑱【可散而不可散也】 高山寺本作「散而不可散者也」。

⑲【又適其偃焉】 高山寺本作「又適其偃者也」。

○闕誤：「又適其偃溲焉」，江南李氏、張本同，舊闕。

○章句音義：「溲」，見江南李氏本，舊闕。

○郭象注：偃，謂屏廁。寢廟則以饗燕，屏廁則以偃溲。

○釋文：「其偃」，於晚反，司馬、郭皆云：屏廁也。「屏廁」。「溲」，所留反。

⑳【移是，今之人也】 高山寺本同。

○闕誤：「移是非，今之人也」，江南李氏、張本同，舊闕。

○章句音義：「移是非，今之人也」，非，見江南古藏本，舊闕。

○郭象注：玄古之人，無是無非，何移之有？　成玄英疏：夫固執名實，移滯是非，澆季浮僞，今之世之人也，豈上古淳和質樸之士乎？

(101)【是蜩與鷽鳩同於同也】　高山寺本作「是蜩與學鳩同於同者也」。吕惠卿本、林希逸本「鷽」作「鷽」。參見逍遥遊校勘記⑩。

○釋文：「學鳩」，本或作鷽，音同。

(102)【至禮有不人】　高山寺本無「至」字。

○郭象注：不人者，視人若己，視人若己則不相辭謝，斯乃禮之至也。

(103)〖徹志之勃〗

○釋文：「之勃」，本又作悖，同，必妹反。

○成玄英疏：勃，亂也。

○盗跖：今吾告子以人之情：目欲視色，耳欲聽聲，口欲察味，志氣欲盈。

●說文：誖，亂也。蒲没切。悖，誖或从心。勃，排也。蒲没切。　徐鍇繫傳：勃然興起，有所排擠也。

○後漢書卷二十八馮衍傳：至湯、武而勃興。李賢注：勃，盛貌也。左傳曰：其興也勃焉。西晉杜預注：勃，盛也。

○楚辭九章惜往日：信讒諛之溷濁兮，盛氣志而過之。

104【解心之謬】英藏敦煌本同。高山寺本「謬」作「繆」，下同。

○釋文：「之謬」，如字，一本作繆，亡侯反，亦音謬。

○成玄英疏：繆，繫縛也。六者綢繆繫縛心靈者也。本亦有作謬字者，解心之謬妄也。

●說文：謬，謬，狂者之妄言也。繆，繆，枲之十絜也。一曰綢繆也。段玉裁注：古差繆字多用從糸之字，與此謬義别。枲卽麻也，十絜猶十束也。〔繆〕亦叚爲謬誤字。

○玉篇：謬，靡幼切，誤也，亂也，詐也。繆，眉鳩切，綢繆也；又眉救切，亦謬字。

○原本玉篇：繆，莫侯反，淮南：訟繆胷中，許叔重曰：訟，容也。繆，静也。說文：枲之十絜也，一曰綢繆也。廣雅：綢繆，綿連也。

○慧琳音義卷三十八：「謬誤」，上眉救反，顧野王云：謬猶僻也；方言：詐也，考聲云：妄也，誤也。

105【六者勃志也】高山寺本「也」作「者也」，下三句皆作「者也」。

106【此四六者不盪胷中則正】

○釋文：「不盪」，本亦作蕩。

●說文：盪，盪，滌器也。徒朗切。蕩，蕩水出河内蕩陰東入黄澤。徒朗切。段玉裁注：水部曰：滌，洒也；洒，滌也。此字从皿，故訓滌器。凡貯水於器中，搖蕩之去滓，或以磢垢，瓦石和水吮潭之，皆曰盪。盪者，滌之甚者也。易曰：八卦相盪，左傳：震盪播越，皆引伸之義。郊特牲曰：滌蕩其聲，注：滌蕩，猶搖動也。蕩者，盪之假借也。

⑰【生者德之光也】

⑱○釋文：「德之光」，一本光字作先。

【知者接也知者】高山寺本第一箇「知」字作「智」，下皆作「知」。

⑲【知者之所不知】高山寺本無「所」字。

⑳【唯蟲能蟲，唯蟲能天】高山寺本「唯」作「雖」。

○釋文：「唯蟲」，一本唯作雖，下句亦爾。

⑪【一雀適羿，羿必得之，威也】

○釋文：「威也」，崔本作或也。

⑫【湯以庖人籠伊尹】高山寺本「庖」作「胞」。參見養生主校勘記②。

○釋文：「湯以胞」，本又作庖，白交反。「人籠伊尹」，伊尹好廚，故湯用爲庖人也。

⑬【籠之而可得者，无有也】 高山寺本作「籠之也 而可者無有」。

⑭【介者拸畫】 高山寺本作「不者移畫」。「介」參見德充符校勘記①。

○郭象注：畫，所以飾容貌也。刖者之貌既以虧殘，則不復以好醜在懷，故拸而棄之。 成玄英疏：介，刖也。拸，去也。

○釋文：「介」，音界，郭云：刖也；又古黠反，廣雅云：獨也；崔本作兀。「拸畫」，敕紙反，又音他，又與紙反，本亦作移。司馬云：畫，飾容之具，無足，故不復愛之。一云：移，離也。崔云：移畫，不拘法度也。

●說文：移，禾相倚移也，一曰禾名，弋支切。迻，遷徙也，弋支切。誃，離別也，尺氏切。

○廣雅：拸，加也。移，避也。移，遺也。

⑮【夫復謵不餽而忘人】 高山寺本「謵」作「謂」。

○釋文：「夫復」。「謵」，音習。「不餽」，其愧反，廣雅云：遺也；一音愧，元嘉本作愧。「而忘人」。

○徐无鬼：謵朋前馬。 釋文：「謵」，音習，元嘉本作謂，崔同。

⑯【欲神則順心】 高山寺本無「順」字。

⑰【有爲也欲當，則緣於不得已】 高山寺本無「於」字。

⑾【聖人之道】高山寺本作「聖人之所道」。

○成玄英疏：如斯之例，聖人所以用爲正道也。

莊子雜篇　徐无鬼第二十四

①〖徐无鬼因女商見魏武侯〗

○釋文：「徐無鬼」，司馬本作緡山人徐無鬼。▲「無」，北圖本、分章本作「无」。

②【君將盈嗜欲】　句解本同，林希逸本「嗜」作「耆」。

○釋文：「盈耆」，時志反。　參見齊物論校勘記㊽。

③【君將黜嗜欲】　句解本同，林希逸本「嗜」作「耆」。

○釋文：「黜」，敕律反，退也；本又作出，音同；司馬本作咄。

④〖下之質，執飽而止〗

○釋文：「下之質」，一本無質字。「執飽而止」，司馬以執字絕句。

⑤【中之質，若視日】

○釋文：「示日」，音示，司馬本作視。▲「音示」，抱經堂本作「音視」。

□案：「示日」，疑當作「眎日」。　玉篇：眎，亦古文視。

○應帝王：以予示之。　釋文：「示之」，本亦作視，崔云：視，示之也。

⑥〖天下馬，有成材〗

○釋文：「成材」，字亦作才。

●說文：杍材，木梃也。昨哉切。丰才，艸木之初也。昨哉切。段玉裁注：材，引伸之義，凡可用之具皆曰材。凡才材財裁纔字，以同音通用。

⑦【若卹若失】

○釋文：「若卹」，音恤。「若失」，音逸，司馬本作佚。參見德充符校勘記⑳。

⑧【先生獨何以說吾君乎】

○釋文：「以說」，如字，又始銳反，下皆同；司馬作悅。

⑨【從說之則以金板、六弢】林希逸本、句解本「板」作「版」。

○釋文：「從說」，子容反。「金版」，本亦作板，薄版反，又如字。「六弢」，吐刀反。司馬、崔云：金版、六弢，皆周書篇名；或曰：祕讖也；本又作六韜，謂太公六韜，文武虎豹龍犬也。

●干祿字書：版板，上通下正。

⑩【夫逃虛空者】

○釋文：「夫逃」，司馬本作巡也。「虛空者」，司馬云：故壞冢處爲空虛也。▲「壞」，天理本作「懷」，據北圖本、分章本改。

⑪【藜藋柱乎鼪鼬之逕】句解本同，林希逸本「柱」作「拄」。

○闕誤：「藜藋柱宇鼪鼬之逕」，文、張同，舊作乎。

○章句音義：「宇」，見張君房本，舊作乎。

○釋文：「藜」。「藋」，徒弔反，本或作藿(藋)，同。「柱」。「乎鼪」。「鼬」。「之逕」，本亦作徑，本又作跡，元嘉本作迭。

●經典文字辨證書：徑，正；逕，通。

○說文：徑，步道也。从彳，巠聲。居正切。段玉裁注：周禮：夫間有遂，遂上有徑，鄭曰：徑容牛馬，畛容大車，涂容乘車一軌，道容二軌，路容三軌。此云步道，謂人及牛馬可步行而不容車也。

⑫【踉位其空】

○釋文：「良位其空」，司馬云：良，良人，謂巡虛者也；位其空，謂處虛空之間也。良或作踉，音同。

●篆隸萬象名義：踉，呂唐反，欲行也。良，力章反，善也，賢也，長也。位，胡愧反，處也，正也，莅也，列也。

○說文：良，善也。呂張切。位，列中庭之左右謂之位。于備切。

⑬【有況乎昆弟親戚】續古逸本、呂惠卿本、林希逸本同，靜嘉堂本、趙諫議本「有」作「又」。

參見至樂校勘記⑥。

⑭【食芧栗】

○釋文：「食芧」，音序，本亦作芧栗。參見盜跖校勘記⑭。

⑮〖厭蔥韭，以賓寡人〗

○釋文：「以賓」，必刃反，本或作擯，司馬云：擯，棄也。又必人反，李云：賓，客也。▲又必人反：天理本無「必」字，據北圖本、分章本補。

●說文：賓，所敬也。必鄰切。儐，導也，从人，賓聲。必刃切。擯，儐或从手。

⑯【其欲干酒肉之味邪】　趙諫議本「干」作「于」。

○釋文：「欲干」，李云：干，求也。

⑰〖君亦必无盛鶴列於麗譙之間〗

○釋文：「鶴列」。「麗」。「譙」，本亦作嶕，在逍反。▲「逍」，天理本作「道」，據北圖本、分章本改。

⑱〖无藏逆於得〗

○釋文：「无藏」，一本作臧，司馬本同。「逆於得」，司馬本作德。

⑲〖黄帝將見大隗乎具茨之山〗

○釋文：「大槐」，五罪反，司馬、崔本作泰槐。「具茨」，一本作次，司馬本作疢。

⑳【謵朋前馬】

○釋文：「謵」，音習，元嘉本作謂，崔同。「㕞」，舒氏反，崔本作庨，本亦作朋。「七聖」，謵朋，五。▲「謵朋」，天理本作「謂朋」，據北圖本、分章本改。

○庚桑楚：夫復謵不餽而忘人。高山寺本「謵」作「謂」。 釋文：「謵」，音習。

㉑【若乘日之車】

○釋文：「乘日之車」，元嘉本車作居。

㉒【察士无淩誶之事則不樂】 趙諫議本、呂惠卿本、林希逸本「淩」作「凌」。

○闕誤：「察士無陵誶之辭則不樂」，文、成、張本同，舊作：淩誶之事。

○釋文：「察士」。「淩」，李云：謂相淩轢。「誶」，音信，廣雅云：問也。又音崇，又音峻。一本作訙。 「誶」，參見山木校勘記⑬。

○成玄英疏：機警之士，明察之人，若不容主客問訊，辭鋒淩轢，則不樂也。

●干祿字書：淩淩，上侵淩，下冰淩。

○五經文字：淩，水名，經典以爲侵陵字。

○說文：陵，大阜也。淩，水，在臨淮。凌，夊出也。段玉裁注：陵，引申之爲：乘也，上也，躐也，侵陵也，陵夷也。

【庶人有旦暮之業則勸】 ㉓續古逸本「旦」作「且」。

【郢人堊漫其鼻端】 ㉔

○釋文：「堊」。「慢」，本亦作漫，李云：猶塗也。

【聽而斲之，盡堊而鼻不傷】 ㉕

○闕誤：「聽而斲之，瞑目恣手，盡堊而鼻不傷」，見江南李氏本，舊四字是郭注。

【可不謂云至於大病】 ㉖

○闕誤：「可不諱云」，見江南李氏本，舊作謂。

●說文：䛐謂，報也。段玉裁注：蓋刑與罪相當謂之報，引伸之，凡論人論事得其實謂之報。謂者，論人論事得其實也。亦有借爲曰字者。

○禮記表記：心乎愛矣，瑕不謂矣。中心藏之，何日忘之。鄭玄注：謂，猶告也。

○漢書江都易王非傳：歸以吾言謂而王。顏師古注：謂，告也。

【上且鉤乎君】 ㉗

○釋文：「且鉤」，鉤，反也，亦作拘。

●說文：鉤鉤，曲也。𢪅拘，止也舉。朱切。

○清錢繹方言箋疏卷五：凡言鉤者，皆屈曲之意。

【上忘而下畔】

28 ○釋文：「上忘而下畔」，言在上不自高，在下無背者也。

【以賢臨人，未有得人者也。以賢下人】

29 ○章句音義：「以聖臨人」，「以賢下人」，江南本作：以聖臨人，以賢下人，舊本並作以賢。

【登乎狙之山】

30 句解本同，林希逸本「山」作「上」。

【委蛇攫搸，見巧乎王】

31 續古逸本、靜嘉堂本、林希逸本同，趙諫議本、呂惠卿本「搸」作「搸」，南華眞經副墨明萬曆刻本、明世德堂本、元刻纂圖互注本、王雱新傳作「抓」。

○釋文：「攫」，司馬本作擭。「搸」，本又作搔，素報反，徐本作搸，七活反，司馬本作條。「見」，賢遍反。「巧」，崔本作攻。▲「搸」，北圖本、分章本作「𢱧」。

●玄應音義卷四：「爪攫」，居縛反，說文：攫，扟也。蒼頡篇：攫，搏也。淮南子云：獸窮則攫，鳥窮則啄，是也。扟，音居逆反。　○卷二十五：「攫腹」，九縛、居碧二反，說文：攫，爪持也。通俗文：手把曰攫。蒼頡篇：攫，搏也。獸窮則攫，是也。

○集韻：𢱧，先到切，攫𢱧，搏也，或作搔。叉，說文手足甲也，或作蚤搔，通作爪。

○集韻：抓，莊交切，博雅搔也。抓，側絞切，廣雅搔也。抓，阻教切，搔也。

○廣雅釋詁：抓，引也。抓，搔也。

○篆隸萬象名義：抓，壯絞反，搔也。

□案：「搔」爲正字，「搔」「搔」「搔」爲異體，「抓」疑爲俗字。

32 【之狙也】

○釋文：「之狙也」，之，猶是也，本或作是。

33 【伐其巧，恃其便，以敖予】

○釋文：「以敖」，司馬本作悻，云：很也。

34 【以鋤其色】　句解本同，林希逸本「鋤」作「助」。

○釋文：「以助」，本亦作鋤。

35 ■【夫物之尤也】　底本、續古逸本、趙諫議本、靜嘉堂本、郭注黑水城本、林希逸本、呂惠卿本「夫」作「夫子」，據釋文删「子」字。

○釋文：「夫物之尤也」，音符，一本作夫子，則如字。

36 【吾嘗居山穴之口】

○釋文：「山穴之中」，司馬本同，一本作之口。

㊲【嗟乎哉，悲人之自喪者】　續古逸本、趙諫議本、靜嘉堂本、郭注黑水城本、林希逸本、呂惠卿本「哉」作「我」，屬下句。

㊳【孫叔敖甘寢秉羽，而郢人投兵】

○釋文：「甘寢秉羽」，司馬本作翣，云：讀曰翢；或作翿，雩舞者之所執；崔本作翼。「郢人投兵」。

㊴【道之所一者，德不能同也】

○釋文：「不能同」，一本作相同。

○郭象注：各自得耳，非相同也，而道一也。　成玄英疏：夫一道虛玄，曾無涯量，而德有上下，誰不能周備也。本有作同字者，言德有優劣，未能同道也。▲室町舊鈔本、萬治坊刻本經文「同」作「周」，萬治本成疏「誰」作「唯」。

㊵【循古而不摩】

○釋文：「循古而不摩」，一本作磨。

●說文：[篆文]摩，研也。莫婆切。[篆文]礳（磨），石磑也。模臥切。

○篆隸萬象名義：摩，莫羅反，近也，隱也，迫也，滅也，藏也，從也，壘也。礳，莫賀反，磑也。磨，同上。

㊶【召九方歅】　靜嘉堂本「歅」作「跮」。

○釋文：「九方跮」，音因，淮南子作九方臯。▲北圖本、分章本「跮」作「歅」。

●正字通：歅，伊卿切，音因。九方歅，善相馬，秦穆公時人，一名臯。孫愐作跮。

○玉篇：歅，一辛切，人名。方歅，能相馬者。

㊷■【子綦矍然喜曰】　眾本「矍」作「瞿」，據釋文所校之某本改。參見天運校勘記⑰。

○釋文：「瞿然」，紀具反，司馬云：喜貌；本亦作矍，吁縛反，字林云：大視貌，李云：驚視貌。

●說文：瞿瞿，鷹隼之視也。九遇切。矍矍，隹欲逸走也。一曰視遽皃。九縛切。

㊸【夫與國君同食】　續古逸本「夫」作「大」。

㊹【吾未嘗爲牧而牂生於奧】

○釋文：「未嘗」，本或作曾，才能反。「而牂」。「於奧」。

㊺【未嘗好田而鶉生於宎】

○釋文：「好田」。「於宎」，字又作窔，烏弔反，郭徒忽反，字則穴下犬。

●玉篇：宧，於弔於烏二切，爾雅曰：東南隅謂之宧，宧亦隱闇，本亦作窔。宎，同上。

㊻【遊於天地】

○說文：宧宧，戶樞聲也，室之東南隅。烏皎切。

○闕誤：「游於天地也」，見江南古藏本，舊闕。

○釋文：「遊於天地」，司馬本地作汩，云：亂也，崔本同。

㊼【不與之爲謀】 續古逸本「謀」作「惵」。

●方言：惵，憐也。

㊽【而使梱之於燕】 句解本同，林希逸本此處「梱」作「悃」。敦煌本無「之」字。

○釋文：「於燕」。

㊾【盜得之於道】 敦煌本無「於」字。

㊿【全而鬻之則難】 敦煌本同。

◎釋文：「全而鬻之」，音育，絕句；一本作鬻之難。

⑤①【不若刖之則易】 敦煌本無「不若」兩字。

⑤②【刖而鬻之於齊】 敦煌本無「於」字。

⑤③■【適當渠公之街】 底本、敦煌本、續古逸本、趙諫議本、靜嘉堂本、郭注黑水城本、林希逸本、呂惠卿本「術」作「街」，據釋文所校之一本改。

○釋文：「渠公」，或云：渠公，齊之富室，爲街正，買梱自代，終身食肉至死。一云：渠公，屠者，與梱君臣，同食肉也。「之街」，音佳；一本作術。

●說文：術，邑中道也。街，四通道也。

○廣雅釋詁：術，灋(法)也。

○禮記文王世子：公族之罪，雖親不以犯有司，正術也，所以體百姓也。鄭玄注：術，法也。

○禮記學記：鼓無當於五聲。鄭玄注：當，猶主也。

(54) ■【然身肉食者終】　底本、續古逸本、趙諫議本、靜嘉堂本、郭注黑水城本、林希逸本、呂惠卿本作「然身食肉而終」，據釋文所校之某本改。敦煌本作「然身食肉終」，英藏敦煌本作「終身食肉而終」。

○釋文：「然身食肉終」，本或作身肉食者，誤。

●左傳莊公十年：肉食者謀之，又何間焉？杜預注：肉食，在位者。

(55) 【愛利出乎仁義，捐仁義者寡】　敦煌本作「愛利出乎仁寡」。

(56) 〖且假夫禽貪者器〗

○釋文：「且假夫禽貪者器」，司馬云：禽之貪者殺害無極，仁義貪者傷害無窮。

(57) 【是以一人之斷制利天下】　敦煌本無「利」字。

○郭象注：則其斷制不止乎一人。　成玄英疏：斷制天下。

○下文：夫堯知賢人之利天下也，而不知其賊天下也。

(58)【夫唯外乎賢者知之矣】　敦煌本無「矣」字。

(59)【擇疏鬣，自以爲廣宮大囿】　敦煌本無「以」字。

○闕誤：「擇疏鬣長毛，自以爲廣宮大囿」，見張本，舊闕。

○成玄英疏：言蝨寄豬體上，擇疏長之毛鬣，將爲廣大宮室苑囿。

(60)〖奎蹄曲隈〗

○釋文：「奎」，苦圭反，本亦作本。「曲隈」。▲底本眉批：奎亦作圭。

(61)【自以爲安室利處】　敦煌本無「以」字。

○釋文：「暖室」，一本作安室。

○成玄英疏：用爲溫暖利便。

(62)【一旦鼓臂】　英藏敦煌本「旦」作「朝」，續古逸本作「且」。

(63)【此以域退】　敦煌本句末有「者也」兩字。

(64)【此其所謂濡需者也】　敦煌本和英藏敦煌本無「其」字。

(65)【至鄧之墟】　敦煌本作「至全鄧之墟」。

○釋文：「至鄧」，向云：邑名。「之虛」，音墟，本又作墟。

○成玄英疏：至鄧墟，地名也。　□案：古無「至鄧」之地名或邑名。

⑥⑥【而十有萬家】　敦煌本無「有」字。

⑥⑦【不比則不利也】　敦煌本無「也」字。

⑥⑧【无所甚疏】　敦煌本無此四字。眾本唯此「疏」字作「踈」，餘皆作「跳」。

●正字通：疏，俗省作踈。踈，疎字之譌。本从疋作疏，玉篇誤从足。

○說文：疏，通也，从㐬从疋。疋足。疋足。

⑥⑨【抱德煬和，以順天下】　敦煌本無「下」字。

○文子九守守虛、淮南子精神：抱德煬和，以順於天。　漢高誘注：煬，炙也。向火中炙和氣，以順天道也。

○孝經：先王有至德要道，以順天下，民用和睦，上下無怨。

□案：此處「下」字不當無，否則無以見眞人參贊天地化育之功，如藐姑射山之神人「使物不疵癘而年穀熟」，庚桑楚之居畏壘三年而「畏壘大壤」。

⑦⓪【古之眞人，以天待之】　敦煌本同。

○闕誤：「古之眞人，以天待人」，見張本，舊作之。

○郭象注：居無事以待事，事斯得。　成玄英疏：玄古眞人，用自然之道，虛其心以待物。

⑦①【桔梗也，雞壅也，豕零也】　句解本同，林希逸本「壅」作「廱」。敦煌本「桔」作「結」，「壅」

作「䆐」。

○釋文：「桔」，音結，本亦作結。「梗」古猛反，司馬云：桔梗，治心腹血瘀瘕痺。「雞廱」，徐於容反，本或作壅，音同；司馬云：即雞頭也，一名芡，與藕子合爲散，服之延年。「豕零」，司馬本作豕囊，云：一名豬苓，根似豬卵，可以治渴。案：四者皆藥草名。

⑫【句踐也】 靜嘉堂本「句」作「勾」。

○釋文：「句踐」，音鉤。

●干祿字書：勾句，上俗下正。

⑬【唯種也能知亡之所以存】 敦煌本無「知」字。

○釋文：「所以存」，本又作可以存。

○成玄英疏：但知國亡而可以存，不知愁身之必死也。

⑭【唯種也不知其身之所以愁】 敦煌本無「其」字。

⑮【鴟目有所適】 敦煌本句末有「也」字。

⑯【而河以爲未始其攖也】 敦煌本「攖」作「嬰」。

⑰【恃源而往者也】 敦煌本「源」作「原」。

○釋文：「恃」，本亦作持。「源而往者也」。

⑱【耳之於聽也殆】　敦煌本「聰」作「聽」。

⑲【禍之長也茲萃】　敦煌本「萃」作「華」。

○釋文：「茲萃」，所巾反，郭云：聚也；李云：多也；本又作萃。

○郭象注：萃，聚也。苟不能忘知，則禍之長也多端矣。

●玉篇：莘，所巾反，眾也，亦長也；又地名。萃，疾醉切，集也。

⑳【不知問是也】　敦煌本「也」作「者也」。

㉑【人之知也少】　敦煌本同。靜嘉堂本「之」作「之於」。

㉒【似不知之也】　敦煌本作「不知也」，無「似」「之」兩字。

㉓【闔不亦問是已】　趙諫議本「不亦」作「亦不」。

㉔【以不惑解惑】

○釋文：「或解」，佳買反。

●段玉裁曰：或惑，古今字。

㉕【是尚大不惑】　敦煌本句末有「也」字。

莊子雜篇　則陽第二十五

①【則陽遊於楚】　靜嘉堂本「遊」作「游」。

②■【夫子何不談我於王】　眾本「談」作「譚」，據釋文改。

○釋文：「譚」，音談，本亦作談，李云：說也。

●玉篇：譚，徒耽切，大也，著也，誕也。

○說文：𧫞談，語也。徒甘切。　徐鍇繫傳：談者，和懌而說言之，故公羊傳曰：以爲美談。

③【其孰能橈焉】　林希逸本、句解本「橈」作「撓」。

○釋文：「能橈」，乃孝反。

●說文：𣓦橈，曲木。女教切。　𢮈撓，擾也，一曰捄也。奴巧切。　段玉裁注：橈，引伸爲凡曲之偁。

○廣雅釋詁：橈，曲也。　撓，亂也。

④【使王公忘爵祿而化卑】

○釋文：「而化卑」，本或作：而化卑於人也。

⑤【而一閒其所施】

○釋文：「一閒」，音閑。

⑥【其於人心者】　林希逸本、句解本「於」作「於外」。

⑦〖以十仞之臺縣眾閒者也〗

○釋文：「臺縣」。「眾閒」，音閑，元嘉本作閑。

⑧【魏瑩與田侯牟約】

○釋文：「魏瑩」，郭本作瑩，音瑩磨之瑩，今本多作罃，乙耕反。「與田侯」，一本作田侯牟。

⑨【犀首聞而恥之】　趙諫議本「犀首」作「犀首公孫衍」。

○釋文：「犀首」，魏官名也；元嘉本作齒首。

⑩〖忌也出走〗

○釋文：「忌也出走」，元嘉本忌作亡。

⑪【然後抶其背】　趙諫議本「抶」作「拔」。

○釋文：「抶」，敕一反，三蒼云：擊也。郭云：抶，又豬栗反。▲「郭云抶」：天理本、北圖本「抶」作「秩」，據分章本改。

⑫【君曰：无辯】　靜嘉堂本無「辯」字。

⑬【夫吹管也】

○釋文：「筦」，音管，本亦作管。

○盜跖：耳營鍾鼓管籥之聲。　釋文：「筦」，音管，本亦作管。「籥」，音藥；一本筦籥作壎篪。

●說文：管，管，如篪，六孔，十二月之音，物開地牙，故謂之管。古滿切。筦，筦，竽也。古滿切。

○玉篇：管，古短切，樂器，如篪，六孔，亦作筦。

⑭【舍於蟻丘之漿】

○釋文：「蟻丘」。「之漿」，李云：賣漿家。司馬云：謂逆旅舍，以菰蔣草覆之也。

⑮【是稯稯】

○釋文：「稯稯」，音揔，字亦作揔，李云：聚貌；本又作稷，一本作稷，初力反。▲「一本作稷」：眾本悉同。□案：「稷」疑當作「畟」。

●說文：稯，稯，布之八十縷爲稯。子紅切。稷，稷，五穀之長。子力切。畟，畟，治稼畟畟進也。初力切。

○隸辨：按：碑亦譌稯爲稷。

⑯【是聖人僕也】

○釋文：「聖人僕」，司馬本僕作樸，謂聖人坏樸也。

⑰【而心不屑與之俱】

○釋文：「不屑」，屑，絜也，不絜世也；本或作肯。

⑱【終年厭飡】　參見逍遥遊校勘記⑫。

○釋文：「厭飡」，音孫，本又作飧。▲「孫」，天理本作「孤」，據北圖本、分章本改。

⑲【以眾爲故】

○釋文：「以眾爲」，司馬本作爲僞。

○郭象注：夫遁、離、滅、亡，以眾爲之所致也。　成玄英疏：皆以徇逐分外，多滯有爲故也。

⑳■【瘭疽、疥癰、內熱、溲膏是也】　底本、續古逸本、趙諫議本、靜嘉堂本、郭注黑水城本、林希逸本、呂惠卿本「瘭」作「漂」，據釋文所校之某本改。

○釋文：「漂」，本亦作瘭，徐敷妙反，又匹招反，一音必招反。「疽」，七餘反。瘭疽，謂病瘡膿出也。「疥」，音界。「溲」，本或作瘦，所求反。「膏」，司馬云：謂虛勞人尿上生肥白沫也。

●慧琳音義卷二：「癧疽」，上億恭反。莊子曰：瘭疽疥癰，司馬彪注云：浮熱爲瘭，不通爲癰。說文：腫也，從疒，雝聲。或作癰。下七余反，說文云：久癰爲疽，從疒，且聲。且音子余反。○卷六十四：「瘭疽」，上必遙反，廣蒼云：瘭，癰成也。考聲云：瘭疽，瘡名也。

○黃帝內經素問奇病論：有癃者一日數十溲。　唐王冰注：溲，小便也。

㉑【至齊，見辜人焉】

○釋文：「辠」，辠，罪也；元嘉本作幸人。▲盧文弨曰：「幸或是辠之誤。」

㉒ 〖推而強之〗

○釋文：「強之」，字亦作彊。

㉓ 〖匿爲物而愚不識，大爲難而罪不敢〗

○釋文：「匿」。「爲物而愚」，一本作遇。「不識」。「大爲難而罪不敢」。

㉔ 【太史大弢、伯常騫、狶韋】 續古逸本、趙諫議本同，靜嘉堂本、郭注黑水城本、呂惠卿本、林希逸本「騫」作「騫」。底本下文「狶」譌作「豨」，徑改。

○釋文：「大史」，音太。「大弢」。「伯常騫」，起虔反，人名。「狶」，本亦作俙，同。「韋」。

㉕ ■【伯常騫曰】 底本、續古逸本、趙諫議本、靜嘉堂本、郭注黑水城本、林希逸本、呂惠卿本「騫」作「騫」，據上文及釋文改。

㉖ 【同濫而浴】

○闕誤：「同檻而浴」，見張本，舊作濫。

○釋文：「同濫」，浴器也。

●正字通：爾雅：濫泉正出，郭注：正出，涌出也。詩譌作檻泉。

㉗ 【史鰌奉御而進所，搏幣而扶翼】

○釋文：「史䲡」，音秋。「所搏」，音博。「弊」，郭作幣，帛也；徐扶世反；司馬音蔽，云：引衣裳自蔽。「而扶翼」。

○郭象注：以䲡爲賢，而奉御之勞，故搏幣而扶翼之，使不得終禮，此所以爲肅賢也。幣者，奉御之物。

●清王念孫讀書雜志史記第六貨殖列傳幣：無息幣，索隱本幣作弊。念孫案：太史公自序：維幣之行，以通農桑，索隱本亦作弊，注曰：弊音幣帛之幣，是史記弊字通作幣也，今本皆改弊爲幣，并刪去其音矣。古字多以弊爲幣。

㉘【卜葬於故墓】

○釋文：「故墓」，一本作大墓。

㉙【不馮其子，靈公奪而埋之】　句解本同，林希逸本「埋」作「里」。

○釋文：「不馮」，音憑。「其子靈公」，郭讀絕句，司馬以其子字絕句。「奪而里」，而，汝也；里，居處也。一本作：奪而埋之。

㉚【少知問於太公調曰】　林希逸本、句解本「太」作「大」。

○釋文：「大公」，音太，下同。

㉛【是故丘山積卑而爲高】

○釋文：「積卑」，如字，又音婢。

㉜ ○章句音義：「積卑」，如字，一本作庳，音婢。

【江河合水而爲大】

○釋文：「合水」，一本作合流。

㉝ 【比于大澤，百材皆度】

○釋文：「比于大澤」，本亦作宅。「百材皆度」。

㉞ 【氣之大者也】

○闕誤：「氣之廣者也」，見劉得一本，舊作大。

○成玄英疏：天覆地載，陰陽生育，故形氣之中，最大者也。

㉟ 【隨序之相理】

○釋文：「隨序」，序或作原，一本作享。

㊱ 【孰正於其情，孰偏於其理】 續古逸本、趙諫議本、呂惠卿本同，靜嘉堂本、林希逸本「偏」作「徧」。

○釋文：「孰偏」，音遍，徐音篇。

○成玄英疏：各執一家，未爲通論。今少知問此，以定臧否，於素情妙理，誰正誰偏者也。

㊲

■【未生不可忌，已死不可徂】底本、續古逸本、趙諫議本、靜嘉堂本、郭注黑水城本、呂惠卿本、林希逸本「徂」作「阻」，據釋文改。

○釋文：「不可徂」，一本作阻。

○郭象注：突然自生，制不由我，我不能禁。忽然自死，吾不能違。成玄英疏：阻，礙也。字亦有作沮者，怨也。

●說文：𨑨退，往也。徂徂，退或从彳。

○爾雅釋詁：徂、逝，往也。徂、在，存也。

南華眞經卷第九

莊子雜篇　外物第二十六

①【伍員流于江】　高山寺本「于」作「乎」，下文作「死乎蜀」。

②【木與木相摩則然】　高山寺本「然」作「燃」。

●干祿字書：燃然，然燒字，上通下正。

○說文：𤊾然，燒也。

③【則天地大絯】　高山寺本無「則」字。

④【心若縣於天地之間】　敦煌本、高山寺本「縣」作「懸」。參見山木校勘記㉑。

○釋文：「若縣」，音玄。

⑤■【慰暋沈屯】　底本、續古逸本、趙諫議本、郭注黑水城本、敦煌本、呂惠卿本「暋」作「㬮」，據靜嘉堂本、高山寺本、林希逸本及釋文改。

○釋文：「慰暋」，武巾反，李音昏，又音泯。慰，鬱也。暋，悶也。「沈屯」。

●爾雅釋詁：黽、務、昏、暋，強也。　郭璞注：馳騖，事務，皆自勉強。書曰：不昏作勞，暋不畏死。

○玉篇：敃，眉隕切，勉也。暋，同上。

○五經文字：暋（暋），音敏，強也，見周書。愍（愍），傷也。緣廟諱偏傍，準式省[民]從氏。凡汦昏（泯昏）之類皆從氏。

○說文：敯敯（暋），冒也。从攴昏聲。周書曰：敯不畏死。𢽳敃，彊也。从攴，民聲。眉殞切。

▲段注本「敯」作「敯」。

⑥【儥然而道盡】　敦煌本、高山寺本「儥」作「儩」。

○釋文：「儥」，音頹，郭云：順也。

⑦■【故往貣粟於監河侯。監河侯曰：諾。我將得邑金，將貸子三百金】　底本、敦煌本、高山寺本、續古逸本、趙諫議本、呂惠卿本、靜嘉堂本、郭注黑水城本、林希逸本「貣」作「貸」，據釋文之音及章句音義改。高山寺本「邑」作「色」。

○釋文：「貣粟」，音特，或一音他得反。「監河侯」，說苑作魏文侯。「將貸」，他代反。

○章句音義：「貣」，本亦作貣，音特。羣經音辯云：取於人曰貣，與之曰貸。

●說文：貣貣，從人求物也。他得切。貸貸，施也。他代切。

⑧【周顧視車轍中】　高山寺本同，敦煌本無「中」字。

⑨【君豈有斗升之水而活我哉】　敦煌本同，高山寺本「斗升」作「升斗」，下同此。

⑩【我且南遊吳、越之王】　敦煌本、高山寺本同。

○闕誤：「我且南游說吳、越之王」，見張本，舊闕。

⑪〖任公子爲大鉤巨緇〗

○釋文：「大鉤」，本亦作釣。

⑫【蹲乎會稽，投竿東海】　敦煌本、高山寺本無「乎」「竿」兩字。

⑬【期年不得魚】　敦煌本、高山寺本「期」作「朞」。

○釋文：「期年」，本亦作朞，同，音基。

●玉篇：稘，居之切，稕也，周年，亦作朞。

○說文：期，會也，从月，其聲。渠之切。稘，復其時也，从禾，其聲。居之切。唐書曰：稘三百有六旬。　段玉裁注：會者，合也。期者，要約之意，所以爲會合也。段借爲期年期月字，其本字作稘，期行而稘廢矣。　復其時，言帀也。十二月帀爲期年，中庸一月帀爲期月，左傳旦至旦亦爲期，今皆假期爲之，期行而稘廢矣。

⑭■【錎沒而下鶩，揚而奮鬐】　底本「下」作「不」，據眾校本改；底本、續古逸本、趙諫議本、

静嘉堂本、郭注黑水城本、呂惠卿本「鶩」作「騖」，據敦煌本、高山寺本、林希逸本及釋文改。高山寺本「揚」作「楊」。

○釋文：「錎沒」，音陷，字林：猶陷字也。「騖揚」，徐音務，一本作鶩。「鬐」。

○成玄英疏：有大魚吞鉤，於是牽鉤陷沒，馳騖而下，揚其頭尾。▲「騖」，衆本作「鶩」，據義改。

●玉篇：錎，戶監切，古作陷。陷，乎監切，墜入地也，沒也，墮也；或作錎。

○說文：[篆]騖，馬駭也。[篆]騖，亂馳也。亡遇切。

15 【離而腊之，自制河以東】　敦煌本、高山寺本無「自」字。

○釋文：「而腊」，音昔。「制河」，諸設反，依字應作浙；河，亦江也，北人名水皆曰河。▲「設」，天理本作「般」，據北圖本、分章本改。

16 【蒼梧已北】　續古逸本、静嘉堂本、郭注黑水城本、呂惠卿本同，敦煌本、高山寺本、趙諫議本、林希逸本「已」作「以」。敦煌本、高山寺本「蒼」作「倉」。

17 【莫不厭若魚者】　敦煌本、高山寺本「厭」作「饜」。

●說文：[篆]猒，飽也。於鹽切。[篆]厭，笮也，一曰合也。於輒切。　段玉裁注：按：厭之本義笮也合也，與壓義尚近，於猒飽也義則遠，而各書皆假厭爲猒足猒憎字；猒足猒憎失其正字，而厭之本義罕知之矣。猒厭，古今字。猒饜，正俗字。

⑱【已而後世輇才諷說之徒】

○釋文：「輇」，七全反，又視專反，又音權，李云：輇，量人也；本或作軨，小也；本又或作輕。「諷說」。

⑲■【夫揭竿纍，趣灌瀆，守鯢鮒】　眾本「纍」作「累」，據釋文所校之司馬本改。敦煌本、高山寺本「趣」作「趍」，參見田子方校勘記㊲。高山寺本「鮒」作「蒲」。

○釋文：「揭」。「竿累」，劣彼反，謂次足不得並足也；本亦作纍，司馬云：力追反，云：綸也。「趣」，本又作趣，同。「灌瀆」。「守鯢」。「鮒」，音附，又音蒲，本亦作蒲。李云：鯢鮒，皆小魚也。

●說文：纍，綴得理也，一曰大索也。力追切。絫（累），增也。絫，十黍之重也。力軌切。　段玉裁注：綴者，合箸也。合箸得其理，則有條不紊，是曰纍。纍，大索也，其隸變不得作累。增者，益也，凡增益謂之積絫。絫之隸變作累。　王筠句讀：司馬相如傳：絫臺增成，顏注：絫，古累字。案：今作累者，乃借纍爲之，又省之也。

○隸辨：漢書劉向傳：絫世蒙漢厚恩。師古曰：絫，古累字，說文絫本從厽，變隸從田。

⑳【其於大達，亦遠矣】　敦煌本、高山寺本無「亦」字。

㉑【死何含珠爲】　高山寺本同，敦煌本作「死何用含珠爲」。

㉒【接其鬢，壓其顪】

○釋文：「壓」，本亦作擪，同。字則云：擪，一指案也。「其顪」，本亦作噦，許穢反，司馬云：頤下毛也。

●說文：𢪓擪，一指按也。於協切。噦噦，气啎也。於月切。段玉裁注：啎，逆也。通俗文曰：氣逆曰噦。

㉓【儒以金椎控其頤】　高山寺本同，敦煌本「儒」作「濡」。

●說文：𠆸儒，柔也。𣸶濡水，出涿郡故安，東入淶。段玉裁注：儒之言，優也，柔也，能安人，能服人；又儒者，濡也。今字以濡爲霑濡，經典皆然。

○廣雅釋詁：濡，漬也。

㉔【老萊子之弟子出薪】　敦煌本同，高山寺本「弟」作「第」。

○闕誤：「出拾薪」，見張本，舊闕。

○章句音義：江南本作出拾薪，本又作出採薪，舊作出薪。

○釋文：「老萊子」，楚人也。「出薪」，出採薪也。

●集韻：弟，說文韋束之次弟也。或从竹弟。

○廣韻：第，次第。說文本作弟，韋束之次弟也。今爲兄弟字。

㉕【脩上而趨下，末僂而後耳】 敦煌本同，高山寺本「末」作「未」。

○釋文：「趨下」。「末僂」，李云：末，上，謂頭前也，又謂背膂也。「後耳」。▲「末」，天理本作「未」，據北圖本、分章本改。

○郭象注：耳却近後而上僂。 成玄英疏：末，肩背也。

●易經大過象傳：本末弱也。 王弼注：上爲末。

○淮南子墬形：其人面末僂。 高誘注：末，猶脊也。

㉖【丘，去汝躬矜，與汝容知】

○釋文：「去」。「而」，本又作女。「躬矜」。「容知」，音智。

㉗【揖而退，蹙然改容】 敦煌本同，高山寺本「蹙」作「戚」，「揖」作「楫」。

○釋文：「蹙然」，子六反。

㉘【夫不忍一世之傷，而驁萬世之患】

○釋文：「而驁」，本亦作敖，同，五報反，下同，下或作驁。

●呂氏春秋下賢：士驁祿爵者，固輕其主；其主驁霸王者，亦輕其士。 高誘注：驁，亦輕也。

㉙【中民之行進焉耳】 敦煌本、高山寺本同。

○闕誤：「中民之行易進焉耳」，張、成本同，舊闕。

○章句音義：「易進焉耳」，易，見張君房本，舊闕。

○郭象注：言其易進，則不可妄惠之。　釋文：「之行」，下孟反。「其易」，以豉反。

○成玄英疏：中庸之人，易爲進退。

⑩【相引以名】　敦煌本同。高山寺本「引」作「弘」。

㉛【不如兩忘而閉其所譽】　敦煌本同，高山寺本「譽」作「興」。

○釋文：「而閉」，一本文注並作門。

㉜【聖人躊躇以興事，以每成功，奈何哉其載焉終矜爾】　敦煌本、高山寺本無「終」字。

○釋文：「聖人躊」，音疇。「躇」，直居反。「以興事以每成功」，每者，每有成功也。躊躇者，從容也。從容興事，雖有成功，聖人不存，猶致弊迹，流毒百世，況乎矜善行而載之不已哉！

○郭象注：矜不可載，故遺而弗有也。　成玄英疏：運載矜莊，終身不替。

㉝■【宋元君夜夢丈夫被髮闚阿門】　底本、續古逸本、趙諫議本、靜嘉堂本、林希逸本、郭注黑水城本、呂惠卿本、敦煌本、高山寺本「夜夢丈夫」作「夜半而夢人」，據阜陽漢簡改。

○阜陽漢簡作「宋元君夜夢丈夫衣被=髮窺」。

●管錫華：古代重字有不書而以重文符號(在字右下角作二短橫)表示的。(p112)

㉞【元君覺，使人占之，曰：此神龜也】　皐陽漢簡作「之曰是龜」。

㉟【得白龜焉，其圓五尺】　敦煌本、高山寺本無「焉其」兩字，「圓」作「員」。

○皐陽漢簡作「何得曰得龜往視」。

㊱【君再欲殺之】　敦煌本、高山寺本「殺」作「煞」，下同此。

㊲【乃刳龜，七十二鑽而无遺筴】　敦煌本、高山寺本無「二」字。

㊳【神龜能見夢於元君】　敦煌本、高山寺本無「龜」字。

●史記龜策列傳：故云：神至能見夢於元王，而不能自出漁者之籠。……褚先生曰：漁者舉網而得神龜，龜自見夢宋元王。

㊴【知能七十二鑽而无遺筴】敦煌本、高山寺本無「二」字。高山寺本「知」作「智」，本段內同此。

○皐陽漢簡作「事七十兆而無遺筴，不能避刳腸之患」。

○釋文：「知能」，音智，下同。

㊵■【則知有所不知，而神有所不及也】　底本、續古逸本、趙諫議本、靜嘉堂本、林希逸本、郭注黑水城本、呂惠卿本、敦煌本、高山寺本「不知而」作「困」，據皐陽漢簡改。

○皐陽漢簡作「有所不知而神有」。

○釋文：「知有所困」，一本作：知有所不周。

○大宗師：以其知之所知，以養其知之所不知。

41【魚不畏網，而畏鵜鶘】敦煌本、高山寺本「鶘」作「胡」。

○釋文：「鵜」。「鶘」。

42【去小知，而大知明，去善而自善矣】敦煌本、高山寺本作「去小智，大智明，去而善而善矣」。

43【嬰兒生无石師而能言】高山寺本同，敦煌本「石」作「碩」。

○釋文：「石師」，一本作所師，又作碩師。

●說文：石，山石也。段玉裁注：或借爲碩大字。

○漢書律曆志上：石者，大也。

44【夫地非不廣且大也】敦煌本、高山寺本同，靜嘉堂本、趙諫議本「夫」作「天」。

45【廁足而墊之致黃泉】敦煌本、郭注黑水城本同，高山寺本「廁」作「仄」，靜嘉堂本作「側」，趙諫議本、林希逸本、呂惠卿本作「厠」。

○釋文：「廁足」，音側。「墊」，丁念反，司馬、崔云：下也；本又作塹，七念反，掘也。「致黃泉」，致，至也，本亦作至。

●字鑑：廁，俗作厠。

○精嚴新集大藏音：仄，仄正，側音。

○說文：廁廁，清也。初吏切。側側，旁也。阻力切。仄仄，側傾也。阻力切。墊墊，下也，都念切。塹塹，阬也，一曰大也，七豔切。段玉裁注：釋名曰：廁，言人雜廁在上，非一也。按：古多假廁爲側。不正曰仄，不中曰側，二義有別而經傳多通用。王筠句讀：墊，陷而下也。

㊻【噫，其非至知厚德之任與】　敦煌本、高山寺本「噫」作「意」，「德」作「得」。

㊼【雖相與爲君臣】　敦煌本、高山寺本無「與」字。

㊽【故曰】　敦煌本、高山寺本無「曰」字。趙諫議本無「故」字。

㊾【且以豨韋氏之流】　敦煌本、高山寺本作「爲且以豨韋之流」。

㊿【唯至人，乃能遊於世而不僻】　敦煌本、高山寺本無「乃」字。

51【哽而不止則跈】

○釋文：「跈」，女展反，郭云：踐也，廣雅云：履也，止也；本或作蹍，同。

○郭象注：當通而塞，則理有不泄而相騰踐也。

○天下：輪不蹍地。敦煌音義「蹍」作「跡」(跈)。釋文：「輪不蹍」，本又作跈，女展反。

52【跈則眾害生】　敦煌本、高山寺本無「害」字。

53【天之穿之】　敦煌本、高山寺本句末有「也」字。

㊹【室无空虛】　敦煌本、高山寺本無「虛」字。

㊺■【六鑿相攘】　底本「攘」作「㰮」，據衆校本改。

○釋文：「相攘」，如羊反，郭云：逆也；司馬云：謂六情攘奪。

㊻【大林丘山之善於人也】　敦煌本同，高山寺本「林」作「材」。

○闕誤：「大林丘山之善」，張、文本作大材。▲衆本「材」作「林」，楊慎作「棥」，據底本眉批改。

◎章句音義：「大林丘山之善」，句絕。

●說文：材材，木梃也。棥棥，藩也。

㊼【亦神者不勝】　敦煌本、高山寺本句末有「也」字。

㊽〖謀稽乎誸〗

○釋文：「誸」，音賢，郭音玄，向本作弦，云：堅正也。▲「誸」，天理本、北圖本作「𧩙」，據分章本改。

㊾〖草木之到植者過半〗

○釋文：「到植」，本亦作置。

㊿【而不知其然】　敦煌本、高山寺本句末有「也」字。

(61)【靜然可以補病，（非不病也。）眥㺚可以休老，（非不老也。）寧可以止遽，（非不遽也。）】　敦煌本作：「揃搣可以已沐老，（非不沐者也。）寧可以已遽，（非不遽者也。）」高山寺本作：「眥搣可以已沐，（非不沐者也。）老寧可以已遽，（非不遽者也。）」趙諫議本「眥」作「皆」。▲以上括號內小字爲郭象注文。

○闕誤：「沐老」，見張本，舊作休。

○成玄英疏：衰老之容，以此而沐浴。

○釋文：「眥」，子斯反，本亦作揃，子淺反，三蒼云：揃，猶翦也，玉篇云：滅也。「搣」，本亦作搣，音滅，字林云：批也，批音千米反。▲「揃」「搣」，天理本作「揃」「搣」，據北圖本及章句音義改。分章本作「揃」「搣」。

62 【雖然，若是】 高山寺本同，「是」左下補字「者」字。敦煌本「若是」作「若是者」。

63 【非佚者之所，未嘗過而問焉】 高山寺本無「未」字，「嘗」左上補「未」字；「焉」作「也」；下文三處「過而問焉」，皆作「過焉」，無「而問」兩字。

○釋文：「非佚」，音逸。

64 【聖人之所以】 高山寺本無「之」字；下文作「賢人之所以」，「小人之所以」。

65 〔申徒狄因以踣河〕

○章句音義：「踣」，音赴，本亦作[illegible]，字林云僵也，李云頓也。

○釋文：「踣」，徐芳附反，普豆反，字林云：僵也，李云：頓也，郭薄杯反。。

○秋水：赴水則接掖持頤。　釋文：「赴水」，司馬本作踣，云：赴也。

●說文：踣，僵也。趞，僵也，讀若匐。赴，趨也。

⑯【荃者所以在魚】　高山寺本、續古逸本、林希逸本同，靜嘉堂本、趙諫議本、呂惠卿本「荃」作「筌」。高山寺本句末有「也」字，下文作「在兔也」，「在意也」。

○釋文：「荃」，七全反，崔音孫，香草也，可以餌魚，一云：魚笱也。「蹄」。

●金石文字辨異：荃，唐石經周易略例：荃者所以在魚，得魚而忘荃。錢竹汀先生云：筌字初刻从艸，後改从竹。按說文無筌字。

○清雷浚說文外編俗字玉篇中：後世因有魚笱一義，分荃筌爲二字，不知古祇一字也。

⑰【蹄者所以在兔，得兔而忘蹄】　高山寺本「兔」作「菟」。

莊子雜篇　寓言第二十七

① 【巵言日出】　高山寺本「巵」作「卮」。

○釋文：「巵言」，字又作卮，音支。▲「巵」，宋本作「巵」，據四庫本改。抱經堂本作：「巵言，字又作巵。」

●說文：[seal-script form]巵，圜器也，一名觛，所以節飲食。象人，卩在其下也。章移切。

○正字通：本作卮，今作巵。巵，俗卮字，本從卩。節本作卩，因卩作巴。

□案：干祿字書以「巵」爲正字，五經文字作「巵」，宋本玉篇部首作「巵」，正文作「卮」，宋本集韻作「巵」，宋本廣韻作「巵」，皆篆書[seal-script form]之隸楷變體，通行作「巵」。

② 【藉外論之】　高山寺本句末有「也」字。

③ 【不若非其父者也】　高山寺本無「也」字。

④ 【所以己言也】　林希逸本、句解本「己」作「已」，注云：已，止也。

⑤ 【是爲耆艾】　高山寺本句末有「也」字。

⑥ 【年先矣，而无經緯本末以期年耆者】　高山寺本無「者」字；「年耆」右旁書「來者」。

○郭象注：年在物先耳，其餘本末无以待人，則非所以先也。期，待也。

⑦【人而无以先人】　高山寺本作「人也而無以先人」。

⑧【所以窮年】　高山寺本句末有「也」字。

⑨【言與齊不齊也，故曰无言】　高山寺本無「也」字，「无言」作「言无言」。

○郭象注：言彼所言，故雖有言，而我竟不言也。▲「不」，高山寺本作「无」。　成玄英疏：故能無言則言，言則無言也，豈有言與不言之別，齊與不齊之異乎？故曰言无言也。

⑩【言无言，終身言，未嘗不言】　續古逸本、趙諫議本、呂惠卿本、分章本同，高山寺本、林希逸本、郭注黑水城本無「不」字。靜嘉堂本「不」字爲墨釘，□案：疑爲後人所塗滅。

○郭象注：雖出吾口，皆彼言耳。

○列子仲尼：得意者无言，進知者亦无言。用无言爲言亦言，无知爲知亦知。无言與不言，无知與不知，亦言亦知，亦无所不言，亦无所不知，亦无所言，亦无所知。如斯而已。

⑪【不可於不可】　高山寺本作「可於不可」。

⑫【以不同形相禪】　高山寺本「以不」作「不以」。

○郭象注：雖變化相代，原其氣則一。　成玄英疏：受氣一種，而形質不同。

⑬【孔子勤志服知也】　高山寺本無「勤」字，旁補「懃」字。

⑭■【而其未之嘗言】　底本「未」作「末」，據續古逸本、趙諫議本、郭注黑水城本、林希逸

本、呂惠卿本及底本徐无鬼作「未之嘗言」改。高山寺本作「末之言也」。

⑮【直服人之口而已矣】　高山寺本「服人」作「服之人」。

⑯【使人乃以心服，而不敢蘁】　高山寺本「蘁」作「遻」。

○釋文：「蘁」，音悟，又五各反，逆也。

⑰【後仕，三千鍾，不洎】　高山寺本同。靜嘉堂本「不洎」作「而不洎」。

⑱【弟子問于仲尼】　高山寺本「于」作「乎」。

⑲【可謂无所縣其罪乎】　高山寺本「縣」作「懸」，下同此。

○釋文：「无所縣」，音玄，下同。「其罪乎」。縣，係也。

⑳■【彼視三釜三千鍾，如鸛蚊相過乎前也】　底本、續古逸本、靜嘉堂本、郭注黑水城本、呂惠卿本、林希逸本「鸛蚊」作「觀雀蚊虻」，趙諫議本作「鸛雀蚊虻」，高山寺本作「如三鸛蚊相過乎前者也」（欄外補「虻」字），據高山寺本及釋文所校之元嘉本、王本改。

○闕誤：「如觀烏雀蚊寅」，見張本，舊闕。

○釋文：「如鸛」，本亦作觀，同，古亂反。「蚊」，音文。「虻」，孟庚反。司馬云：觀雀飛疾，與蚊相過，忽然不覺也。王云：鸛蚊，取大小相縣，以喻三釜三千鍾之多少。元嘉本作如鸛蚊，無虻字。

○郭象注：視榮祿若蚊虻鳥雀之在前而過去耳。　成玄英疏：鳥雀大，以喻千鍾；蚊虻小，以比三釜。達道之人，無心係祿，千鍾三釜，不覺少多，猶如鳥雀蚊虻相與飛過於前矣。

●玉篇：雚，公換切，水鳥，今作鸛。　鸛，古亂切，鸛鳥，鵲屬。

○詩經豳風東山：鸛鳴于垤。　三國吳陸機疏：鸛，鸛雀也，似鴻而大。

㉑【自吾聞子之言】　高山寺本句末有「也」字。

㉒【八年而不知死、不知生】　高山寺本「不知生」無「不」字。

㉓【九年而大妙】　高山寺本無「而」字。

㉔【生有爲，死也勸公，以其死也有自也】

○闕誤：「勸公以其私死也」，見張本，舊闕。

○郭象注：生而有爲，則喪其生。自，由也。由有爲，故死；由私其生，故有爲。今所以勸公者，以其死之由私耳。

㉕【惡乎其所適，惡乎其所不適】　高山寺本「乎」作「何」，第二句末作「不適也」。

㉖【天有歷數】　高山寺本無「數」字。

○釋文：「天有歷」，一本作：天有歷數。

●玉篇：厤，力的切，象星辰分節序四時之逆從也，又數也。本作歷，古文作厤。

○尚書洪範：五紀：一曰歲，二曰月，三曰日，四曰星辰，五曰歷數。孔安國傳：歷數，節氣之度以爲歷，敬授民時。孔穎達疏：算日月行道所歷，計氣朔早晚之數，所以爲一歲之歷。朱熹：歷者，授民時者也，數者，如陽九百六之類，聖人以是前知吉凶者也。

㉗【莫知其所始】高山寺本「所始」作「所以終」。

㉘【若之何其有鬼邪】高山寺本「邪」作「也」。

㉙【衆罔兩問於影】

○釋文：「景」，音影，又如字，本或作影。參見齊物論校勘記㊿。

㉚【向也括而今也被髮】高山寺本同。

○闕誤：「向也括撮而今也被髮」，見張本，舊闕。

○釋文：「也括」，古活反，司馬云：謂括髮也。「被髮」，皮寄反。

○成玄英疏：括，束髮也。▲道藏本、靜嘉堂本「括」作「撮」，據室町舊鈔本改。

●說文：𢭍（括），絜也。段玉裁注：凡物圍度之曰絜，束之亦曰絜。凡經言括髮者，皆謂束髮也。

㉛【影曰：叟叟也，奚稍問也】高山寺本「叟」作「搜」，「也」作「者也」。

○釋文：「搜搜」，本又作叟，同，素口反，又素刀反；又音蕭，向云：動貌。▲天理本「蕭」作「簫」，據北圖本、分章本改。

●詩經大雅生民：釋之叟叟，烝之浮浮。　漢毛亨傳：叟叟，聲也。

○楚辭九歌山鬼：風颯颯兮木蕭蕭。　洪興祖補注：蕭蕭，文苑作搜搜。搜搜，動貌，與蕭同。

㉜【似之而非也】　高山寺本「也」作「者也」。

㉝【吾所以有待邪】　高山寺本作「吾所以、有待也」。

○成玄英疏：吾所以有待者，火日也。

㉞【而況乎以有待者乎】　高山寺本作「而況乎有待者乎」。

○闕誤：「而況乎以无有待者乎」，見張本，舊闕。

○章句音義：「而況乎以无有待者乎」，无，見張君房本，舊闕。

○郭象注：推而極之，則今之所謂有待者，率至於无待，而獨化之理彰矣。▲「率」，高山寺本、趙諫議本作「卒」。趙諫議本無「所謂」「至」「矣」四字。「彰矣」，高山寺本作「章也」。

㉟【邀於郊，至於梁】　高山寺本「至於梁」無「於」字。

成玄英疏：況乎有待者，形也。

㊱【老子中道仰天而歎曰】　林希逸本、句解本「歎」作「嘆」。

○讓王：喟然而歎曰。趙諫議本、高山寺本、林希逸本「歎」作「嘆」。

●說文：嘆嘆，吞歎也，一曰太息也。歎歎，吟也。段玉裁注：嘆歎二字，今人通用。古歎與嘆義別，歎與喜樂爲類，嘆與怒哀爲類。

㊲■【請問某過】底本、續古逸本、趙諫議本、靜嘉堂本、郭注黑水城本、呂惠卿本、林希逸本「某」作「其」，據高山寺本改。高山寺本「問」作「聞」。

○成玄英疏：欲請其過……庶聞責旨。

●禮記曲禮下：使者自稱曰某。鄭玄注：某，名也。

○廣雅釋詁：某，名也。王念孫疏證：凡言某者，皆所以代名也。

㊳【而睢睢盱盱】高山寺本作「而睢睢，而盱盱」。

○釋文：「睢睢」。「盱盱」。廣雅云：睢睢盱盱，元氣也。而，汝也。言汝與元氣合德。

㊴【敬聞命矣】高山寺本無「敬」字，旁補「敬」字。

㊵【舍者迎將其家，公執席】高山寺本無「者」「其」兩字。

◎釋文：「家公」，李云：主人公也。一讀舍者迎將其家爲句。

莊子雜篇　讓王第二十八

①【夫天下】　高山寺本無「夫」字。

②【唯无以天下爲者】　高山寺本「者」作「焉者」。

③【可以託天下也】　高山寺本「也」作「矣」。林希逸本、句解本「託」作「托」。

④【未暇治天下也】　高山寺本「治」作「在」。

⑤【夏日衣葛絺】　高山寺本無「日」字。

⑥〖舜以天下讓其友石戶之農〗

○釋文：「石戶」，本亦作后。「之農」。

⑦【捲捲乎后之爲人】　高山寺本「捲」作「惓」。

○釋文：「捲捲」，音權，郭音眷，用力貌。

●説文：𢍜捲，氣勢也。巨員切。　段玉裁注：謂作氣有勢也。

○玉篇：惓，巨眷切，悶也。

⑧〖葆力之士也〗

○釋文：「葆力」，音保，字亦作保。　參見田子方校勘記⑤。

⑨【以舜之德，爲未至也。於是】　高山寺本「也於是」作「於是也」。

⑩【以入於海】　靜嘉堂本無「於」字。

○釋文：「以入於海」。

⑪【終身不反也】　高山寺本無「也」字。

⑫【事之以皮帛而不受，事之以犬馬而不受，事之以珠玉而不受】　高山寺本無「事之以犬馬而不受」一句；無兩「之」字。

⑬【狄人之所求者，土地也】　高山寺本無「土」字。

⑭【與爲狄人臣】　高山寺本無「爲」字。

⑮【因杖筴而去之】　高山寺本無「之」字。

⑯〔民相連而從之〕

○釋文：「相連」，力居反，司馬云：連，讀曰輦。

○章句音義：「相連」，如字，相連續而從之也，舊音力展切；或作摙，同，謂擔運物也。

⑰【夫大王亶父】　高山寺本無「夫」字。

⑱【能尊生者，雖貴富】　高山寺本無「者」字。林希逸本、句解本「貴富」作「富貴」。

⑲【今世之人，居高官尊爵者】　高山寺本無「人」字。

⑳ ○知北遊：君子之人，若儒墨者，師故以是非相整也。敦煌本無「人」字。

【見利，輕亡其身】高山寺本「亡」作「忘」。

○成玄英疏：徇於軒冕以喪其身，逐於財利以殞其命，不知輕重，深成迷惑也。

㉑ 【越人三世弑其君】高山寺本「弑」作「煞」。

○釋文：「弑其」，音試。

㉒ 〖王子搜患之〗

○釋文：「王子搜」，素羔反，李云：王子名，淮南子作翳。

㉓ 【乘以玉輿】敦煌本、高山寺本「乘」作「承」。

○釋文：「王輿」，一本作玉輿。

●說文：王王，天下所歸往也。李陽冰曰：中畫近上。王者，則天之義。王玉，石之美，有五德。陽冰曰：三畫正均如貫玉也。

㉔ 【王子搜援綏登車】高山寺本「綏」作「綏綏」。

㉕ 〖仰天而呼曰〗

○釋文：「而呼」，火故反，本或作歎。

㉖ 【君乎！君乎】敦煌本同，高山寺本不重「君乎」。

㉗【書之言曰】 敦煌本、高山寺本無「之」字。

㉘【然而攫之者必有天下】 敦煌本、高山寺本無「者」字。

㉙【君能攫之乎】 敦煌本、高山寺本無「能」字。

○成玄英疏：然取銘者必得天下，君取之不？

○呂氏春秋審爲：君將攫之乎？

㉚【寡人不攫也】 敦煌本、高山寺本「也」作「之」。

㉛【韓之輕於天下亦遠矣】 敦煌本、高山寺本無「亦」字。

㉜【今之所爭者】 敦煌本、高山寺本無「之」字。

㉝【君固愁身傷生】 高山寺本同，敦煌本「固」作「因」。

㉞【以憂戚不得也】 敦煌本「憂戚」作「憂慼之」，高山寺本作「憂之慼」。

●干祿字書：戚慼，上親下憂。

○釋名釋兵：戚，慼也。斧以斬斷，見者皆慼懼也。

○說文：戚，戉也。从戉，尗聲。倉歷切。慽，憂也。从心，戚聲。倉歷切。段玉裁注：戚之引伸之義爲促迫，親戚亦取切近爲言，非有異義也。戚訓促迫，故又引申訓憂。小明：自詒伊戚，傳曰：戚，憂也。度古祇有戚，後乃別製慽字。慽，或書作慼。

㉟【僖侯曰：善哉！教寡人者衆矣】　敦煌本、高山寺本無「哉」字。

㊱〖魯君聞顔闔得道之人也〗

○釋文：「魯君」，一本作魯侯，李云：哀公也。

㊲【使人以幣先焉】　高山寺本「幣」作「弊(弊)」，下同。參見則陽校勘記㉗。

㊳【顔闔守陋閭】　敦煌本「守」作「居」，高山寺本無「陋」字。

㊴〖苴布之衣〗

○釋文：「苴」，音麤，李云：有子麻也。本或作麤，非也。

㊵【而自飯牛】　敦煌本、高山寺本無「而」字。

㊶【恐聽者謬而遺使者罪】　敦煌本、高山寺本「聽者」無「者」字。

○闕誤：「恐聽□謬」，見張本，舊作恐聽者謬。

○章句音義：「恐聽謬」，見張君房本，舊作恐聽者謬。呂氏春秋引此章，亦作恐聽謬。

●說文：聽，聆也。从耳悳。者，別事詞也。謬，狂者之妄言也。段玉裁注：凡目所及者云視，如視朝視事是也。凡目不能徧而耳所及者云聽，如聽天下聽事是也。耳悳者，耳有所得也。

○經傳釋詞卷九：者，或指其事，或指其物，或指其人。

㊷【道之眞，以治身】　敦煌本、高山寺本「治」作「持」。

㊸【今世俗之君子】　敦煌本、高山寺本無「世俗」兩字。

㊹【多危身棄生以殉物】　高山寺本同，敦煌本「殉」作「徇」。

●經典文字辨證書：彴，正。徇殉，並俗。

○玉篇：彴，辭峻切，彴師，宣令也。說文曰行示也。徇，似閏切，止也，亦同彴字。殉，詞峻切。用人送死也，亦求也，營也。亡身從物爲殉也。

○說文：衸彴，行示也。从彳勻聲。詞閏切。　段玉裁注：古勻旬同用，故亦作徇。

㊺【今且有人於此】　敦煌本同，高山寺本無「且」字。

㊻【夫生者，豈特隨侯之重哉】　敦煌本、高山寺本「者」作「也」，「哉」作「也哉」。

㊼【客有言之於鄭子陽者】　高山寺本同；敦煌本無「於」字。

㊽【列御寇】　高山寺本同，敦煌本「御」作「禦」。參見列御寇校勘記①。

㊾【鄭子陽卽令官遺之粟】　高山寺本同，敦煌本「令」作「命」。

㊿【皆得佚樂】　敦煌本同，高山寺本「佚」作「逸」。

○釋文：「佚」，音逸。「樂」，音洛。

●說文：𠈂佚，佚民也。一曰：佚，忽也。段玉裁注：按：許作佚民，正字也。作逸民者，假借字。古失佚逸泆字多通用。

51 【今有飢色】敦煌本同，高山寺本無「有」字。

52 〖君過而遺先生食〗

○釋文：「君過」，古臥反，本亦作遇。

○漁父：今者丘得過也。釋文：「丘得過也」，謂得過失也。過或作遇。

●戰國策秦策二：臣不得復過矣。高誘注：過，見也。

○呂氏春秋貴直：狐援聞而蹶往過之。高誘注：過，猶見也。

53 【豈不命邪】敦煌本、高山寺本「邪」作「也哉」。

54 【此吾所以不受也】敦煌本同，高山寺本無「以」字。

55 【民果作難而殺子陽】敦煌本、高山寺本無「而」字。

○釋文：「作難」。「殺子陽」。……而殺子陽。

56 【而從於昭王】敦煌本、高山寺本無「昭」字。

57 【非臣之罪】敦煌本、高山寺本句末有「也」字。

58 【故不敢伏其誅】敦煌本、高山寺本無「敢」字；下句作「故不敢當其賞」。

59 【必有重賞大功】 敦煌本、高山寺本無「有」字；高山寺本「賞」作「寶」。

60 【此非臣之所以聞於天下也】 敦煌本、高山寺本無「之」字，「也」作「者也」。

61 【子其爲我延之以三旌之位】 敦煌本同，高山寺本「其」作「綦」。

○釋文：「三旌」，三公位也，司馬本作三珪。

62 【褐以爲塞】 高山寺本無「以」字。

○釋文：「褐」，字或作葛。「爲塞」。司馬云：以褐衣塞牖也。

63 【匡坐而弦】 高山寺本同。

○闕誤：「弦歌」，見張本，舊闕。

○章句音義：「匡坐而弦歌」，匡，正也。歌，見張君房本，舊闕。

○釋文：「匡坐而弦」，司馬云：匡，正也。案：弦謂弦歌。

64 【原憲華冠縰履】

○釋文：「縰履」，所倚反，或所買反，本或作縱，並下曳縰同；三蒼解詁作躧，云：躡也；聲類或作屣，韋昭蘇寄反，通俗文云：履不著跟曰屣。司馬本作踐。李云：縱履，謂履無跟也。履或作屨。▲「詁」，天理本作「諸」，據北圖本、分章本改。「縱」，天理本作「縱」，抱經堂本、通志堂本作「縰」；「縱」，北圖本、分章本、四庫本作「縰」，據衆本斟酌改。

(65)〔杖藜而應門〕

○釋文：「杖藜」，司馬本作扶杖也。

(66)【先生何病】高山寺本句末有「也」字。

(67)【无財謂之貧】高山寺本「謂之」作「之謂」；下句作「學而不能行謂之病」。

(68)【憲不忍爲也】高山寺本句末有「夫」字。

(69)【顔色腫噲】高山寺本、林希逸本「腫」作「種」。「腫」參見庚桑楚校勘記⑦。

○釋文：「種」，本亦作腫，章勇反。「噲」，古外反，徐古活反。司馬云：種噲，剝錯也；王云：盈虛不常之貌。

●呂氏春秋情欲：身盡府種。高誘注：種，首疾也。畢沅校：種之爲首疾，亦當作腫。

(70)【聲滿天地】高山寺本作「若論天地聲有」。

(71)【天子不得臣，諸侯不得友】高山寺本無「臣」字，旁補「臣」字；「不得友」作「不得友也」。

(72)〔足以給飦粥〕

○釋文：「飦」，之然反，字或作饘，廣雅云：糜也。一云：紀言反，家語云：厚粥。一音干，謂干餅也。「粥」，之六反，又音育。

●孟子滕文公：飦粥之食。趙岐注：飦，糜粥也。

(73) ○穀梁傳昭公十九年：哭泣歠飦粥，嗌不容粒。

○說文：饘饘，糜也，諸延切。鬻鬻，鬻(粥)也，諸延切。飦飦，鬻或从食干聲。

【足以爲絲麻】

○章句音義：「絲麻」，一本作枲麻。

(74)【所學夫子之道者】　高山寺本無「之道」兩字。

(75)【回不願仕】　高山寺本無「回」字，旁補「回」字。

(76)【孔子愀然變容】

○釋文：「愀」，一本作欣。　參見田子方校勘記㊺。

(77)【善哉】　高山寺本「善」作「美」。

(78)【知足者，不以利自累也】　高山寺本「利」作「羡」。

○闕誤：「不以羡自累也」，見李氏本，舊作利。▲守山閣本同。慎脩書屋本、莊子翼本、楊慎本「羡」作「羨」。

○章句音義：「以羡自累也」，羡，見江南李氏本，舊作利。

○上文：雖貧賤，不以利累形。　釋文：「不以利累形」，貧賤無利而不以求利累形也。

●說文：羨羨，貪欲也。

○隸辨：按說文羨從次，次讀若涎，碑譌從次，今俗因之。

○干祿字書：羡羨，上通下正。

○宋郭忠恕佩觿：羡羨，上以脂翻，江夏地名；下似面翻，慕也。

(79)【失之而不懼】　高山寺本「之」作「人」。

(80)【丘誦之久矣】　高山寺本無「久」字，旁補「久」字。

(81)【中山公子牟謂瞻子曰】

○釋文：「瞻子」，賢人也，淮南作詹。

(82)【心居乎魏闕之下】

○釋文：「魏闕」，淮南作魏，司馬本同，云：魏，讀曰魏，象魏觀闕，人君門也。▲「淮南作魏」：天理本「魏」作「魏」，據下文及北圖本、分章本改。

(83)【不能自勝則從】

◎釋文：「不能自勝則從」，絕句；一讀至神字絕句。

(84)【神无惡乎！不能自勝而強不從者】　高山寺本同。

○闕誤：「神无惡也」，見張本，舊作乎。

◎釋文：「无惡」。「乎」，絕句。一讀連下不能自勝爲句。

(85) 【其隱巖穴也】 高山寺本無「穴」字。

(86) 【七日不火食】 高山寺本無「火」字，旁補「火」字。

○釋文：「不火食」，元嘉本無火字。▲「無」，天理本作「元」，據北圖本、分章本改。

○天運：窮於商、周，是非其夢邪？圍於陳、蔡之間，七日不火食。

○山木：孔子圍於陳、蔡之間，七日不火食。

(87) 【顏回擇菜】 高山寺本同。趙諫議本「擇菜」作「釋菜」。

(88) 【再逐於魯】 高山寺本無「再」字。

(89) 【窮於商、周，圍於陳、蔡】 高山寺本作「窮於陳、蔡」。

○山木：窮於商、周，圍於陳、蔡之間。

○盜跖：窮於齊，圍於陳、蔡。

○漁父：伐樹於宋，圍於陳、蔡。高山寺本「圍」作「困」。

(90) 【君子之无恥也】 高山寺本無「之」字，旁補「之」字。

(91) 【喟然而歎曰】 趙諫議本、高山寺本、林希逸本「歎」作「嘆」。高山寺本無「曰」字，旁補「曰」字。參見寓言校勘記㊱。

⑨②【由與賜，細人也】　趙諫議本「人」作「入」。

⑨③【可謂窮矣】　續古逸本「謂」作「許」。

⑨④【今丘抱仁義之道】　高山寺本「今丘」作「今丘也」。

⑨⑤【天寒既至，霜雪既降】　趙諫議本「雪」作「露」。

⑨⑥【吾是以知松柏之茂也。陳、蔡之隘，於丘其幸乎】

○闕誤：「吾是以知松柏之茂也。桓公得之莒，（齊子糾之亂，小白出奔莒。）文公得之曹，（曹人觀晉公子骿脅。）越王得之會稽，（越爲吴敗，句踐以敗卒保于會稽山。）陳、蔡之隘，於丘其幸乎」，自桓公並注至會稽山四十八字，見江南古藏本，舊闕。▲「糾」，道藏本作「紂」，據守山閣本改。

○呂氏春秋卷十四孝行覽第二慎人：大寒既至，霜雪既降，吾是以知松栢之茂也。昔桓公得之莒，文公得之曹，越王得之會稽。（齊桓公遭無知之亂，出奔莒；晉文公遇麗姬之讒，出過曹；越王句踐與吴戰而敗，棲於會稽之山：卒皆享國，克復其恥，爲霸君，故曰得之。）陳、蔡之阨，於丘其幸乎。

○漢應劭風俗通義卷七窮通：大寒既至，霜雪既降，吾是以知松栢之茂也。昔者桓公得之莒，晉文公得之曹，越得之會稽。陳、蔡之厄，於丘其幸乎。

○宋王欽若等冊府元龜卷八百九十五達命：大寒既至，霜雪既降，吾是知松栢之茂也。昔桓公得之莒，文公得之曹，越王得之會稽。（齊桓公遭無知之難奔莒，晉文公遭驪姬之難，出過曹，越句踐與吳戰敗，棲於會稽之山，卒皆享國，克復其恥，爲覇君。）陳、蔡之阨，於丘其達乎。

□案：今所見郭象注本、成玄英疏本皆無此三句，釋文亦無此三句經注的音義。

97 〖孔子削然〗

○釋文：「削然」，如字，李云：反琴聲；亦作俏，音消。

98 【反琴而弦歌】 高山寺本無「歌」字。

99 【所樂非窮通也】 趙諫議本「通」作「道」。

100 【道德於此】 高山寺本「德」作「得」，無「此」字，旁補「此」字。

101 ■【故許由虞於潁陽，而共伯得乎共首】 底本、續古逸本、趙諫議本、靜嘉堂本、郭注黑水城本、呂惠卿本、林希逸本「虞」作「娱」，「共」作「丘」，據高山寺本及釋文改。高山寺本「潁」作「潁」。

○闕誤：「故許由虞於潁陽，而共伯得志乎丘首」，虞，安也。見江南古藏本，舊作娱；志，舊闕。▲「潁」，道藏本作「𩕄」，據守山閣本改。

○章句音義：「共伯得志乎丘首」，江南古藏本作：共伯得志乎丘首。

○釋文：「虞於潁陽」，廣雅云：虞，安也；一本作娛，娛，樂也。「共伯」，音恭，下同。「得乎共首」。司馬云：共伯名和，脩其行，好賢人，諸侯皆以爲賢。周厲王之難，天子曠絕，諸侯皆請以爲天子。共伯不聽，卽于王位。十四年，大旱，屋焚，卜于太陽，兆曰：厲王爲崇。召公乃立宣王，共伯復歸于宗，逍遙得意共山之首。共丘山，今在河內共縣西。魯連子云：共伯後歸于國，得意共山之首。紀年云：共伯和卽于王位。孟康注漢書古今人表以爲入爲三公。本或作丘首。

○成玄英疏：丘首山在今河內。……故許由娛樂於潁水，共伯得志於首山也。

●呂氏春秋孝行覽愼人：故許由虞乎潁陽，而共伯得乎共首。

○後魏酈道元水經注卷九清水注：共伯既歸帝政，逍遙于共山之上。山在國北，所謂共北山也。

○隸辨：潁，按說文潁水之潁從水，禾穎之穎從禾，諸碑皆以穎爲潁；𩔰，碑復變禾從示。

(102)【后之爲人也】　高山寺本「人」作「后人」。

(103)【湯又因務光而謀】　高山寺本分別作「瞀光」「務光」。

○釋文：「瞀光」，音務，本或作務。

(104)■【強力忍訽】　高山寺本「強」作「彊」。續古逸本「訽」作「坵」。眾本「訽」作「垢」，據釋文之司馬彪注義改。參見天下校勘記㉔。

○釋文：「强力」。「忍垢」，司馬云：垢，辱也。李云：弑君須忍垢也。

○成玄英疏：忍，耐也。垢，恥辱也。

105 【勝桀而讓我】 高山寺本「讓我」作「讓乎我」。

106 【必以我爲貪也】 靜嘉堂本無「以」字；上文作「必以我爲賊也」。

107 【乃自投椆水而死】 靜嘉堂本、趙諫議本、呂惠卿本、高山寺本「椆」作「稠」。高山寺本「投」作「投於」。郭注黑水城本無「自」字。

○釋文：「椆水」，本又作桐水，本又作稠，司馬本作洞。

108 【知者謀之】 趙諫議本、高山寺本「知」作「智」。

○釋文：「知者」，音智。

109 【仁者居之】 高山寺本「居」作「屠」。

110 〔乃負石而自沈於廬水〕

○釋文：「廬水」，音閭，司馬本作盧水。▲「本作盧」，天理本作「云作盧」，據北圖本、分章本改。

111 【二人相謂曰】 趙諫議本無「曰」字。

112 【至於岐陽】 趙諫議本、高山寺本「岐」作「歧」。高山寺本「歧」下欄外補「山之」兩字。

●五經文字：歧，巨知反，俗以此歧爲山名，别作歧路字。字書無此歧字。

〔血牲而埋之〕

⑪③ ○釋文：「血牲」，一本作殺牲，司馬本作血之以牲。

【昔者神農之有天下也】　高山寺本無「者」字，旁補「者」字。

⑪④ 【時祀盡敬而不祈喜】　高山寺本「喜」作「憙」。

⑪⑤ ○釋文：「祈喜」，如字，徐許記反。

●説文：喜喜，樂也。㐂憙，説也。　段玉裁注：説者，今之悦字。樂者，無所著之詞；悦者，有所著之詞。

【樂與政爲政】　阜陽漢簡作「樂與正爲正」。

⑪⑥ ●説文：政，正也。正正，是也。

○釋名釋言語：政，正也，下所取正也。

○論語顔淵：孔子曰：政者，正也。子帥以正，孰敢不正？

【上謀而下行貨】　高山寺本無「下」字。

⑪⑦ ○成玄英疏：謀謨行貨，以保兵威。

●史記平津侯主父列傳：上篤厚，下智巧。　唐司馬貞索隱：上，猶尚也，貴也。謂智巧爲下也。

○王引之經義述聞周官上飾行：古人謂物脆薄曰行，或曰苦，或曰行苦，或曰行敝，或曰行濫。今京師人謂貨物不牢爲行貨，古之遺語也。

○章炳麟新方言釋言：行者，粗惡之義，今吳、越謂器物楛窳爲行貨。

⑱【吾聞：古之士】　高山寺本無「士」字，旁補「士」字。

⑲【今天下闇，周德衰】　高山寺本同。

○闕誤：「殷德衰」，見江南古藏本，舊作周。

⑳【不如避之，以絜吾行】　高山寺本「如」作「若」，「絜」作「潔」；林希逸本、句解本「絜」作「潔」。參見人間世校勘記㊷。

㉑【遂餓而死焉】　高山寺本「餓」作「飢餓」。

㉒【其於富貴也】　高山寺本「富貴」作「貴富」。

㉓【不事於世】　高山寺本「世」作「勢」。

莊子雜篇　盜跖第二十九

①【穴室樞戶】

○闕誤：「穴室摳戶」，見劉得一本，舊作樞。

○釋文：「樞戶」，尺朱反，徐苦溝反，司馬云：破人戶樞而取物也。

●說文：𢮝樞，戶樞也。𢮝摳，繑也，一曰摳衣升堂。

②〔小國入保〕

○釋文：「入保」，鄭注禮記曰：小城曰保。

○章句音義：「入堡」，一本作保。

③【休卒徒太山之陽】

○闕誤：「休卒徒於太山之陽」，見江南古藏本，舊闕。

○章句音義：「休卒徒於太山之陽」，於，見江南古藏本，舊闕。

○釋文：「大山」，音太。

④■【多辭繆說】　底本、續古逸本、趙諫議本、靜嘉堂本、呂惠卿本、林希逸本「繆」作「謬」，據釋文改。

○釋文：「繆說」，音謬。

⑤●逸周書謚法：名與實爽曰繆。

【妄作孝悌】

○釋文：「孝弟」，音悌，本亦作悌。

○天運：夫孝悌仁義。敦煌本、林希逸本「悌」作「弟」。　釋文：「孝悌」，音弟。

●說文：（新附字）悌，善兄弟也，經典通用弟。特計切。

⑥【我將以子肝益晝餔之膳】　趙諫議本「餔」作「脯」。

●說文：脯，乾肉也。餔，日加申時食也。

⑦【丘得幸於季】　趙諫議本作「得幸然於季」。

⑧【願望履幕下】

○釋文：「願望履幕下」，司馬本幕作綦，云：言視不敢望跖面，望履結而還也。

●說文：幕，帷在上曰幕，覆食案亦曰幕。

○玉篇：綦，巨箕切，又巨記切，雜文也。綦，同上。

⑨■【凡天下有三德：生而長大，美好无雙，少長貴賤見而皆悅之，此上德也；知維天地，辯彫萬物】　底本、續古逸本、趙諫議本、靜嘉堂本、呂惠卿本、林希逸本「辯彫萬物」作「能辯

諸物」，據張家山漢簡及天道改。

○張家山漢簡：則死。孔子曰：丘聞之：凡天下有三德：生而長大好美，一無貴賤，見而皆兌之，此上德也。智經天下，辯。

○闕誤：「凡天下人有三德」，見張本，舊闕。

○章句音義：「凡天下人有三德」，人，見張君房本，舊闕。

○釋文：「少長」，詩召反，下丁丈反。「皆說」，音悅，下同。「知維」，音智。

○天道：故古之王天下者，知雖落天地，不自慮也；辯雖彫萬物，不自說也；能雖窮海內，不自爲也。　釋文：「知雖」，音智，下愚知同。　成玄英疏：知照明達，籠落二儀。

●史記秦始皇本紀：普施明法，經緯天下，永爲儀則。

⑩【齒如齊貝】

○釋文：「齊貝」，一本作含貝。

⑪【皆愚陋恆民之謂耳】

○釋文：「恆民」，一本作順民，後亦爾。

○大宗師：是恆物之大情也。

●說文：𢛑恆，常也。𩔳順，理也。

○後漢書卷八十三逸民梁鴻傳：鄰家耆老，見鴻非恆人，乃共責讓主人，而稱鴻長者。

○列子楊朱：不逆命，何羨壽？不矜貴，何羨名？不要勢，何羨位？不貪富，何羨貨？此之謂順民，天下无對，制命在內。

○漢桓寬鹽鐵論授時：三代之盛無亂萌，教也。夏、商之季世無順民，俗也。

⑫【安可長久也】 靜嘉堂本「長久」作「久長」。

⑬■【古者禽獸多而人民少，於是民悉巢木上以避之】 眾本「悉巢木上」作「皆巢居」，據張家山漢簡改。靜嘉堂本「人民」無「民」字。

○張家山漢簡：且吾聞之，古者禽獸多而人民少，於是民悉巢木上以辟之。

●集韻：避：說文回也，古从彳(辟)。

⑭■【晝日拾杼栗，而暮宿其上，故命之曰有巢氏之民】 眾本前兩句作「晝拾橡栗，暮栖木上」，據張家山漢簡改。趙諫議本「橡」作「掾」。

○張家山漢簡：晝日拾杼栗而莫宿其上，名曰有巢。

○釋文：「橡」，音象。

○山木：衣裘褐，食杼栗。 釋文：「杼」，食汝反，又音序。

○外物：先生居山林，食芧栗。　釋文：「食芧」，音序，本亦作芧栗。

○外物：狙公賦芧曰。　釋文：「賦芧」，音序。

●本草綱目卷三十果部「橡實」：釋名：芧：杼同，序暑二音。發明：思邈曰：橡子非果非穀而最益人，服食未能斷穀，啖之尤佳，無氣而受氣，無味而受味，消食止痢，令人強健不飢。時珍曰：木實爲果，橡蓋果也，儉歲，人皆取以禦飢。昔摯虞入南山，飢甚，拾橡實而食。唐杜甫客秦州，采橡栗自給，是矣。

⑮〔與蚩尤戰於涿鹿之野〕

○釋文：「涿鹿」，音卓，本又作濁。

⑯【縫衣淺帶】

○釋文：「撻衣」，本又作縫。「淺帶」。

●說文：䋎縫，以鍼紩衣也。

○爾雅釋訓：緎，羔裘之縫也。　郭璞注：縫，飾羔皮之名。

⑰【此六子者，世之所高也】

○闕誤：「此七子者世之所高也」，見江南古藏本，舊作六。

⑱〔而強反其情性，其行乃甚可羞也〕

○釋文：「可羞」，本又作惡，烏路反。

⑲ 〔尾生〕

○釋文：「尾生」，一本作微生，戰國策作尾生高。

⑳ ■【此四子者，无異於磔犬流豕】 底本無「於」字，據校本補。靜嘉堂本「四」作「六」。

○闕誤：「此六子者無異於磔犬流豕」，見江南古藏本，舊作四。

○成玄英疏：六子者，謂伯夷、叔齊、鮑焦、申徒、介推、尾生。

㉑ 【操瓢而乞者，皆離名輕死】

○闕誤：「操瓢而乞者，皆利名輕死」，見張本，舊作離。

○釋文：「操」。「瓢」。「而乞者」，李云：言上四人不得其死，猶豬狗乞兒流轉溝中者也。乞或作走。「離名」，力智反。

○成玄英疏：皆爲重名輕死，不念歸本養生，壽盡天命者也。豕字有作死字者，乞字有作走字者，隨字讀之。

㉒ 〔不念本養壽命者也〕

○釋文：「念本」，本或作卒。

㉓ 【除病瘦死喪憂患】

○釋文：「瘦」，色又反。

㉔【亟去】

○釋文：「亟去」，紀力反，急也，本或作極。

㉕【子之道，狂狂伋伋】

○釋文：「狂狂」。「汲汲」，本亦作伋，音急，又音及。釋文：「汲汲」，音急。

○天地：遽取火而視之，汲汲然唯恐其似己也。

●說文：汲汲，引水於井也。伋伋，人名。彶彶，急行也。

○玄應音義卷十三：「彶彶」，居及反。說文：彶彶，急行也。廣雅：彶彶，遽也。今皆從水作汲也。

○慧琳音義卷十九：「彶彶」，音及。禮記曰：彶彶，如有所追而不及也。顧野王云：彶彶，猶急急也，說文：急行貌也。從彳及聲。或從人作伋，音急，考聲云：繫於心也，趣於事也。經文從水作汲，書誤也。

㉖【疾走，料虎頭，編虎須，幾不免虎口哉】句解本同，林希逸本「須」作「頭」。

○釋文：「疾走料」，音聊。「頭扁」，音鞭，又蒲顯反，徐扶顯反。本或作編，音同。「須」，一本作料頭編虎須。「幾不」。▲「頭扁」，衆本作「扁頭」，據下文及章句音義顛倒次序。

○章句音義：「走料」，音聊，觸也。「頭編」，音鞭。

○成玄英疏：夫料觸虎頭而編虎須者，近遭於虎食之也。

㉗【汝行如桀、紂，則有怍色，有不服之心者】

○闕誤：「汝行如桀、紂，則□作色，有不服之心者」，見張本，舊作則有怍色。

○釋文：「有怍」，音昨。

○成玄英疏：則慚怍而不服。

㉘〖而管仲爲臣〗

○釋文：「爲臣」，臣或作相。

㉙【而孔子受幣】 趙諫議本「幣」作「弊」。參見則陽校勘記㉗。

㉚〖不監於道〗

○釋文：「不監」，本亦作鑑，同。

●爾雅釋詁：監，視也。

○方言卷十二：監，察也。

○說文：𥃩監，臨下也。 鑑鑑(鑒)，大盆也。 段玉裁注：古字少而義晐，今字多而義別，監與鑒互相假。

㉛【吾日與子訟於无約】

○闕誤：「吾昔與子訟於無約曰」，見張本，舊作日。

○釋文：「吾日」，人實反。

㉜【與道徘徊】　續古逸本、趙諫議本、郭注黑水城本、分章本「徘徊」作「俳佪」。

㉝【申子不自理】

○釋文：「勝子自理」，一本理作俚；本又作申子自埋，或云，謂申徒狄抱甕之河也；一本作申子不自理，謂申生也。▲「本又作申子自埋」：天理本「埋」作「理」，據北圖本、分章本改。

○成玄英疏：申子，晉獻公太子申生也，遭麗姬之難，枉被讒謗，不自申理，自縊而死矣。

㉞〖无足問於知和曰〗

○釋文：「无足」，一本作無知。

㉟〖故推正不忘邪〗

○釋文：「故推正不忘邪」，忘或作妄。言君臣但推尋正道不忘，故不用富貴邪？

㊱【慘怛之疾】　續古逸本「怛」作「怚」。

○釋文：「慘」，七感反。「怛」，丹曷反。

㊲【窮美究勢】

○釋文：「窮美」，窮猶盡也。「究埶」，音勢，本亦作勢；一音藝，究竟也。▲「究」，天理本、北圖本作「宂」，據分章本改。

○下文：且夫聲色滋味權勢之於人。

●干祿字書：宂究，上姦宂字，下究竟字。

○五經文字：埶，音藝，禮記及考工記皆音勢。

【計其患】 ㊳ 趙諫議本「計」作「許」。

【則亦久病長阨而不死者也】 ㊴

○闕誤：「則亦猶久病長阨」，見江南古藏本，舊闕。▲「久」，道藏本作「夕」，據楊慎本改。

○成玄英疏：亦何異乎久病固疾，長阨不死，雖生之日，猶死之年。

【耳營鍾鼓管籥之聲】 ㊵ 句解本同，林希逸本「鍾」作「鐘」。參見逍遙遊校勘記㊵。

○釋文：「筦」，音管，本亦作管。「籥」，音藥；一本筦籥作壎篪。

【若負重，行而上也】 ㊶

○闕誤：「若負重行而上坂也」，見張本，舊闕。

○釋文：「而上」，時掌反。

○成玄英疏：猶如負重，上阪而行。

●干祿字書：坂阪，上通下正。

⑫【貪財而取慰】

○闕誤：「貪財而取辱」，見張本，舊作慰。

○釋文：「取慰」，慰亦作畏。

○成玄英疏：貪取財寶，以慰其心。

⑬〖及其患至，求盡性竭財，單以反一日之无故〗

○釋文：「財單」，音丹，本或作蕲，音祈。

○成玄英疏：殫，盡也。

●古今正俗字詁：蕲，艸也。古鐘鼎款識多叚蕲爲祈字，用非本義，亦不與祈通，當别之。

⑭【繚意絕體而爭此】　靜嘉堂本無「絕」字。

○成玄英疏：情纏繞於名利，心決絕於爭求。

南華眞經卷第十

莊子雜篇　說劒第三十

①■【好之无厭】　底本、高山寺本、續古逸本、趙諫議本、靜嘉堂本、郭注黑水城本、呂惠卿本、林希逸本「无」作「不」，據釋文改。

○釋文：「好之」，呼報反。「无厭」，於鹽反，又於豔反。

②【孰能說王之意】　林希逸本、句解本「說」作「悅」。

○釋文：「說王」，如字，解也，又音悅。

③【以千金奉莊子】　高山寺本無「以」字。

④■【謹奉千金以幣從】　底本、續古逸本、趙諫議本、靜嘉堂本、郭注黑水城本、呂惠卿本、林希逸本「從」作「從者」，據釋文刪「者」字。高山寺本「幣從」作「弊從車」。

○成玄英疏：以充從車之幣帛也。

○釋文：「以幣從」，才用反，一本作以幣從軍。

●說文：𨑒從，隨行也。

○楚辭九章悲回風：軋洋洋之無從兮。　清蔣驥注：從，隨行者也。

○清孫詒讓札迻卷七韓非子某氏注愛臣第四：是故不得四從，案：從，謂從車。

⑤【悝尚何敢言】　高山寺本作「悝尚敢何言」。

○闕誤：「悝當何敢言」，見張本，舊作尚。

⑥【欲絕王之喜好也】　高山寺本無「欲」字。

⑦【使臣上說大王而逆王意】　高山寺本「大」作「太」，下同此。

⑧【趙國何求而不得也】　高山寺本「不得」作「不可得」。

⑨【然吾王所見劍士】　高山寺本無「然」字。

⑩〖皆蓬頭，突鬢〗

○釋文：「蓬」，步公反，本或作鏠，同。「頭」。「突鬢」，必刃反，司馬本作賓，云：賓讀爲鬢。

⑪【治劍服三日，乃見太子】　趙諫議本無「治劍服」三字，「乃」作「而」。高山寺本無「乃」字。

⑫〖王脫白刃待之〗

○釋文：「王脫」，一本作說，同，土活反。

⑬【王大悅之】　高山寺本、林希逸本無「之」字。

⑭【後之以發，先之以至】　高山寺本無兩「之」字，皆旁補「之」字。

⑮【待命令設戲請夫子】　高山寺本「命令」作「乎」，「乎」字右上補「命」字。

○成玄英疏：故令休息，屈就館舍，待設劍戲，然後邀延也。

●後漢書皇后紀上明德馬皇后：時后前母姊女賈氏亦以選入，生肅宗。帝以后無子，命令養之。

○楚辭天問：何親揆發足，周之命以咨嗟。　漢王逸注：當此之時，周之命令已行天下，百姓咨嗟歎而美之也。

⑯〖王乃校劍士七日〗

○釋文：「乃校」，校本或作教。

⑰【得五六人】　高山寺本無「六」字。

⑱■【今日試使士敦】　底本、續古逸本、趙諫議本、靜嘉堂本、郭注黑水城本、呂惠卿本、林希逸本「敦」作「敦劍」，據高山寺本及釋文刪「劍」字。

○釋文：「士敦」，如字。司馬云：敦，斷也，試使用劍相擊斷截也。一音丁回反。

●爾雅：敦，勉也。　宋邢昺疏：敦者，厚相勉也。

⑲【夫子所御杖】　高山寺本無「杖」字。

○釋文：「御杖」，直亮反。

⑳〖臣之所奉皆可〗

○釋文：「所奉」，司馬本作所奏。

㉑【然臣有三劒】　高山寺本無「然」字。

㉒■【齊、岱爲鍔，晉、衛爲脊，周、宋爲鐔】　底本、續古逸本、趙諫議本、靜嘉堂本、郭注黑水城本、呂惠卿本、林希逸本「衛」作「魏」，據高山寺本改。高山寺本「岱」作「代」，「周宋」作「以周宋」。

○章句音義：「晉、衛爲脊」，成云：晉、衛二國近趙地，故爲劒脊也。

㉓■【韓、魏爲夾】　底本、續古逸本、趙諫議本、靜嘉堂本、郭注黑水城本、呂惠卿本、林希逸本「夾」作「鋏」，據高山寺本及釋文改。下文「以豪桀士爲夾」同此改。

○釋文：「爲夾」，古協反，司馬云：把也。一本作鋏，同。一云：鐔，從稜向背；鋏，從稜向刃也。

●說文：鋏，鋏，可以持冶器鑄鎔者。古叶切。夾，夾，持也。古狎切。　段玉裁注：冶器者，鑄於鎔中，則以此物夾而出之。此物，金爲之，故从金。

○清戴震考工記圖桃氏：刃後之鋌曰莖，以木傅莖外，便持握者曰夾。

㉔【繞以渤海】　高山寺本「渤」作「勃」。

●史記高祖本紀：北有勃海之利。　司馬貞索隱：崔浩云：勃，旁跌也。旁跌出者，横在濟北，故齊都賦云：海旁出爲勃，名曰勃海郡。

○隸辨：渤，孫叔敖碑：陰渤海大守。按：漢書地理志、後漢書郡國志皆作勃海，諸碑亦作勃海，惟此碑作渤海。

㉕【論以刑德】 高山寺本「刑」作「形」。

㉖【直之无前】 高山寺本「直」作「值」；下文作「直之亦无前」。

㉗【以知勇士爲鋒】 高山寺本「知」作「智」。

㉘【以清廉士爲鍔】 高山寺本「清」作「精」。

㉙■【以豪桀士爲夾】 「夾」字據上文改。林希逸本、句解本「桀」作「傑」，天下同此。

●隸辨：桀：雄桀碑：口生雄桀。字原云：史漢豪傑並作桀。按：詩衛風：伯兮朅兮，邦之桀兮，傳云：桀，特立也。箋云：桀，英桀，言賢也。傑與桀，古蓋通用。

㉚【中知民意以安四鄉】 高山寺本同；靜嘉堂本「知」作「和」。

○成玄英疏：夫能法天象地而知萬物之情。

㉛【此劍一用，如雷霆之震也】 高山寺本「一用」作「壹用也」，無「之震」兩字。

㉜【四封之內】 趙諫議本「封」作「方」。

㉝【此庶人之劍，无異於鬬雞】 續古逸本「无」作「元」。高山寺本作「此无異鬬雞」，無「庶人

之劒」並「於」五字。

㉞【无所用於國事】　高山寺本無「於」字。

㉟【劒士皆服斃其處也】　高山寺本「服」作「伏」，「也」作「矣」。

○釋文：「服斃」，婢世反。

莊子雜篇　漁父第三十一

①【緇帷之林】　高山寺本「帷」作「維」，續古逸本作「惟」。

○釋文：「緇維」，本或作帷。

②〖有漁父者〗

○釋文：「有漁父者」，元嘉本作有漁者父。

③■【須眉交白】　底本、續古逸本、趙諫議本、靜嘉堂本、郭注黑水城本、呂惠卿本、高山寺本「須」作「鬚」，據釋文改。林希逸本、句解本「須」作「鬚」。

○闕誤：「皎白」，見張本，舊作交。

○釋文：「須眉」，本亦作鬚眉。「交白」，一本作皎。

●小爾雅廣言：交，俱也。

○廣韻：須，意所欲也，說文曰面毛也；俗作鬚。

○劉向新序卷十：皆年八十有餘，鬚眉皓白，衣冠甚偉。

○史記卷五十五留侯世家：四人從太子，年皆八十有餘，鬚眉皓白，衣冠甚偉。

○漢書卷四十：四人者從太子，年皆八十有餘，須眉皓白，衣冠甚偉。

④ ○通典卷九十六，冊府元龜卷七八四、八〇九所引並作「鬚眉皓白」。

【孔氏者，何治也】 高山寺本作「何治者也」。

⑤ 【飾禮樂】

○釋文：「飾禮」，本又作飭，音敕。

○成玄英疏：修飾禮樂。

●說文：飾，㕞也。讀若式。飭，致臤也。讀若敕。恥力切。 段玉裁注：飾拭，古今字。凡物去其塵垢卽所以增其光采，故㕞者飾之本義。而凡踵事增華皆謂之飾，則其引伸之義也。臤者，堅也。致者，送詣也。致之於堅，是之謂飭。凡人物皆得云飭，飭人而筋骸束矣，飭物而器用精良矣。其字形與飾相似，故古書多有互譌者。飾在外，飭在內，其義不同。

⑥ ■【下以化齊民】 底本、高山寺本、續古逸本、趙諫議本、靜嘉堂本、郭注黑水城本、呂惠卿本、林希逸本「化」作「化於」，據釋文及下文刪「於」字。

○釋文：「下以化齊民」，元嘉本作化於齊民，後句如無於字。

○下文：以化齊民。

⑦ 【此孔氏之所治也】 高山寺本「此」作「此夫」。

⑧【客乃笑而還】　高山寺本無「客」字。

⑨〖仁則仁矣，恐不免其身，苦心勞形，以危其眞〗　參見山木校勘記㊹。

○釋文：「以危」，危或作僞。

⑩〖其分於道也〗

○釋文：「其分」，如字，本又作介，音界，司馬云：離也。

○庚桑楚：介而離山。高山寺本「介」作「分」，塗改作「介」。　釋文：「介而」，音戒，廣雅云：獨也；一本作分，謂分張也，元嘉本同。

⑪【杖拏而引其船】　高山寺本同，靜嘉堂本「拏」作「拏」，下文作「拏」。

○釋文：「杖」，直亮反。「拏」，女居反，司馬云：橈也，音饒。

●說文：[seal script]拏，牽引也，从手，如聲。[seal script]拏，持也，从手，奴聲。　段玉裁注：拏，各本篆作拏，解作如聲，此與前文訓牽引之拏互譌也，今正。煩拏紛拏字，當从如，女居切。拏攫字，當从奴，女加切。

⑫【還鄉而立】　高山寺本「鄉」作「向」。

○釋文：「鄉而」，香亮反，或作嚮，同。

⑬【竊待於下風】　高山寺本同。

○闕誤：「侍於下風」，見張本，舊作待。

○釋文：「竊待」，待或作侍。▲「或」，天理本作「作」，據北圖本改。

○周禮天官小宰：各修乃職，攷乃灋，待乃事，以聽王命。

⑭ ■【幸聞欬唾之音】　底本、續古逸本、趙諫議本、靜嘉堂本、郭注黑水城本、呂惠卿本、林希逸本「欬」作「咳」，據高山寺本及釋文之音改。

○釋文：「咳」，苦代反。「唾」，吐臥反。▲「苦」，天理本作「若」，據北圖本、分章本改。

○成玄英疏：竊聽下風，庶承謦欬。

○徐无鬼：有況乎昆弟親戚之謦欬其側者乎？久矣夫，莫以眞人之言謦欬吾君之側乎！

釋文：「謦」，苦頂反，又音罄。「欬」，苦愛反。

●說文：咳，小兒笑也。戶來切。孩，古文咳从子。欬，屰氣也。苦蓋切。　段玉裁注：屰，後人多用逆。

○慧琳音義卷三十六：「謦欬」，下開愛反，考聲云：欬，嗽也。

○民國鄭詩古今正俗字詁：佊俗率以咳爲欬嗽字，以孩爲孩提字，音義均析爲二矣，誤。自俗以咳爲欬而咳欬之本義均淆矣。

⑮【人憂其事，乃无所陵】　高山寺本「憂」作「處」，「陵」作「淩」。

○成玄英疏：庶人自憂其務。

⑯【長少无序】　高山寺本「少」作「幼」。

○釋文：「長少」。

⑰【官事不治】　靜嘉堂本無「官」字。

⑱【行不清白】　高山寺本「清」作「精」。

⑲【功美不有】　高山寺本「不」作「無」。

⑳【爵祿不持】　高山寺本「持」作「治」。

㉑【廷无忠臣】　高山寺本「廷」作「朝」。

㉒〔工技不巧，貢職不美〕

○釋文：「工技」。「貢職」，職或作賦。

●周禮夏官大司馬：施貢分職以任邦國。　鄭玄注：職，謂賦稅也。

○淮南子原道：四夷納職。　高誘注：職，貢也。

㉓【人倫不飭】　底本「飭」作「飭」，高山寺本作「餝」。

○釋文：「不飭」，音敕。

●隸辨：飭，說文飭從人從力，碑變從方。餝，他碑亦以爲飾字。

○干祿字書：鎊飾，上俗下正。

○五經文字：飾，作鎊，訛。

㉔【擅飾禮樂】　高山寺本「飾」作「鎊」，上文作「飾禮樂」。

㉕【不泰多事乎】　高山寺本「不泰」作「不亦泰」。

○釋文：「不泰」，本又作大，音同。

㉖【希意導言，謂之諂】　高山寺本、趙諫議本、續古逸本同。靜嘉堂本、呂惠卿本、林希逸本「諂」作「謟」。參見天地校勘記㊼。

㉗【析交離親】　高山寺本「析」作「斥」。

㉘【以敗惡人】

○闕誤：「以敗德人」，見張本，舊作惡，音烏路反。

○釋文：「以敗」，補邁反。「惡人」，烏路反。

㉙【不擇善否】　高山寺本「否」作「惡」。

○釋文：「善否」，悲美反，惡也。

㉚【兩容頰適】　高山寺本同。

○釋文：「兩容頰適」，善惡皆容，顏貌調適。頰或作顏。

㉛【內以傷身】　續古逸本「傷」作「亂」。

㉜【謂之很】　靜嘉堂本「很」作「狠」，高山寺本作「佷」。

○釋文：「很」，胡懇反。

●說文：𢓊很，不聽從也。一曰行難也。一曰盭也。盭，弼戾也，讀若戾，郎計切。

○廣韻：很，很戾也。俗作狠。

○增廣字學舉隅：佷，音恆。佷山，縣名。

㉝【雖善不善】　高山寺本句首有「則」字。

㉞【无行四患】　高山寺本句末有「也」字。

㉟【圍於陳、蔡】　高山寺本「圍」作「困」。

㊱■【甚矣，子之難語也】　底本、續古逸本、趙諫議本、靜嘉堂本、郭注黑水城本、呂惠卿本、林希逸本「語」作「悟」，據高山寺本及釋文改。

○釋文：「難語」，魚據反，下同，本或作悟。

㊲【影不離身】　高山寺本無「身」字。

○釋文：「不離」，力智反。

㊳【自以爲尚遲】　高山寺本同。靜嘉堂本、趙諫議本「遲」作「遟」。

●說文：遲遲，徐行也。遟遟，籒文遲从屖。段玉裁注：五經文字曰今從籒文，謂唐人經典用遟不用遲也。

㊴【處靜以息迹】　高山寺本「處靜」作「靜處」。

㊵【今不脩之身而求之人】　高山寺本作「今不脩身而求之於人」。

㊶【孔子愀然】　高山寺本作「孔子愀然自竦也」。

○成玄英疏：自竦也。

㊷【請問何謂眞】　高山寺本句末有「也」字。

㊸【雖悲，不哀】　高山寺本「悲」作「疾」。

㊹【未發而威】　高山寺本「未發」作「不嚴」。

㊺【未笑而和】　高山寺本「未」作「不」。

㊻【處喪以哀爲主】　高山寺本「哀」作「義」。

㊼【忠貞以功爲主，飲酒以樂爲主，處喪以哀爲主，事親以適爲主。功成之美，无一其迹矣】

敦煌本作：「慈孝以適爲主，忠貞以功爲主，飲酒以樂爲主，資喪以哀爲主；功伐成美，無壹其迹矣」，上文與底本同。高山寺本無「事親以適爲主。功成之美，无一其迹矣」。

㊽【不論所以矣】　敦煌本同，高山寺本作「不論其所以矣」。

⑭【飲酒以樂】　高山寺本、敦煌本「以」作「成」。

⑤【祿祿而受變於俗，故不足】　敦煌本同，高山寺本「故不足」作「故不可足恤」。

○釋文：「祿祿」，如字，又音錄，謂形見爲禮也。司馬云：錄，領錄也。

⑤【子之早湛於人僞】　高山寺本、敦煌本「早」作「蚤」。

○釋文：「蚤」，音早，字亦作早。「湛」，丁南反，下同。

●顔師古曰：蚤，古早字。

○段玉裁説文解字注：蚤，經傳多叚爲早字。

⑤■【今者丘得過也】　底本、敦煌本、續古逸本、趙諫議本、靜嘉堂本、郭注黑水城本、呂惠卿本、林希逸本「過」作「遇」，據高山寺本及釋文改。參見讓王校勘記⑤。

○釋文：「丘得過也」，謂得過失也。過或作遇。

⑤【先生不羞】　敦煌本同，高山寺本作「先生不爲羞」。

⑤【敢問舍所在】　高山寺本、敦煌本「在」作「存」。

●説文：扗在，存也。𢓡存，恤問也。　段玉裁注：釋詁：徂、在，存也。在、存，察也。按虞夏書在訓察，謂在與伺音同，卽存問之義也。在之義，古訓爲存問，今義但訓爲存亡之存。

⑤■【愼勿與之】　底本「勿」作「物」，據衆校本改。

(56)【子勉之】　高山寺本同，敦煌本「勉」作「免」。

(57)【未嘗見夫子遇人如此其威也】　高山寺本、敦煌本「如」作「若」。

(58)【未嘗不分庭伉禮】　高山寺本同，敦煌本「伉」作「抗」，「禮」作「礼」。

●儀禮燕禮：賓升自西階，主人亦升自西階。　鄭玄注：以其尊，莫敢伉禮也。　唐賈公彥疏：伉，敵也。

(59)■【夫子猶有倨傲之容】　底本、敦煌本、高山寺本、續古逸本、趙諫議本、郭注黑水城本、呂惠卿本「傲」作「敖」，據靜嘉堂本、林希逸本及釋文改。

○釋文：「倨」，音據。「傲」，五報反。▲「傲」，北圖本、分章本作「敖」。

●說文：𢾕敖，出游也。𠍷傲，倨也。

(60)【而夫子曲要磬折】　敦煌本、高山寺本無「而」字，「要」作「腰」。

○釋文：「曲要」，一遙反。「磬折」，之設反。

(61)【言拜而應，得无太甚乎】　高山寺本同。林希逸本、句解本「言」作「再」。敦煌本「太」作「大」。

(62)〖湛於禮義〗

○釋文：「湛於」，湛或作其。

⑥③【而樸鄙之心】高山寺本「樸鄙」作「鄙樸」。

⑥④【見賢不尊】高山寺本「賢」作「貴」。

○成玄英疏：見可貴不尊。

⑥⑤【失之者死，得之者生】高山寺本無兩「之」字。

⑥⑥【吾敢不敬乎】高山寺本「不」作「勿」。

莊子雜篇　列御寇第三十二

①【列御寇第三十二】　趙諫議本篇名作「御」，正文作「禦」。

○釋文：「列禦寇」，或無列字。

○逍遙遊：夫列子御風而行。　釋文：「列子」，李云：鄭人，名御寇，得風仙，乘風而行，與鄭穆公同時。

○讓王：列御寇，蓋有道之士也。高山寺本同。敦煌本「御」作「禦」。

●說文：御，使馬也。馭，古文御从又馬。禦，祀也。段玉裁注：後人用此爲禁禦字，古只用御字。

○玉篇：禦，魚舉切，禁也，又當也。御，魚據切，治也，侍也。

②【遇伯昏瞀人】

○釋文：「瞀人」，音茂，又音務。

○章句音義：「伯昏瞀人」，音茂，又音務，又作无人。

○德充符：申徒嘉，介者也，而與鄭子產同師於伯昏无人。　釋文：「无人」，雜篇作瞀人。

○田子方：列御寇爲伯昏无人射。

③【奚方而反】　續古逸本「反」作「使」。

④【吾嘗食於十漿，而五漿先饋】　句解本同，林希逸本「漿」作「饕」。

○釋文：「十饕」，子祥反，本亦作漿。司馬云：饕，讀曰漿，十家並賣漿也。「五饕先饋」。

○則陽：舍於蟻丘之漿。　釋文：「之漿」，李云：賣漿家；司馬云：謂逆旅舍，以菰蔣草覆之也。

□案：「漿」爲正字，「饕」爲俗字，因「漿」有飲食店之義而作「饕」，正如「館」有客舍之義而作「舘」。今莊子書中此類因形音義而致之俗字譌字不少。

⑤【汝何爲驚已】　靜嘉堂本、呂惠卿本「已」作「己」。

○成玄英疏：更問驚由，庶陳已失。

⑥【多餘之贏】　林希逸本、句解本「贏」作「羸」。

○闕誤：「无多餘之贏」，江南李氏、張本同，舊闕。

○章句音義：「无多餘之贏」，无，見江南李氏、張君房本，舊闕。

○成玄英疏：特，獨也。贏，利也。夫賣漿之人，獨有羹食爲貨，所盈之物，蓋亦不多。

⑦【而效我以功】

○釋文：「而效」，如字，本又作校，古孝反。

●廣雅釋言：稽、效，考也。　王念孫疏證：效之言，校也。

⑧【觀乎汝處己】　靜嘉堂本同，續古逸本、趙諫議本、郭注黑水城本、林希逸本、呂惠卿本「己」作「已」。林希逸注：「已，助詞也。」

○闕誤：「汝處己」，音紀，〔見〕江南李氏本，舊作已。

○章句音義：「處己」，音紀。成云：安處己身。

⑨■【儐者以告列子】　衆本「儐」作「賓」，據釋文所校之某本改。

○釋文：「賓者」，本亦作儐，同，必刃反，謂通客之人。

●説文：賓，所敬也。必鄰切。儐，導也，从人，賓聲。必刃切。擯，儐或从手。

○玉篇：儐，卑刃切，出接賓曰儐，説文云：導也。賓，卑民切，敬也，客也，服也，從也，協也。

⑩【曾不發藥乎】

○釋文：「發藥」，如字，司馬本作廢，云：置也。

⑪■【搖而本才】　衆本「才」作「性」，據釋文改。

○釋文：「搖而本才」，一本才作性。「又无謂也」，動搖本才以致求者，又非道德之謂也。

○郭象注：必將有感，則與本性動也。

●說文：𠂦才，艸木之初也。段玉裁注：引伸爲凡始之偁。艸木之初，而枝葉畢寓焉；生人之初，而萬善畢具焉，故人之能曰才，言人之所蘊也。

⑫【又莫汝告也】林希逸本、句解本「汝」作「與」。

⑬【飽食而遨遊】

○釋文：「食而」，一本作飽食而。「敖遊」，本又作遨，五刀反，下同。

●說文：𢾕敖，出游也。

○玉篇：遨，五高切，遨遊也。

⑭【呻吟裘氏之地】

○釋文：「呻」，音申，本或作呻吟。「裘氏」。「之地」，崔本作之地蛇，云：地蛇者，山田荼種也。

⑮■【祇三年】衆本「祇」作「秖」，據釋文改。

○釋文：「祇」，音支，郭、李云：適也；司馬云：巨移反，謂神祇祐之也。

●五經文字：秖，止移反，適也。作祇，訛。

○段玉裁說文解字注：按：唐……凡訓適之字，皆从衣氏，蓋有所受之矣。……祇譌祇，俗又作秖。唐人詩文用之，讀如支，今則改用只，讀如質。此古今推移之變也。

⑯【而緩爲儒】趙諫議本句末有「也」字。

⑰【闔胡嘗視其良】
○闕誤：「闔□嘗視其良」，文、成、李同，舊作闔胡嘗視其良。
○釋文：「闔胡嘗視其良」，闔，語助也。胡，何也。良者，良人，庌（斥）緩也，言何不試視緩墓上，已化爲秋柏之實。良或作埌，音浪，冢也。
●篆隸萬象名義：良，力章反，善也，賢也，長也。
○方言卷十三：冢，秦晉之間謂之墳，或謂之埌。

⑱【古之人，天而不人】
○闕誤：「古之至人，天而不人」，見張、文本，舊闕。
○郭象注：知雖落天地，未嘗開言以引物也，應其至分而已。　成玄英疏：復古眞人，知道之士，天然淳素，無復人情。

⑲【單千金之家】
○釋文：「單」，音丹，盡也。「千金之家」，如字，本亦作賈，又作價，皆音嫁。
○章句音義：「千金之家」，一本作產。

⑳【三年技成】
◎釋文：「三」，絕句，崔云：用千金者三也；一本作三年，則上句至家絕。「技成」。

㉑ ■【慎於兵】 眾本「慎」作「順」，據釋文改。

○釋文：「慎於兵」，慎或作順。

○郭象注：物各順性則足，足則无求。不得已而用之，以恬淡爲上者，未之亡也。

●說文：順，理也。慎，謹也。段玉裁注：順者，理也，順之所以理之，未有不順民情而能理者。凡順慎互用者，字之譌。

㉒【而甘瞑乎无何有之鄉】

○釋文：「甘冥」，如字，本亦作瞑，又音眠。

●說文：冥，幽也。日數十，十六日而月始虧幽也。瞑，翕目也。武延切。徐鉉曰：瞑，今俗別作眠，非是。

○玉篇：瞑，眉田切，寐也，翕目也。

㉓【悲哉乎】

○釋文：「悲哉乎」，一本作悲哉悲哉。

㉔【槁項黃馘者】

○釋文：「槁」，本亦作橋，居表反。「項」。「黃馘」。

㉕【舐痔者】

○釋文：「舐」，字又作秕，食紙反。「痔」。　參見田子方校勘記㊱。

㉖ 〖所治愈下〗

○釋文：「愈下」，本亦作俞，同。▲「俞」，天理本作「愈」，據北圖本、分章本改。

㉗ 【宵人之離外刑】　趙諫議本「之」作「支」。

㉘ 【金木訊之】

○釋文：「訙之」，本又作訊，音信，問也。

●干祿字書：訙訊，上俗下正。

㉙ 【有順懁而達】

○闕誤：「有愼懁而達」，見江南古藏本，舊作順。

○章句音義：「有順」，或本作愼，古順字，殊閏切，理也；一本作循。

○釋文：「有順」，王作愼。「懁」，音環。

㉚ 【醉之以酒而觀其則】

○釋文：「其側」，側，不正也。側或作則。

㉛ 〖緣循、偃佒〗

○釋文：「偃佒」，於丈反，本亦作央，同。偃佒，守分歸一也。

○郭象注：偃佒，不能俯執者也。

●說文：𡘋央，中央也。㫙偃，僵也。段玉裁注：凡仰仆曰偃，引伸爲凡仰之偁。

○玉篇：佒，於良於郎二切，體不伸也。

○龍龕手鑑：佒，音央，傴也。

【仁義多責，達生之情者傀】

32 ○闕誤：「仁義多責，六者所以相刑也。達生之情者傀」，見劉得一本，舊闕。

【達於知者肖】

33 ○釋文：「於知」，音智。「者肖」，音消，郭云：釋散也。

【恃緯蕭而食者】 靜嘉堂本「緯」作「葦」。

34 ○釋文：「緯蕭」，如字。緯，織也，蕭，荻蒿也，織蕭以爲畚而賣之。本或作葦，音同。▲「或」，天理本作「不」，據北圖本、分章本改。

■【取石來鍛之】 衆本「鍛」作「鍜」，據釋文之音義改。

35 ○釋文：「鍛之」，丁亂反，謂槌破之。

●說文：鍜鍜，錏鍜（頸鎧）也。从金，段聲。乎加切。鍛鍛，小冶也。从金，段聲。丁貫切。

【子能得車者】 靜嘉堂本「子」作「予」。

36

㊲【食以芻菽】

○釋文：「芻叔」，初俱反。芻，草也；叔，大豆也。

●說文：尗尗，豆也。𡭔叔，拾也。　段玉裁注：尗，今字作菽。

㊳【萬物爲齎送】　句解本同，林希逸本「齎」作「齏」。

○釋文：「齎」，音資；本或作濟，子詣反。

莊子雜篇　天下第三十三

① 〖兆於變化〗

○釋文：「兆於」，本或作逃。

② ■【以參爲驗】　底本、續古逸本、趙諫議本、靜嘉堂本、呂惠卿本、林希逸本「參」作「操」，據高山寺本及釋文改。

○釋文：「以參」，本又作操，同，七曹反，宜也。

●韓非子顯學：無參驗而必之者，愚也。

○埤雅：三相參爲參。

③ 【蕃息畜藏】　高山寺本「蕃」作「番」。林希逸本、句解本「畜」作「蓄」。

○釋文：「蕃息」，音煩。「畜」，敕六反，又許六反。「藏」，如字，又才浪反。

●說文：蕃蕃，艸茂也。番番，獸足謂之番。畜畜，田畜也。蓄蓄，積也。　段玉裁注：畜與蓄義略同。畜从田，其源也。蓄从艸，其委也。

○釋名釋言語：孝，好也。愛好父母，如所說好也。孝經說曰：孝，畜也；畜，養也。

④ ■【老弱孤寡皆有以，養民之理也】　底本、續古逸本、趙諫議本、靜嘉堂本、呂惠卿本、林

希逸本「孤寡」下有「爲意」兩字，據高山寺本删。舊讀作：老弱孤寡爲意，皆有以養，民之理也。

○成玄英疏：養老哀弱，矜孤恤寡，五帝已下，備有之焉。

○道德經第二十章：衆人皆有以。晉王弼注：以，用也。

●說文：𠃧，用也。从反巳(𠃧)。羊止切。段玉裁注：按，今字皆作以，由隸變加人於右也。

○尚書大禹謨：德惟善政，政在養民。

⑤【係於末度】　高山寺本句末有「也」字。

⑥■【六通四辟】　衆本「辟」作「闢」，據釋文改。參見天道校勘記①。

○釋文：「四辟」，婢亦反，本又作闢。

○成玄英疏：闢，法也。

⑦【其在於詩、書、禮、樂者】　高山寺本無「於」字。

⑧【搢紳先生】　高山寺本「搢」作「縉」。

●五經文字：搢，插也。或以縉爲此字，訛。

⑨■【詩以道志】　底本「道」作「導」，據靜嘉堂本、高山寺本、林希逸本及釋文改。下「以道」同此改。

⑩ ○釋文：「道志」，音導，下以道皆同。
〖天下多得一察焉以自好〗
○釋文：「得一」，偏得一術。▲「偏」，天理本、北圖本作「徧」，據分章本改。
⑪ 【百家眾技】 高山寺本作「百官眾伎」。
○釋文：「眾技」，其綺反。
⑫ 【時有所用】 高山寺本作「時有所不用」。
○郭象注：所長不同，不得常用也。▲「同」，高山寺本作「周」。 成玄英疏：故時有所廢。
□案：作「時有所不用」非。時有所用，必時有所不用，側重點不同。
⑬ 【不該不徧】 高山寺本「徧」作「偏」。
○釋文：「不徧」，音遍。
⑭ 【不幸不見天地之純】 高山寺本「純」作「能」。
⑮ 〖不暉於數度〗
○釋文：「不暉」，如字，崔本作渾。
⑯ 【以繩墨自矯】 高山寺本「矯」作「橋」。
○釋文：「自矯」，居表反。

⑰ 【爲之太過，已之大循】　高山寺本「大循」作「太循」。參見大宗師校勘記⑪。

○釋文：「大過」，音太，舊敕佐反。後大過、大多、大少，放此。「大順」，順或作循。

○郭象注：不復度衆所能也。

⑱ ■【墨子氾愛】　衆本「氾」作「氾」，據釋文之音義改。下文「氾愛萬物」同此改。參見德充符校勘記⑲。高山寺本、林希逸本「氾」作「汎」。

○釋文：「氾」，芳劒反。「愛兼利」。

●說文：氾，濫也。孚梵切。汎，浮皃。孚梵切。

○玉篇：汎，說文浮皃，今爲汎濫字，孚梵切。氾，孚劒切，普博也，氾濫也，亦作泛。

⑲ 【黄帝有咸池】　趙諫議本「黄」作「皇」。

⑳ 【禹有大夏，湯有大濩，文王有辟雍之樂】

○釋文：「有夏」，戶雅反。「有濩」，音護。「有辟」，音壁。

㉑ 【周公作武】　高山寺本「武」作「武樂」。

㉒ 【恐不愛人】　高山寺本「不」作「乖」。

㉓ 【末敗墨子道】　高山寺本作「末敗墨子之道」。

○釋文：「未敗」，敗或作毀。「墨子」，是一家之正，故不可以爲敗也。崔云：未壞其道。

○成玄英疏：末，無也。

○章句音義：「末敗」，末或作未。

●元戴侗六書故卷二十一：末，莫撥切，木杪也。木上曰末，本末之義，引之無所不通。末，木之窮也，故因之爲末殺、末減、末署，末蔑莫聲相通，故又與蔑莫同義。記曰：末之卜也，語曰：吾末如之何，末由也已。

○公羊傳隱公六年：吾與鄭人末有成也。何休注：末，無也。

○禮記檀弓下：不忍一日末有所歸也。鄭玄注：末，無也。

㉔【恐其不可以爲聖人之道】　高山寺本無「其」字。

㉕【昔者禹之湮洪水】　靜嘉堂本無「者」字。高山寺本「湮」作「堙」。

○釋文：「湮洪水」，音因，又音煙，塞也，沒也。掘地而注之海，使水由地下也。

●說文：湮，沒也。垔，塞也。尚書曰：鯀垔洪水。

○爾雅釋詁：湮，落也。

○廣雅釋詁：堙，塞也。

㉖【名川三百，支川三千】

○釋文：「支川」，本或作支流。

㉗【禹親自操橐耜】　高山寺本「橐」作「囊」。

○釋文：「自操」。「橐」，舊古考反，崔、郭音託，字則應作橐，崔云：囊也，司馬云：盛土器也。「耜」音似。釋名：耜，似也，似齒斷物。三蒼云：耒頭鐵也。崔云：棰也。司馬云：盛水器也。

●說文：𣠮橐，木枯也。𣝀橐，囊也。𣐃相(耜)，臿也，一曰徙土輂，齊人語也。

㉘【而九雜天下之川】　高山寺本同。

○闕誤：「而九滌天下之川」，[見]江南李氏本，舊作雜。

○章句音義：「滌」，見江南李氏本，舊作雜。

○釋文：「而九」，音鳩，本亦作鳩，聚也。「雜」，本或作杂，音同。崔云：所治非一，故曰雜也。

●干祿字書：杂雜，上俗下正。

○說文：勼勼，聚也。讀若鳩。居求切。𩿨鳩，鶻鵃也。居求切。𦅻糴，市穀也。徒歷切。

𩀖雜(襍)，五彩相會。徂合切。

○方言卷三：雜，集也。

○廣雅釋詁：雜，聚也。

㉙【腓无胈，脛无毛】　高山寺本「脛」作「踁」，下文作「脛」。參見駢拇校勘記⑨。

○釋文：「腓」。「无胈」。「脛」，刑定反。

㉚【沐甚雨，櫛疾風】

○釋文：「甚雨」，如字，崔本甚作湛。「櫛」，側筆反。

㉛【而形勞天下也如此】　高山寺本無「形」「也」兩字。

㉜【非禹之道也】　高山寺本無「之」字。

㉝【相里勤】　高山寺本「里」作「理」。

○釋文：「相」，息亮反。「里勤」。▲「勤」，天理本作「勒」，據北圖本、分章本改。

㉞【苦獲、己齒】　靜嘉堂本、林希逸本、呂惠卿本「己」作「巳」。

○釋文：「苦獲、己齒」。

㉟【而倍譎不同】　高山寺本「譎」作「矞」。

○釋文：「而倍」。「譎」，古穴反，崔云：決也。

㊱【以觭偶不仵之辭相應】　趙諫議本「仵」作「忤」。

○釋文：「以觭」。「不仵」，仵，同也。

㊲【以巨子爲聖人】

○釋文：「巨子」，向、崔本作鉅。

●說文：鉅鉅，大剛也。巨巨，規巨(矩)也。从工，象手持之。

○玉篇：鉅，強語切，大也，今作巨。

⑱【墨翟、禽滑釐之意則是】　高山寺本句末有「也」字。

⑲【墨子眞天下之好也】　高山寺本「好也」作「好者也」。

○釋文：「之好」，呼報反，注同。

⑳【將求之不得也】　高山寺本「不得也」作「不可得也」。

㉑【雖枯槁，不舍也】　高山寺本無「也」字。

○釋文：「枯槁」。「不舍也」，音捨，下章同。

㉒【願天下之安寧，以活民命】　高山寺本「民命」作「民之命」。

㉓〖以此白心〗

○釋文：「白心」，白或作任。

●管子有白心。

○玉篇：白，明也。

㉔【尹文】　高山寺本作「尹文文子」。

○釋文：「尹文」，崔云：齊宣王時人，著書一篇。

㊺【以聏合驩】

○釋文：「聏」，崔本作胹，音而，郭音餌。司馬云：厚貌。崔、郭、王云：和也。一云：調也。「合驩」。▲「胹」，宋刻本作「聏」，據抱經堂本改。

●集韻：胹，和也，調也；或作聏。恧，說文慙也，或作忸聽聏。

○類篇：聽，女六切，慙也。或作胹聏。

○玉篇：聽，奴陸切，埤蒼云：聽，慙也。作恧。恧，女六切，慙皃。(元刻本)

○說文：𢘌恧，慙也。女六切。　□案：「恧」爲正字，「聏」爲俗字。

㊻【置之以爲主】　高山寺本無「之」字。

㊼〔君子不爲苛察〕

○釋文：「苛察」，音河，一本作苟。

㊽【明之，不如已也】　高山寺本無「也」字。

㊾【以情欲寡淺爲內】　高山寺本無「淺」字。

㊿【其小大精粗】　高山寺本「小大」作「大小」。

51【其行適至是而止】　高山寺本「止」作「已」。

52【公而不黨】

○釋文：「不當」，丁浪反，崔本作黨，云：至公無黨也。

●論語衛靈公：君子矜而不爭，羣而不黨。

○韓非子解老：所謂直者，義必公正，公心無偏黨也。

⑤③【不謀於知，於物无擇】　高山寺本「知」作「智」，「擇」作「澤」。

⑤④【天能覆之而不能載之，地能載之而不能覆之，大道能包之而不能辯之】　高山寺本作「天能覆之不能載，地能載之不能覆，大道苞之而不能辨」。

⑤⑤【知萬物皆有所可】　高山寺本「萬物」作「萬物之」。

⑤⑥【選則不偏】　高山寺本「偏」作「偏」。

○釋文：「不偏」，音遍。

⑤⑦〖教則不至，道則无遺者矣〗

○釋文：「不至」，一本作不王。「无遺」，如字，本又作貴。

⑤⑧【謑髁无任而笑天下之尚賢也】　高山寺本「謑」作「髊」，無「也」字。

○釋文：「謑」，胡啓反，又音奚，又苦迷反，說文云：恥也。「髁」，戶寡反，郭勘禍反，謑髁，訛倪不正貌，王云，謂謹刻也。「无任」。

⑤⑨■【椎拍輐斷】　底本、靜嘉堂本「拍」作「柏」，據續古逸本、趙諫議本、林希逸本、呂惠卿本

及釋文改。高山寺本「拍」作「栢」，林希逸本「椎」作「推」。

○釋文：「椎」，直追反。「拍」，普百反。「輐」，五管反，圓也。「斷」，方也。王云：椎拍輐斷，皆刑截者所用。

○郭象注：法家雖妙，猶有椎拍，故未泯合。▲「故」，底本作「輐」，據眾校本改。成玄英疏：椎拍，笞撻也。輐斷，行刑也。宛轉，變化也。復能打拍刑戮而隨順時代，故能與物變化而不固執之者也。▲「椎拍」，道藏本、靜嘉堂本、萬治本經注疏皆作「椎柏」，據室町舊鈔本改。「打拍」，道藏本作「打柏」，據靜嘉堂本、室町舊鈔本、萬治本疏文改。

□案：釋文之「柏」字皆作「栢」：「宜秋栢桑」「栢矩」，皆無音義。此作「拍」無可疑。

⑥⓪【不師知慮】　高山寺本、林希逸本「知」作「智」。

○釋文：「不師知」，音智。

⑥①【魏然而已矣】　高山寺本「魏」作「巍」。參見知北遊校勘記㉞。

○釋文：「魏然」，魚威反，李五回反。

⑥②【若飄風之還】　高山寺本無「風」字。

○釋文：「若飄」，婢遙反，爾雅云：回風爲飄。「之還」，音旋，一音環。

○齊物論：飄風則大和。　○盜跖：意如飄風。

63 【若磨石之隧】　高山寺本「隧」作「隊」。

◎釋文：「若磨」。「石之隧」，音遂，回也，徐絕句；一讀至全字絕句。「全而无非」。

64 【无建己之患】　高山寺本同。

○章句音義：「无逮己之患」，江南本作逮，舊作建。

○成玄英疏：夫物莫不耽滯身己，建立功名。

65 【至於若无知之物而已】　高山寺本作「若無知之物而已矣」，無「至於」兩字。

66 【古之道，人至於莫之是、莫之非而已矣】　高山寺本無「莫之是」三字。

67 ■【其風䦲然】　眾本「䦲」作「窢」，據釋文所校之某本改。

○釋文：「窢」，字亦作罭，又作䦲。況逼反，又火麥反。向、郭云：逆風聲。▲「字」，天理本、北圖本作「其」，據分章本改。

●經典文字辨證書：䦲，正。罭，別，出詩。窢，俗，出莊子。

○說文：閾，門梱也。于逼切。（新附字）罭，魚網也。雨逼切。

○正字通：䦲，營逼切，音域。說文：門梱也。爾雅：柣謂之閾，註：門限也。謂門下橫木，爲外內之限也。

68 【常反人，不聚觀】　高山寺本「聚」作「取」。

(69)
○釋文：「不見觀」，一本作不聚觀。

○郭象注：不順民望。

【而不免於魭斷】　高山寺本同。

○釋文：「於魭」，五管反，又五亂反。「斷」，丁管反。郭云：魭斷，無圭角也。一本無斷字。

●經典文字辨證書：刓，正；魭、园，並別。魭斷、园，出漢逄盛碑，又莊子：五者园而幾向方矣。

○正字通：魭，同黿。汲冢紀年：周穆王十七年，起師至九江，以魭爲梁。車魚異類，舊註泥篇海輐同魭，誤。

○說文：黿，大鼈也。愚袁切。刓，剸也。五丸切。

○漢劉熙釋名釋言語：緩，浣也，斷也。持之不急，則動搖浣斷，自放縱也。　王先謙疏證補：浣斷，與輐斷、魭斷、刓斷，並聲近字通。

(70)
【槩乎皆常有聞者也】　高山寺本無「也」字，「槩」作「概」。衆校本「常」作「嘗」。

○釋文：「槩乎」，古愛反。

●助字辨略：高帝紀：高祖常繇咸陽，此常字，與嘗通，猶云曾也。

(71)
【以濡弱謙下爲表】　高山寺本「濡」作「懦」。

○釋文：「以濡」，如兗反，一音儒。「謙下」。

○徐无鬼：有濡需者。釋文：「濡」，音儒，又音如，安也。「需」，音須。濡需，謂偷安須臾之頃。

●廣雅釋詁：濡，漬也。懦，弱也。儒，柔也。

(72)【以空虛不毀萬物爲實】　高山寺本無「爲」字。

(73)【芴乎若亡，寂乎若清】　高山寺本「亡」作「世」，「寂」作「家」。參見(78)。

○釋文：「芴」，音忽。

(74)■【受天下之詬】　眾本「詬」作「垢」，據馬王堆漢墓帛書老子改。

○釋文：「之垢」，音苟。

○郭象注：雌辱後下之類，皆物之所謂垢。　成玄英疏：退身居後，推物在先，斯受垢辱之者。

○道德經第七十八章帛書甲乙本：受邦(國)之詢，是胃社稷之主。

○左傳宣公十五年：國君含垢。　釋文：「含垢」，古口反，本或作詬，徐云：亦音垢。

●說文：詬，詬，恥也，呼寇切；詢，詢，詬或从句。　○玉篇：詬，罵也，恥辱也。

(75)【巋然而有餘】　高山寺本「巋」作「巍」。

○釋文：「巋」，去軌反，又去類反，本或作魏。

●爾雅釋山：小而眾，巋。　郭璞注：巋，小山叢羅。

○慧琳音義卷七十七：「巋然」，上虧軌反，考聲云：山孤立也。古今正字：從山歸聲。　○卷八十二：「巋然」，丘軌反，韻英云：高峻皃，從山歸聲。

(76) 【常寬容於物】 高山寺本無「容」字。

○郭象注：各守其分，則自容有餘。 成玄英疏：退己謙和，故寬容於物。

(77) 【可謂至極】 高山寺本作「雖未至於極」。

○闕誤：「雖未至極」，江南李氏、文本同，舊作可謂至極。

○章句音義：「雖未至極」，舊作可謂至極，江南古藏本作雖未至極者。

□案：既曰「雖未」，當有下文，無下文則文意不完。

(78) 【古之博大眞人哉】 高山寺本無「眞」字。

(79) ■【芴漠无形】 底本、高山寺本、續古逸本、靜嘉堂本、呂惠卿本、林希逸本「芴」作「寂」，據釋文改。趙諫議本「漠」作「寞」。

○釋文：「芴」，元嘉本作寂。「漠」，音莫。

○上文：芴乎若亡，寂乎若清。 釋文：「芴」，音忽。

○至樂：芒乎芴乎，而无從出乎？芴乎芒乎，而无有象乎？……雜乎芒芴之間，變而有氣，氣變而有形。

●說文：芴，菲也。文弗切。宋，無人聲也。漠，北方流沙也，一曰清也。段玉裁注：宋，今字作寂，方言作家，云：靜也。

○楚辭九辯：蟬宋漠而無聲。

(80) 【神明往與】　高山寺本無「與」字。

(81) ■【時恣縱而儻】　底本、高山寺本、續古逸本、靜嘉堂本、呂惠卿本、林希逸本「儻」作「不儻」，趙諫議本作「不黨」，據釋文刪「不」字。

○釋文：「而儻」，丁蕩反，徐敕蕩反。

○成玄英疏：隨時放任而不偏黨。

●玉篇：儻，倜儻，不羈也。

○集韻：儻，倜儻，卓異皃。

(82) 【不以觭見之也】　高山寺本「也」作「者也」。

(83) 〖不可與莊語〗

○釋文：「莊語」，並如字，一本作壯，側亮反，大也。

(84) ■【而連抃无傷也】　底本、續古逸本、趙諫議本、靜嘉堂本、呂惠卿本、林希逸本「抃」作「犿」，據高山寺本及釋文所校之某本改。

○釋文：「連犿」，本亦作抃，同，芳袁反，又音獾，又敷晚反。李云：皆宛轉貌。一云：相從之貌，謂與物相從不違故無傷也。
●經典文字辨證書：拚，正。抃犿，並俗。
○玉篇：拚，皮援切，拊手也。抃，同上。獾，火丸切，牡狼。犿，同上。
○說文：拚拚，拊手也。皮變切。獾獾，野豕也。呼官切。段玉裁注：言拊手者，謂兩手相拍也，今人謂歡拚是也。俗作抃。

⑧⑤ 〔其辭雖參差，而諔詭可觀〕
○釋文：「參」，初林反。「差」，初宜反。「諔」，尺叔反。

⑧⑥ 【彼其充實，不可以已】 高山寺本「不」作「而」。

⑧⑦ ■【弘大而辟，深閎而肆】 底本、高山寺本、續古逸本、趙諫議本、靜嘉堂本、呂惠卿本、林希逸本「辟」作「闢」，據釋文改。
○釋文：「而辟」，婢亦反。「深閎」，音宏。

⑧⑧ 【調適而上遂】 高山寺本同。
○釋文：「稠適」，稠音調，本亦作調。▲「音」，天理本作「者」，據北圖本改。

⑧⑨ ●説文：稠稠，多也，直由切。調調，和也，徒遼切。

【其來不蜕】

○章句音義：「不蜕」，一本作脱。

○釋文：「不蜕」，音悦，徐始鋭反，又敕外反。

⑨⓪【未之盡者】　高山寺本句末有「也」字。

⑨①【其道舛駁】　趙諫議本、高山寺本「駁」作「駮」。參見田子方校勘記㊹。

○釋文：「舛」。「駁」，邦角反。

⑨②【其言也不中】　高山寺本無「也」字。

⑨③■【厤物之意】　底本、高山寺本、續古逸本、趙諫議本、靜嘉堂本、吕惠卿本、林希逸本「厤」作「歷」，據釋文改。

○釋文：「厤」，古歷字，本亦作歷。「物之意」，分别歷説之。

●説文：厤厤，治也。歷歷，過也。

○玉篇：厤，力的切，理也。歷，朗的切，歷遠也，過也。

⑨④【至大无外，謂之大一】　高山寺本「大一」作「太一」。

○釋文：「至大无外，謂之大一」。

(95) 【日方中方睨，物方生方死】高山寺本同。

○釋文：「日方中方睨」，音詣。「物方生方死」。李云：睨，側視也。

(96) 【大同而與小同異】高山寺本無「小」字。

○釋文：「大同而與小同異」。

(97) 【南方无窮而有窮】高山寺本作「南方無窮而有窮。無厚不可積也」。後句重出。

(98) ■【我知天之中央】底本、續古逸本、趙諫議本、靜嘉堂本、呂惠卿本、林希逸本「天」作「天下」，據高山寺本及釋文删「下」字。高山寺本「天」字下，欄外補「下」字。

○釋文：「我知天之中央」，司馬云：天下無方，故所在爲中。

○成玄英疏：故燕北越南可爲天中者也。

(99) 【惠施以此爲大，觀於天下】

◎釋文：「爲大觀」，古亂反。「於天下」，所謂自以爲最也。

(100) 【輪不蹍地】敦煌音義「蹍」作「跡」(跈)。高山寺本作「輪行不蹍於地」。

○釋文：「輪不蹍」，本又作跈，女展反。「地」。

○外物：哽而不止則跈。釋文：「跈」，女展反，郭云：蹍也，廣雅云：履也，止也；本或作蹍，同。

(101) 【飛鳥之景未嘗動也】　敦煌音義作「飛鳥之影未嘗動也」。高山寺本「景」作「影」。

○釋文：「飛鳥之景」，音影。「未嘗動也」。

(102) 【孤駒未嘗有母】　高山寺本無此句。

○釋文：「孤駒未嘗有母」，本亦無此句。

(103) 【一尺之捶】　林希逸本、句解本「捶」作「棰」。

○釋文：「一尺」，一本無一字。「之捶」，章蘂反。

●說文：箠捶，以杖擊也。段玉裁注：引申之，杖得名捶，猶小擊之曰扑，因而擊之之物得曰扑也。

(104) 【與人之辯】　高山寺本無「人」字。

(105) 【特與天下之辯者爲怪】　高山寺本「特」作「將」。

○成玄英疏：特，獨也，字亦有作將者。

(106) 【此其柢也】　趙諫議本「柢」作「抵」。

○釋文：「其柢」，丁計反。

(107) 【然惠施之口談】　高山寺本「然」作「不然」。

(108) 【天地其壯乎施！存雄而无術】　靜嘉堂本「无」作「五」。

◎釋文：「天地其壯乎」，司馬云：惠施唯以天地爲壯於己也。「施存雄而无術」，司馬云：意在勝人而無道理之術。

⑽■【南方有畸人焉】　底本、高山寺本、續古逸本、趙諫議本、靜嘉堂本、呂惠卿本、林希逸本「畸」作「倚」，據釋文所校之某本及大宗師改。

○釋文：「倚人」，本或作畸，同，紀宜反，李云：異也。

○大宗師：敢問畸人？釋文：「畸人」，居宜反，司馬云：不耦也。不耦於人，謂闕於禮教也。李其宜反，云：奇異也。

●說文：㚃倚，依也。畸，殘田也。居宜切。　王筠句讀：畸，繫傳謂田奇零也。墨子：有見於齊，無見於畸，注：畸，謂不齊也。　段玉裁注：凡奇零字，皆應於畸引申用之，今則奇行而畸廢矣。

○方言卷二：倚、踦，奇也。自關而西，秦晉之間，凡全物而體不具謂之倚，梁楚之間謂之踦，雍梁之西郊，凡嘼支體不具者謂之踦。

⑾【偏爲萬物說】　高山寺本「偏」作「偏」。

○釋文：「偏爲」，音遍。

⑿【是以與衆不適也】　高山寺本無「以」字。

(112)【其於物也何庸】高山寺本句末有「也」字。

(113)【曰愈貴道】高山寺本「愈」作「逾」。

○釋文：「愈貴」。

(114)【形與影競走也】高山寺本作「與影競走者也」，無「形」字。

引用書目

莊子集釋，清郭慶藩撰，王孝魚整理，中華書局，2006年
莊子補正，劉文典撰，趙鋒、諸偉奇點校，安徽大學出版社、雲南大學出版社，1999年
莊子校詮，王叔岷撰，歷史語言研究所，1999；中華書局，2007年
莊子發微，鍾泰撰，駱駝標點，上海古籍出版社，2002年
莊子義證，民國馬敘倫撰，民國叢書第五編之六，上海書店，1930年
讀諸子札記，陶鴻慶撰，中華書局，1959年
雙劍誃諸子新證，于省吾撰，中華書局，2009年
西昇經，道藏第8冊，文物出版社、上海書店、天津古籍出版社，1988年
南華眞經義海纂微，南宋褚伯秀撰，道藏第15冊
歷世眞仙體道通鑑，元趙道一編，道藏第5冊
北夢瑣言，五代孫光憲撰，中華書局，2002年
藏園羣書經眼錄，傅增湘撰，中華書局，1983年

藏園羣書題記，傅增湘撰，上海古籍出版社，1989 年
經籍訪古志，澀江全善、森立之撰，日本藏漢籍善本書志書目集成第一册，北京圖書館出版社，2003 年
靜嘉堂祕籍志，日本河田熊編，大正六年（1917）刻本
靜嘉堂文庫漢籍分類目錄，靜嘉堂文庫編纂兼發行，日本昭和五年（1930）
郡齋讀書志，南宋晁公武撰，上海古籍出版社，1990 年
麟臺故事校證，北宋程俱撰，中華書局，2000 年
日本藏漢籍珍本追蹤記實，嚴紹璗撰，上海古籍出版社，2005 年
文祿堂訪書記，清王文進撰，柳向春標點，上海古籍出版社，2007 年
楹書隅錄初編，清楊紹和撰，續修四庫全書第 926 册，上海古籍出版社，1995 年
張元濟傅增湘論書尺牘，商務印書館，1983 年
張元濟古籍書目序跋彙編，張人鳳編，商務印書館，2003 年
自莊嚴堪善本書目，周叔弢撰，冀淑英編，天津古籍出版社，1985 年
儀顧堂續跋，清陸心源撰，續修四庫全書第 930 册，上海古籍出版社，1995 年
史記，漢司馬遷撰，中華書局，1959 年；宋建安黄善夫家塾刻本

漢書，漢班固撰，唐李善注，中華書局，1962年；宋嘉定十七年白鷺洲書院刻本
隋書，唐魏徵等撰，中華書局，1982年；宋刻本，中華再造善本
舊唐書，後晉劉昫等撰，中華書局，1975年；宋紹興兩浙東路茶鹽司刻本
新唐書，宋歐陽修等撰，中華書局，1975年
續資治通鑑長編，宋李燾撰，中華書局，1993年
宋會要輯稿，清徐松撰，中華書局，1957年
宋史，元脱脱等撰，中華書局，1977年
西湖遊覽志餘，明田汝成撰，上海古籍出版社，1980年
說苑校證，向宗魯撰，中華書局，1987年
漢語古籍校勘學，管錫華撰，巴蜀書社，2003年
異體字字典第六版，http://dict2.variants.moe.edu.tw/variants/
說文解字綜合檢索系統，http://www.homeinmists.com/shuowen/index.html
說文解字詁林，丁福保編輯，民國十七年
說文解字，東漢許慎記，宋徐鉉等校訂，續古逸叢書和四部叢刊影印宋小字本
說文解字繫傳，南唐徐鍇撰，四部叢刊景印述古堂景宋寫本，道光十九年祁寯藻刻本

說文解字注，清段玉裁注，清嘉慶二十年經韻樓藏板
說文解字注箋，清徐灝撰，清光緒二十年甲午，民國三年甲寅補刊本
說文通訓定聲，清朱駿聲撰，王雲伍主編萬有文庫，商務印書館，1937 年
說文解字義證，清桂馥撰，連筠簃叢書本，上海古籍出版社，1987 年
說文解字句讀，清王筠撰，續修四庫全書第 216-219 冊
說文釋例，清王筠撰，續修四庫全書第 215-216 冊
六書故，元戴侗撰，明影抄元刻本，上海社會科學院出版社，2006 年
六書正譌，元周伯琦撰，元至正十五年高德基等刻本
訂正六書通，明閔齊伋輯，清畢弘述篆訂，上海書店出版社，1996 年
隸辨，清顧藹吉撰，康熙五十七年項絪玉淵堂刻本
金石文字辨異，清邢澍撰，叢書集成續編第 75 冊，上海書店出版社，1994 年
顏眞卿書干祿字書，唐顏元孫撰，紫金城出版社，1990 年
五經文字，唐張參撰，唐開成石經，西安碑林全集
新加九經字樣，唐唐玄度撰，唐開成石經，西安碑林全集
爾雅，唐開成石經，西安碑林全集，廣東經濟出版社、海天出版社，1999 年

宋監本爾雅郭注，晉郭璞注，臺灣故宮博物院影印，1931 年
爾雅義疏，清郝懿行，清咸豐六年刊本
爾雅詁林，朱祖延主編，湖北教育出版社，1996 年
小爾雅，漢孔鮒撰，宋宋咸注，孔叢子，宋刻本，中華再造善本
埤雅，宋陸佃撰，中華漢語工具書書庫第 47 冊，安徽教育出版社，2002 年
輶軒使者絕代語釋別國方言，漢揚雄撰，晉郭璞注，宋慶元六年潯陽郡齋刻本
方言箋疏，清錢繹撰，清光緒十六年刻本
釋名疏證補，東漢劉熙撰，王先謙疏證補，中華書局，2008 年
廣雅疏證，三國魏博士張揖撰，清王念孫疏證，清嘉慶元年王氏家刻本
急就篇補註，漢史游撰，宋王應麟補注，元至元六年慶元路儒學刻本
一切經音義三种校本合刊，徐時儀校注，上海古籍出版社，2010 年
原本玉篇殘卷，南朝梁顧野王撰，續修四庫全書第 228 冊，上海古籍出版社
大廣益會玉篇，南朝梁顧野王撰，宋刻本，日本宮內廳書陵部，昭和四十七年
篆隸萬象名義，日本空海撰，日本高山寺藏鈔本，臺聯國風出版社，1976 年
匡謬正俗，唐顏師古撰，叢書集成初編第 1170 冊，商務印書館，1937 年

類篇，宋司馬光等撰，清汲古閣影宋鈔本，姚刊三韻本

集韻，宋丁度等編修，南宋初年明州刻本，南宋淳熙十四年金州刻本

大宋重修廣韻，宋陳彭年等編撰，南宋寧宗年間杭州翻刻本，南宋乾道五年黄三八郎刊本

佩觿，宋郭忠恕撰，清康熙四十九年澤存堂刻本

精嚴新集大藏音，宋處觀撰，中華大藏經第一輯磧砂藏，1974 年

龍龕手鑑，遼行均撰，中華漢語工具書書庫第 1 册，安徽教育出版社，2002 年

字鑑，元李文仲撰，中華漢語工具書書庫第 12 册，安徽教育出版社，2002 年

古今韻會舉要，元黄公紹撰，元熊忠舉要，元至順三年刻本

正字通，明張自烈、廖文英撰，清康熙二十四年秀水吴源起清畏堂刊本

字彙，明梅膺祚撰，中華漢語工具書書庫第 5-6 册，安徽教育出版社，2002 年

俗書刊誤，明焦竑撰，文淵閣四庫全書第 228 册，臺灣商務印書館，1986 年

重訂直音篇，明章黼撰，明吴道長重訂，明萬曆三十四年練川明德書院刊本

字學三正，明郭一經撰，明萬曆辛丑年刊本

經典文字辨證書，清畢沅撰，叢書集成初編第 1075 册，商務印書館，1937 年

增廣字學舉隅，清鐵珊撰，中華漢語工具書書庫第 12 册

通俗編，清翟灝撰，清乾隆十六年無不宜齋雕本

康熙字典，清王引之校改本，上海古籍出版社，1996 年

新方言，章炳麟撰，中華漢語工具書書庫第 72 册，安徽教育出版社，2002 年

古今正俗字詁，民國鄭詩撰，藝文印書館，1971 年

助字辨略，清劉淇撰，中華漢語工具書書庫第 18 册，安徽教育出版社，2002 年

經籍纂詁幷補遺，清阮元譔集，揚州阮氏琅嬛僊館栞本

讀書雜志，清王念孫撰，江蘇古籍出版社，2000 年

經傳釋詞，清王引之撰，岳麓書社，1982 年

經義述聞，清王引之撰，世界書局，1975 年

故訓匯纂，宗福邦、陳世鐃、蕭海波主編，商務印書館，2003 年

萬姓統譜，明凌迪知，文淵閣四庫全書第 956 册，臺灣商務印書館，1986 年

楚辭集註，宋朱熹撰，宋刻本，中華再造善本

楚辭補注，宋洪興祖撰，惜陰軒叢書

文選，南朝梁昭明太子蕭統編，唐李善注，宋刻本，中華再造善本

宋本册府元龜，宋王欽若等編，中華書局，1989 年

馬王堆漢墓帛書壹，國家文物局古文獻研究室編，文物出版社，1980 年
列子，沖虛至德眞經，四部叢刊影印北宋刻本，日本尊經閣藏南宋刻本
文子，通玄眞經，四部叢刊三編影印宋刻本，上海商務印書館
管子，唐房玄齡注，四部叢刊影印宋刻本
十一家注孫子，南宋甯宗刊本，上海古籍出版社，1978 年
韓非子，四部叢刊影印黃蕘圃校宋本
淮南子，漢高誘注，四部叢刊本，道藏本等明刊本
呂氏春秋，漢高誘注，元至正嘉興路儒學刻本，明萬曆刻本等
荀子，戰國荀況撰唐楊倞注，宋刻本，中華再造善本
風俗通義，漢應劭撰，元大德九年無錫州學刻本，中華再造善本
新刊補注釋文黃帝內經素問，唐啓玄子王冰注，元至元五年胡氏古林書堂刻本
新刊黃帝內經素問，唐啓玄子王冰注，元讀書堂刻本，中華再造善本
本草綱目，明李時珍撰，明萬曆十八年金陵刊本
周禮，漢鄭玄注本，唐賈公彥疏本，宋刻本，中華再造善本
考工記圖，清戴震撰，皇經清解本

儀禮經傳通解，漢鄭玄注，唐賈公彦疏，宋朱熹通解，宋嘉定十年南康道院刻本

禮記，漢鄭玄注，宋刻本，中華再造善本

禮記集說，宋衛湜撰，宋嘉熙四年新定郡齋刻本

尚書，漢孔安國傳，宋刻本，中華再造善本

毛詩詁訓傳，漢毛萇傳，漢鄭玄箋，唐陸德明釋文，宋刻本

周易注疏，魏王弼注，唐孔穎達疏，宋刻本

四書章句集註，宋朱熹撰，宋嘉定十年當塗郡齋刻本

宋刻孝經，清乾隆内府藏本，天津市古籍書店，1987 年

春秋公羊經傳解詁，漢何休注，唐陸德明音義，宋刻本

春秋左傳正義，唐孔穎達撰，宋慶元六年紹興府刻本

春秋經傳集解，晉杜預撰，唐陸德明音義，宋刻本

孟子，漢趙岐注，四部叢刊影印清内府藏宋刊本

孟子集注，宋朱熹撰，宋嘉定十年當塗郡齋刻嘉熙四年淳祐八年十二年遞修本

新編孔子家語句解，元至正二十七年清泉劉祥卿家刻本，中華再造善本

太玄經，漢揚雄撰，晉范望、宋司馬光等注，宋刻本，中華再造善本

新序，漢劉向撰，宋曾鞏校訂，宋刻本，中華再造善本

吳越春秋，漢趙曄撰，元大德十年紹興路儒學刻本，中華再造善本

顔氏家訓，北齊顔之推撰，元刻本，中華再造善本

鹽鐵論，漢桓寬撰，四部叢刊影印明弘治十四年涂楨刻本

山海經，晉郭璞注，宋淳熙七年池陽郡齋刻本，中華再造善本

戰國策，漢高誘注，宋紹興刻本，元至正二十五年平江路儒學刻明修本，中華再造善本

拾遺記，晉王嘉撰，齊治平校注，中華書局，1981 年

水經注校證，北魏酈道元撰，陳橋驛校證，中華書局，2007 年

五行大義，隋蕭吉撰，宛委别藏本，江蘇古籍出版社，1988 年

逸周書，叢書集成初編，商務印書館，1937 年

日知録集釋，清顧炎武撰，清黄汝成集釋，上海古籍出版社，1985 年

隨園隨筆，清袁枚撰，續修四庫全書第 1148 册，上海古籍出版社

札迻，清孫詒讓撰，續修四庫全書第 1164 册，上海古籍出版社

王孝魚整理本莊子集釋缺陷舉隅

王孝魚整理的清郭慶藩輯莊子集釋，1961年由中華書局出版後，從此成爲世人學習研究莊子的必讀書目，此後凡注釋莊子者幾乎都以此爲底本，如曹礎基的莊子淺注、陳鼓應的莊子今注今譯，成爲衆所公認的通行本；即便是屬於古籍整理的，如曹礎基、黄蘭發點校的南華眞經注疏，趙鋒、諸偉奇點校的劉文典莊子補正，亦參校這個整理本。其影響之深遠，在此後的五十餘年中，與莊子相關的研究領域，幾乎無所不及。王孝魚整理的莊子集釋(以下簡稱整理本)，其實並不完美，尚存在一些缺陷：一、底本的原底本存在先天缺陷；二、名義上的主校本名存實亡；三、事實上的主校本後天不足；四、參校本之莊子札記魚目混珠；五、列入之莊子闕誤張冠李戴，名不副實，且實爲謌誤；再加上這個整理本還有很多漏校和誤校。因此不揣簡陋，撰文説明，希望能引起讀者和研究者的關注。

一、底本的原底本存在先天缺陷

王孝魚在點校後記中說，他點校的莊子集釋係「根據長沙思賢講舍刊本給整理出來。本書的莊子本文，原根據黎庶昌古逸叢書覆宋本，但校刻不精，錯誤很多」。因此對於原底本的古逸叢書覆宋本南華眞經注疏有必要作深入的考察。

（一）覆宋本不是影印宋刻本

清黎庶昌輯古逸叢書覆宋本南華眞經注疏十卷，晉郭象注，唐成玄英疏，日本東京使署刊行，光緒十年甲申(1884年)。黎庶昌在古逸叢書敘目中說：「影宋本莊子注疏十卷，南宋槧本。……此本爲日本新見旂山所藏，字大如錢，作蝴蝶裝，僅存十分之五。予見而悅之，以金幣爲請。新見氏重是先代手澤，不欲售，願假以西法影照上木而留其眞。予又別於肆中收得養生主一卷、德充符數葉，爲新見氏所無，並舉而歸之，然尚闕應帝王以迄至樂，因取坊刻本成疏校訂繕補，而別集他卷字當之，不足者命工仿寫，蓋極鉤心鬬角之苦矣。天下至大，設異日宋本復出，取以與此數卷相校，字體多不類，讀者當推原其故也。」

關於日本新見氏的這個南宋刊本，負責刊刻古逸叢書的楊守敬在日本訪書志卷七中記載：「莊子注疏殘本，宋刊本，郭象注，唐西華道士成玄英疏。宋槧本原十卷，缺三至六凡四卷，新見義卿賜蘆文庫舊藏，後其書散佚，其孫新見旗山又從他處購還者也。……會星使黎公酷嗜莊子書，以爲傳世無善本，而成疏又秘在道藏，謀重刊之。又從市上購得宋本第三卷凡二十二葉，蓋卽旗山本之所佚。乃謀之旗山，卽以其原本上木。旗山則以先世手澤，雖兼金不售，其堅守先業，可謂至篤。黎公乃從旗山借宋本，以西洋法影照而刻之，其所缺之卷，則參校坊刻本、道藏本，而集宋本之字以成之，不惜煩費，必欲爲完書，可謂與玄英有宿緣矣。（余初以刻此書，工費浩繁，又集字費日力，而所得古書有奇於此者，勸黎公輟此，議以其費刻他書，而黎公堅不許。）」❶

新見義卿賜蘆文庫舊藏的這個南華眞經注疏殘本，今僅存十分之五，缺第二至六卷，現藏靜嘉堂文庫，影印於無求備齋老列莊三子集成補編第二十至二十一册。此書末有楊守敬手識文，其中說：「會星使黎公酷嗜莊子書，以爲傳世無善本，而成疏又在存若亡間，謀欲刊之。先是日本萬治間書坊有刊此書者，分爲三十三卷，其中多俗字，蓋從古鈔本出，市野光彥以道藏本校之，藏向山黄邨處。黎公以爲坊刻字體雖惡劣，而足以補宋本之缺。……黎公乃從旗山借此本，以西洋法影寫而刻之，其所缺之卷則據坊刻本集宋本之字以成之。……道藏、坊刻，互有短

❶ 清楊守敬：日本訪書志，光緒二十三年(1897)鄰蘇園刻本，賈貴榮輯日本藏漢籍善本書志書目集成第九册，北京：北京圖書館出版社，2003年，第445頁。

長，宋本亦多訛字。余據三本，擇善而從，庶乎此書可讀矣。」

由以上三段文獻可知，古逸叢書覆宋本（影宋本）南華眞經注疏，應該明確分爲兩個部分：第一部分是據賜蘆文庫所藏殘存十分之六的南宋刊本，「假以西法影照上木而留其眞」，第二部分卽是原本缺佚的十分之四，係黎庶昌據日本萬治坊刻本和道藏本「校訂繕補，而別集他卷字當之，不足者命工仿寫，蓋極鉤心鬬角之苦矣」。先看第一部分，「假以西法影照上木而留其眞」，事實上究竟是否爲南宋刊本的影印本？今以靜嘉堂文庫所藏宋刻殘本爲底本，對比正統道藏本、萬治四年坊刻本、古逸叢書覆宋本（影宋本），看看事實究竟如何：

①齊物論：「是黃帝之所聽瑩也」，道藏本同，萬治本、覆宋本「黃帝」作「皇帝」；

②達生：「忘足，屨之適也」，道藏本同，萬治本、覆宋本「屨」作「履」；

③山木：「舜之將死，眞泠禹曰」，道藏本「泠」作「冷」，萬治本、覆宋本作「命」；

④庚桑楚：「是乃所謂冰解凍釋者」，道藏本同，萬治本、覆宋本句末有「能乎」兩字；

⑤庚桑楚：「六者謬心也」，道藏本同，萬治本、覆宋本「謬」作「繆」；

⑥徐无鬼：「道之所一者，德不能同也」，道藏本同，萬治本、覆宋本「同」作「周」；

⑦則陽：「此名實之可紀，精之可志也」，道藏本同，萬治本、覆宋本「精」作「精微」；

⑧寓言：「向也括而今也被髮」，道藏本、萬治本同，覆宋本「被」作「彼」；

⑨列御寇：「賊莫大乎德有心而心有眼；及其有眼也而內視，內視而敗矣」，道藏本、萬治本同，覆宋本「眼」作「睫」；

⑩天下：「末敗墨子道」，道藏本同，萬治本、覆宋本「末」作「未」。

以上十例，古逸叢書覆宋本皆與其原始底本不同，尤其是第⑧條純屬刻印錯誤，可證黎庶昌的「假以西法影照上木而留其眞」這一句是多麼地迷惑人心！讓人誤以爲眞的是如黎庶昌所自稱的「南宋槧本」，而其實卻是清代重刻本，祇不過版式字體同於宋刻本，如此而已！

（二）覆宋本竄改原文

古逸叢書覆宋本既然是重刻，就難免會有錯誤，這是可以理解的，但上述九例就不是單純的刊刻錯誤，道藏本與賜蘆文庫所藏南宋刊本文字相同，竟然視而不見，反而採用錯誤眾多的萬治坊刻本，又違眾本而改「眼」作「睫」，楊守敬解釋說：「道藏、坊刻，互有短長，宋本亦多訛字。余據三本，擇善而從，庶乎此書可讀矣。」仔細研究相關的郭象注及成玄英疏，不禁啞然失笑，原來是以注疏文字竄改正文，自以爲「善」，孰知弄巧成拙，畫虎不成反類犬！以下三例是莊子原文被竄改的典型案例。

①則陽：此名實之可紀，精之可志也。

靜嘉堂文庫所藏南宋刊本、續古逸叢書影印南宋本、宋刻趙諫議刊本、正統道藏成玄英疏本、明世德堂本皆作「精」，不作「精微」。整理本正文作「精微」，然而於各校本無「微」字，卻未出校記(P915)。

〇成玄英疏：假令精微，猶可言記，至於重玄妙理，超絕形名，故不可以言象求也。

成玄英疏文有「精微」兩字，且與上文「名實」兩字正好相對，因此覆宋本把正文改作「精微」，昭然若揭！

②在宥：廣成子曰：彼其物無窮，而人皆以爲終；彼其物無測，而人皆以爲極。

萬治本、古逸叢書覆宋本「以爲終」作「以爲有終」，「以爲極」作「以爲有極」。

但遍查續古逸叢書影宋本、道藏成玄英疏本、明世德堂本、古逸叢書三編影印南宋刻本、宋刻趙諫議本、黑水城呂觀文進莊子義宋刻本，以及宋元明清各種莊子注本，都沒有這兩個「有」字。整理本正文作「有終」「有極」，但對於包括明世德堂本在內的各校本都沒有兩個「有」字，卻未出校記(P384)。

覆宋本究竟憑甚麼增加了這兩個「有」字？成玄英疏作：「俗人愚惑，謂有終始；俗人迷執，謂有限極」，而「無窮」與「有終」、「無測」與「有極」，郭慶藩案語所謂「正對文言之」，這就是根本原因。

③大宗師：以善喪蓋魯國。

萬治本、古逸叢書覆宋本「善喪」作「善處喪」。

○成玄英疏：云其處喪，深得禮法也。

成玄英疏文作「處喪」，因此覆宋本以爲正文當作「善處喪」而更改，乃是順理成章，可惜沒有把注意力延續到下句的疏文：

○成玄英疏：魯人睹其外迹，故有善喪之名。

成玄英疏文明確作「善喪」，可證正文就作「善喪」。成玄英爲顯其義而釋作「善處喪」，完全合情合理。

○整理本校記：世德堂本無「處」字。（P274）

其實不僅世德堂本無「處」字，道藏本、續古逸叢書影印南宋本亦皆作「善喪」。原始底本黎庶昌輯古逸叢書覆宋本存在如此嚴重的問題，底本郭慶藩輯莊子集釋長沙思賢講舍本又「校刻不精，錯誤很多」，而整理本亦校勘不精，未能完善。

二、名義上的主校本名存實亡

由上述情況可知，要使郭慶藩輯莊子集釋臻於完善，首先必須要認眞校對古逸叢書覆宋本、道藏成玄英疏本，以及當時能得到的名副其實的宋本續古逸叢書影印南北宋合璧南華眞經十卷本，以糾正底本的錯誤和不足。

點校後記繼續說：「現在根據古逸叢書覆宋本、續古逸叢書景宋本、明世德堂本、道藏成玄英疏本以及四部叢刊所附孫毓修宋趙諫議本校記、近人王叔岷莊子校釋、劉文典莊子補正等書加以校正。」

然而通檢全書，整理本校記中提到「古逸叢書覆宋本、續古逸叢書景宋本、道藏成玄英疏本」字樣的，共計「覆宋本」5處，「宋本」18處，「道藏本」9處（想來是指成玄英疏本），「成疏」5處（包括疏文文字在內，不一定指道藏成玄英疏本）。以上三種版本與其底本長沙思賢講舍刊本，文字不同的情況難道全書就衹有上述這30餘處？按常情常理推測，都是不太可能的。對照上述三個版本後，發現文字不同而未出校記的情況，竟然隨處可見：

①齊物論：「南郭子綦隱机而坐」（P43），覆宋本、景宋本、道藏成疏本「机」作「几」；

②齊物論：「山林之畏佳」（P46），景宋本「佳」作「隹」；

③齊物論：「與接爲搆」（P51），覆宋本、景宋本、道藏成疏本「搆」作「構」；

④齊物論：「以言其老洫也」（P51），覆宋本無「其」字；

⑤齊物論：「不忘以待盡」(P56)，覆宋本、景宋本、道藏成疏本「忘」作「亡」；

⑥齊物論：「何謂朝三？狙公賦芧」(P70)，景宋本兩句中間有「曰」字；

⑦養生主：「批大卻」(P119)，覆宋本、景宋本、道藏成疏本「卻」作「郤」；

⑧養生主：「(遯)[遁]天倍情」，覆宋本、景宋本、道藏成疏本正作「遁」而不作「遯」，校記卻說：「遁字依世德堂本改」(P129)。(點校後記：「凡原刻顯著錯誤衍奪的字，用小一號字體，外加圓括弧，校改校補的字，外加方括弧，以資識別。」)

⑨人間世：「名也者相(札)[軋]也」，覆宋本、景宋本、道藏成疏本正作「軋」而不作「札」，校記卻說：「軋字依趙諫議本及世德堂本改，盧校亦作軋」(P136)；

⑩人間世疏文：「不著聲塵，止於聽」(P147)，覆宋本、道藏成疏本皆作「止於心聽」；

⑪人間世：「其大蔽數千牛」，覆宋本「蔽」作「敝」，景宋本、道藏成疏本作「蔽牛」，校記說「世德堂本無數千二字，與釋文同。」(P171)

⑫人間世：「實熟則剝，剝則辱」(P172)，景宋本、道藏成疏本作「實熟則剝則辱」。

⑬庚桑楚疏文：「莊生狎而友朋，斯人猶難得也」(P803)，道藏成疏本「朋」作「明」，屬下句。

⑭讓王：「子綦爲我延之以三旌之位」(P974)，覆宋本、景宋本、道藏成疏本「子綦」皆作「子其」。

以上14例，各校本文字與底本不同，整理本皆未出校勘記。諸如此類，不勝枚舉。盧文弨以爲「隹」當作「佳」，「郤」當作「卻」，郭慶藩即據以更改，其實皆誤，整理本未加辨正，亦沿襲其誤。「子綦」，俞樾以爲「綦字衍文」，正說明作「綦」誤，作「其」字正。

沒有以上三種主校本的配合校訂，整理本的品質究竟何以得到保證？

三、事實上的主校本後天不足

整理本的校記中，最大量出現的字眼是「世德堂本」，全書共計 299 處，因此「世德堂本」是事實上眞正的主校本。

但是對於這個版本，日本狩野直喜舊鈔卷子本莊子殘卷校勘記序說：「世德堂本，明世德堂刻本六子全書之一。或謂全書卽從宋纂圖互注本出，比他本尤劣。」❶清代四大藏書家之一的陸心源在宋槧南華眞經跋中說：「纂圖互註南華眞經十卷，題曰晉子玄注，唐陸德明音義。……世德堂本雖從此出，已多別風淮雨之譌。書貴舊本，良有以也。」❷

❶ 日本狩野直喜：舊鈔卷子本莊子殘卷校勘記，日本東方文化學院排印本，昭和七年(1932)。

❷ 清陸心源：儀顧堂續跋卷十一宋槧南華眞經跋，續修四庫全書第930册，1995年，第320頁。

王叔岷南宋蜀本南華眞經校記中說：「蜀本南華眞經十卷，南宋初刊本也。……所惜者，卷九讓王篇缺十四至十七四葉，不知何人抄世德堂本以補之，最爲無識。」❶貶視厭惡之情，溢於言表。現略舉數例以見一斑。

①人間世：(夫)言者，風波也；行者，實喪也。[夫]風波易以動，實喪易以危。

○整理本校記：夫字依世德堂本移下。(P164)

宋刻趙諫議本與世德堂本不同，莊子札記無校記。

②人間世：而以義(譽)[喻]之，不亦遠乎？

○釋文：「義譽」，音餘，注同。

○盧文弨曰：今本書譽作喻。

○整理本校記：喻字依世德堂本及盧校改。(P174)

○莊子札記：「喻：譽」，卽謂宋刻趙諫議本作「譽」。確實如此，整理本漏校。

③在宥，釋文：「椄」，李如字，向徐音(燮)[妾]，郭慈接反。

○整理本校記：妾字依世德堂本改，釋文原本亦誤燮。(P379)

❶ 王叔岷：南宋蜀本南華眞經校記，歷史語言研究所集刊第20冊，1948年。

④庚桑楚：名相反而實相順也。

○郭象注：有彼我之名，故反；(各)[名]得其實，則順。

○整理本校記：名字依世德堂本改。(P812)

○莊子札記：「(注)名：各」，卽謂宋刻趙諫議本作「各」。確實如此，整理本漏校。

⑤列御寇：方且飾羽而畫。

○郭象注：凡言方且，皆謂後世，(將然)[從事]飾畫，非任眞也。

○整理本校記：從事二字依世德堂本改。(P1052)

○莊子札記：「(注)從事：將然」，卽謂趙諫議本作「將然」。確實如此，整理本漏校。

以上五例，長沙思賢講舍本文字與覆宋本、續古逸叢書景宋本、道藏成疏本相同，亦與宋刻趙諫議本相同。整理本都是根據世德堂本的錯誤文字，更改正確的底本原文。全書僅依據世德堂本孤證而更改底本原文的，共計80餘處。以這樣的一個版本作爲主校本，而且還以譌爲正，整理本的品質又如何得以保證呢？

四、參校本之莊子札記魚目混珠

點校後記中還說到根據「四部叢刊所附孫毓修宋趙諫議本校記」加以校正。對於這個校記，有必要作詳細説明。

莊子札記，孫毓修撰，刊印於民國張元濟等輯四部叢刊影印明世德堂本南華眞經之後作爲附録，上海商務印書館，1929 年。原有序文一段，全文如下：

○辛壬間，滬市出宋刻莊子，卷末有二行云：「安仁趙諫議宅一樣□子」（「樣」字下一字爲人挖去。續墨客揮犀七木饅頭「大中祥符年一樣造五十隻」。以此例之，挖去者必爲數目字矣。趙氏所刻蓋不止莊子）。玄弘殷敬竟鏡匡徵讓完構遘等字皆爲字不成，知是南宋重開北宋本。所見莊子，要以此爲古矣。引陸氏釋文頗略，大抵録音不録義，如「逍遥遊」，祇云「逍音消」，「遥音摇」。北宋人刻古書，音義輒附卷後，不應莊子音義散入注下，疑南宋人所爲，趙氏原刻不爾也。趙本每葉十八行，行十五字，注倍之。予既借校於世德堂本上，又手摹一葉與繆藝風先生，今刻入書影者是也。後見雍正中沈寶硯校本，「一樣」下亦闕一字，蓋所見卽此本矣。叢刊中以世德堂本影印，復録趙本異同如左。壬戌十月留菴居士孫毓修。

辛壬間，卽辛亥壬子（1911—1912）。滬市，上海市。安仁趙諫議宅［刊行］一樣□子，序文闕「刊行」兩字。這篇 330 餘字的序文及莊子札記，留給後人三大疑問：

（一）孫毓修既然能夠得到這個宋刻趙諫議本且有時間與世德堂本對校閲讀並作校記，四部叢刊爲甚麼不影印這個罕見珍貴的宋刻本，而偏要影印明刻世德堂本？

（二）既然有時間校勘，且能面見繆藝風先生，爲甚麼要「手摹一葉與繆藝風先生」，而不是直接拿給他看呢？

（三）札記所載的宋刻趙諫議本，與今天收藏於臺北傅斯年圖書館的宋刻趙諫議本，因爲有文字上的差異，到底是不是同一本？

查閲當事人的相關著述，其中的眞相亦就漸漸水落石出。

張元濟涵芬樓燼餘書錄載：「（南華眞經十卷）又一部，明顧氏世德堂刊本，四冊，沈寶硯校，葉文莊舊藏。沈寶硯據宋趙安仁刊本精校。全書均加句讀，脱文訛字一一以朱筆補正，卽點畫偶殊，亦摹蓋於本字之上。卷末原有安仁趙諫議宅刊行一樣□子印記，此並臨寫於後。按趙本每半葉十行，每行十五字，小注倍之。猶憶民國初年，有人以趙刻原本求售，云：革命軍攻下江寧，盡掠舊家某氏所藏善本，軍中有好古者從而得之，是爲羣書之一，展轉入市，索値甚昂，正欲諧價，忽又收去，從此不可復見。想此書猶在人間，甚望其子孫世守也。」

此後摘鈔書中沈寶硯所留的跋文：「雍正庚戌四月廿有五日校畢此冊。巖記（在卷三末）。雍正庚戌五月，得宋本校過。時館城西王氏清蔭堂學徒敘揆，適從書賈收元版纂圖互注南華經五冊，有吾師直夫圖記，不知何年散出也（在卷六末）。聖清雍正庚戌夏五月望後一日，宋本校對

訖。吳門寶硯居士沈巖記。安仁趙氏本覆校一過(在卷十末)。」❶

傅增湘(沅叔)藏園羣書題記卷十宋蜀刻安仁趙諫議本南華眞經注跋說：「辛亥冬，余以南北議和，留滯上海，曾見沈寶硯巖手校宋本，所據爲安仁趙諫議本，嗣歸於涵芬樓，余假出臨校於世德堂本，未得終卷而罷。然緣此知莊子自世傳數本外，又有趙諫議本矣。壬子春，聞有宋刻莊子出於滬肆，亟訪藝風老人詢之，云正是趙諫議本，以倉卒寓目，衹影寫首葉存之，即後印入宋元書影者是也。……然此書歷經沈寶硯之手勘，繆藝風之影摹，皆親見原本。……惟此書以異本孤行，古今簿錄未見標稱，各卷鈐章概經刓滅，以致流傳端緒渺無可徵，略可援據者惟沈寶硯校本一事。檢沈氏原本，署雍正八年庚戌夏五月望後一日宋本校對訖，第不詳宋本得之何人，其錄卷末木記一樣下亦空一字，是沈氏所見亦即此本。以此推之，數百年來傳世者衹存此帙，非更有二本也。……又按：孫君毓修，曾據沈寶硯校本，錄其異同，爲校記一卷，附於世德堂本後，訂正殆數百事。」❷

王叔岷說：「蜀本南華眞經十卷，南宋初刊本也。……所惜者，卷九讓王篇缺十四至十七四葉，不知何人抄世德堂本以補之，最爲無識。沅叔先生謂是書卷帙完善，蓋未詳加翻檢耳。孫毓

❶ 張人鳳編：張元濟古籍書目序跋彙編，商務印書館，2003年，第643頁。
❷ 傅增湘：藏園羣書題記，上海古籍出版社，1989年，第512頁。

修所校趙諫議本，此四葉未脱，觀其校記可知。惟所見是否卽此本，未敢輕斷，因其字句間亦稍有出入。」❶

根據以上文獻澄清事實眞相是：

（一）張元濟和孫毓修僅見過此宋刻趙諫議本，根本無緣得到，他們得到的是經清沈寶硯（沈巖）據宋刻趙諫議本用朱筆精心校改過的明世德堂刊本南華眞經；

（二）莊子札記係孫毓修抄錄沈寶硯校勘的文字，如此而已；

（三）繆藝風親見趙諫議本，但「以倉卒寓目，祇影寫首葉存之」而已，影摹首葉的是繆藝風，而非孫毓修；

（四）沈寶硯所見宋刻安仁趙氏本卽是今趙諫議本。莊子札記中尚有一些文字與今趙諫議本不同，係沈寶硯據趙諫議本校對之先，已用别本校勘過，觀其所留跋語可知。

整理本校記與宋刻趙諫議本，兩廂對照之下，發現不同之處正復不少。

①德充符：十數而未止也。

○札記：數十：十數。

❶ 王叔岷：南宋蜀本南華眞經校記，1948 年。

○整理本校記：趙諫議本十數作數十。（P209）

查核世德堂本原文作「數十」，趙諫議本作「十數」，整理本校記有誤。

②德充符：氾(而)若辭。

○札記：氾而若：無而字。

○整理本校記：而字依趙本及疏文删。（P209）

事實上明世德堂本作「氾而若辭」，景宋本同，趙諫議本作「氾若而辭」，覆宋本、道藏成疏本同，札記有誤，而整理本未出校記。此一條亦可證莊子札記非孫毓修親自校勘所得，否則當不至於有此錯誤。

③德充符：戰而死者。　郭象注：戰而死者無武也，翣將安施？

○札記：(四行注)戰而：無而字。

○整理本校記：趙諫議本無而字。（P212）

趙諫議本是注文無「而」字，而非指正文，整理本校記有誤。

④天地：天德而已矣。

札記無校記。

○整理本校記：趙諫議本已作止。（P404）

世德堂本及趙諫議本皆作「天德而已矣」，整理本校記有誤。

諸如此類，厭於枚舉。莊子札記本身就不完全是宋刻趙諫議本的校記，整理本又校對不精，滋生額外的錯誤。

五、列入之莊子闕誤名不副實

點校後記中還說：「此外，又把焦竑莊子翼所附闕誤一併列入。」

（一）莊子闕誤張冠李戴

○焦竑莊子翼載：莊子闕誤，陳碧虛南華章句附闕誤一卷，具載古今本同異，今係之卷末，庶幾孔氏闕文之意云。

焦竑説得很清楚，他的這個闕誤，是宋碧虛子陳景元所作，他衹是鈔錄而已。

但是除了宋陳景元的闕誤之外，還有明楊慎的莊子闕誤[1]。

點校後記雖説把「焦竑莊子翼所附闕誤一併列入」，但事實上恐非如此。

[1] 明楊慎：莊子闕誤，見於明刻升菴外集，影印於嚴靈峰輯無求備齋莊子集成續編第3冊，臺北：藝文印書館，1974年。

①大宗師：成然寐，蘧然覺。

陳景元闕誤無校記。

○楊慎莊子闕誤：成然寐：古本成作哄。○哄音呼聒切，高視貌。又音烘，矇哄不明。

○整理本校記：闕誤引古本成作哄，云：哄音呼聒切，高視貌。又音烘，矇哄不明。(P264)

②齊物論：衆人役役，聖人愚芚。

○陳景元闕誤：「聖人愚芼」，見劉得一本，舊作芚。

○楊慎莊子闕誤：「聖人愚芼」，劉得一本芚作芼。○按：芚，治本切，無知直往之貌。

○整理本校記：闕誤引劉得一本芚作芼，云：芚，治本切，無知直往之貌。(P103)

③逍遙遊：其視下也，亦若是則已矣。

○陳景元闕誤：「亦若是而已矣」，見文如海本，舊作則。

○楊慎莊子闕誤：「亦若是而已矣」，文如海本則作亦。

○整理本校記：闕誤云：文如海本亦作則。闕誤則作而。(P7)

由上述三條校記就可以斷定，整理本所列入的闕誤，不是焦竑莊子翼所附陳景元闕誤，而是楊慎所撰的莊子闕誤。

王叔岷說：「明楊慎莊子闕誤亦本陳書。」❶但楊慎未作任何說明，而且文字表述多有不同：陳景元闕誤無音義，楊慎則在校記之外另增音義，以○標示間隔。

仔細對比逍遥遊的三條校記，可見楊慎莊子闕誤確實是根據陳景元闕誤所撰，但顯然又曲解了陳景元的意思。

陳景元的南華真經章句音義作「是而已矣：見文如海本，舊作則」，正文中無「亦若」二字，意義就十分清楚，説明舊作「亦若是則已矣」，文如海本作「亦若是而已矣」，是「則」作「而」，不是楊慎所說的「則作亦」。楊慎謂「亦若是而已矣：文如海本則作亦」，正文中沒有「則」字，這條校記顯然有誤。王孝魚就校改爲「文如海本亦作則」，即以爲文如海本作「則若是」，雖然校記看起來是合情合理了，但闕誤正文作「亦若是而已矣」，而通行諸本皆作「亦若是則已矣」，顯然是對「則」與「而」的校勘，楊慎因爲沒有注意到這個差異而誤解，但王孝魚注意到了，想來弄不明白作「而已」的到底是哪個版本，因此就糊裏糊塗地補校一句：「闕誤則作而。」

④讓王：恐聽者謬而遺使者罪。

○陳景元闕誤：「恐聽□謬」，見張本，舊作恐聽者謬。

❶王叔岷：莊子校詮，中華書局，2007年，莊子校詮序論第5頁。

○楊慎莊子闕誤：「恐聽者謬」，張本者作□。

○整理本校記：闕誤引張君房本者作□。（P971）

這個「□」是甚麼意思？楊慎沒有任何說明，整理本亦未作任何解釋。

○章句音義：「恐聽謬」，見張君房本，舊作恐聽者謬。呂氏春秋引此章，亦作恐聽謬。

闕誤的「□」顯然是指此處沒有這個字，然而別的版本有這個字，因此就用「□」來代替，以示對比。駢拇的闕誤就有：「而多方於聰明之用也：張作而多□於聰明之用也。」陳景元在章句音義中解釋說：「張君房削去方字，與下文多於聽者相類。」管錫華在校勘學中說：「□，這個空圍，是初刻時多刻一字挖掉所作，並非有缺文，更不是口字。」❶

楊慎顯然沒有弄明白陳景元的意思，因此不是直接表述爲「張本無者字」，而說「張本者作□」，這就令人費解，由此亦可證明這個闕誤不可能是楊慎親自校勘諸本所得。楊慎還把闕誤正文改作「恐聽者謬」，顯然不知道這是不能更改的，因爲更改後掩蓋了一個事實：還有另外一個版本亦是沒有「者」字的。

楊慎的莊子闕誤對於所校的各版本，僅末尾載：「眞經名氏」，接下來是各版本名稱（沒有

❶ 管錫華：校勘學，安徽教育出版社，1991年，第90頁。

提到那個曇花一現的「古本」），沒有説明到底有多少版本，亦沒有交待用作闕誤正文的到底是哪個版本，這亦難怪王孝魚弄不明白。然而陳景元卻交代得非常清楚，南華眞經章句音義敘説：「書成，嘗數其正經，得六萬五千九百二十三言，合馬遷之所記，十亡其四矣。復將中太一宮寶文統錄內有莊子數本及笈中手鈔諸家同異，校得國子監景德四年印本不同共三百四十九字，仍按所出，別疏闕誤一卷，以辯疑謬。」闕誤末載：

覽過南華眞經名氏：

景德四年國子監本；

江南古藏本，徐鉉、葛湍校；

天台山方瀛宮藏本，徐靈府校；

成玄英解疏，中太一宮本，張君房校；

文如海正義，中太一宮本，張君房校；

郭象注，中太一宮本，張君房校；

散人劉得一注（大中祥符時人）；

江南李氏書庫本；

張潛夫補注。

右九家闕誤同異，各有義旨。

焦竑莊子翼附錄闕誤內容，完全相同。這説明，闕誤正文文字，是宋景德四年國子監本。清李調元刻函海，收錄楊慎（升菴）的莊子闕誤，其莊子闕誤序説：「莊子闕誤一卷，見於焦竑所刻升菴外集中。」想來王孝魚當時所見卽是焦竑所刻的升菴外集本，雖知焦竑莊子翼附錄有闕誤，但未能獲得，又不知有陳景元闕誤和楊慎莊子闕誤的區别，故有此張冠李戴之誤。

（二）莊子闕誤實爲謁誤

莊子闕誤所提供的校記，經仔細研究分析，發現這些校本幾乎都是以個人臆見竄改莊子原文，而不是莊子原文本來如此，衹要認眞研讀郭象注和成玄英疏，對比陸德明莊子音義，以及衆宋刻本、敦煌鈔本和日本高山寺藏舊鈔本，就能明白。莊子闕誤所記載的，與其説是莊子原文的闕誤，毋寧説是莊子原文被竄改而致謁誤的匯總。

①人間世：有「心」而爲之，其易邪？

○陳景元闕誤：「有心而爲之，其易邪」，見張本，舊闕。

○楊慎莊子闕誤：「有而爲之，其易邪」，張本有下有心字。

○整理本校記：心字依闕誤引張君房本及注文補。（P146）

○郭象注：夫有其心而爲之者，誠未易也。

○整理本校記：趙諫議本無之字。（P146）

○莊子札記：（十四行）有而爲之：無之字。

卽是説，趙諫議本正文無「之」字，而不是注文無「之」字。宋刻趙諫議本確實如此，整理本校記有誤。

○劉文典説：典案：張本「有」下有「心」字，是也。郭注「夫有其心而爲之者，誠未易也」，疏「必有其心爲作，便乖心齊之妙，故有心而索玄道，誠未易者也」。是郭成所見本並有「心」字，今據張本補。❶

○王叔岷説：郭注：「夫有其心而爲之者，誠未易也。」案陳碧虚闕誤引張君房本「有」下有「心」字，郭注云云，郭本蓋原作「有心而爲之」。其猶豈也，其易猶豈易。（P131）

○章句音义：「有心而爲之，其易邪」，心一之，見張君房本，舊作有而爲其易邪。陳景元的闕誤衹説「舊闕」，所指不明，但其章句音义則明確説所見舊文沒有「心」「之」兩字，古宋刻趙諫議本、黑水城呂觀文進莊子義宋刻本、古逸叢書三編影印南宋刻本正文皆

❶ 劉文典：莊子補正，趙鋒、諸偉奇點校，安徽大學出版社、雲南大學出版社，1999 年，第 115 頁。

作「有而爲」，可以定論。郭象注和成玄英疏都有「心」字，這是他們的理解，並不等於莊子原文一定有「心」字，「增字解經」原是他們慣常使用的方法，不足爲訓。

②讓王：今天下闇，(周)〔殷〕德衰。

○陳景元闕誤：「殷德衰」，見江南古藏本，舊作周。

○楊愼莊子闕誤：「周德衰」，江南古藏本及李本周俱作殷。

○整理本校記：殷字依高山寺本及闕誤引江南古藏本李氏本改。(P989)

高山寺本作「周」不作「殷」，整理本校記失實。世德堂本、道藏成疏本、覆宋本、影宋本都作「周」。

○劉文典說：典案：江南古藏本是也。伯夷、叔齊試往觀周之時，不當言「周德衰」。(P793)

○王叔岷說：闕誤引江南古藏本周作殷。(楊愼闕誤謂李本亦作殷)。褚伯秀以作殷爲是。案：周作殷，疑淺人所改。「周德衰」，對上文「周之興」而言。「周之興」，殷德已衰，此何待言「殷德衰」乎？「周之興」，是文王有道之時。「周德衰」，武王以臣弑君也。呂氏春秋亦作周。(P1166)

③徐无鬼：古之眞人，以天待(之)〔人〕，不以人入天。

○陳景元闕誤：「古之眞人，以天待人」，見張本，舊作之。

○楊慎莊子闕誤：「古之眞人，以天待之」，張本待之作待人。

○整理本校記：人字依闕誤引張君房本改。（P867）

○郭象注：居無事以待事，事斯得。

○成玄英疏：如上所解，卽是玄古眞人，用自然之道，虛其心，以待物。

明世德堂本、敦煌鈔本、道藏成疏本、覆宋本、影宋本，都作「以天待之」。闕誤所載的國子監本和張本，顯然都是以個人臆見竄改莊子原文，無視郭象注和成玄英疏都明確顯示莊子原文根本不可能作「待人」，整理本竟然還是據以校改。

六、結語

點校後記中說：「整理工作中的缺點錯誤在所難免，希望讀者指正。」這句話看起來像是謙辭，但說的是實情，有我們今天所無法想象的困難，因此纔給這個整理本留下了許多缺陷，其後又由於種種原因，未能修訂完善。

王孝魚整理的莊子集釋，雖有一些缺陷，但爲莊子研究者提供了一種較重要的本子，在莊子相關的研究領域產生了廣泛而深遠的影響，具有不可磨滅的歷史功績。

陳景元南華眞經闕誤疑謬辯正

莊子爲戰國時人，生活於公元前三百年左右。莊子一書，流傳至今已有二千多年歷史，篇數由漢書藝文志記載的「五十二篇」，縮減至三十三篇，字數由史記老子韓非列傳中記載的「十餘萬言」，減少至六萬五千餘言，文字於傳鈔刻印過程中，更是難免譌脱衍倒等錯誤。

公元七世紀初，唐代陸德明撰寫的經典釋文莊子音義，是最早關注莊子文本流傳過程中產生文字差異的著作。公元十一世紀初，北宋道士碧虛子陳景元的南華眞經闕誤，則是校讎九種版本所撰的校勘記。這是後人校勘莊子文本最有參考價值的兩種文獻資料。經典釋文莊子音義是校勘莊子文本最可信賴的文獻資料，可惜後世人祇關注其中的音義。南華眞經闕誤則是純粹的校勘記，因此後世多利用來校勘莊子文本，但似乎未能很好地領會陳景元當初「别疏闕誤一卷以辯疑謬」的根本目的。本文旨在辯正闕誤的「疑謬」，供學習研究莊子的人士參考。

一、陳景元及其南華眞經闕誤

北宋道士碧虛子陳景元(1024—1094)，北宋官修宣和書譜卷六有記載❶。據明正統道藏洞

❶ 文淵閣四庫全書，臺灣商務印書館，1986 年，第 813 册，第 239 頁。

神部玉訣類習字號至聽字號上，陳景元撰南華眞經章句音義十四卷，南華眞經章句餘事（內含分章篇目和闕誤）一卷，南華眞經餘事雜録二卷。其南華眞經章句音義敘云：

○書成，嘗數其正經，得六萬五千九百二十三言，合馬遷之所記，十亡其四矣。復將中太一宫寶文統録内有莊子數本及笈中手鈔諸家同異，校得國子監景德四年（1007）印本不同共三百四十九字，仍按所出，别疏闕誤一卷，以辯疑謬。烏乎，後之學者不幸不見漆園簡策之完、篇章之大體，妙指浸爲諸家裂！元豐甲子歲（1084）上元日敘。❶

覽過南華眞經名氏：

景德四年國子監本；

江南古藏本，徐鉉、葛湍校；

天台山方瀛宫藏本，徐靈府校；

成玄英疏，中太一宫本，張君房校；❷

文如海正義，中太一宫本，張君房校；

❶ 道藏，第15冊，文物出版社、上海書店、天津古籍出版社，1988年，第894頁。

❷ 成玄英疏原文「疏」作「解疏」，據南華眞經義海纂微删「解」字。○舊唐書、新唐書著録：「莊子疏十二卷，成玄英撰。」○日本藤原佐世編見在書目著録：「莊子疏十，西華寺法師成英撰。」

郭象注，中太一宮本，張君房校；

散人劉得一注，大中祥符時人；

江南李氏書庫本；

張潛夫補註。

右九家闕誤同異，各有義旨。(P959)

以上九種版本的句讀標點，係根據正統道藏所收宋褚伯秀南華眞經義海纂微[1]分行列舉而確定，唯最後兩種版本列作一行：「江南李氏書庫本，張潛夫補註」，爲一種版本，則非「九家」而爲「八家」，實誤。達生的闕誤：「自爲謀則取之，其所異彘者何也：見張潛夫本，舊闕。」可證爲兩種版本。

按照字面理解，「闕誤」就是脱漏和錯誤的意思。按照這個説法，闕誤所記載的，與國子監本不同的文字，不是「脱漏」，就是「錯誤」了，所以闕誤最常用的字眼就是「舊闕」「舊作」。從這一角度來看，闕誤簡直就是對國子監印本的歌功頌德。但仔細推究起來，事實恐怕正好相反。闕誤末謂：「右三十三篇闕誤，或兩義。」「右九家闕誤同異，各有義旨。」敘中亦點明了：「別疏

[1] 道藏，第15册，第176頁。

闕誤一卷，以辯疑謬。」就是暗示讀者，别光看「闕誤」這個名稱，得仔細想一想，要有「疑」，還要辨明何者爲「謬」。在今天的我們看來，何者爲謬，這是顯而易見的。古董、文物，當然是「舊」的好，哪怕是有破損殘缺的；用科學方法修復而成的，做得再完美，亦是真中摻假，或是贋品。舊文古字，不管讀起來多麼難以理解或接受，就是最可信賴的原文；而經後人更改的文字，不管多麼有理，總屬臆測，未可確信。

闕誤正文的莊子原文，係底本景德四年國子監印本的文字，「見某本」則爲某本同國子監本，「舊作」「舊闕」表明莊子舊文如何，亦表明除了國子監本及某本之外的其餘版本與「舊作」「舊闕」相同。闕誤共記載有 175 條校勘記，其中標明「舊作」86 條，「舊闕」74 條，「舊作」兼「舊闕」並見 2 條，合計 162 條，涉及九種版本。以下對這九種版本逐一進行分析，以辯疑謬。

二、天台山方瀛宫藏本，徐靈府校

闕誤所載九種版本，唯有「天台山方瀛宫藏本，徐靈府校」，僅有一條異文：

①逍遥遊：瞽者无以與乎文章之觀，聾者无以與乎鍾鼓之聲。豈唯形骸有聾盲哉？夫知亦有之。

○闕誤：「豈唯形骸有聾瞽哉」，見天台山方瀛觀古藏本，舊作盲。

這一條異文，以常理推測，上文作「瞽者」「聾者」，下文自然當沿用作「聾瞽」，沒有人會把「聾瞽」更改爲「聾盲」，因爲這樣就與上文的用詞不一，似乎不合作文常規（先秦時似有同義詞替換使用以避免重複的行文習慣），因此反過來可以證明這個令人難以接受的「盲」字必爲原文。達生就有「无中道天於聾盲跛蹇」，可爲此處之證。

徐靈府爲唐代道士，號默希子，錢塘天目山人。天台山方瀛宮藏莊子徐靈府校本，在闕誤所載九種版本中，年代最早，錯誤又最少，應該是陳景元最可信賴的「舊」本。

三、江南古藏本，徐鉉、葛湍校本

徐鉉(916–991)，宋史卷四四一及宣和書譜卷二都有傳：「鉉精小學……嘗受詔與句中正、葛湍、王惟恭等同校說文。」❶江南古藏本莊子，應該是比較古老的一個版本，又經徐鉉、葛湍這樣的小學名家校勘，因此列在底本國子監景德四年印本之下。以理推測，這個版本應該是校勘精當，錯誤極少，然而事實上究竟如何呢？

①齊物論：以言其老洫也。

❶ 宋史，中華書局，1977 年，第 37 冊，第 13044、13046 頁。

○闕誤：「老洫」，江南古藏本作溢。

○釋文：「老洫」，本亦作溢，同。

②應帝王：萌乎不震不正。

○闕誤：「不震不止」，見江南古藏本，舊作正。

○釋文：「不震不正」，崔本作不詠不止。

③讓王：故許由虞於潁陽，而共伯得乎共首。

○闕誤：「故許由虞於潁陽，而共伯得志乎丘首」，虞，安也。見江南古藏本。舊作娛；志，舊闕。

○章句音義：「共伯得志乎丘首」，江南古藏本作：共伯得志乎丘首。

○釋文：「虞於潁陽」，廣雅云：虞，安也；一本作娛，娛，樂也。「共伯」，音恭，下同。「得乎共首」，召公乃立宣王，共伯復歸于宗，逍遥得意共山之首。共丘山，今在河内共縣西。魯連子云：共伯後歸于國，得意共山之首。……本或作丘首。

○成玄英疏：丘首山在今河内。……故許由娛樂於潁水，共伯得志於首山也。

上述三條，江南古藏本與釋文所載相合，可見這個版本確實來源甚古。唯「志」字，疑據成玄英疏增補。

④逍遥遊：我決起而飛，槍榆枋，時則不至，而控於地而已矣。

○闕誤：「槍榆枋而止」，見文本及江南本，舊闕。
○章句音義：「搶榆枋而止」，文如海及江南古藏本作搶榆枋而止。
○莊子補正：典案：「而止」二字舊敚。今據碧虛子校引文如海本、江南古藏本補。(P6)
○莊子校詮：文選江文通雜體詩注、御覽九四四、事類賦三〇蟲部注引此，亦皆作「槍榆枋而止」。上文「去以六月息者也」，郭注：「小鳥一飛半朝，槍榆枋而止。」即本此文，郭本蓋原有「而止」二字矣。(P11)
○釋文曰：「搶」，七良反。司馬、李云：猶集也。崔云：著也。支遁云：搶，突也。

據說文解字：「槍，歫也；一曰：槍，攘也。歫，止也，一曰槍也。」可知「而止」兩字實爲畫蛇添足。正是因爲正文沒有「而止」兩字，所以郭象注加上「而止」兩字，把原文隱含的意思明白地表達出來，這樣的注文纔有存在的價值。若莊子原文作「搶榆枋而止」，郭象注文與正文爲同語重複，就根本沒有任何意義。這是據注疏文字增補正文的一個典型例子，其餘皆可依此類推。至於「槍」作「搶」，段玉裁注：「許無从手之搶，凡搶攘，上从木，下从手。」此正如「校」作「挍」。江南古藏本唯此條與文如海本同，其餘皆與他本不同。據郡齋讀書志卷十一記載，文如海「以郭象注放乎自然而絕學習，失莊生之旨，因再爲之解」，❶可知文如海本必據郭象注文而增補正文。江南古藏本此處與文如海本同有「而止」兩字，可以斷定江南古藏本爲郭象注本，亦係據郭象注文而增補正文，下文可證明這一點。

⑤齊物論：若是而可謂成乎，雖我亦成也。

○闕誤：「雖我亦成也」，江南古藏本作：雖我無成，亦可謂成矣。

○莊子補正：典案：江南古藏本作「雖我無成亦可謂成矣」，正與上句「若是而可謂成乎」之義相應，於文爲長。(P61)

○莊子校詮：案：江南古藏本作「雖我無成，亦可謂成矣」。文意較完，與郭注亦較合。是否據郭注增字，未敢遽斷。我，乃泛指之我。(P69)

○郭象注：若三子而可謂成，則雖我之不成，亦可謂成也。

○成玄英疏：我，眾人也。若三子異於眾人，遂自以爲成，而眾人異於三子，亦可謂之成也。

成玄英是爲莊子原文和郭象注文作疏的。仔細研究成玄英疏，可知莊子原文不可能作「雖我无成，亦可謂成矣」。江南古藏本係據郭象注文而增補正文，連國子監本亦未採納。

---

❶ 郡齋讀書志，上海古籍出版社，1990 年，第 482 頁。

⑥齊物論：仁常而不成，廉清而不信，勇忮而不成。

○闕誤：「仁常而不周」，見江南古藏本，舊作成。

○莊子補正：典案：江南古藏本是也。注「常愛必不周」，是郭所見本字亦作「周」。今本作「成」，與下文「勇忮而不成」相複。(P69)

○莊子校詮：案：列禦寇篇「仁義多責」，郭注：「天下皆望其愛，然愛之則有不周矣。」即本此文，亦可證「不成」爲「不周」之誤。(P76)

江南古藏本顯然依據郭象注文而更改正文。郭象注自成思想體系，有時並不依莊子原意作注，這是可以理解的。莊子的原意，不在「仁常」的「周」與「不周」。

○天運：仁義，先王之遽廬也，止可以一宿，而不可久處，覯而多責。

以此而論，「仁」怎麼可以「常」呢？「仁常」不是一件好事，而不是「周」與「不周」的問題。上文就說「大仁不仁」。大仁不仁，「仁常而不成」；大勇不忮，「勇忮而不成」，有何不當之處？

○成玄英疏：而恒懷恩惠，每挾親情，欲効成功，無時可見。

由此可知成玄英所見眾本包括郭象注本在內，是作「成」不作「周」的。

⑦秋水：是色而已。

○闕誤：「是形色而已」，見江南古藏本，舊闕。

○莊子補正：「形」字舊敚。奚侗曰：「當依江南古藏本作『是形色而已』。依郭注，亦有『形』字。」典案：奚説是。今依江南古藏本補。(P511)

○郭象注：同是形色之物耳，未足以相先也。

○成玄英疏：俱是聲色故也。

郭注作「形色」，成疏作「聲色」，可證成玄英所見郭注衆本不可能有「形」字。説文：「色，顔气也。」段玉裁注：「顔者，兩眉之間也。心達於气，气達於眉間，是之謂色。引伸之爲凡有形可見之偁。」郭注以「形色」解「色」完全正確。今據郭注所增之字而篡改正文，則完全是本末倒置，削足適履。

以上三例可證江南古藏本係根據郭象注文而篡改莊子正文：「仁常而不周」一條尤能證明校勘者没有讀懂莊子原文，否則當不至於有此錯誤。

⑧至樂：而皆曰樂者，吾未之樂也，亦未之不樂也。果有樂无有哉？吾以无爲誠樂矣，又俗之所大苦也。

○闕誤：「吾未知之樂也，亦未知之不樂也。果有樂无有哉？吾以无爲而誠者爲樂矣」，並見江南古藏本，舊闕。

○莊子校詮：案：趙諫議本、道藏王元澤新傳本、羅勉道循本本，下「之」字皆作「知」，當從

江南古藏本。之猶其也。(P640)

「吾未之樂也」，此爲否定句中代詞賓語前置句式，正常句式爲「吾未樂之也」。「亦未之不樂也」，同理，無須訓釋，卽能明白。莊子書中此類句式甚多，如「莫之夭閼」「莫之能害也」「福輕乎羽，莫之知載。禍重乎地，莫之知避」「物莫之傷」「未之嘗言」「未之盡者」「王未之見」「未之有也」等等。此處增一「知」字，殊爲扞格不通。

⑨人間世：且德厚信矼，未達人氣；名聞不爭，未達人心。而彊以仁義繩墨之言，術暴人之前者，是以人惡有其美也，命之曰菑人。

○闕誤：「衒暴人之前者」，見江南古藏本，舊作術。

○莊子補正：典案：「術暴人之前者」，義不可通。「術」，碧虛子校引江南古藏本作「衒」，義較長。今本「術」字疑是形近而誤。(P108)

○莊子校詮：案：孫氏謂「術與述古通」，羅勉道南華眞經循本已云：「術讀作述。」江南古藏本「術」作「衒」，於義爲長。「衒」爲「衙」之或體，「有」爲「育」之誤，「育」爲「賣」之借字，俞、奚說是。「其」讀爲己。「以人惡育其美」，謂以人之惡衒己之美，亦卽俞氏所謂「以人之惡鬻己之美也」。(P121)

這裏的考證比較複雜，還涉及「惡有其美」的「有」字據崔譔本改作「育」的問題。其實，要裁定這兩處文字的是非正誤，祇需要回答一個問題：顏回去見衛君，到底是不是自衒自賣？

○至樂：吾恐回與齊侯言堯、舜、黄帝之道，而重以燧人、神農之言，彼將内求於己而不得，不得則惑，人惑則死。

孔子説得非常清楚，顏回不向齊侯自衒自賣，怎麼可能會向衛君衒己之美呢？若據江南古藏本，就把孔子弟子中「德行第一」的顏回降低到與平常人等同。

⑩盗跖：世之所高，莫若黄帝。……此六子者，世之所高也。

○闕誤：「此七子者，世之所高也」，見江南古藏本，舊作六。

○莊子補正：典案：黄帝、堯、舜、禹、湯、武王、文王，合爲七人，江南古藏本是，今據正。(P802)

成玄英疏作「六子」，武王不計在内。因爲上文已點明「世之所高，莫若黄帝」，因此「此六子者，世之所高也」，不應當包括黄帝在内。再看下文：

⑪盗跖：此四子者，无異於磔犬流豕、操瓢而乞者。

○闕誤：「此六子者，無異於磔犬流豕」，見江南古藏本，舊作四。

○成玄英疏：六子者，謂伯夷、叔齊、鮑焦、申徒、介推、尾生。

○莊子補正(P803)、莊子校詮(P1188)皆以作「六子」爲正。

○釋文：「而乞者」，李云：言上四人不得其死，猶豬狗乞兒流轉溝中者也。據釋文可知，陸德明所見衆本皆作「四子」，不包括伯夷、叔齊在内，因爲上文已點明「世之所謂賢士，伯夷、叔齊」，此不複計入。

黄帝和伯夷、叔齊，雖亦在盗跖批評之列，然而畢竟尚未到如此不堪的程度。據江南古藏本，就把他們亦一棍子打死了。

⑫天道：休則虚，虚則實，實者倫矣。

○闕誤：「實者倫矣」，江南古藏本作實者備矣。

○莊子補正：典案：江南古藏本是也。「實者備矣」與下「動則得矣」爲韻。「備」以形近譌爲「倫」，既非其指，又失其韻。郭注：「倫，理也。」蓋不知「倫」爲誤字，望文生訓，不可從也。(P369)

○莊子校詮：江南古藏本倫作備，備與下文得、責爲韻，義亦較長。倫疑備之形誤。(P472)

○郭象注：倫，理也。

○成玄英疏：眞實之道，則自然之理也。

陸德明撰經典釋文莊子音義時所見版本非僅郭象注本一種而已，明見郭象注作「倫，理也」，此處卻無校勘記。成玄英撰莊子疏時，除了見過郭象注本之外，尚見過不少版本，因此他的疏文中時有校勘記，如「其大蔽數千牛」條所引卽是。此處成玄英疏與郭象注文義完全一致，且無相關校勘記。據陳景元闕誤，衹有江南古藏本作「實者備矣」，亦未爲國子監官方校定本所採納，且其餘七種版本都作「實者倫矣」，今所見衆宋刻本皆同。江南古藏本之誤可明矣。

⑬繕性：禮樂徧行，則天下亂矣。

〇闕誤：「禮樂偏行」，江南古藏本作偏。

〇釋文：「徧」，音遍。

〇莊子補正：俞樾曰：「郭注曰：『以一體之所履，一志之所樂，行之天下，則一方得而萬方失也』，是『徧』爲『一偏』之『偏』，故郭注以『一體』『一志』說之。釋文作『徧』而『音遍』，非是。」典案：碧虛子校引江南古藏本作「偏」，正與郭注義合。(P442)

〇莊子校詮：疑釋文本本作「偏」，故「音遍」。若本作「徧」，則無煩「音遍」矣。則陽篇之「孰偏」，釋文云：「音遍。徐音篇。」所以言「偏音遍」，乃以別於「徐音篇」也。(P567)

先看釋文文字之正誤：

〇天下：不該不徧。　釋文：「不徧」，音遍。

〇天下：選則不徧。　釋文：「不徧」，音遍。

〇天下：徧爲萬物說。　釋文：「徧爲」，音遍。

○人間世：巧言偏辭。　釋文：「偏辭」，音篇，崔本作諞，音辯。

○庚桑楚：偏得老聃之道。　釋文：「偏得」，向音篇。

○庚桑楚：偏不在外也。　釋文：「偏不」，徐音篇。

以上所引證明陸德明於「偏」「徧」兩字分別清楚，文字正確無誤，無可置疑。再看郭象注，其實說得非常清楚，可惜被歪解，成玄英疏可供參考：

○成玄英疏：夫不能虛心以應物，而執迹以馭世者，則必滯於華藻之禮，而溺於荒淫之樂也，是以芻狗再陳，而天下亂矣。

亦就是說，郭象注「一體之所履，一志之所樂」，說的是馭世者一人之禮樂，與偏不偏無關；郭注所謂「行之天下」，纔是眞正的「徧行」，怎麼可能是「偏行」呢？「一方」指的是「馭世者」，而「萬方」指「天下」，還有什麼可疑惑的？

○徐无鬼：夫仁義之行，唯且无誠，且假夫禽貪者器，是以一人之斷制利天下，譬之猶一覕也。夫堯知賢人之利天下也，而不知其賊天下也。

可爲此句文義之注解。郭注、成疏、釋文都證明莊子原文作「徧行」，闕誤所校八種版本同，江南古藏本之誤可明矣。

⑭秋水：吾樂與！吾跳梁乎井幹之上，入休乎缺甃之崖。

○闕誤：「出跳乎井幹之上」，見江南古藏本，舊作跳梁。

○莊子校詮：成疏：「我出則跳躑井欄之上，入則休息乎破磚之涯。」「出」「入」對文，成疏可照。作「吾」者，涉上文「吾樂與」而誤。(P621)

○莊子補正引逍遥遊作「東西跳梁」，並釋文彼此兩處音義皆作「跳音條」而不及「梁」字，證明馬敘倫及奚侗說「梁字衍文」爲誤。(P481)

莊子補正正文作「出跳梁」而無「吾」字，這是沿襲古逸叢書覆宋本的錯誤所致。王孝魚整理本莊子集釋正文作「出跳梁」且無「吾」字，校記謂：「世德堂本跳上無出字，闕誤同，引江南古藏本作出跳，無梁字。」(P601)此條校記明顯有誤且有漏校。明世德堂本、正統道藏本、續古逸叢書影印南宋本以及今所見莊子其他眾宋刻本皆作「吾跳梁」，法國巴黎國家圖書館藏古寫本(P.2495)就作「吾跳梁井幹」，可證莊子原文作「吾跳梁」。陳景元闕誤不及「吾」字，正説明江南古藏本作「吾出跳」，與「入休」相對，遠勝「出跳梁」。

⑮繕性：德无不容，仁也；道无不理，義也；義明而物親，中也；中純實而反乎情，樂也；信行容體而順乎文，禮也。禮樂徧行，則天下亂矣。

○闕誤：「義明而物親，忠也」，見江南古藏本，舊作中。

○莊子補正：碧虚子校引江南古藏本「忠」作「中」。典案：江南古藏本是也。下文「中純實

而反乎情，樂也」，卽承此而言。(P442)

○莊子校詮：案：闕誤引江南古藏本忠作中，與成疏「情率於中」合。中、忠，古通。(P566)

莊子補正與莊子校詮所引闕誤，係楊慎之莊子闕誤。

○楊慎莊子闕誤：「義明而物親，忠也」，江南古藏本忠作中。

○郭象注：若夫義明而不由忠，則物愈疏。

○成玄英疏：義理明顯，情率於中，既不矜驕，故物來親附也。

○南宋褚伯秀南華眞經義海纂微：「忠」字，詳郭註、成疏，皆當是中。❶

今所見衆本皆作「忠」，當據陳景元闕誤所校七種版本改作「中」。

闕誤175條校勘記，涉及江南古藏本的共是49條，其中2條標明「並見」，卽共有51處闕誤，這裏僅分析了其中的15條，可見江南古藏本之異文，不外乎因不懂字義句法而篡改正文，根據上下文、郭象注文以及常規句法而增删改易正文。

四、成玄英疏，張君房校本

成玄英，新唐書卷五十九藝文志有傳，爲初唐道士，略後於陸德明(550–630)。張君房活躍

❶ 道藏，第15冊，第433頁。

於宋眞宗時期，適當其晚年，在 1013–1019 年間，由司徒王欽若推薦而專修道教經典總集大宋天宮寶藏 4565 卷，輯其精要爲雲笈七籤120 卷，可知其對道教甚有研究。且看此本莊子如何：

①逍遙遊：上古有大椿者，以八千歲爲春，八千歲爲秋。

○闕誤：「八千歲爲秋，此大年也」，見成玄英本，舊闕。

○莊子補正：典案：此四字所以結「楚之南有冥靈者」之義，正與上文「此小年也」相對。今據補。(P10)

○莊子校詮：案：當據補。(P14)

成玄英莊子疏本有此四字，國子監本卽據以增補。陳景元闕誤所校九種版本，就祇有這兩種版本如此，其餘七種版本都沒有此四字；今天我們所能見到的所有宋刻本亦皆沒有此四字。「舊闕」兩字正說明莊子舊本沒有「此大年也」四字，當是成玄英本係根據上文而增補。換句話說，依後人作文常規，莊子原文當有「此大年也」四字。但莊子天下中明確說：「其辭雖參差，而諔詭可觀。」莊子書中，詞性變化活用，句法不一律，上下段落文字之間看似毫無關聯等等，不按作文常規，隨處可見。

闕誤標明唯見成玄英本的，僅此一處，其餘皆有他本與之相同。

②列御寇：闔胡嘗視其良？既爲秋柏之實矣！

○闕誤：「闔□嘗視其良」，文、成、李同，舊作闔胡嘗視其良。

○莊子補正：馬敘倫曰：「無者是。蓋有一本作『胡』者，讀者旁注『闔』下，傳寫誤入正文也。」

典案：馬說近塙。(P843)

○莊子校詮：案：成疏「闔，何不也」，不涉及「胡」，是成本原無「胡」字矣。(P1259)

○釋文：「闔胡嘗視其良」，闔，語助也。胡，何也。

據釋文，無須辯解，即可證明文如海本、成玄英本、江南李氏本之誤。

③人間世：見櫟社樹，其大蔽牛，絜之百圍。

○闕誤：「其大蔽數千牛」，文、成、李、張本同，舊闕。

○成玄英疏：江南莊本多言「其大蔽牛」，無「數千」字，此本應錯。且商丘之木既結駟千乘，曲轅之樹豈蔽一牛？以此格量，「數千」之本是也。

○莊子補正：典案：玉燭寶典、北堂書鈔八十七、藝文類聚三十九、卷子本玉篇引竝無「數千」二字。御覽三百九十九、五百三十二引竝無「數」字。今依碧虛子校補。(P133)

○莊子校詮：案：當從之。(P151)

○釋文：「蔽牛」，必世反，李云：牛住其旁而不見。

陸德明釋文所錄莊子原文作「蔽牛」，未出校勘記說明尚有其他版本作「蔽數千牛」；正是因爲「其大蔽牛」四字難以理解，所以纔特別指出「李云：牛住其旁而不見」。陸德明所見六朝、隋、初唐的衆多莊子版本都是如此，可證文、成、李、張本之誤。

④外物：中民之行進焉耳。

○闕誤：「中民之行易進焉耳」，張、成本同，舊闕。

○郭象注：言其易進，則不可妄惠之。

○成玄英疏：中庸之人，易爲進退。

○莊子補正：典案：有「易」字義較長，張、成本是。(P742)

○莊子校詮：蓋郭本原有「易」字。(P1063)

○釋文：「之行」，下孟反。「其易」，以豉反。

最可信賴的釋文有「其易」兩字，但可惜不可能是對莊子原文的釋文，否則此句當作「中民之行，其易進焉耳」，則又多出一個「其」字，與所有版本不合，可見是對郭象注文的釋文。再進一步說，若莊子原文有「易」字，陸德明捨正文不用而用郭象注文作音，既不合釋文常規，亦不合情理，因此反過來亦可證明陸德明所見莊子原文沒有「易」字。英國倫敦大英博物館藏古鈔本外物品第廿六(S.77)、高山寺古鈔卷子本、今所見衆宋刻本都沒有「易」字，可證成玄英本、張君房本係據郭象注而增補正文。

⑤山木：入其俗，從其俗。

○闕誤：「從其令」，江南李氏、成本同，舊作俗。

○郭象注：不違其禁令也。

○成玄英疏：夫達者同塵入俗，俗有禁令，從而行之。

○莊子補正：今據李本、成本改。(P563)

法國巴黎國家圖書館藏古寫本山木品第廿(P.2531)、陳景元闕誤所校其餘版本以及今所見莊子衆宋刻本皆作「入其俗，從其俗」。禮記曲禮上：「禮從宜，使從俗。」宋衛湜禮記集說：「藍田呂氏曰：使於他邦，必從其俗，故有入境而問禁、入國而問俗之禮。」可證此又是據郭象注而篡改正文之一例。

闕誤175條校勘記，涉及成玄英本的共9條，上文雖衹分析了其中的5條，但成玄英本總不外依據郭象注而更改正文，以常規文法而增刪原文，或以意篡改原文。

五、文如海正義，張君房校

據明曹學佺撰蜀中廣記卷九十四記載：「南華正義，唐劍南道士文如海著。」❶又據五代孫

❶ 文淵閣四庫全書，臺灣商務印書館，1986年，第592冊，第525頁。

光憲撰北夢瑣言卷六「裴相生於于闐國事」載❶文如海與宰相裴休(791–864)同一時代，在唐玄宗(685–762)後。且看其文如何：

①養生主：動刀甚微，謋然已解，如土委地。

○闕誤：「牛不知其死也，如土委地」，見文如海本、劉得一本，舊闕。

○莊子補正：典案：有「牛不知其死也」六字，文意較備。(P97)

○郭象注：得其宜則用力少，理解而無刀迹，若聚土也。

○成玄英疏：運動鸞刀，甚自微妙，依於天理，所以不難，如土委地，有何蹤跡？

從郭注、成疏根本看不出莊子原文有此六字的迹象。仔細品味，「謋然已解，如土委地」中間插入「牛不知其死也」六字，完全割裂文意，語氣不順。司馬遷說莊子「善屬書離辭，指事類情」，莊子怎麼可能會說出「牛不知其死也」這麼直白而毫無意味的話？文如海本、劉得一本之劣，由此可見一斑。

②養生主：始也，吾以爲其人也，而今，非也。

○闕誤：「始也，吾以爲至人也」，見文本，舊作其。

❶ 北夢瑣言，中華書局，2002 年，第 122 頁。

○莊子校詮：奚侗云：「當從文本作『至人』，下文『遁天倍情』云云，卽以爲非『至人』也。今本『至』誤作『其』，理不可通。」案：至人固不遁天倍情矣。(P112)

○莊子補正：典案：奚說是也。(P100)

○成玄英疏：秦失初始入弔，謂哭者是方外門人。及見哀慟，迺知非老君弟子也。

成玄英疏稱「老君弟子」或「方外門人」，這些人無論如何都稱不上是「至人」，因此可證成玄英所見莊子原文必不可能作「至人」。

上例文字之誤，當係不能理解「其人」兩字所致，其實此兩字亦非不可解：

○大宗師記載南伯子葵問女偊：「道可得學邪？」曰：「惡！惡可？子非其人也。」

○戰國策卷二十一：左右曰：「使者三往不得通者，必所使者非其人也。」

○史記卷六十七仲尼弟子列傳：宰我問五帝之德。子曰：「予非其人也。」南朝宋裴駰集解：王肅曰：「言不足以明五帝之德也。」

③莊子：常寬容於物，不削於人，可謂至極。關尹、老聃乎，古之博大眞人哉！

○闕誤：「雖未至極」，江南李氏、文本同，舊作可謂至極。

○莊子補正：典案：江南李氏本、文本義較長。高山寺古鈔本作「雖未至於極」。(P885)

○莊子校詮：作「雖未」是。莊子之學出於老子，而不爲老子所限，況關尹乎！關尹、老聃之道術雖博大，而偏重人事，尚有迹可尋，不得謂之至極。莊子道術，論人事而超人事，萬物畢羅，應化無方，無可歸屬，乃可謂至極也。今傳舊本「雖未」皆作「可謂」，疑唐人崇老子者所改。(P1341)

如果原文作「雖未至極」，則話尚未說完，就該有下文，如：

○雖然，墨子真天下之好也，將求之不得也，雖枯槁，不舍也，才士也夫！

○彭蒙、田駢、慎到，不知道，雖然，槩乎皆常有聞者也。

都是先否定，後肯定。而此處祇說「雖未至極」，語意未完，就戛然而止，雖莊子自述其辭「諔詭可觀」，亦未見有如此不通之語。而更改的理由，如莊子校詮所說，老子「不得謂之至極」，而莊子「乃可謂至極也」。莊子真的會這樣評價自己嗎？連如此不通的簡單語句都奉如圭臬，更遑論讀懂天下、理解莊子！文如海本、江南李氏本之劣，可無疑矣。

闕誤 175 條校勘記，涉及文如海本的共 23 條，上文雖祇分析了 3 條，加上與江南古藏本相同的 1 條，而此本之劣，實已觸目驚心。23 條校勘記中，文如海本獨有的 7 條，與成玄英本同 5 條，與張君房本同 10 條，與劉得一本同 4 條，與江南李氏本同 5 條。文如海本雖據郭象注本而重注，亦當參考過成玄英疏本。

六、郭象注本，張君房校

郭象（？—312），西晉時人，字子玄，河內人，晉大傅主簿，晉書卷五十有列傳。

闕誤175條校勘記，涉及張君房本91條，其中5條標明「並見」，即合多處闕誤爲一條，共計108處闕誤。前面已經分析過張君房本的2條異文，這裏再分析13條。

①駢拇：而多方於聰明之用也。

○闕誤：「而多方於聰明之用也」，張作：而多□於聰明之用也。

○章句音義：張君房削去「方」字，與下文「多於聰者」相類。

○郭象注：聰明之用，各有本分，故多方不爲有餘，少方不爲不足。

張君房祇爲求文句相類，竟然不管郭象注文就作「多方」！眞不知他是如何處理郭象注文的！

②繕性：繕性於俗，俗學以求復其初，滑欲於俗，思以求致其明，謂之蔽蒙之民。

○闕誤：「繕性於俗□學以求復其初」，見張本，舊作：繕性於俗俗學以求復其初。

○莊子補正：典案：下「俗」字衍。「繕性於俗學」，與下「滑欲於俗思」，句法正一律。今删。（P440）

○郭象注：已治性於俗矣，而欲以俗學復性命之本，所以求者愈非其道也。

郭象注明確有兩個「俗」字，成玄英疏亦同，陸德明對此無一字校勘記，然而張君房本竟然硬是刪除原文實有的「俗」字，完全違背了莊子自己的聲明「其辭雖參差，而諔詭可觀」。以此類推，闕誤所載91條張君房本的異文，到底有多少可信度呢？

③人間世：見大木焉，有異，結駟千乘，隱將芘其所藾。

○闕誤：「將隱芘其所藾」，見張本，舊作隱將。

○莊子補正：典案：碧虛子校引張君房本「隱將」作「將隱」，較長。(P138)

○莊子校詮：案：「隱將」乃「將隱」之誤倒，奚氏從張君房本乙正，是也。將猶直也，其猶於也。謂直隱蔽於所蔭之下也。(P159)

○釋文：「隱」，崔云：傷於熱也。「將芘」，本亦作庇，崔本作比，云：芘也。「所藾」，音賴，崔本作賴，向云：蔭也，可以蔭芘千乘也。李同。

校勘莊子最重要最可信賴的客觀證據就是陸德明的釋文，釋文正文的莊子原文就作「隱」「將芘」，未說還有其他版本作「將隱」，陳景元亦說「舊作隱將」，真相就在眼前，可惜後世校勘者竟然漠然置之，「目芒然无見」；反倒是闕誤所校錯誤百出的文字，伯昏瞀人所謂「彼所小言，盡人毒也」，竟然深信不疑，「莫覺莫悟」，可勝浩嘆！

④大宗師：善夭善老，善始善終。

○闕誤：「善少」，見張本，舊作夭。

○莊子補正：典案：郭注：「此自均於百年之內，不善少而否老」，是所見本正作「善少」。張本是也。(P196)

○莊子校詮：郭注「不善少而否老」，疑以「少」釋「夭」，恐非所見本作「少」，張本「夭」作「少」，蓋據郭注改之也。(P227)

○釋文：「善妖」，崔本作狡，同，古卯反；本又作夭，於表反；簡文於橋反，云：異也。「善少」，詩照反。「否老」，音鄙，本亦作鄙。

釋文出「善妖」「善少」「否老」三詞，後兩詞爲郭象注文，「善妖」又作「善夭」爲莊子原文。張君房本係據郭象注文篡改莊子原文，昭然若揭。

⑤大宗師：孔子聞之，使子貢往待事焉。

○闕誤：「往侍事焉」，見張本，舊作待。

○楊愼莊子闕誤：「往侍事焉」，張本待作侍。

○莊子補正：碧虛子校引張本「侍」作「待」。典案：北堂書鈔百六、文選謝靈運永初三年七月十六日之郡初發都詩注引「侍」亦竝作「待」，與張本合。(P212)

莊子補正正文作「往侍事焉」，這是沿襲古逸叢書覆宋本南華眞經注疏的錯誤所致，但不知所引闕誤之文所據爲何版本？王孝魚整理本莊子集釋正文亦作「往侍事焉」，校記作「世德堂本侍作待，闕誤引張君房本作侍」。（P267）這一條校記，漏校了道藏本和續古逸叢書本作「待」；所引闕誤之文雖不誤，但祇校同而不校異，毫無意義。陳景元說「舊作待」，今所見莊子宋刻本皆作「往待事焉」。周禮天官小宰：「各修乃職，攷乃灋，待乃事，以聽王命。」可證此處作「待」，「侍」字之誤。

⑥在宥：聞廣成子在於空同之上，故往見之。

○闕誤：「空同之山」，見張本，舊作上。

○釋文：「空同」，司馬云：當北斗下山也。爾雅云：北戴斗極爲空同。一曰：在梁國虞城東三十里。

如果陸德明所見莊子原文作「空同之山」，則「司馬云：當北斗下山也」，這句注文就顯得非常可笑了。

⑦天運：風起北方，一西一東，有上彷徨，孰嘘吸是？

○闕誤：「在上彷徨」，見張本，舊作有。

○莊子補正：唐寫本同。今依張本改。（P397）

○莊子校詮：成疏：「或彷徨而居空裏。」褚伯秀云：「『有上』，説之不通，碧虛子照張氏校本作「在上」，陳詳道注亦然。」奚侗云：「『有』係『在』字之誤。」案：唐寫本「有」亦作「在」，成疏本蓋本亦作「在」，以「居」釋「在」也。(P506)

○釋文：「有上」，時掌反。「彷」，薄皇反。「徨」，音皇。司馬本作旁皇，云：旁皇，飂風也。

釋文表明莊子原文就作「有上」，陳景元明確說「舊作有」，今所見莊子衆宋刻本皆同。如果莊子原文作「在上」，則司馬彪本作「在上旁皇」，注「旁皇，飂風也」，就根本「說之不通」。

⑧刻意：故曰：聖人休休焉則平易矣，平易則恬淡矣。

○闕誤：「故曰聖人休焉，休則平易矣」，見張本，舊作：聖人休休焉則平易矣。

○莊子補正：俞樾曰：「『休焉』二字，傳寫誤倒。此本作『故曰聖人休焉，休則平易矣』，天道篇『故帝王聖人休焉，休則虛』，與此文法相似，可據訂正。」典案：俞說是也。今依張本改。(P433。王叔岷：P555)

法國巴黎國家圖書館藏古寫本南華眞經刻意品第十五(P.2508A)作「故曰聖人休休焉則平易矣」，陳景元所說「舊作」及今所見衆宋刻本皆同。

○郭象注：休乎恬淡寂漠，息乎虛無無爲，則雖歷乎阻險之變，常平夷而無難。

○成玄英疏：休心於恬淡之鄉，息智於虛無之境，則履艱難而簡易，涉危險而平夷也。

○釋文：「人休」，虛求反，息也。下及注同。

仔細體會郭注、成疏，上句作「休」，下句作「息」，「休，息也」，兩句平行並列，説明莊子原文「休休」兩字疊用，不拆分作上下句，中間不可能有「焉」字。釋文衹出「人休」兩字，並云「下及注同」，最耐人尋味，説明陸德明的讀法與郭象注不同，讀作「故曰聖人休。休焉則平易矣」。句讀既已辨明，諸多疑團皆可迎刃而解。「休焉則平易矣」，改作「休則平易矣」，文氣不順，益見張君房本之拙劣。

⑨秋水：當堯、舜，而天下无窮人，非知得也；當桀、紂，而天下无通人，非知失也。時勢適然。

○闕誤：「當堯、舜之時」，「當桀、紂之時」，並見張本，舊闕。

○莊子補正：典案：疏「夫生當堯、舜之時而天下太平」，「當桀、紂之時而天下暴亂」，是所見本亦竝有此二字。今據補。(P479)

清代文字學家王引之於經義述聞卷三十二「增字解經」條下謂：「經典之文，自有本訓，得其本訓，則文義適相符合，不煩言而已解；失其本訓而强爲之説，則阢隉不安，乃於文句之間增字以足之，多方遷就而後得申其説，此强經以就我，而究非經之本義也。」

文選卷四十五東方曼倩荅客難：「蘇秦、張儀，壹當萬乘之主，而身都卿相之位，澤及後世。」唐李周翰注：「當，遇也。」韓非子説疑：「若夫后稷、皋陶、伊尹、周公旦……如此臣者，雖當昏亂之主尚可致功，況於顯明之主乎？」張君房本之誤，昭然可見。

⑩知北遊：孫子非汝有，是天地之委蛻也。

○闕誤：「子孫非汝有」，見張本，舊作孫子。

○成玄英疏：陰陽結聚，故有子孫。

○莊子補正：下文「未有子孫而有子孫，可乎」，正與此文一例。今據張本、唐寫本乙。(P595)

○莊子校詮：案：「孫子」當作「子孫」，成疏可證。闕誤引張君房本亦作「子孫」，白帖六、御覽五一九引列子並同，今本列子亦誤倒作「孫子」。(P815)

東京書道博物館藏唐寫本此作「子孫非汝有」，下文則作「未有子孫而有孫子」，此處陸德明恰好有音義：

○釋文：「未有子孫而有孫子」，傳世故有子孫，不得無子而有孫也。

再稽考詩經大雅文王：「文王孫子，本支百世。」東漢鄭玄箋：「其子孫，適爲天子，庶爲諸侯，皆百世。」文選卷十六潘岳閒居賦：「席長筵，列孫子。」唐呂延濟注：「孫子，子孫也。」可證古語「孫子」即今語「子子孫孫」之義，而古語「子孫」即今語「兒子、孫子」之義。此兩句皆當作「孫子」，莊子、列子之文皆不誤，明矣。

⑪寓言：彼視三釜三千鍾，如鸛蚊相過乎前也。

○闕誤：「如觀鳥雀蚊虻」，見張本，舊闕。

○章句音義：「如觀鳥雀」，古亂切，鳥見張君房本，舊闕。「蚊虻」，孟庚切。鳥雀蚊虻相過，忽然不覺。

陳景元明確説舊本無「鳥」字。

○釋文：「如鸛」，本亦作觀，同，古亂反。「蚊」，音文。「虻」，孟庚反。司馬云：觀雀飛疾，與蚊相過，忽然不覺也。王云：鸛蚊，取大小相縣，以喻三釜三千鍾之多少。元嘉本作如鸛蚊，無虻字。

陸德明所見眾本亦無「鳥」字，司馬彪本、王本、元嘉本皆無「虻」字。

○郭象注：視榮祿若蚊虻鳥雀之在前而過去耳。

○成玄英疏：鳥雀大，以喻千鍾；蚊虻小，以比三釜。達道之人，無心係祿，千鍾三釜，不覺少多，猶如鳥雀蚊虻相與飛過於前矣。

據郭象注、成玄英疏，以及高山寺古鈔卷子本作「如三鸛蚊相過乎前者也」（欄外補「虻」字），可知郭成所見原文必無「觀」字。仔細體會上下文，「觀」字實嫌多餘，則原文必作「鸛」字。「鸛雀蚊」不通，那麽「雀」字從何而來？玉篇：「雚，公換切，水鳥，今作鸛。」詩經豳風東山：「鸛鳴于垤」，三國吳陸機疏：「鸛，鸛雀也，似鴻而大。」由此可明，「鳥雀」「鸛雀」兩字皆由「鸛」字而來，「蚊虻」兩字由「蚊」字而來，而「鸛」因形似音同而誤作「觀」。此處當從王本、元嘉本、古鈔卷子本作「如鸛蚊」，文字簡潔明瞭。陸德明經典釋文序錄註解傳述人：「然莊生宏才命世，辭趣華深，正言若反，故莫能暢其弘致，後人增足，漸失其真。」於此可見一斑。

⑫寓言：若向也俯而今也仰，向也括而今也被髮。

〇闕誤：「向也括撮而今也被髮」，見張本，舊闕。

〇釋文：「也括」，古活反，司馬云：謂括髮也。「被髮」，皮寄反。

〇成玄英疏：撮，束髮也。

〇莊子補正：案：張本是也。此以「括撮」與「被髮」相對成文，無「撮」字則句法不一律矣。今據張本補。(P765)

〇莊子校詮：釋文：「括，司馬云：謂括髮也。」疏：「撮，束髮也。」是成本亦有「撮」字。括撮，複語，單言之曰括，複言之曰括撮。(P1105)

〇說文：髺(括)，絜也。段玉裁注：凡物圍度之曰絜，束之亦曰絜。凡經言括髮者，皆謂束髮也。無論如何辯解(王叔岷：P164)，「撮」無「束髮也」之義。成玄英疏文，道藏本、靜嘉堂文庫本確實皆作「撮，束髮也」，但日本松崎慊堂舊藏室町期舊鈔南華真經注疏解經三十三卷本及日本萬治四年(1661)京都中野小左衛門板行的莊子註疏三十三卷本皆作「括，束髮也」。成玄英疏常援引釋文，此處當無例外。本書整理札記推斷高山寺古鈔卷子本係據成玄英疏本鈔寫，而此句正作「向也括而今也被髮」，無「撮」字，則此句成疏可據日本版本校正。成疏既有誤，則張君房本據成疏篡改正文，更不可信矣。陳景元說「舊闕」，今所見眾宋刻本莊子原文亦皆無「攝」字，可成定論。

⑬讓王：上漏下濕，匡坐而弦。

○闕誤：「弦歌」，見張本，舊闕。

○莊子補正(P779)、莊子校詮(P1138)皆引莊子本文、類書、古注等證明原文當有「歌」字。

○釋文：「匡坐而弦」，司馬云：匡，正也。案：弦謂弦歌。

如果陸德明所見眾本有「歌」字，則「案：弦謂弦歌」，豈非畫蛇添足？高士傳引作「匡坐而彈琴」，恰恰就是此句最好的注解。「弦歌」是邊彈邊唱，「而弦」則衹是彈琴而已，何可以莊子他處「弦歌」兩字連用，就硬要孔子此處亦邊彈邊唱，而不許他衹彈不唱！高山寺古鈔卷子本、陳景元闕誤所校其餘眾本、眾宋刻本皆作「匡坐而弦」。此益可證類書、古注、他書之引文，不可直接用以校勘，明矣。

七、散人劉得一注本

散人劉得一，大中祥符(1008–1016)時人。闕誤所載劉得一注本異文共16條，其中獨有12條，與文如海本同4條，疑據文如海本莊子而重加注釋。前面「牛不知其死也」一條，即已斷定此本之劣，再看其他異文，果然否：

①山木：陽子之宋，宿於逆旅。逆旅人有妾二人，其一人美，其一人惡，惡者貴而美者賤。陽子問其故，逆旅小子對曰。

○闕誤：「逆旅之有妾二人」，見劉得一本，舊作人。

○成玄英疏：逆旅，店也。

按照劉得一本，「有妾二人」的，到底是住店的客人，還是開店的老闆？是一人的二妾，還是兩人的妾各一？實在無法確定。但據下文，顯然是指老闆的二妾。原文作「逆旅人」，有何不當之處？可見劉得一本之文理不通。

②則陽：是故天地者，形之大者也；陰陽者，氣之大者也；道者，爲之公。因其大，以號而讀之，則可也。

○闕誤：「氣之廣者也」，見劉得一本，舊作大。

○莊子補正：典案：「形之大者也」，「氣之大者也」，兩「大」字於詞爲複。碧虛子校引劉得一本下「大」字作「廣」，疑是。(P727)

○成玄英疏：天覆地載，陰陽生育，故形氣之中，最大者也。

成玄英疏文證明莊子原文作「大」。下文說「因其大」，上文若不作「大」而作「廣」，上下文如何相應？

③知北遊：故曰：通天下一氣耳。

○闕誤：「故曰通天地之一氣耳」，見劉得一本，舊作通天下一氣。

○成玄英疏：是知天下萬物，同一和氣耳。

成玄英疏可證明劉得一本之誤。

④盜跖：侵暴諸侯，穴室樞戶，驅人牛馬。

○闕誤：「穴室摳戶」，見劉得一本，舊作樞。

○釋文：「樞戶」，尺朱反，徐苦溝反，司馬云：破人戶樞而取物也。

○莊子補正：孫詒讓曰：「依徐音，則『樞』當爲『摳』。殷敬順列子釋文云：『摳，探也。』樞摳，聲類同，形亦相近。」典案：孫說是也。(P795)

莊子校詮(P1171)所引與莊子補正同，未指明是非。此兩書中所引列子及唐殷敬順列子釋文的原文如下：

○列子黃帝：以瓦摳者巧。

○列子釋文：摳，探也。以手藏物，探而取之曰摳，亦曰藏彄。風土記云：「臘日飲祭之後，叟嫗兒童爲彄之戲。」辛氏三秦記：「漢鉤弋夫人手拳，時人傚之，因名爲藏鉤也。」

由唐殷敬順列子釋文可知「摳」字之義，與莊子此處文義全不相關。據陸德明釋文，莊子原文作「樞」字不誤。說文：「樞，戶樞也。摳，繑也，一曰摳衣升堂。」段玉裁注：「摳之義爲矯枉。」可證作「摳」之誤。莊子書中詞性活用，此卽是一例。至於樞改作摳，正如逍遙遊「北冥有魚」，或改作「溟」（說文：「溟，小雨溟溟也。」）；「槍榆枋」，或改作「搶」（見前文）；天下「一尺之捶，日取其半，萬世不竭」，或改作「棰」（說文：「捶，以杖擊也。」段玉裁注：「引申之，杖得名捶，猶小擊之曰扑，因而擊之之物得曰扑也。」），說劒「繞以勃海」，或改作「渤」（史記高祖本紀「北有勃海之利」，司馬貞索隱：「崔浩云：『勃，旁跌也。』旁跌出者，橫在濟北，故齊都賦云：『海旁出爲勃，名曰勃海郡。』」），皆同一理也，皆未深究其義，僅據字形及上下文推測而妄改之耳。

⑤知北遊：今彼神明至精與彼百化物。

○闕誤：「合彼神明至精」，見劉得一本，舊作今。

○莊子補正：典案：劉本作「合」，義較長。（P592）

○莊子校詮：奚侗云：「闕誤劉得一本『今』作『合』，是也。今合形近而誤。」案：此謂合天地之神明至精，隨天地百化也。（P810）

褚伯秀亦以爲「合」字「於義爲優」。如果莊子原文作「合」，或因「形近而誤」作「今」，就有一個難題：

○郭象注：百化自化，而神明不奪。

○成玄英疏：彼神聖明靈，至精極妙，與物和混，變化隨流，或聚或散，曾無欣戚。

「合」爲實詞，其義不可輕忽，但郭注、成疏中竟然找不到蛛絲馬迹，豈非咄咄怪事？陳景元説「舊作今」，其所校其餘七種版本、日本東京書道博物館藏古寫本南華眞經知北遊品第廿二、今所見莊子衆宋刻本皆作「今」，可證莊子原文必作「今」。劉得一本之誤，可明矣。

八、江南李氏書庫本

闕誤175條校勘記中，涉及江南李氏本的共17條，其中李氏本所獨有的8條，與成玄英本同4條，與文如海本同4條，與張君房本同6條。疑江南李氏本係承襲此三種張君房校本而來。前面已分析三條，尤其是「雖未至極」一條，斷定江南李氏本之劣，以下再舉四例。

①人間世：願以所聞思其則，庶幾其國有瘳乎。

○闕誤：「思其所行則庶幾」，見李氏本，舊闕。

○成玄英疏：顔生今將化衛，是以述昔所聞，思其稟受法言，冀其近於善道。

○莊子校詮：釋文：「崔、李云：則，法也。」(P119)

○莊子補正：典案：「願以所聞，思其所行」，文義甚明，「則」字當屬下讀。崔、李以「思其

則」絶句，蓋不知「思其」下有敚文。(P106)

〇釋文「思其則」，絶句。崔、李云：則，法也。陸德明見到的所有莊子版本都作「思其則」。「所行」兩字，陳景元亦説是「舊闕」；成玄英疏文亦沒有「所行」兩字，蓋係江南李氏本以意增補。

②齊物論：疾雷破山、風振海而不能驚。

〇闕誤：「飄風振海」，見江南李氏本，舊闕。

〇莊子補正：典案：此文本以「疾雷破山」與「飄風振海」相對爲文，敚「飄」字則句法參差不相對。疏「飄風濤蕩而振海」，是成所見本亦有「飄」字。今據江南李氏本補。(P75)

〇莊子校詮：則陽篇成疏：「疾雷破山而恒定，大風振海而不驚」，文亦相對。御覽五〇六引高士傳載此文，作「暴風振海」，記纂淵海八六引此文作「狂風振海」，字雖不同，咸可證今本「風」上有脱文。李白趙公西侯新亭頌「疾雷破山，狂飈震壑」，本莊子，亦可證。淮南子精神篇作「大雷毁山而不能驚也，大風晦日而不能傷也」。(P84)

衆本引用莊子此句時用詞不一，連成玄英本人前後用詞都不一律，正可見莊子原文必無「飄」字，如陳景元所説爲「舊闕」，而引用之人皆以己意據文法補足。莊子之文，「其辭參差」，此又是一例。江南李氏本當是據成玄英疏而增補正文。

③庚桑楚：觀室者，周於寢廟，又適其偃焉。

〇闕誤：「又適其偃溲焉」，江南李氏、張本同，舊闕。

〇莊子補正：典案：「偃」下「溲」字舊敓。今據補。(P646)

〇莊子校詮：據成疏「故往圊圂而便尿也」，是所見亦有「溲」字。又據下文郭注「屏廁則以偃溲」，是郭本「偃」下原卽有「溲」字矣。古鈔卷子本作「者也」。(P902)

〇高山寺古鈔卷子本：又適其偃者也。

〇郭象注：偃，謂屏廁。寢廟則以饗燕，屏廁則以偃溲。

〇釋文：「其偃」，於晚反，司馬、郭皆云：屏廁也。「屏廁」，步定反。「溲」，所留反。

據釋文所出「其偃」「屏廁」「溲」三條，可知「其偃」爲莊子正文，而「屏廁」和「溲」爲郭象注文，這是最可信賴的證據，竟然被漠然置之。江南李氏本、張君房本據郭象注篡改正文，此又是一條明證。

④列御寇：夫漿人，特爲食羹之貨，多餘之贏，其爲利也薄，其爲權也輕。

〇闕誤：「无多餘之贏」，江南李氏、張本同，舊闕。

〇莊子補正：典案：下云「其爲利也薄」，正承「無多餘之贏」而言，當以有「無」字爲是。疏：「所盈之物，蓋亦不多」，是成本亦有「無」字。今據江南李氏本、張君房本補。(P839)

〇莊子校詮：惟審文意，「多餘之贏」，卽薄利也。下文「其爲利也薄」，承此而言，意甚明白。「多」上「無」字，蓋淺人所加矣。列子盧重玄本無「無」字，張湛注：「所貨者羹食，所利者盈餘而已。」是所見本原無「無」字。(P1253)

如果原文作「無多餘之贏」，則商人無利可圖，還是商人嗎？商人所圖，正是「多餘之贏」，然而不多，則「其爲利也薄」。江南李氏本之誤，顯而易見。

九、張潛夫補註本

宋代李新(1062—？)跨鼇集卷十八載有送張潛夫入道序。李新爲四川仁壽人，張潛夫亦當是蜀人，蜀中廣記曾提及其名。闕誤明確標明爲「張潛夫本」的，僅一條：

①達生：爲彘謀則去之，自爲謀則取之，所異彘者何也？

〇闕誤：「自爲謀則取之，其所異彘者何也」，見張潛夫本，舊闕。

〇成玄英疏：而異彘者何也？

成玄英疏不及「其」字，陳景元亦謂「舊闕」，則此「其」字爲張潛夫本所增補可無疑矣。闕誤所載，點明「張潛夫本」的僅此一條，然觀此本隨意增字如此，恐非僅此一條而已，「張本」中當亦包括「張潛夫本」，或張君房本卽是其底本。

十、景德四年國子監印本

這個景德四年國子監印本，是莊子的官方校定本，宋眞宗景德二年(1005)二月由孫奭倡議，由孫奭、杜鎬等校勘，至景德四年(1007)完成，送國子監刊板，大中祥符元年(1008)六月刊板亦校定，然後印發給羣臣。大中祥符四年(1011)，又補刻了郭象序。

據宋會要輯稿崇儒四勘書記載：

○〔眞宗咸平〕六年(1003)四月，詔選官校勘道德經。命崇文院檢討直祕閣杜鎬、祕閣校理戚綸、直史館劉鍇同校勘。其年六月畢，並釋文一卷，送國子監刊板。……景德二年(1005)二月，國子監直講孫奭言：「諸子之書，老莊稱首。其道清虛以自守，卑弱以自持，逍遥無爲，養生濟物，皆聖人南面之術也，故先儒論撰，以次諸經。唐陸德明撰經典釋文三十卷，内老子釋文一卷，莊子釋文三卷。今諸經及老子釋文共二十七卷，並已雕，印頒行；唯闕莊子釋文三卷，欲望雕行，翼備一家之學。莊子注本，前後甚多，率皆一曲之才，妄竄奇說，唯郭象所注，特會莊生之旨，亦請依道德經例，差官校定雕印。」詔「可」，仍命奭與龍圖閣待制杜鎬等同校定刻板。鎬等以莊子序非郭象之文，因刪去之。眞宗當出序文謂宰臣曰：「觀其文理可尚，但傳寫訛舛耳。」乃

命翰林學士李宗諤、楊億、龍圖閣直學士陳彭年等，别加讎校，冠於首篇。❶

〇中書門下牒：莊子並釋文牒。奉敕：莊周云玄理，歸於沖寬。郭象爲注義，造於精微。既廣玄風，實資至治。朕仰崇古道，俯勸蒸民。言念此書，盛行於世，尚多踳駮，已命校讎，將永煥於縑緗，宜特滋於雕鏤。牒至準敕故牒。景德三年(1006)八月五日牒。❷

北宋程俱麟臺故事卷二中記載：

〇大中祥符元年(1008)六月，崇文院檢討杜鎬等校定南華眞經摹刻板本畢，賜輔臣人各一本。……至大中祥符四年(1011)，又命李宗諤、楊億、陳彭年等讎校莊子序，模印而行之。蓋先是崇文院校莊子本，以其序非郭象之文，去之。至是，上謂「其文理可尚」，故有是命。❸

宋神宗元豐甲子歲(1084)，陳景元以這個國子監印本爲底本，校讎其他八種版本，撰寫了南華眞經闕誤。闕誤共記載有175條校勘記，其中標明「舊作」或「舊闕」的共計162條，國子監本僅有一條正確，161條皆爲譌誤；此外13條校勘記中，有11條與今本相同，另外2條爲：

❶ 清徐松：宋會要輯稿，中華書局，1957年，第2231頁。

❷ 日本松崎慊堂舊藏秘府舊鈔南華眞經注疏解經三十三卷本卷首，亦見於日本島田翰：漢籍善本考（即古文舊書考），北京圖書館出版社，2002年，第232–233頁。

❸ 麟臺故事校證，中華書局，2000年，第285頁。

○知北遊：「知」，如字，舊音智，不取。

○達生：「以瓦投」，「鉤投」，「金投」，見呂覽，舊作注。

經孫奭、杜鎬校定的國子監印本，譌誤竟有161條（190處）之多，幾乎爲八種莊子版本（徐靈府校天台山方瀛宫藏本除外）譌誤的集大成之作，眞難以想象一個官方校定本竟會是這個樣子！

又據宋李燾撰續資治通鑑長編卷四百六十五記載：

○［宋哲宗趙煦元祐六年（1091）八月甲申，閏八月二十八日］祕書監王欽臣乞差眞靖大師陳景元校黄本道書，每月支錢五千緡。詔從之，仍令祕書省具道書目録付陳景元，據目録於道藏取索，先校定成本，供祕書省委本省官對校。❶

○［宋徽宗趙佶宣和五年（1123）］十一月十四日［國子祭酒蔣存誠等言：「竊見御注沖虚至德眞經、南華眞經未蒙頒降，見係學生誦習，及學諭講說。乞許行雕印，頒之學校。」從之。❷

宋徽宗宣和五年（1123），由蔣存誠等建議頒行於學校，莊子官方校定本纔得以廣泛流傳。我們現今所能見到的莊子衆宋刻本，與闕誤所載的「舊闕」「舊作」161條及另外11條國子監印

❶ 續資治通鑑長編，中華書局，1993年，第31册，第11122頁。

❷ 清徐松：宋會要輯稿，中華書局，1957年，2983頁。

本文字，完全一致，可知國子監最後的定本，應該經由陳景元校正了其中的譌誤，纔得以很好地流傳至今。

十一、小結

陳景元南華眞經闕誤175條校勘記，本文衹選擇其中最典型的50條進行分析，利用經典釋文莊子音義28條，證明「舊闕」及「舊作」皆爲莊子舊文，最爲可信，而其餘異文幾乎皆爲譌誤。探究闕誤所載衆本之有種種異文，不外乎據郭象注、成玄英疏篡改正文，或據句法文法增補正文。追究其根本原因，正如陸德明所指出的，莊子「大抵皆寓言，歸之於理，不可案文責也。然莊生宏才命世，辭趣華深，正言若反，故莫能暢其弘致」，於是「意有所疑，輒就增損」，以至「以意刊改」，不但嚴重違背了校勘古籍的根本目的，亦是對古人古書的極大不敬，更是對傳統文化經典的褻瀆。

校勘古籍，是客觀地去探究原文本來究竟如何，盡可能避免主觀以爲原文當如何，去其所本無，還其所固有，否則後人任意篡改原文，古籍整理就淪爲踐踏傳統文化經典之鐵蹄矣！

後敘

我一九九三年畢業於浙江大學本科英語教育專業，供職於寧波廣播電視大學外語系，一九九五年因讀劉一明的道書十二種而頓悟自己的人生道路該怎麼走，一九九八年被評爲高校講師後，在英語教育工作之餘，謝絶人事交往，專心一志從事中華傳統道家文化的研究。二〇〇三年整理出版了黄元吉的道德經講義樂育堂語録，之後即開始整理陸西星的南華眞經副墨，二〇〇八年與中華書局簽訂出版合同。二〇〇八年十一月，因華中師範大學歷史文化學院劉韶軍教授的引薦，我參加了華東師範大學先秦諸子研究中心方勇教授主辦的「莊子國際學術研討會」，得以認識合肥秋浦書院院長張眞先生，共同研討莊子眞義，探求莊子原文眞相，尤感需要一本校勘精良的莊子以便研讀。然而令人滿意的莊子白文本終不可得，因此不得已，便擬親自動手校訂。

因張眞先生的介紹，與上海的王振川先生和蒙城的王克峰先生共同探究老子和莊子的故里，因此蒐集到明刻本古蒙莊子。王繼賢序稱：「兹刻也，義取存蒙，故一切註疏不之及。」吴宗儀敘謂：「題之曰古蒙莊子，志蒙莊之舊也。」正合心意，因此即以此版爲底本，自二〇〇九年十月開始著手古蒙莊子彙校，作爲將來白文本莊子的基礎。利用現成的南華眞經副墨的莊子原文電子版，首先校對底本三遍，初步完成底本電子稿；接著校對王孝魚整理的郭慶藩輯莊子集釋，又歷時三個月完成。經中華書局編輯朱立峰先生指點迷津，我纔知校本選擇不當，錯走了路頭，於是購買了校勘學等書籍，認眞學習古籍整理校勘相關知識，以彌補自己專業上的不足。於是以唐、宋諸古本爲校本，於二〇一〇年十二月完成初稿。

在這個過程中，我花費不少時間反覆校對清光緒十年甲申黎庶昌輯刊古逸叢書覆宋本南華眞經注疏，卽郭慶藩輯莊子集釋的底本。我一直以爲「覆宋本」（又稱「影宋本」）就是宋刻本的影印本，後來得到嚴靈峰輯無求備齋老列莊三子集成補編影印日本靜嘉堂文庫所藏殘存五卷的南宋刻本，亦卽賜蘆文庫本，兩廂對校之下，這纔明白自己犯了一個常識性的錯誤：「影宋本」，不是影印宋本，而是重刻本。重刻難免滋生譌誤，校勘價值就低下。反思自己犯錯的根由，是對版本不了解，因此除了學習版本相關知識之外，我竭力蒐集所有相關版本的相關記載，於是就有了整理札記中版本詳情的豐富內容。但我因此又有了一個驚人的發現，解決了多年來百思不得其解的謎團：民國張元濟等輯四部叢刊影印明刻世德堂本南華眞經，而不影印更爲罕見珍貴的宋刻趙諫議本，僅附錄孫毓修校對此兩種版本所撰的莊子札記，這是因爲張元濟和孫毓修僅見過此宋刻趙諫議本，而根本無緣得到，他們得到的是經清沈寶硯據宋刻趙諫議本用朱筆精心校改過的明刻世德堂刊本南華眞經，孫毓修卽據以撰莊子札記，如此而已。

在校對過程中，我又發現，以明刻古蒙莊子爲底本，其實是一個錯誤的選擇，因此於二〇一一年一月底決定改用北京宋吉科先生提供的古逸叢書三編影印南宋刻本爲底本。就這樣在計算機上直接修改，亦用了整整一個月時間纔完成底本的更换，然後又重新校勘。

二〇一一年九月，莊子彙校完工，接著參考前人的校勘成果，對異文進行正誤優劣的判斷取捨，輕鬆地完成了白文本莊子的校定。書稿完成，心中舒暢，但亦不急於聯繫出版，記著莊子所說的「美成在久」（人間世），我想再優遊數月，瀏覽一些相關的資料，或許還可以完善。沒想到纔過了三天，我猛然醒悟到，自己長年累月吹毛求疵地關注文字異同，執著於文字校勘，已經不知不覺地鑽入了牛角尖，一心衹想著在這些異文中選擇出自己認爲最恰當最合理的一個，以自己的主觀判斷去決定異文的正誤優劣，而不去追究莊子原文到底是怎樣的。我認識到自己犯了極其嚴重的錯誤，完全背離了自己最初彙校莊子的初衷：探求莊子原文的眞相。我剛校定完成的莊子，是把自己的主觀理解強加於莊子，以私意竄改莊子原文，其實是汙衊莊子，褻瀆莊子，自誤誤人！我驚嚇得渾身直冒冷汗！這一翻天覆地的轉變，讓我以嶄新的視角看待各種異文和前人的校勘意見，於是重新開始校勘考訂莊子文本。

二〇一一年十二月，方勇教授總編纂的子藏道家部莊子卷出版，我因此得到了國家圖書館藏三種宋刻本：莊子鬳齋口義、壬辰重改證呂太尉經進莊子全解、分章標題南華眞經。在韓國江陵原州大學校金白鉉教授的幫助下，我又得到了韓國學中央研究院王室圖書館藏句解南華眞經十卷活字印本電子版，與莊子鬳齋口義參校。

初稿校勘記中陸德明撰經典釋文莊子音義和陳景元撰南華眞經闕誤的內容，多用主觀的表述，閱讀中發現有些地方表述得不夠明確，再去覈對原文，纔知這樣做不太恰當，因此全部改爲直接引用原文。釋文和闕誤本來亦應該講究底本與校本，我開始時不以爲意，直接寫校勘結果，顯然過於主觀，後來全部重新校對，凡校改之處皆出校勘記。釋文包含莊子正文和郭象注文兩者的音義及校勘記，把郭注部分甄別分離出來，衹錄取正文的校勘記（包括句讀和佚文），並不繁難，然而常有漏校，尤其是不含校勘記的詞條，其文字本身與底本不同，有一些就未注意，忽略過去；在校勘過程中發覺各本文字有差異，這時想到去查覈釋文，纔發現漏校了，於是再從頭到尾更加細緻地校對，仍能補充不少有價值的內容。

對於同一字的正體字、通用字、本字、古字、今字、俗字、譌字等情況，因爲整理南華眞經副墨時下過工夫，又製作過說文解字注全部字頭檢索電子版，因此可謂輕車熟路，但在校對過程中仍發現各本的異體字，有一些卽使在漢語大字典和異體字字典中亦查不到，因此本書校勘記中酌情採用原書文字的圖片，以存其眞。以前認爲無須特別關注而徑予改正的字，如汨汩、汜氾、刺剌、夲本、鍜鍛、間閒、苟茍等，後來覺得應該明確區分，都補寫了校勘記。原以爲各本「己已巳」亦混淆不清，後來反思古人不至於如此糊塗，查閱字書後纔知道，「己」字又寫作「已」，「已經」之「已」與「辰巳午」之「巳」本是同一字，寫作「巳」，可謂涇渭分明；元、明以來，又從「巳」中分化出「已」字，再看古書，反覺混亂不堪。有時突然發覺底本某字與一個校本不同，以前竟然沒有注意到，於是重新覈對各校本，甚至全書各處相應的字；因此懷疑全書是否存在同樣的問題，於是更加細心地重新從頭校對各版本。狗㺃、采𥝢、鼓皷之類的差異，雖經反覆校對，仍然視而不見，都是突然之間映入眼簾，而後得以察覺：古籍校勘之難，實在超乎想象。

在文字考訂過程中，查閱最多的是異體字字典和故訓匯纂，前者查異體字以確定正體字，後者查字義訓詁，配合使用，極爲便利。然而前者字書版本或有不精，後者摘引又難免錯譌，故不得不覈查相關刻本，頗爲費時。因此不惜用二年心力整理字典工具書電子檢索版，蒐集引用書目的電子版，同時學習相關的各種知識和計算機技術，以求一勞永逸。二〇一六年六月，各種工具書電子版整理製作完成，尤其是説文解字綜合檢索系統，極便文本內容的全方位關聯檢索，以及二十餘種重要版本和注本的掃描圖像查閱，因此重新覆覈了全部考訂內容。凡於字形異體有疑惑處，必先查説文，而後干禄字書、五經文字、九經字樣、隸辨等；字義辨析則尤重爾雅、方言、廣雅、一切經音義、玉篇，而集韻、廣韻反覺無足輕重。凡所引用諸書，必求最早刻本或善本，並稽考其原文，以確保文本正確無誤，如説文「中，正也」一條，據「史」字解説以爲内證，尤能正衆本之譌誤，而解決千古疑案。凡引用經典的注釋，多用漢注，取其師傳有本，不致臆説。考訂内容，前後反覆修改三遍，作了大量删改，以求簡潔明瞭。又反覆探究莊子原文眞相，對底本文字的校改亦有增減。

莊子彙校的發表方式，亦曾徵詢香港城市大學蔡挺先生的意見，原定用最嚴謹的方式，僅羅列校勘資料，留待讀者自己去判斷取捨，而我的個人意見僅供參考，於是撰寫了整理札記。隨著研究的不斷深入，這個整理札記不斷修訂完善，到二〇一二年十二月底，在我校學報編輯裘偉廷研究員的建議下，投稿到諸子學刊，被立卽採用，改名莊子斠議，發表在第八輯中。二〇一二年九月，方勇教授建議我校定莊子文本，深以爲然。我堅持一條校勘原則，卽尊重舊文古字，爲自己不明白的每一字、每一個詞、每一句話，做好辯護律師，考察莊子上下前後文，體味釋文及郭象注文，查閲各種字書和參考資料。然而莊子文本的校定，異乎尋常地艱難。起初以爲正確的，後來仔細體會發覺是錯誤的；起初毫不在意的，後來關注，多有新的發現或收穫；起先絞盡腦汁，查遍資料，難以判斷取捨的，後來因爲查閲別的資料，忽然明白；猶豫不定，黔驢技窮時，亦與張眞、謝添、祁峰諸先生交流，忽得一綫光明。一字之裁定，句讀之判斷，晝夜縈思，寢食難安，然每有所得，豁然貫通，便欣然忘食。然而莊子之文終非完全能解，猶存闕疑，以俟「知其解者」。

莊子彙校的所有校勘，都是書稿電子版的打印稿，與各版本逐一比勘校對，用不同顏色的水筆標記不同版本的用字，以及區别前後反覆校改的文字，然後修改書稿電子版，再打印出來反覆校對，十三易其稿而後定稿；經出版社編輯審稿後，又修訂了二稿。所有的腳注和尾注編號，本來插入正文中相應的位置，後來感覺破壞了閱讀時的流暢感，因此都移到了標點符號之前，後又全部改到標點之後。尾注編號本來採用中文數字，因占用空間過多，有礙閱讀，而文中難免夾雜英文與阿拉伯數字，因此直接改用阿拉伯數字。古籍整理中有很多特殊情況需要特殊處理，Microsoft Word 已經不能勝任這項工作，因此改用 Adobe InDesign 排版。凡計算機漢字處理及文本排版過程中遇到的所有困難，都自己想辦法解決，以便攜式文檔 pdf 格式輸出。排版文本得到了出版社的肯定和接納，但仍按要求作了大幅度的修改，亦因此衍生錯誤，出現一些意想不到的問題，不得不反覆校讀修改。

莊子彙校考訂完全是細枝末節的活兒，工作量極大，極其考驗體力毅力與耐心，無處不需要精心細緻的關注，而任何一個環節都有可能出差錯，因此雖經反覆覈對，仍恐錯誤和疏漏難免。有鑒於此，亦以方便精益求精的讀者，謹將相關資料的電子版，存放在白雲深處人家網站，供免費下載。讀者若發現本書中有任何差錯，或發現有新的資料，謹請反饋給蔣門馬，以便修訂完善。

莊子彙校考訂的順利完成，絕非我個人的力量所能及，既得益於這個時代，有那麼多的珍貴刻本和出土文獻以及各種資料可供利用，有計算機和互聯網使得幾十年前根本不可能或非常煩難的事，在今天成爲極其簡易的事，還有衆多素不相識的網友的幫助。于文霞女士幫助從國家圖書館複印資料，蔡挺、汪登偉、謝添諸先生提供各種資料，還有蕭大可、蕭明華、蔡聰哲、洪朝暉、黄永鋒、高桂林、張高澄、蔣瀟逸、蔣宗天、周亞琴等親朋好友的支持；在聯繫出版過程中，又得到孫鵬的介紹，劉丹、吴曉斌、董巍的賞識，蓋建民的推薦，廖丹丹等四位編輯認真細緻的審稿，尤其是王群栗的宏深器量和不懈努力，使本書得以順利出版；謹在此向以上諸位表示最誠摯的感謝！

王振川先生告誡我：「你創辦白雲深處人家網站，整理道家典籍，以弘揚傳統道家文化爲己任，更應該善用你的英語專業特長，向世界弘揚中華傳統道家道教文化。」許亞南女士亦鼓勵我把莊子重新翻譯成英文。尹菊芳女士更希望我能用通俗易懂的語言講解老莊。三位長者的厚望，雖未敢立即承當，但於我心有感戚焉。

蔣門馬　二〇一四年八月二十日初稿　二〇一九年七月十五日定稿

白雲深處人家：http://www.homeinmists.com

電子郵箱：nirvanajmm104722@163.com

圖書在版編目（CIP）數據

莊子彙校考訂/蔣門馬著. —成都：巴蜀書社，2019.8（2020.4重印）

ISBN 978-7-5531-1169-8

Ⅰ.①莊… Ⅱ.①蔣… Ⅲ.①道家②《莊子》—研究 Ⅳ.①B223.55

中國版本圖書館CIP數據核字(2019)第109938號

莊子彙校考訂

ZHUANGZI HUIJIAO KAODING

蔣門馬 著

策　劃	王群栗
責任編輯	王群栗　廖丹丹
封面題簽	張　真
出版發行	巴蜀書社
	成都市槐樹街2號　郵編 610031
	總編室電話 （028）86259397
	發行科電話 （028）86259422　86259423
網　址	www.bsbook.com
經　銷	新華書店
印　刷	成都蜀通印務有限責任公司
版　次	2019年8月第1版
印　次	2020年4月第2次印刷
成品尺寸	210mm×148mm
字　數	500千
印　張	26.125
書　號	ISBN 978-7-5531-1169-8
定　價	168.00圓（上下冊）